***ACCESO GRATIS** a la Lectura en la Nube*

Para visualizar el libro electrónico en la nube de lectura envíe junto a su nombre y apellidos una fotografía del código de barras situado en la contraportada del libro y otra del ticket de compra a la dirección:

ebooktirant@tirant.com

En un máximo de 72 horas laborales le enviaremos el código de acceso con sus instrucciones.

EL DERECHO TERRITORIAL Y URBANO EN LATINOAMÉRICA

Una aproximación

EL DERECHO TERRITORIAL Y URBANO EN LATINOAMÉRICA
Una aproximación

Directores:
Marta Lora-Tamayo Vallvé
Marcos Vaquer Caballería

Coordinadora:
Claudia Acosta

Autores:

Claudia Acosta	Marta Lora-Tamayo Vallvé
Antonio Azuela	Luciano Parejo Alfonso
Victor Carvalho Pinto	Hernán Petrelli
Carlos Castro Casas	Juan Felipe Pinilla
Eduardo Cordero	Enrique Rajevic Mosler
Carlos Herrera	Héctor Santaella Quintero
Melinda Lis Maldonado	Marcos Vaquer Caballería

Valencia, 2024

Colección dirigida por:

LUCIANO PAREJO ALFONSO

© TIRANT LO BLANCH
EDITA: TIRANT LO BLANCH
C/ Artes Gráficas, 14 - 46010 - Valencia
TELFS.: 96/361 00 48 - 50
FAX: 96/369 41 51
Email: tlb@tirant.com
www.tirant.com
Librería virtual: www.tirant.es
DEPÓSITO LEGAL: V-480-2024
ISBN: 978-84-1197-204-8

Si tiene alguna queja o sugerencia, envíenos un mail a: *atencioncliente@tirant.com.* En caso de no ser atendida su sugerencia, por favor, lea en *www.tirant.net/index.php/empresa/politicas-de-empresa* nuestro procedimiento de quejas.

Responsabilidad Social Corporativa: http://www.tirant.net/Docs/RSCTirant.pdf

ÍNDICE

Presentación

El ordenamiento territorial y urbanístico está siendo objeto de un desarrollo y debate cada vez mayores en Latinoamérica. Tanto el crecimiento económico como la exclusión social dejan una huella sobre el territorio, haciendo cada vez más evidente la necesidad de ordenarlo para tratar de lograr un desarrollo más sostenible e inclusivo. La celebración de la Conferencia de Naciones Unidas sobre Vivienda y Desarrollo Urbano Sostenible Hábitat III en Quito (2016) sirvió no sólo para impulsar estos debates, sino también para escenificar la creciente trascendencia que tienen en la región.

El propósito de este libro es ilustrar y acompañar el proceso descrito con una reflexión científica, coral y plural, para la que hemos tenido el privilegio de contar con la participación de expertos bien conocidos de un puñado de países latinoamericanos, a los que invitamos primero a escribir y compartir sus aportaciones y después a discutirlas en un seminario abierto celebrado en la Universidad Carlos III de Madrid a finales de 2022. A todos los autores del libro, desde luego, nuestro agradecimiento por haberse prestado a este ejercicio dialogado, sin duda retador pero creemos que también fructífero.

El resultado es un libro estructurado en dos grandes partes, precedidas de una preciosa introducción de Luciano Parejo Alfonso, maestro de urbanistas a uno y otro lado del Atlántico, y que acompaña su sabiduría de una disposición siempre amable a la que debemos también reconocimiento.

La primera parte se dedica al estudio de algunos principios, instituciones y problemas que son comunes a toda la región, cuando no universales: el equilibrio entre intereses particulares e interés general que trata de expresar la noción de la función social y ecológica de la propiedad, el reparto o distribución de las plusvalías generadas por la actividad urbanizadora, la eficacia material de la planeación urbana y su *reverso* de informalidad o irregularidad, o la cohesión social y la necesaria inserción del problema de la vivienda en la lógica urbana.

La segunda parte analiza siete ordenamientos jurídicos nacionales a partir del planteamiento de una batería de cuestiones que formulamos los directores y a la que han respondido los autores, lo que homogeneiza la estructura de sus contribuciones y facilita la comparación y la extracción de conclusiones sobre las características comunes y diferenciales de los ordenamientos estudiados. Por razones de economía expositiva, no están todos los países de la región, pero sí una muestra que creemos que refleja bastante bien su diversidad, pues hay países mayores y menores, con larga y con escasa tradición legislativa en la materia, más y menos receptivos a referencias europeas tales como el ordenamiento urbanístico español, etc.

No podemos concluir sin un último reconocimiento: este libro no habría sido posible sin el impulso de Tirant lo Blanch y del Instituto Lincoln de Políticas del Suelo, que nos han animado y ayudado en todo momento a través de las cátedras colaboradoras de esta edición.

MARCOS VAQUER y MARTA LORA-TAMAYO

Una visión panorámica de la formación y desarrollo del urbanismo en Iberoamérica a modo de introducción

LUCIANO PAREJO ALFONSO
Catedrático emérito de Derecho Administrativo
Universidad Carlos III de Madrid

SUMARIO: 1. FACTORES DIFERENCIALES DE LA EVOLUCIÓN. 2. COINCIDENCIAS EN LA EVOLUCIÓN. 2.1. Receptividad para las innovaciones y experiencias ajenas, incluso de uno y otro lado del Atlántico. 2.2. Tránsito de la visión horizontal a la vertical: de la regulación jurídico-civil a la jurídico-pública específicamente urbanística, pasando por la de régimen local. 2.3. En especial, el régimen de la propiedad del suelo y la función social de ésta. 2.4. Situación actual del ordenamiento urbanístico. 3. PERSISTENCIA DEL INTERCAMBIO DE SOLUCIONES Y EXPERIENCIAS EN LA MÁS RECIENTE EVOLUCIÓN.

1. FACTORES DIFERENCIALES DE LA EVOLUCIÓN

La maduración del urbanismo como sistema de técnicas para el tratamiento de la ciudad y, en general, el territorio está lógicamente vinculada al crecimiento y complejización del fenómeno urbano que, si en Europa —en la que el proceso de urbanización y el crecimiento de, y migración a, acompañó al proceso de industrialización— se produjo muy de la mano de la legislación, en Iberoamérica hubo de descansar —para llegar a la formalización legal plena— en el desarrollo previo de la planificación[1], lo que debe reconducirse a

[1] Obviamente nos estamos refiriendo a la época contemporánea y, concretamente, a partir del S. XIX, pues antes del período colonial y durante este último, las culturas existentes en Centro— y Suramérica habían desarrollado una arquitectura y un urbanismo importantes, luego modulados durante la etapa colonial. Véase al respecto A. González Pozo, "Arquitectura y urbanismo en Iberoamérica. Universo por explorar" (trabajo que, sin embargo, no incluye México), Anales del Instituto de Investigaciones Estéticas, Universidad Nacional Autónoma de México núm. 85, 2004.
Con referencia concretamente a Colombia, J. I. Rincón Córdoba, "Historia de las ciudades colombianas: de la norma urbana al derecho de la ordenación del territorio", Revista Iberoamericana de Gobierno Local núm. 15, diciembre

la relativa desvinculación del crecimiento de las ciudades (las grandes aglomeraciones urbanas y, básicamente, las capitales) de la industrialización, por ser ésta más tardía y fruto más bien del deterioro de las condiciones de vida en el mundo rural, que en pocas décadas adquirió enormes dimensiones, con el resultado de la imposibilidad de la absorción de la población afluyente por el sistema productivo y la producción de la llamada "inflación urbana" y "superurbanización", con la consecuencia de acabar el excedente de población en barriadas y dependiendo de la economía informal[2].

2019, ha apuntado el diferente planteamiento del asentamiento sobre el territorio de antes y después de la llegada de los españoles: señala como visión olvidada y/o ignorada la dimensión vertical que del territorio tenían los pueblos indígenas y la visión horizontal impuesta luego con la fundación de ciudades como forma de dominio del territorio.

Debe tenerse en cuenta que —como expone Mª. Encarnación Gómez Rojo ("Líneas históricas del Derecho urbanístico con especial referencia al de España hasta 1936", Revista de Estudios Histórico-jurídicos, núm. 25 Valparaíso, Chile 2003)— en la legislación de Indias la creación de nuevas ciudades se configura como un deber del conquistador y una potestad pública más que como una consecuencia del dominio privado de la asignación de tierras. Así en las Ordenanzas para Nuevos Descubrimientos y Fundaciones de Felipe II de 1573 se obligaba a capitular el tiempo en que el adelantado deberá fundar, erigir y poblar "por lo menos tres ciudades…", precisándose las características físicas, geográficas, de acceso, etc., que habían de reunir los terrenos, entre las que destaca la concepción radial de la ciudad en torno a la plaza mayor regulándose su tamaño y disposición, que estaba en función de la previsión del número de pobladores, forma de las calles y disposición de las casas, la distancia que deben guardar éstas de las murallas, la constitución de los barrios y los terrenos que han de reservarse para el uso común. Lo que significa la diferenciación y delimitación ya en estas Ordenanzas de 1573 de las dos dimensiones clásicas del urbanismo, la relativa a los aspectos físicos y la atinente a los sociales en cada ciudad. En América, el título jurídico para incorporar las nuevas tierras a la Corona de Castilla fue el poblamiento, y de ahí el interés en fundar ciudades, como lo demuestra el hecho de que hacia 1580 se habían fundado 230.

Sobre el poblamiento mediante la fundación de ciudades, véase A. R. Brewer-Carías, *La ciudad ordenada*, Criteria Editorial, Caracas 2008. También Mª Isabel Navarro Segura, "Las fundaciones de ciudades y el pensamiento urbanístico hispano en la era del descubrimiento", *Scripta Nova*, Revista electrónica de geografía y ciencias sociales, Vo. X, núm. 218 (43), agosto 2006.

2 Según señala para Colombia D. I. Peña Porras, *El Derecho urbanístico en Colombia: Rasgos y problemas a la luz de la experiencia española* (trabajo de fin de master en el master en Derecho Público de la Facultad de Derecho de la Universidad Complutense de Madrid, fechado el 29 de agosto de 2012, pág. 8; accesible en

Si en Europa es observable, por tanto, una mayor imbricación de la consolidación del urbanismo como disciplina con la decantación de una legislación específica reguladora[3], en Iberoamérica solo puede hablarse del afianzamiento de la disciplina urbanística, con carácter general, a partir de la segunda década del S. XX, siendo pioneras Chile, México y Brasil. Pues, aunque se producen algunas tempranas Leyes, una legislación comprensiva ha tardado más tiempo en producirse, siendo la causa la concentración del esfuerzo inicialmente en la

https://unal.academia.edu/DiegoIsa%C3%ADasPe%C3%B1aPorras): "Las décadas del 50 y 60 estuvieron marcadas por un fenómeno de crecimiento demográfico muy importante en las zonas urbanas, fenómeno causado por el desplazamiento a la ciudad por el desarrollo económico y las condiciones de violencia". Cita, además y para señalar que en menos de medio siglo el país, abrumadoramente rural y campesino, se había transformado en un país de ciudades, a M. Palacios, y F. Safford, Colombia. *País fragmentado, sociedad dividida*, Ed. Norma, Bogotá 2002, págs. 556-557; y V. Lemus Chois, *Planificación y control urbanístico en Bogotá: desarrollo histórico y jurídico*, Universidad del Rosario, Bogotá: 2006, pág. 72.

Para el caso de Ecuador se ha señalado como consecuencia: i) un desarrollo urbano desordenado, sin planificación, regulación, ni control, con carencias en las prestaciones de servicios básicos y con profundas desigualdades territoriales; y ii) un modelo de desarrollo urbano no sostenible en términos económicos, sociales y ambientales, y generador de ciudades excluyentes, con un mercado de suelo con fuertes tendencias especulativas. Estas consecuencias se consideran el resultado de la poca capacidad de los municipios para regular, gestionar y planificar el suelo y de la poca articulación entre los distintos actores que intervienen en el territorio. Esto se refleja en la no disposición por la mayoría de los municipios de planes de ordenación territorial y urbanística y la escasa evaluación, en todo caso, de la gestión y el control de los procesos de utilización del suelo. En este sentido, J. A. Márquez y J. A. Alarcón Zambrano, "El derecho urbanístico y la ciudad sostenible. Un análisis propedéutico del caso de la República del Ecuador". *Revista de Direito da Cidade*, vol. 11, nº 2, págs. 457-490. Véase también M. Benabent Fernández de Córdoba y L. Vivanco Cruz, "El ordenamiento territorial y el urbanismo en el Ecuador y su articulación competencial", *Ciudad y Territorio. Estudios Territoriales*, núm. 194 (diciembre 2017), págs. 713-726.1

3 Las técnicas básicas del moderno Derecho urbanístico surgen, en Europa, en el siglo XIX y con origen en la perspectiva sanitaria, siendo las disposiciones adoptadas, en el Reino Unido, en el contexto de la Public Health Act de 1848, de las primeras normas aprobadas con tal carácter. Este mismo origen es constatable en España.

formulación de planes para capitales y grandes ciudades (a los que se ha calificado como partida de nacimiento del urbanismo)[4].

2. COINCIDENCIAS EN LA EVOLUCIÓN

A pesar de la diferencia apuntada, en ambos lados del océano son claros los puntos de coincidencia en la evolución conducente a la consolidación técnica del urbanismo, de su principal instrumento, el plan, y de su legislación reguladora.

2.1. *Receptividad para las innovaciones y experiencias ajenas, incluso de uno y otro lado del Atlántico*

Es destacable, en primer lugar, la apertura a las innovaciones y experiencias foráneas.

En España, donde los estudios de arquitectura se remontan, en Barcelona, a 1817, y en Madrid, a 1844[5], a la recepción de los requerimientos derivados del movimiento inglés por la salud pública

---

4 Chile puede considerarse pionera en la impartición de cursos de urbanismo desde 1928 y la aprobación, en 1929 y bajo influencia germana, de la primera Ley de construcciones y urbanizaciones.
En México se produjo también un temprano cultivo maduro del urbanismo: impartición de cursos ya en 1926, introducción en 1928 de la materia urbanismo en los planes de estudio de la UNAM y del curso de posgrado en planificación y urbanismo en el Instituto Politécnico Nacional, siendo destacable la promulgación en 1927 de la Ley general de planeación.
Lo mismo puede decirse de Brasil: creación en 1931 de cátedras de urbanismo y paisajismo en Sao Paulo y un primer curso de posgrado en urbanismo en la Universidad de Distrito Federal en 1935.

5 Sobre la enseñanza del urbanismo puede consultarse: C. Cort Boti, *La enseñanza del urbanismo,* Madrid, 1926 (trabajo presentado, como ponente de la Escuela de Arquitectura, en el Primer Congreso Nacional de Urbanismo —XI de Arquitectura—, editado como folleto por la Sociedad Central de Arquitectos); F. García Mercadal, "La enseñanza del urbanismo", *Nueva forma: arquitectura, urbanismo, diseño, ambiente, arte,* núm. 69, 1971, págs. 32-33; C. Sambricio, "La Escuela de Arquitectura de Madrid y la construcción de la ciudad", accesible en https://oa.upm.es/11038/1/escueladearcuitecturamadrid.pdf; y J. L. González-Berenguer Urrutia, "Reflexiones sobre la enseñanza de las ciencias urbanísticas en España", *Revista de Derecho Urbanístico* núm. 46 (1976), págs. 121-230.

(informe Chadwick de 1842 y la legislación sobre infraestructuras de saneamiento) se añade la recepción, ya a principios del S. XX, de las ideas del moderno movimiento europeo en la materia gracias a la exposición de sus ideas, en Madrid, por W. Gropius[6] y Le Corbusier[7]; la participación del Arquitecto Fernando García Mercadal[8] en

---

6 W. Gropius fue el fundador y director (desde 1919 hasta 1928) de la Bauhaus, escuela alemana que ejercería una gran influencia en la arquitectura, el diseño y las artes gráficas. Se le considera uno de los representantes más destacados de la renovación de la arquitectura en el S. XX, junto con Frank Lloyd Wright, Le Corbusier y Mies van der Rohe. Tras una primera estancia en los EEUU, se fue de Alemania tras el cierre de la Bauhaus, estableciéndose primero en Inglaterra y definitivamente en los EEUU, donde asumió la cátedra de Arquitectura en la Universidad de Harvard.

7 Le Corbusier, francés de origen suizo, es considerado el más destacado representante del Movimiento Moderno. Pretendió crear una nueva realidad urbana: una ciudad, síntesis entre naturaleza y desarrollo tecnológico, en la que estuvieran integradas arquitectura y urbanismo. Su ciudad ideal, proyectada en 1922, está construida en vertical, dejando libres grandes zonas de la superficie del suelo, que se convierten en zonas verdes para discurrir por debajo de los edificios. Éstos se levantan sobre pilotes, dejando las plantas bajas como espacios de libre comunicación. Los tejados, convertidos en jardines, dejan de ser espacios inútiles; las calles son de amplias dimensiones y el tráfico se organiza en grandes vías de circulación rápida, netamente separadas de las zonas para peatones. Se trata, pues, de una visión funcionalista del urbanismo inspirado en una ciudad modélica concebida para satisfacer las necesidades básicas del hombre (habitar, trabajar, recrearse, circular).

8 Fernando García Mercadal fue uno de los arquitectos españoles más destacados de las décadas de 1920 y 1930. Formado en la Escuela de Arquitectura de Madrid y tras ser pensionado para ir a Roma, aprovechó la ocasión, además, para viajar a París, Berlín y Viena a fin de familiarizarse con las primeras propuestas arquitectónicas de la vanguardia europea, conociendo la tarea de la Bauhaus y los debates propiciados por Le Corbusier. Su regreso supuso un revulsivo cultural por el papel que en la década de los años 20 del S. XX desempeñó en el panorama arquitectónico, trabajando un tiempo en el estudio de Zuazo. En 1928 fue invitado al primer Congreso Internacional de Arquitectura Moderna (CIAM), celebrado en La Sarraz (Suiza) y participó activamente en la Sociedad de Cursos y Conferencias de la Residencia de Estudiantes, invitando a figuras destacadas de la arquitectura moderna a exponer allí sus teorías. Fue el artífice de la primera visita de Le Corbusier a España, en la que dio dos conferencias, y, entre otros, también de Walter Gropius. Durante la Segunda República desarrolló una gran actividad, en especial en su relación con el grupo Este del llamado GATCPAC (Grup d'Arquitectes i Tècnics Catalans per al Progrés de l'Arquitectura Contemporània) y la revista A. C. Documentos de Actividad Con-

los Congresos Internacionales de Arquitectura Moderna y la labor de J. Luis Sert en Cataluña[9]: creación del Grupo de Arquitectos y Técnicos Españoles para la Arquitectura Contemporánea, favorecedor de la ciudad funcional y autor, junto con Le Corbusier, del plan regulador de Barcelona conocido como Plan Maciá; la colaboración de Secundino Zuazo Ugalde[10] y el alemán Hermann Jansen en la elaboración, en 1930, de la propuesta de planeamiento para Madrid; y la complementación en Norteamérica de la formación de Gabriel Alomar Esteve[11], que le pone en contacto con figuras claves como

temporánea, canalizadora de las ideas revolucionarias en la arquitectura española.

En el plano urbanístico planteó la Ciudad Verde del Jarama, que no llegó a realizarse, y realizó otros proyectos urbanísticos racionalistas.

9 Fue uno de los primeros arquitectos internacionales españoles (de vanguardia), que llegó a rector de Harvard en Estados Unidos. Su obra no puede entenderse sin las experiencias de su estancia en Ibiza y sus viajes por Francia, Italia y Alemania. Es opinión generalizada que son pilares de su obra: un espíritu mediterráneo universal (basado en la arquitectura tradicional balear) y la convicción de Le Corbusier de que era posible cambiar el mundo a través de la arquitectura (trabajó varios años en el estudio de Le Corbusier en París).

Sobre J. L. Sert puede consultarse la biografía escrita por su sobrina política Mª del Mar Arnús, *Ser(t) Arquitecto*, Ed. Anagrama, Barcelona 2019.

10 S. Zuazo fue un Arquitecto y urbanista de gran prestigio, sobre todo hasta la guerra civil, con una gran formación conocedora de los movimientos europeos renovadores de principios del S. XX, en especial el de corte racionalista. Como urbanista participó —en colaboración con el alemán H. Jansen— en el concurso internacional convocado en 1929 por el Ayuntamiento de Madrid para la elaboración del plan de extensión (incluyendo el proyecto de prolongación del Paseo de la Castellana), y un avance de un Plan comarcal, sin obtener, sin embargo, éxito, sin perjuicio de la realización con posterioridad de algunas de sus propuestas, tales como la citada prolongación de la Castellana y el túnel ferroviario norte-sur.

11 El Arquitecto mallorquín G. Palomar Esteve, graduado en la Escuela de Arquitectura de Barcelona, curso asimismo estudios en el Massachusetts Institut of Technology ya en la posguerra mundial, es el autor del plan de ordenación de Palma de Mallorca y profesor de sociología urbana en el Instituto de Estudios de Administración Local, con una importante dedicación a la protección del patrimonio arquitectónico y artístico. Fue autor de numerosas publicaciones, siendo destacable su libro Teoría de la ciudad: ideas fundamentales para un urbanismo humanista, Instituto de Estudios de Administración Local, Madrid 1980 (la primera edición es de 1947).

Pattrick Geddes[12], Ebenezer Howard[13], Lewis Mumford[14] y Clarence A. Perry[15]/[16]. La decantación de ideas y técnicas permitió, de esta suerte, que ya en el Congreso Municipalista celebrado en Gijón en 1934 se esbozaran las líneas básicas y los objetivos que en buena medida fueron recogidos luego en el proceso real de formalización e institucionalización del urbanismo en la Ley del suelo y ordenación urbana de 1956.

En Portugal, donde la formación de urbanistas y planificadores tardó en producirse, la influencia dominante a fines del S. XIX y comienzos del S. XX fue francesa (a ella responde, en efecto, la creación, en 1934, de los planos gerais de urbanizaçao)[17].

---

12 Este sociólogo escocés fue un gran innovador en materia de planificación urbanística (en el contexto de la incidencia de la industrialización en la configuración del espacio físico) e introductor de las categorías de región y conurbación. Su obra tuvo una gran influencia, en especial sobre Lewis Mumford.

13 Creador de la solución de la ciudad jardín, que aspiraba a conjugar el ambiente urbano y el rural basándose en construcciones unifamiliares rodeadas de espacios verdes.

14 Se trata de un intelectual del S. XX de difícil encuadramiento, que careció de una formación académica convencional. Sus obras, que responden a una perspectiva interdisciplinar e introducen planteamientos críticos respecto de los bien establecidos han tenido una enorme influencia (especialmente en los arquitectos y urbanistas de su tiempo, tales como W. Gropius y F. Lloyd Wright, pero también P. Geddes) que, tras un cierto olvido, ha experimentado un apreciable restablecimiento. Esto vale especialmente para su principal obra urbanística *La ciudad en la historia: Sus orígenes, transformaciones y perspectivas* (edición actual en castellano, Pepitas de Calabaza ed., 3ª. Ed., Logroño 2021). En ella realiza una interpretación radicalmente innovadora sobre el origen y la naturaleza de la ciudad y analiza su evolución hasta la modernidad.

15 Este sociólogo y urbanista norteamericano de fines del S. XIX y primera mitad del XX es conocido por haber planteado la necesidad de la utilización de una instancia intermedia entre la ciudad y la residencia/vivienda a fin de potenciar el sentido de comunidad y la introducción en la planificación, por tanto, de la categoría de "unidad vecinal". Intervino en la elaboración, en 1929, del Plan Regional de Nueva York, que ejerció gran influencia en el planeamiento desarrollado en EEUU.

16 Vid., sobre la evolución de la ordenación urbanística en España, F. de Terán, *Historia del urbanismo en España: Siglos XIX y XX*, Ed. Cátedra, Madrid 1999, págs. 585 y ss.

17 Vid. C. Balsas, "Evolución histórica de la planeación de ciudades en Portugal", Eure, vol. XXXII, núm. 97, págs. 81-95.

En Iberoamérica son observables dos fases en la permeabilidad a corrientes foráneas[18]:

a) Una primera, de atención puesta en Europa, que se manifiesta en la recepción del movimiento inglés por la salud pública y la política de viviendas obreras y, en este contexto, la de la ciudad lineal de A. Soria[19] para la expansión, en 1909, de Santiago de Chile; la de la ciudad jardín de E. Howard (colonias del Porfiriato en México; Higienópolis en Sao Paulo; El Paraíso en Caracas, El Vedado en La Habana, Jardín América en Sao Paulo), y la verdadera ciudad jardín en combinación, en algún caso, con las manzanas de ensanche de I. Cerdá[20/21]. Pero la

---

18 Vid. A. Almandoz, "Modernización urbanística en América Latina. Luminarias extranjeras y cambios disciplinares, 1900-1960", *Revista Iberoamericana*, nueva época, año 7, núm. 27, septiembre de 2007, págs. 59-78

19 Urbanista español de formación autodidacta y autor, a finales del S. XIX, del proyecto de Ciudad Lineal, influido por las ideas de Ildefonso Cerdà. Este proyecto pretendía solucionar los problemas de higiene, hacinamiento y transporte en las ciudades y consistía en una ciudad articulada a ambos lados de una ancha vía con ferrocarril, permitiendo la expansión organizada de la ciudad, y convirtiéndose en elemento vertebrador del territorio. Sus características principales del proyecto original (luego cambiado) fueron: el trazado de un eje referencial (de 40 metros de anchura, pero sin límite de longitud), marcado por la línea del ferrocarril o el tranvía, a partir del cual se distribuían, en relaciones constantes, parcelas geométricas destinadas a los edificios de viviendas, servicios y equipamientos agrarios e industriales, así como culturales, recreativos y deportivos. Las viviendas, todas independientes, debían ocupar una quinta parte de su parcela ajardinada y no podían superar los tres pisos de altura. Las casas y sus parcelas se agrupaban en parcelas múltiples de 300 metros de fachada de cara al eje principal por 200 frente a las calles transversales.
Si bien el proyecto comenzó a ejecutarse, llegando a realizarse su primera fase (5,2 kilómetros de largo al noreste de Madrid), la enfermedad de Cerdà, el cambio de enfoque empresarial ulterior y la crisis económica causada por la 1ª guerra mundial determinaron el fracaso final del proyecto, a pesar de los intentos que hubo de revitalizarlo. En todo caso, la idea y el modelo de ciudad lineal operaron como referentes para los planteamientos lineales surgidos desde la Unión Soviética hasta Chile, pasando por Europa (así, en Francia, la Cité linéaire industrielle de Le Corbusier).

20 I. Cerdà i Sunyer fue un político e ingeniero español del S. XIX considerado, junto con Arturo Soria, uno de los mejores exponentes, si no el mejor, del urbanismo español contemporáneo. Ingeniero de Caminos formado en la Escuela de Madrid, se estableció, a mediados de Siglo, en Barcelona. Su gran aportación teórica al urbanismo se contiene en su obra Teoría general de la urbanización,

aplicación de sus principios y doctrinas a la reforma y ensanche de Barcelona, publicada en 1867 en La Imprenta Española, Madrid. Como ha señalado J. García Bellido ("Ildefonso Cerdá y el nacimiento de la urbanística: la primera propuesta disciplinar de su estructura profunda", *Scripta Nova, Revista Electrónica de Geografía y Ciencias Sociales*, Universidad de Barcelona, núm. 61, abril 2000): "Con Ildefonso Cerdá y por vez primera en la corta historia de la disciplina de la Urbanística, de la que él mismo fue su creador y sistematizador indiscutible, se identifican los fundamentos científicos y se inicia el largo desarrollo de este moderno y amplio campo de conocimiento. Y ello lo articuló Cerdá novedosamente, primero, mediante la integración metodológica en el Urbanismo (técnica aplicada de la Urbanística) del Derecho público y la Economía inseparablemente entrelazadas, en tanto que disciplinas estructuradoras del diseño físico-espacial del proyecto o plan. Y, en segundo lugar, Cerdá aborda por primera vez, para que la nueva disciplina fuese verdaderamente científica, un análisis reduccionista del espacio socialmente configurado mediante el ejercicio sistemático del regressus o reductio esenciales desde lo aparente, complejo e intrincado de la ciudad y el territorio, hasta su constituyente más simple, sencillo y elemental. Propone así la unidad universal de la entidad casa-predio-vial, configurando con ella la díada inescindible de vías-intervías, constitutiva de la estructura profunda del todo. Cerdá entendería este análisis reductor como necesario para poder articular y reconstruir un conocimiento científico globalizador y complejo (la 'colonización', la 'urbanización' y la 'rurización') sobre los ladrillos, átomos u objetos fundamentadores de un saber disciplinado, recomponiendo así la totalidad sintéticamente desde una perspectiva global y de integración holista".
Desde el punto de vista de la práctica urbanística, I. Cerdà elaboró el Proyecto de Reforma Interior y Ensanche de Barcelona, un plan pensado para la remodelación de la ciudad de Barcelona que se basaba en un plano en cuadrícula integrado por ejes viarios de gran amplitud con cruces en ángulo recto; cada cuadrícula encerraba manzanas de casas, en las cuales, además de bloques de pisos de altura limitada, debía haber zonas verdes y equipamientos reservados para servicios sociales y culturales. Este plan, primero aceptado (en 1855) y luego rechazado (en 1859) por el Ayuntamiento, fue finalmente impuesto por el Gobierno central. Aunque se aplicó sólo en parte, pues no se respetaron los espacios que debían destinarse a zonas verdes y servicios, ni se observó la altura máxima prevista de los edificios, el plan constituye un modelo de urbanismo racional y su espaciosidad, en particular en los chaflanes, continúa siendo destacable.

21 J. E. Hardoy Hardoy ("Teorías y prácticas urbanísticas en Europa entre 1850 y 1930. Su traslado a América Latina", en: J. E. Hardoy/R. M. Morse (comps.), *Repensando la ciudad de América Latina*, Grupo Editor Latinoamericano, Buenos Aires 1988, págs. 97-126) sostiene que no responde tanto al modelo de ciudad jardín, cuanto más bien al del "suburbio-jardín"/"suburbio-jardín-dormitorio", modelo no ajeno a las características suburbanas del planning anglosajón.

influencia más acusada, en las primeras décadas del S. XX y, claramente, en Buenos Aires y Sao Paulo, es la del urbanismo de la Ecole de Beaux-Arts y el Instituto de Urbanismo Universidad de Paris, así como también de Le Corbusier (responsable de la elaboración, sin éxito, de un plan para Buenos Aires), sin que pueda desconocerse la de la Städtebau germano-austríaca (Karl Brunner fue director del Departamento de Urbanismo de Bogotá de 1934 a 1939; y elaboró el plan del barrio cívico de Santiago de 1933). En Bogotá, sin embargo, el "Plano Bogotá Futuro" de 1925 tuvo como referentes los planes de ensanche españoles y el city planning inglés.

b) Coincidiendo, en la posguerra del segundo conflicto bélico mundial, con la sustitución terminológica de urbanismo por planeamiento, la mirada se reorienta a los EEUU y su técnica de planificación (sin perjuicio de otra, de menor intensidad, relacionada con el racionalismo de la Bauhaus[22], gracias a la estancia de 10 años de Hannes Meyer en México) determinante de un nuevo enfoque funcional. Aquí cabe citar la influencia ejercida por el J. Luis Sert, ya exiliado y profesor y decano de Harvard, en la ordenación de La Habana y, junto con el famoso Robert Moses[23], su actuación como asesor de la Comisión Nacional de Urbanismo de Venezuela. Sin embargo, en Colombia persiste aún en los años 50 del S. XX la influencia de Le Corbusier en el esfuerzo por la potenciación del plan regulador de Bogotá[24].

Muy pronto, sin embargo, cuenta Iberoamérica con urbanistas y planificadores de primera línea. Brasilia fue ya diseñada por Lúcio

---

[22] Se trata de la escuela de arquitectura, diseño, artesanía y arte fundada en 1919 por Walter Gropius en Weimar (Alemania).

[23] Considerado el "master builder" de Nueva York, por haber liderado (desde una posición de efectivo poder) durante un prolongado espacio de tiempo (entre 1929 y 1968) grandes proyectos de obra pública (grandes carreteras, hasta siete puentes, grandes edificios y gran número de espacios libres y deportivos) que transformaron la ciudad, para unos para bien y para otros para mal.

[24] Así lo señala D. I. Peña Porras, op. cit. en nota 2, pág. 8.

Costa[25] y Oscar Niemeyer[26]. Las interesantes iniciativas, a finales del S. XIX, de ciudades nuevas como las de La Plata y Belo Horizonte son también ilustrativas: la primera fue diseñada por Pedro Benoit[27] y en la traza de la segunda, que combina un orden rigurosamente ortogonal con generosas diagonales, se advierte la influencia común del proyecto urbano de Pierre Ch. L'Enfant[28] para Washington y, quizás, del proyecto del ensanche para Barcelona de Ildefonso Cerdá[29].

---

25 Arquitecto brasileño, cuya primera educación fue, sin embargo, inglesa y suiza, estudiando arquitectura en la Universidad Federal de Río de Janeiro. A él se debió la invitación a Le Corbusier a impartir una serie de conferencias en Brasil y fue profesor de O. Niemeyer. Considerado como pionero de la arquitectura moderna en Brasil, fue autor del plan piloto para la construcción de la nueva capital, Brasilia, en la década de los años 50 del S. XX.

26 O. Niemayer, ingeniero Arquitecto graduado en Brasil, es uno de los máximos exponentes de la arquitectura moderna internacional, iniciado en la profesión en el estudio de Lúcio Costa y próximo a los planteamientos de Le Corbusier. Sus principales proyectos son, además de la Sede de la Naciones Unidas en Nueva York (fue miembro del equipo proyectista), los llevados a cabo en Brasilia en la década de los 60 del S. XX: el Congreso Nacional, la catedral de Brasilia, el palacio de Planalto y el palacio da Alvorada.

27 Hijo de Pierre Benoit, arquitecto e ingeniero francés emigrado a Argentina y nacionalizado argentino, a Pedro Benoit, él mismo ingeniero, arquitecto y urbanista, se atribuye la planta urbana tanto de Merlo, que se dice planteada a semejanza de la de Washington, como de Santa Rosa de Ituzaingó (diseñadas en los años 60 y 70 del S. XIX), pero también —ya a finales de dicho Siglo— el plan de la ciudad de La Plata. Si bien esta última atribución es controvertida, lo cierto es que el Consejo municipal ha reconocido a Benoit como uno de los inspiradores de la traza de la ciudad.

28 P. Ch. de L'Enfant fue un ingeniero militar francés, que llegó a Norteamérica con el general La Fayette durante la guerra de la independencia. Después de ésta y habiendo adquirido notoriedad como arquitecto al proyectar el Federal Hall en Nueva York, ganó el concurso convocado para la construcción de la ciudad federal junto al Potomac. Las obras por él concebidas solo parcialmente llegaron a ser ejecutadas, pues le fue retirada la responsabilidad sobre el proyecto, aunque éste logró ser reconstruido de memoria por el matemático Benjamin Banneker.

29 I. Cerdá se interesó y estudió el desarrollo urbano de las principales ciudades iberoamericanas, pretendiendo recobrar, actualizándolas, las experiencias del urbanismo español en ultramar, particularmente en los casos de Buenos Aires (Argentina) y Cienfuegos (Cuba). Cfr. Arturo Soria y Puig (comp.), *Cerdá. Las cinco bases de la teoría general de la urbanización*, Fundació Catalana per la Recerca-Electa España, Madrid y Barcelona 1996.

2.2. *Tránsito de la visión horizontal a la vertical: de la regulación jurídico-civil a la jurídico-pública específicamente urbanística, pasando por la de régimen local*

Es elemento común también la evolución desde la normativa civil, pasando por la de régimen local (policía urbana y ordenanzas), hasta llegar a la legislación específicamente urbanística.

En el caso español y en paralelo a la subsistencia de la regulación del derecho de propiedad en el código civil, el predominio de la normativa local llega, sin perjuicio de la legislación de ensanche y de reforma interior, hasta el estatuto de Calvo Sotelo en la primera mitad del S. XX y el establecimiento de un sistema legal urbanístico no se produce hasta la Ley sobre régimen del suelo y ordenación urbana de 1956[30]. Y en el portugués, el arranque de la planificación urba-

---

[30] La legislación específicamente urbanística puede decirse que comienza en el S. XIX con los ensanches de Madrid y Barcelona (ensanches abordados sobre las previsiones del Plan Castro y el Plan Cerdá, respectivamente), extendidos luego a las ciudades de mayor población. Primero se aprobó la Ley de ensanche de poblaciones, respondiendo a la necesidad de resolver el problema de la escasez de viviendas, que, en su versión final, incluyó ya la aprobación de las primeras ordenanzas municipales referidas a un territorio específico, a sus características propias y al planeamiento y ordenación urbanística proyectado en la zona de ensanche. Luego siguió la Ley de saneamiento y mejora interior de poblaciones. Para el largo período de la Restauración no es reseñable, según ha dejado apuntado M. Bassols Coma (*Génesis y evolución del Derecho urbanístico español (1812-1956)*, Madrid 1973, pág. 302), más que una transformación: la adaptación formal de las instituciones del periodo isabelino anterior a los nuevos postulados del régimen administrativo de la época, es decir, centralización del régimen local y rectificación de los dogmas revolucionarios en materias de obras públicas y de expropiación forzosa. El citado autor destaca en este periodo, sin embargo, tres fases: i) modificación de la legislación de ensanche y aprobación de la Ley de expropiación forzosa, en la que aparecen los contenidos básicos de la denominada "reforma interior de las poblaciones"; ii) estancamiento; y iii) aprobación de las Leyes de ensanche de Madrid y Barcelona y de saneamiento y mejora de las poblaciones de más de 30.000 habitantes.

De principios del S. XX datan: a) la incorporación de la perspectiva sanitaria (instrucción general de sanidad y reglamento de higiene pública, que establece una limitación de altura de las edificaciones por motivos de higiene y reglas sobre abastecimientos, aguas, alcantarillado, ventilación y soleamiento; b) el arranque de la legislación de casas baratas; y c) las instrucciones técnico-sanitarias para los pequeños municipios, reguladoras de las condiciones higiénicas de los lugares donde había de asentarse una aglomeración urbana o rural.

nística, tras un período inicial de mera reglamentación de acuerdo con el código civil, puede situarse en la reconstrucción de Lisboa inspirada por el marqués de Pombal con arreglo a una trama básica, manzanas idénticas y edificios uniformes de tres y cuatro pisos. En el contexto del proceso de industrialización y sus consecuencias (migración a las ciudades, surgimiento del problema de la vivienda accesible), se establecen, en 1864, los planos de mejoramiento municipal. Pero ha de esperarse a los años 30 y 40 del S. XX para el desarrollo de un verdadero sistema legal de planeamiento, que ha acabado por extenderse también a la ordenación del territorio[31].

En el período de la Dictadura de Primo de Rivera sobresale el estatuto municipal de José Calvo Sotelo, que supuso un avance notable de la legislación urbanística al codificar la normativa existente y ampliar la esfera de competencia municipal, junto con su reglamento de obras, servicios y bienes municipales, que: i) distinguió las obras municipales ordinarias de las de mejora interior de poblaciones, saneamiento y urbanización parcial y de las de ensanche y extensión, e ii) introdujo tanto la técnica de los estándares urbanísticos a observar en defecto de las determinaciones de las ordenanzas municipales, como la de la zonificación. A estas normas se añade aun el reglamento y nomenclátor de los establecimientos incómodos, insalubres y peligrosos a tener en cuenta por los municipios en sus ordenanzas en la concesión de licencias de apertura o ampliación de los establecimientos clasificados y la fijación de normas para la clasificación e imposición a dichos establecimientos de las condiciones.
En la Segunda República tienen lugar las primeras experiencias urbanísticas a nivel supramunicipal o regional.
Todos los anteriores avances pasan, finalmente y ya poco antes de la promulgación de la Ley sobre régimen del suelo y ordenación urbana de 1956, a la Ley de régimen local de 1955, que introduce la figura del plan de ordenación, concebido ya como un instrumento de actuación integral sobre toda la ciudad.

31 El inicio al recurso a la planificación en Portugal puede situarse en 1864, con la previsión de la formulación obligatoria de los planos de mejoramiento municipal, para Lisboa y Oporto, y voluntaria para otras ciudades. Pero el establecimiento de un sistema legal de planeamiento urbano y territorial data de los años 30 del S. XX con la creación en 1934 de los p*lanos gerais de urbanização* de inspiración francesa y, en 1944, de los planos generales de urbanización y expansión. Aunque los problemas de crecimiento desordenado en el exterior por consecuencia de la limitación de los planes a las áreas urbanas fueron sorteados, en 1946 se flexibilizó el planeamiento mediante la permisión de "anteplanos" de urbanización; solución, que hizo decaer la formulación de verdaderos planes hasta la exigencia, a partir de 1971, de planes generales y la introducción de planes de desarrollo o de "pormenor", que siguieron, sin embargo, sin abordar la cuestión de las áreas periféricas, lo que condujo a la formación de barrios clandestinos (tanto de chabolas, como de urbanizaciones de calidad). Se llega

Este mismo proceso es desigual, según sus circunstancias peculiares propias, en los diferentes países iberoamericanos, en los que el mayor retraso al respecto —cuando existe— obedece sin duda al centramiento del esfuerzo más bien en la planificación, incluso en ausencia de un marco legal bien definido, así como al predominio, hacia la mitad del S. XX, de la perspectiva de la planificación del desarrollo económico[32].

Buen ejemplo de la evolución en tal sentido es Colombia, donde, a lo largo del S. XIX la normativa aplicable se reduce prácticamente al código civil (limitaciones a la propiedad), sucediéndose, ya en el S. XX, las normas de régimen local que acaban compilándose en el código de régimen municipal de 1986, hasta alcanzarse, tras varios proyectos de Ley y en 1989, la primera Ley urbanística, que se considera el acta fundacional del Derecho urbanístico. Pero también lo es Chile, donde el primer intento, en 1929, de regulación propiamente urbanística, se produjo tras la legislación de la comuna autónoma, adoptada a fines del S. XIX a la vista del régimen municipal europeo. Inmediatamente después, la preocupación se centró en la planificación con el establecimiento primero, en 1931, de los planos de las

---

así a la Ley de uso del suelo de 1976, previsora de las áreas prioritarias de reforma y rehabilitación urbana y de los planes maestros o directores municipales con vocación de cubrir todo el territorio y que ido evolucionando hacia la regeneración y rehabilitación de zonas urbanas en decadencia o degradadas. La fase final de la evolución está representada por la Ley de bases de la política de ordenación del territorio y urbanismo de 1998.

32 Para el caso colombiano, así lo expone D. I. Peña Porras, op. cit. en nota 2, pág. 9, sobre la base del Documento Técnico de Soporte del Plan de Ordenamiento Territorial de Santafé de Bogotá (publicado en 2000), para quien el esfuerzo por desarrollar la normativa urbanística en los años 50 del S. XX chocó con una tendencia en el nivel nacional a dar prioridad a temas de desarrollo económico y social y quedó frustrado, al no prosperar la iniciativa de integrar la planificación urbanística en la planificación nacional del desarrollo económico. El contexto lo proporcionó la irrupción de "la teoría económica del desarrollo" de la Comisión Económica para América Latina (CEOPAL, una de las Comisiones regionales de la ONU), que ejerció una clara influencia en el Departamento Nacional de Planeación y dio lugar a un primer plan cuatrienal (1960), en el cual la formulación de planes de desarrollo pasó a ser condición para obtener crédito internacional. La planificación económica marcó los esquemas de planeamiento en todos los niveles de gobierno, replicándose en los niveles regional, departamental y municipal.

ciudades, y luego, en 1953, de los planos reguladores, incluido (en 1960) el plano regulador metropolitano de Santiago[33]. Para la primera Ley calificable de urbanística, sin definir, sin embargo, un sistema completo, ha de esperarse, así, a 1975[34].

El dictado de Leyes en la materia comienza ya, sin embargo, en los años 70 del S. XX y se ha ido generalizando en un proceso que ha continuado hasta hoy (Chile en 1975[35]; México en 1976 y 2016[36]; Venezuela en 1983 y 1987[37]; Colombia en 1997[38]; Brasil en

---

33 Para el planteamiento actual en materia de planificación y los retos que ha de afrontar en Chile, véase M. A. Bustos-Peñafiel, "La integralidad como nuevo desafío para la planificación y la gestión urbana: revisión de enfoques, aproximaciones y herramientas de intervención territorial", *Revista Ciudad y Territorio. Estudios Territoriales (CyTET)*, Vol. LIV, núm. 211, primavera 2022, págs. 161-180.

34 Véase E. Rajevic Mosler, "Derecho y legislación urbanística en Chile", *Revista de Derecho Administrativo Económico*, vol. II, núm. 2, Santiago 2000, págs. 527-548.

35 Antes se había dictado ya la Ley de 14 de diciembre de 1965, de creación del Ministerio de la Vivienda y Urbanismo. La Ley citada es la General de Urbanismo y Construcciones de 18 de diciembre de 1975, seguida, en el mismo año, por el Decreto Ley de 26 de diciembre del mismo año, de reestructuración y regionalización del Ministerio de la Vivienda y Urbanismo. En la evolución posterior son destacables la Ley por la que se establece un sistema de aportes al espacio público de 2016 (renovada en 2018), la Ley sobre transparencia del mercado del suelo e impuesto al aumento de valor por ampliación del límite urbano y la Ley sobre integración social en la planificación urbana, gestión de suelo y plan de emergencia habitacional de 2022.

36 Ley del desarrollo urbano del Distrito Federal de 1976 y Ley general de asentamientos humanos, ordenamiento territorial y desarrollo urbano de 28 de noviembre de 2016 (modificada en 2021).

37 Ley orgánica de ordenación urbanística de 16 de diciembre de 1987. La ulterior Ley de ordenamiento territorial y urbano de 2005, fue objeto, tras sucesivas prórrogas que difirieron su operatividad, de derogación en el año 2007 y nunca llegó a entrar en vigor. Véase al respecto A. R. Brewer Carías, "El curioso e insólito caso de la Ley Orgánica para la Planificación y Gestión de la Ordenación del Territorio, sancionada en septiembre de 2005 y derogada en febrero de 2007, sin haber entrado en vigencia", *Revista de Derecho Público*, núm. 109 (enero —marzo 2007), págs. 65-74.

38 Ley de 18 de julio de 1997, que modifica las anteriores de 1989 y 1991.
D. I Peña Porras (op. cit. en nota 2, págs. 17 y 18) señala: "La Ley 388 de 1997 constituye sin duda el instrumento normativo en materia de urbanismo y ordenamiento territorial más importante de toda la historia de legislación colombiana. Respecto al ordenamiento jurídico español, podría señalarse que la Ley 388 de 1997 viene a cumplir el papel que en su momento tuvo la Ley del Suelo

2001[39]; Ecuador en 2016[40]; y Perú en 2021[41]), de modo que la mayoría de los países cuenta, al día de hoy, con legislación reguladora de un verdadero sistema de la acción urbanística y territorial[42].

No obstante, sigue habiendo países con deficiente situación normativa, como es el caso de la República Dominicana y, en especial, Argentina, donde aún no existe —por razón de la distribución territorial de las competencias legislativas— una legislación nacional y el déficit normativo existente en el nivel provincial hace del municipio la instancia urbanística clave, que opera con instrumentos de planificación complementados recientemente con mecanismos de evaluación ambiental[43].

Y subsisten, así, fuertes contrastes entre países, como Uruguay, dotado de un ordenamiento inspirado por el principio de sostenibilidad de la ordenación urbana, y países que, como la República Dominicana y pese a las previsiones de la Constitución de 2010, carecen aún de una legislación que habilite, encuadre y dirija adecuadamente los planes de ordenación física y su desarrollo[44].

---

y Ordenación Urbana de 12 de mayo de 1956 en el sentido de que constituye el primer instrumento que de manera sistemática buscó regular y tratar los problemas y las situaciones que genera el urbanismo. En tal sentido, ha presentado problemas similares a los que en su momento enfrentó aquella, en especial, el contraste entre un diseño normativo técnicamente bien logrado respecto de una dinámica urbana compleja y desordenada y una institucionalidad débil".

39 Se trata de la Ley núm. 10257, de 10 de julio de 2001, sobre el estatuto de la ciudad.

40 Ley orgánica de ordenamiento territorial, uso y gestión del suelo de 30 de junio de 2016.

41 Ley de desarrollo urbano sostenible de 25 de julio de 2021.

42 En este sentido, L. Rodríguez Rodríguez, "Panorama del Derecho urbanístico colombiano", Biblioteca Jurídica Virtual del Instituto de Investigaciones Jurídicas de la UNAM, págs. 289 y 290.

43 Véase F. Soria, *La ordenación urbanística en la Argentina. Lineamientos generales e ideas para su reformulación*, accesible en https://www.academia.edu/5391538/La_ordenaci%C3%B3n_urban%C3%ADstica_en_la_Argentina.

44 En este sentido, F. García Rubio, "El desarrollo de los modelos urbanísticos en Iberoamérica desde un prisma de sostenibilidad", *WPS Review International on Sustainable Housing and Urban Renewal: RI-SHUR*, núm. 6, 2017 (dedicado monográficamente a las estrategias de desarrollo urbano sostenible e integrado (EDUSI)), págs. 13-53.

2.3. En especial, el régimen de la propiedad del suelo y la función social de ésta

Las similitudes, no excluyentes de diferencias, son igualmente perceptibles en la resolución de la cuestión básica de la tensión entre el concepto jurídico-civil de la propiedad del suelo solo susceptible de limitaciones externas y ordenación del uso de este conforme al interés general exigente de la determinación interna del contenido de dicho derecho. Pues prácticamente en todos los casos acaba consistiendo en la consagración de la función social de la propiedad, incluso en términos muy avanzados y acordes con la emergencia de la perspectiva ecológica.

España constituye ciertamente un caso singular y paradójico de fácil introducción de la función social de la propiedad ya en sede de la Ley ordinaria fundacional del sistema urbanístico en 1956, lo que solo se explica por haberse producido en una autocracia carente de orden constitucional, que sólo después —en 1978— ha encontrado fundamento constitucional[45]. El panorama iberoamericano a este respecto arroja una imagen desigual de procesos más dilatados y de mayor dificultad, pero conducentes a fórmulas muy avanzadas (así, en los casos de Colombia y Ecuador), que conviven: bien con la persistencia inercial del concepto jurídico-civil liberal aún observable, por ejemplo y a pesar sus notorios avances en materia urbanística, en Chile, bien, en el otro extremo, cual en el caso paradigmático de Brasil, donde el factor más relevante en la actividad urbanística continúa siendo la consideración de ésta —sobre la base del código

---

[45] El artículo 33 de la Constitución de 1978 determina, tras reconocer el derecho de propiedad privada y herencia, la delimitación del contenido de estos derechos por la función social, de acuerdo con las Leyes (además de prohibir, desde el punto de vista ya de las situaciones dominicales establecidas, la privación de éstas, salvo por causa justificada de utilidad pública e interés social, mediante la correspondiente indemnización y de conformidad con lo dispuesto en las Leyes). Esta regulación convive con las prescripciones de los artículos 128 y 133 relativas a subordinación al interés general de toda la riqueza del país en sus distintas formas y sea cual fuere su titularidad y la previsión por la Ley de los bienes de dominio público y de los comunales con arreglo a los principios de inalienabilidad, imprescriptibilidad e inembargabilidad.
La legislación urbanística derivada de la fundacional de 1956 ha podido persistir, sin problemas, en el orden constitucional.

civil de 1916— como un derivado del derecho de propiedad y de la libertad de empresa y comercio; derechos, que sólo pueden ser objeto de cierta delimitación o de regulación razonable, sin generar una indisponibilidad que los vacíe de contenido; consideración que persiste aún a pesar de la consagración constitucional desde 1934 y hasta hoy, así como en el llamado estatuto de la ciudad, de la función social de la propiedad[46].

En el caso de Colombia la constitucionalización de la función social de la propiedad data nada menos que de la década de los años 30 del S. XX, pero la legislación ordinaria dirigida a concretarla no alcanzó el mundo urbano, por haberse restringido a la propiedad rural a título de habilitación de la reforma agraria, que, sin embargo, no tuvo mucho efecto. Ya vigente la Constitución de 1991 (cuyo artículo 58 la consagra), la Ley urbanística actual de 1997 determina que la ordenación territorial se fundamenta en el principio de la función social y ecológica de la propiedad. En Ecuador, la Constitución (arts. 66.26 y 321) consagra la función y responsabilidad social y ambiental de la propiedad y la Ley orgánica del ordenamiento territorial de 2016 establece como principios rectores la sostenibilidad, la equidad territorial y justicia social, el derecho a la ciudad y la función pública del urbanismo y determina que la función social y ambiental de la propiedad en el suelo urbano y rural de expansión urbana implica, además de obligaciones de destino del suelo y realización de obras y conservación del suelo, edificios, construcciones e instalaciones, la participación de la sociedad en los beneficios derivados de la acción urbanística, el control de prácticas especulativas y la promoción del acceso al suelo de la población con ingresos medios y bajos.

Ni en Perú, ni en Venezuela, la Constitución —de 1993 y 1999, respectivamente— contiene pronunciamiento alguno sobre la función social de la propiedad, pero la Ley peruana de desarrollo sostenible de 2021 incluye entre los instrumentos de financiación de dicho desarrollo los previstos en normas especiales o se acuerden por los municipios sobre la base de la función social de la propiedad, y

---

46 Véase E. Fernándes, "Del Código CiviI al Estatuto de la Ciudad: algunas notas sobre la trayectoria del Derecho Urbanístico en Brasil", *EURE, revista de la Pontificia Universidad Católica de Chile*, vol. XXIX, núm. 87, agosto, 2003.

la Ley orgánica venezolana de 1987 declara que la propiedad urbana tiene una función social.

En México, finalmente, la Constitución de 1917 (art. 27, reformado en 1976) declara el interés público como causa de la imposición a la propiedad privada de medidas para lograr el desarrollo equilibrado del país y el mejoramiento de las condiciones de vida de la población rural y urbana y regular la fundación, conservación, mejoramiento y crecimiento de los centros de población, así como para preservar y restaurar el equilibrio ecológico, y la Ley general de asentamientos humanos, ordenamiento territorial y desarrollo urbano de 2016 condiciona la garantía de la propiedad a la asunción de responsabilidades especificas con el Estado y la sociedad, con prevalencia del interés público en la ocupación y el aprovechamiento del territorio.

2.4. Situación actual del ordenamiento urbanístico

Puede decirse, en fin, que el panorama de la ordenación física a uno y otro lado del atlántico se caracteriza, además de por el encuadramiento del urbanismo local en una ordenación más amplia del territorio, por la existencia, como regla general, de sistemas legales completos y maduros, articulados sobre esquemas más o menos complejos de planificación, de gestión de su realización práctica y del control de su observancia, y centrados progresivamente, en su evolución más reciente, de un lado, en la reforma, regeneración y rehabilitación del tejido urbano, y, de otro lado, en la incorporación de la perspectiva de la sostenibilidad y la preservación del medio ambiente. Su principal debilidad radica, sin embargo, en la mayor o menor, pero apreciable, falta de efectividad práctica, determinante de la convivencia junto a un urbanismo formal de otro irregular o informal, de porte este último mucho mayor, por razones obvias, en el continente americano. De ahí que, en su última evolución, busquen o se vean compelidos a adoptar fórmulas de flexibilización de la ordenación y de actuación por proyectos concretos con impacto en el funcionamiento urbano en un contexto tanto de la persistencia de la búsqueda de soluciones en sistemas ajenos, como de intercambio de experiencias entre los países iberoamericanos.

3. PERSISTENCIA DEL INTERCAMBIO DE SOLUCIONES Y EXPERIENCIAS EN LA MÁS RECIENTE EVOLUCIÓN

De este intercambio son buenos ejemplos, la inspiración en el modelo cooperativista uruguayo en materia de vivienda de determinadas experiencias en Buenos Aires, El Salvador y México; la reproducción del Metrobús ideado en Curitiba en Buenos Aires, Quito, Bogotá, Guadalajara y Ciudad de México[47], la extensión a Centroamérica de los programas de mejora "barriales" surgidos en Suramérica, la copia más o menos fiel en municipios de diversos países de los presupuestos participativos brasileños; y la *vis* expansiva de la política de vivienda social chilena a cargo del sector privado; iniciativas algunas de ellas, que, como los presupuestos participativos y los programas barriales, han llegado a "saltar" el Atlántico.

De la imposición —vía condicionamiento de préstamos— de formas de actuación desreguladoras y propiciadoras de la acción de la iniciativa privada ha venido siendo principalmente responsable el Banco Interamericano de Desarrollo, como ha sucedido primero en la promoción del turismo en los centros históricos (por ejemplo, en Quito) y zonas arqueológicas (por ejemplo, de Panamá y Perú).

En el capítulo de la influencia o toma a préstamo de soluciones ajenas cabe mencionar el modelo de transformación urbana de Barcelona con motivo de las Olimpiadas de 1992, facilitado por la intervención de consultores catalanes[48] en el plan de Puerto Madero de Buenos Aires de 1990 y en los Planes estratégicos de Río de Janeiro de 1995 y de Bogotá de 2000.

No puede tampoco dejar de señalarse la difusión de experiencias de éxito para resolver concretos problemas o necesidades urbanos,

---

47 Sobre la implantación y evolución de esta fórmula de transporte, en calidad de infraestructura de movilidad urbana sostenible en las ciudades de Bogotá y Guadalajara (México), véase Y. Asprilla-Lara, D. J. Mosquera-Palacios y M. G. González-Pérez, "Movilidad sostenible en el siglo XXI: Bogotá (Colombia) y Guadalajara (México)", *Revista Ciudad y Territorio. Estudios Territoriales (CyTET)*, Vol. LIV, 4ª época, núm. 212, verano 2022, págs. 430-442.

48 Al respecto, véase, J. Borja y M. Castells, *Local y global, la gestión de las ciudades en la era de la información*, Ed. UNCHS/Taurus, Madrid 1997.

cuya entidad ha llevado a la emergencia del fenómeno que ha sido calificado como urbanismo a la carta[49], comprende:

a) Desde la política de peatonalización y promoción del transporte en bicicleta en el contexto de la llamada movilidad urbana sostenible (así, en Bogotá, Buenos Aires, Guadalajara, Quito o Ciudad de México, si bien con concentración, en algunas de ellas, en los centros y descuido de los barrios periféricos y populares)[50];

b) Pasando por el tratamiento del espacio público, tanto en sentido estricto (espacios libres), como amplio (el de acceso libre y uso común), y con finalidad:

   - Tanto de recuperación de la seguridad (buenos ejemplos: el asesoramiento prestado al efecto, a comienzos de siglo, por el Alcalde de Nueva York, Giuliani, para el centro histórico y el Paseo de la Reforma en Ciudad de México, determinante de la aprobación, en 2004, de la Ley de Cultura Cívica como instrumento de lucha contra el comercio y los servicios informales, el grafiti y, en general, personas sospechosas; y la implantación en Buenos Aires del plan "Guardianes de la plaza" consistente en un cuerpo de "Intendentes de plaza" que difunde las normas básicas sobre el buen uso del espacio público, disuade las actividades prohibidas y denuncia las infracciones);
   - Como la regeneración de determinadas áreas (ejemplos: la fusión, en 2007 y en Buenos Aires, de dos departamentos para el cometido del alumbrado público, la arborización, el cuidado o la creación de áreas verdes y plazas con instalaciones de ocio y ejercicio físico o el cuidado de vías públicas y la creación, en 2008, de la Autoridad del Espacio Público en la Ciudad de México para crear condiciones incentivadoras de la inversión productiva y la creación de empleo.

---

49 En este sentido, V. Delgadillo, "Urbanismo a la carta: teorías, políticas, programas y otras recetas urbanas para ciudades latinoamericanas", *Cadernos Metrópole*, São Paulo, v. 16, n. 31, junio 2014, págs. 89-111.

50 Véase, para las ciudades de Bogotá y Guadalajara (México), Y. Asprilla-Lara, D. J. Mosquera-Palacios y M. G. González-Pérez, "Movilidad sostenible...", op. cit. en nota 44.

c) La mejora de barrios y, sobre todo, la regularización de asentamientos informales en Argentina, Ecuador y México, así como, especialmente, en Brasil.

Por último, se está abriendo paso en las ciudades iberoamericanas, al hilo del enorme reto que —en el contexto de la crisis ecológica en que estamos inmersos— plantean los efectos del cambio climático, la conciencia de la necesidad de la que G. de la Fuente del Val[51] califica de "naturalización urbana" (con incorporación de perspectiva paisajística), que se traduce en la potenciación de una política decidida de espacios verdes urbanos públicos de calidad e interconectados con la finalidad de incorporar a la ciudad la vegetación y sobre la base de una intervención pública en tal sentido.

---

51 Véase el estudio, basado en una muy amplia encuesta, de G. de la Fuente del Val, "Modelos de naturalización urbana y preferencias paisajísticas por ciudadanos y técnicos municipales en América Latina", *Revista Ciudad y Territorio. Estudios Territoriales (CyTET)*, Vol. LIV, núm. 211, primavera de 2022, págs. 181-198.

PRIMERA PARTE
PRINCIPIOS, INSTITUCIONES Y DEBATES

La función social y ecológica de la propiedad del suelo: un diálogo entre Europa y Latinoamérica

MARCOS VAQUER CABALLERÍA
Universidad Carlos III de Madrid

1. LA PROPIEDAD, ENTRE EL CIELO Y EL INFIERNO DE LOS CONCEPTOS JURÍDICOS

Es bien conocido que la propiedad privada ha sido sacralizada por unos y demonizada por otros en un debate que trasciende a la dogmática jurídica y que lidera más bien la filosofía moral y política. Unos la ensalzaron como compañera inseparable de la libertad y fundamento necesario del orden social y del crecimiento económico, otros abominaron de un privilegio inmoral que promueve la desidia y la insolidaridad y propusieron su abolición.

La Declaración de los Derechos del Hombre y del Ciudadano aprobada por la Asamblea Nacional Constituyente francesa en 1789 proclamó a la libertad, la propiedad, la seguridad y la resistencia a la opresión, como “los derechos naturales e imprescriptibles del hombre”, cuya conservación es “la finalidad de toda asociación política”. Ahora bien, la Declaración sólo concretó en qué consistía la libertad, no la propiedad. De ella se limitó a establecer que “siendo inviolable y sagrado el derecho de propiedad, nadie podrá ser privado de él, excepto cuando la necesidad pública, legalmente comprobada, lo exija de manera evidente, y bajo condición de una indemnización previa y justa".

Procediendo de esta forma, la Declaración de 1789 sin duda sacralizó la propiedad[1], como también contribuyó a mitificarla. Y la definición que de ella hizo el Código Civil francés de 1804 —el legendario Código Napoleón— abundó en lo mismo, al caracterizarla por un absolutismo paradójicamente condicionado, que anticipaba que las leyes podrían prohibir el abuso o el uso antisocial del derecho: "la propiedad es el derecho de gozar y de disponer de las cosas de la forma más absoluta, siempre que no se haga de ellas un uso prohibido por las leyes o por los reglamentos".

E aquí pues, desde sus proclamaciones más clásicas y canónicas, un derecho inviolable y sagrado del que, sin embargo, se puede ser privado por necesidad pública mediante indemnización; y absoluto, pero limitable por las leyes y los reglamentos.

Estas paradojas se explican porque el encarnizado debate filosófico en torno a la propiedad ha dejado importantes secuelas técnicas. En efecto, pese a la centralidad que ocupa en todo sistema económico capitalista, el derecho de propiedad permanece bastante indeterminado. Tanto el constituyente como el legislador y el juez evitan en lo posible su caracterización general. Dos razones contribuyen a esta inhibición: una es eludir la polémica a que nos acabamos de referir, otra es la dificultad de reducir a la unidad el instituto de la propiedad, que siempre se ha caracterizado por su diversidad[2], si bien ha acentuado su entropía como consecuencia de su concepción estatutaria que abordamos en el siguiente apartado.

---

1 El término sacralizar no es una licencia estilística. La doctrina del siglo XIX sobre la propiedad individual, nos dice Paolo Grossi (1986: 21), se tradujo en "una teología del *tener*, con gran abundancia de ritos y celebrantes".

2 "La verdad es que la unidad no existió nunca, porque en los más viejos tratados existía el hábito de dedicar un capítulo a lo que se llamaban las 'propiedades especiales', donde se incluían, como se sabe, las aguas, los montes, las minas y los derechos de propiedad intelectual y de propiedad industrial" (Luis Díez-Picazo, Prólogo a Rodotà, 1986: 15-16); por lo que "bajo la costra de una definición unitaria se han mantenido en todo momento disciplinas sectoriales fuertemente diferenciadas" (Rodotà, 1986: 50-51).

Pero de lo ya expuesto se puede recapitular que la institución jurídica de la propiedad nunca ha sido tan sagrada, tan absoluta ni tan unitaria como el mito que ha generado. En el origen ilustrado de la reformulación de la propiedad por el Estado contemporáneo ya se encontraba el germen de su evolución posterior desde el Estado liberal al Estado social de Derecho.

2. LA CONCEPCIÓN ESTATUTARIA DE LA PROPIEDAD COMO SÍNTESIS

El constitucionalismo de entreguerras del siglo XX ya acusó el desgaste del individualismo liberal y empezó a perfilar una propiedad más socializada, funcional y relativizada. La Constitución mexicana de Querétaro, en 1917, atribuyó a la nación la propiedad originaria de las tierras y las aguas, pero también su derecho de transmitírsela a los particulares. La alemana de Weimar de 1919 garantizaba la propiedad, pero habilitaba a la ley a delimitar u contenido y límites y proclamaba que "la propiedad obliga. Su uso debe servir asimismo al bien común". La Constitución de la II República española de 1931 subordinó toda la riqueza del país, fuera quien fuese su dueño, a los intereses de la economía nacional y previó tanto la expropiación forzosa como la socialización de la propiedad. Y la reforma constitucional colombiana de 1936 definió la propiedad como "una función social que implica obligaciones".

Paradójicamente, esta funcionalización del derecho de propiedad no es una invención socialista, sino que tiene profundas raíces liberales. Nos bastará, a estos efectos, recordar la importancia que atribuyó John Locke a la propiedad como fundamento de la sociedad civil y finalidad de su gobierno en su *Segundo tratado sobre el gobierno civil* (1690). Y sin embargo, Locke situaba en el trabajo de transformación y explotación de las cosas el fundamento de su apropiación privada ("es el trabajo lo que da derecho a la propiedad, y no los delirios y la avaricia de los revoltosos y los pendencieros", de modo que "cualquier cosa que [el hombre] saca del estado en que la naturaleza la produjo y la dejó y la modifica con su labor y añade a ella algo que es de sí mismo, es, por consiguiente, propiedad suya") y en su utilidad situaba su límite (pues "Dios no creó ninguna cosa para que el hombre la dejara echarse a perder o para destruirla"). La de Locke ya es una visión ciertamente funcional y antiespeculativa de la propiedad, capaz todavía de escandalizar a quienes siguen defendiendo tesis de resonancias no ya iusnaturalistas —como la del propio Locke— sino pre-modernas.

Pero es con la crítica del iusnaturalismo por el positivismo cuando cobró fuerza la idea de la función social de la propiedad. En su *Système de politique positive* (1851), Auguste Comte ya denunciaba "la viciosa definición adoptada por la mayor parte de los juristas modernos, que atribuyen a la propiedad una individualidad absoluta, como derecho de usar y de abusar", a la que descalificaba como una "teoría antisocial" desprovista tanto de justicia como de realidad. Y afirmaba:

> "En todo estado normal de la humanidad, cualquier ciudadano constituye realmente un funcionario público, cuyas atribuciones más o menos definidas determinan a la vez las obligaciones y las pretensiones. Este principio universal debe extenderse ciertamente hasta la propiedad, en la que el positivismo ve sobre todo una indispensable función social, destinada a formar y a administrar los capitales con los cuales cada generación prepara los trabajos de la siguiente".[3]

Y sin embargo, la paternidad de esta concepción funcional de la propiedad privada suele serle atribuida a León Duguit, cuyo libro *Las transformaciones generales del Derecho privado desde el Código de Napoleón* reúne una serie de conferencias dictadas en la Facultad de Derecho de Buenos Aires en 1911 (la sexta de las cuales se titula justamente "La propiedad función social") y ha conocido sucesivas ediciones en lengua española. Duguit parte de la crítica de lo que denomina "el sistema jurídico de la Declaración de los derechos del hombre y del Código de Napoleón" porque "descansa en la concepción metafísica del derecho subjetivo", que juzga incompatible "con el positivismo de nuestra época", y cita en su apoyo la autoridad de Auguste Comte, "el gran pensador". Para Duguit, la propiedad debe dejar de ser concebida como un derecho subjetivo (unitario, absoluto e individual) para pasar a ser una función social, evolucionar desde el momento

---

[3] Traducido personalmente del Tomo primero, París, L. Mathias, 1851, págs. 154-156.

de la "propiedad-derecho" o la "propiedad-especulación" a la época de la "propiedad-función":

> "Pero la propiedad no es un derecho; es una función social. El propietario, es decir, el poseedor de una riqueza tiene, por el hecho de poseer esa riqueza, una función social que cumplir; mientras cumple esta misión sus actos de propietario están protegidos. Si no la cumple o la cumple mal, si por ejemplo no cultiva la tierra o deja arruinarse su casa, la intervención de los gobernantes es legítima para obligarle a cumplir su función social de propietario, que consiste en asegurar el empleo de las riquezas que posee conforme a su destino".

Esta evolución de la propiedad auspiciada por Duguit se observa —aunque veremos que no fielmente— en el camino que transita en España desde la "tesis" liberal del artículo 348 del Código civil de 1889 a la "síntesis" social del artículo 33 de la Constitución de 1978. Es decir, desde el Estado liberal que caracterizaba a la propiedad como un derecho de gozar y disponer libremente de una cosa, sin más limitaciones que las establecidas en las leyes, al Estado social de Derecho que la caracteriza como un derecho estatutario, esto es, un haz de facultades y obligaciones cuyo contenido viene delimitado por su función social, de acuerdo con las leyes[4]. Así que las leyes ya no sólo limitan (externamente) la propiedad, sino que delimitan (intrínsecamente) su contenido por consideración a la función social que cumple en cada caso. Lejos del iusnaturalismo de antaño, hoy es la ley quien configura el contenido del derecho de propiedad. Y esa configuración legal contribuye a desdibujar la imagen unitaria del instituto, ya que delimita el derecho diversamente, según sea la función social que cumpla el bien que tiene por objeto en cada caso.

Dicho de otro modo: no es lo mismo la propiedad de una silla, de un libro, de una empresa o de una finca, como no es lo mismo que la

---

4 En el artículo 33 de la Constitución española influyeron el 14 de la *Grundgesetz* alemana de 1949 (a su vez fuertemente influido por su citado precedente de Weimar), cuyo apartado primero deja asimismo sentado que el contenido y los límites de la propiedad los determinan las leyes y cuyo apartado segundo sostiene que la propiedad obliga y que su uso debe servir al interés general, y el 42 de la italiana de 1947 (también con la "impronta weimariana": Rodotà, 1986: 28), que encomienda a la ley determinar los límites de la propiedad, "con el fin de asegurar su función social y de hacerla accesible a todos".

empresa tenga por objeto la venta de almohadas o la producción de energía nuclear o que la finca sea rústica o urbana. El contenido del derecho se adapta a su objeto y a la función que éste cumple, no sólo para su titular individual o colectivo, sino para la entera sociedad. Cuanto más intensa sea la función social, mayores límites podrán ponerse a las facultades de aprovechamiento privativo y mayores deberes podrán imponerse del propietario.

Como tempranamente advirtió el Tribunal Constitucional español: "la Constitución no ha recogido una concepción abstracta de este derecho como puro ámbito subjetivo de libre disposición o señorío sobre el bien objeto del dominio reservado a su titular, sometido únicamente en su ejercicio a las limitaciones generales que las Leyes impongan para salvaguardar los legítimos derechos o intereses de terceros o del interés general. Por el contrario, la Constitución reconoce un derecho a la propiedad privada que se configura y protege, ciertamente, como un haz de facultades individuales sobre las cosas, pero también, y al mismo tiempo, como un conjunto de deberes y obligaciones establecidos, de acuerdo con las Leyes, en atención a valores o intereses de la colectividad, es decir, a la finalidad o utilidad social que cada categoría de bienes objeto de dominio esté llamada a cumplir. Por ello, la fijación del «contenido esencial» de la propiedad privada no puede hacerse desde la exclusiva consideración subjetiva del derecho o de los intereses individuales que a éste subyacen, sino que debe incluir igualmente la necesaria referencia a la función social, entendida no como mero límite externo a su definición o a su ejercicio, sino como parte integrante del derecho mismo. Utilidad individual y función social definen, por tanto, inescindiblemente el contenido del derecho de propiedad sobre cada categoría o tipo de bienes." (STC 37/1987, de 26 de marzo, FJ 2º)

De ahí no se sigue que el derecho de propiedad reconocido constitucionalmente sea plenamente disponible por el legislador, pero sí que el contenido esencial del derecho que éste debe siempre respetar no es ni puede ser uniforme: "la referencia a que ha de atender el control jurídico por una u otra jurisdicción habrá de buscarse en el contenido esencial o mínimo de la propiedad privada entendido como recognoscibilidad de cada tipo de derecho dominical en el momento histórico de que se trate y como practicabilidad o posibilidad efectiva de realización del derecho, sin que las limitaciones y deberes que se impongan al propietario deban ir más allá de lo razonable." (*ibídem*)

Así que esta funcionalización aboca necesariamente, como anunciaba poco más atrás, a la diversidad del derecho de propiedad: "la progresiva incorporación de finalidades sociales relacionadas con el uso o aprovechamiento de los distintos tipos de bienes sobre los que el derecho de propiedad puede recaer ha producido una diversificación de la institución dominical en una pluralidad de figuras o situaciones jurídicas reguladas con un significado y alcance diversos. De ahí que se venga reconociendo en general aceptación doctrinal y jurisprudencial la flexibilidad o plasticidad actual del dominio que se manifiesta en la existencia de diferentes tipos de propiedades dotadas de estatutos jurídicos diversos, de acuerdo con la naturaleza de los bienes sobre los que cada derecho de propiedad recae." (*ibídem*)

El mayor problema lógico de esta configuración constitucional de la propiedad es que asume la teoría positivista de la función social, pero no la premisa en que se basa, que es la refutación de la concepción de la propiedad como un derecho subjetivo. Se sigue proclamando la propiedad como un derecho, pero ahora delimitado por su función social. Pero ¿puede una misma situación jurídica ser derecho subjetivo y función social? La unidad de lo primero es difícilmente conciliable con la pluralidad de lo segundo, por más que se apele genéricamente a la plasticidad del dominio. ¿Existe un contenido esencial o mínimo común a los diferentes tipos de propiedades e irreductible para todas las leyes? La invocación del Tribunal Constitucional a la proporcionalidad de los deberes respecto de las facultades, a la recognoscibilidad o a la practicabilidad nada nos dice del contenido de la propiedad, ya que podría aplicarse igualmente a otros derechos o institutos jurídicos. Esta propiedad constitucional, una y plúrima, ya no es que sea metafísica —como denunciara Duguit— sino que es mística.

En Latinoamérica, algunas constituciones mantienen enfáticas proclamaciones de la propiedad en el frontispicio de los derechos constitucionales, junto a otros derechos pioneros como la vida, la libertad o la seguridad, que evocan a la Declaración francesa de 1789. Pero ello no les impide sujetar este derecho a determinación legal, al servicio del interés general o de la función social. La Constitución de la República del Uruguay, de 1967, abre su capítulo sobre derechos, deberes y garantías afirmando en su artículo 7º que sus habitantes "tienen derecho a ser protegidos en el goce de su vida, honor, libertad, seguridad, trabajo y propiedad." Y su artículo 32 proclama que "la propiedad es un derecho inviolable, pero sujeto a lo que dispongan las leyes que se establezcan por razones de interés general". La de Brasil de 1988 proclama asimismo inviolable la propiedad, como la vida, la libertad, la igualdad y la seguridad, y en consecuencia la garantiza, pero de inmediato advierte que "la propiedad atenderá a su función social" (art. 5.XXII y XXIII, también art. 170.II y III).

Más recientemente, algunos ordenamientos le han añadido a la función social de la propiedad una función ecológica o ambiental. Es el caso de la Constitución colombiana de 1991, cuyo artículo 58 proclama: "la propiedad es una función social que implica obligaciones. Como tal, le es inherente una función ecológica"[5]. Como se observa, la función ecológica no se afirma independiente respecto de la social, sino más bien como un aspecto o elemento destacable e imprescindible de ella, que le es "inherente". Paralelamente, la Constitución Política de Colombia también proclama en su artículo 333 la función social de la empresa y habilita a la ley a delimitar el alcance de la libertad económica "cuando así lo exijan el interés social, el ambiente y el patrimonio cultural de la Nación". Y en el Ecuador, el artículo 66.26 de la Constitución de Montecristi de 2008 proclama el derecho "a la propiedad en todas sus formas, con función y responsabilidad social y ambiental" y su artículo 321 insiste en dicha función doble al tiempo que reconoce la diversidad del instituto, "en sus formas pública, privada, comunitaria, estatal, asociativa, cooperativa [y] mixta".

---

5 La Corte Constitucional colombiana tiene declarado que "esta connotación jurídica-social, indica que la propiedad dejó de ser un simple derecho subjetivo para pasar a tener una función social", por lo que ya sólo conlleva" la libertad de hacer [con el bien] lo que es conveniente para la sociedad" y "está radicada en cabeza del propietario la responsabilidad de cumplir" con el destino del bien y, si no lo hace, el Estado puede intervenir (potestad esta para la que cita la autoridad de León Duguit, Sentencia T-628/16, de 15 de noviembre de 2016, aps. 4.3 y 4.4).

Dentro de esta reflexión comparada general sobre la propiedad merecen ser destacados los casos de México y de Chile y Argentina, por razones opuestas.

En México, sabemos que la Constitución proclama desde hace más de un siglo que "la propiedad de las tierras y aguas comprendidas dentro de los límites del territorio nacional, corresponde originalmente a la Nación, la cual ha tenido y tiene el derecho a transmitir el dominio de ellas a los particulares, constituyendo la propiedad privada" (art. 27). A partir de la premisa según la cual la propiedad privada no es un derecho original sino derivado, constituido por la nación, la Constitución le atribuye a esta el "derecho de imponer a la propiedad privada las modalidades que dicte el interés público, así como el de regular, en beneficio social, el aprovechamiento de los elementos naturales susceptibles de apropiación, con objeto de hacer una distribución equitativa de la riqueza pública, cuidar de su conservación, lograr el desarrollo equilibrado del país y el mejoramiento de las condiciones de vida de la población rural y urbana."

Del otro lado, la Constitución de Chile de 1980 diferencia dos derechos constitucionales: "la libertad para adquirir el dominio de toda clase de bienes, excepto aquellos que la naturaleza ha hecho comunes a todos los hombres o que deban pertenecer a la Nación toda y la ley lo declare así", y "el derecho de propiedad en sus diversas especies sobre toda clase de bienes corporales o incorporales" (art. 19, 23° y 24°). La Constitución instaura una reserva de ley para "establecer el modo de adquirir la propiedad, de usar, gozar y disponer de ella y las limitaciones y obligaciones que deriven de su función social. Esta comprende cuanto exijan los intereses generales de la Nación, la seguridad nacional, la utilidad y la salubridad públicas y la conservación del patrimonio ambiental"[6].

---

6 El Tribunal Constitucional chileno ha declarado (a propósito de la propiedad de las aguas, que presenta claras analogías con la del suelo) que "una de las manifestaciones y concreciones del principio de bien común es el desarrollo de la función social en cuanto aplica las cláusulas de intereses generales de la nación, utilidad pública y conservación del patrimonio ambiental" (STC Rol n° 2.693, de 13 de octubre de 2015, cdo. 23°) y ha dado amplio alcance a la función social de la propiedad, por ejemplo para legitimar la intervención administrativa sobre los centros educativos privados, porque "esta Magistratura ha considerado que cuando hay una función pública envuelta en una actividad afecta a la limi-

Y en Argentina, donde tanto la longeva Constitución de la Nación (art. 17) como la de la Provincia de Buenos Aires de 1994 (art. 31) proclaman la inviolabilidad de la propiedad sin hacer mención alguna a su función social, las posteriores Constituciones de las Provincias de Córdoba, de 2001 (art. 67), y La Rioja, de 2008, ya sí la introducen y, por ejemplo, la última mencionada afirma que "la propiedad privada tiene una función social y, en consecuencia, la misma queda sometida a las restricciones y obligaciones que establezca la ley con fines de bien común" (art. 62).

En suma, podemos recapitular que se ha extendido y es común en los ordenamientos latinoamericanos —ya provengan de tradiciones más sociales o liberales— la concepción estatutaria de la propiedad como un haz de facultades y obligaciones delimitadas por la función social y ecológica que cumple.

3. EL ESTATUTO DE LA PROPIEDAD SOBRE EL SUELO: SU FUNCIÓN SOCIAL Y ECOLÓGICA

En su celebérrima obra *La riqueza de las naciones* (1776), Adam Smith —otro padre del pensamiento liberal, sobre el que Locke ejerció además una fuerte influencia— clasifica el producto nacional en tres componentes: la renta de la tierra, los salarios del trabajo y los beneficios del capital, que constituyen el ingreso de tres categorías diferentes de personas. La primera de ellas, los propietarios de la tierra, forman para el padre del pensamiento económico clásico "la única de las tres clases cuyo ingreso no les cuesta ni trabajo ni preocupaciones: puede decirse que acude a sus manos espontáneamente, sin que ellos elaboren ni plan ni proyecto alguno con tal objetivo. Esa indolencia, que es el efecto natural de una posición tan cómoda y segura, los vuelve con frecuencia no sólo ignorantes sino incapaces del ejercicio intelectual necesario para prever y comprender las consecuencias de cualquier reglamentación pública".

---

tación al dominio, hay una justificación de la función social que la funda (STC Rol nº 506), sobre todo si hay un beneficio para la comunidad (STC Roles nº 253, 1.295 y 2.487)" (STC Rol nº 2.731, de 26 de noviembre de 2014, cdo. 38º).

También Duguit centra su mirada socializante en la propiedad inmobiliaria en el prólogo a la segunda edición de su obra reseñada, firmado ya en 1920, cuando los estragos de la Gran Guerra han hecho evidente la función social especialmente intensa que tiene la propiedad de las tierras rurales y de las casas de alquiler en las ciudades. De un lado, "la guerra ha mostrado cómo la explotación intensiva de todas las propiedades rurales es de una importancia capital para la vida misma de la nación. Por la falta de mano de obra originada por la movilización general, y también, es preciso decirlo, a consecuencia de la apatía e indiferencia de algunos propietarios, un número de tierras, relativamente importante, ... han quedado sin cultivar". Y de otro lado, "el propietario de casas de alquiler desempeña una función social de primera importancia, que aparece clara cuando un país se encuentra en circunstancias graves y excepcionales".

Siendo la tierra o el suelo el hábitat natural de la persona (sobre el que fija su vivienda y sobre el que se desplaza habitualmente y desarrolla su interacción social), pero también un bien inmueble (cuya oferta no puede desplazarse allí donde tenga demanda), un recurso económico esencial (para la producción de prácticamente cualquier actividad económica, empezando por la agropecuaria que nos procura el alimento) y un recurso natural escaso y no renovable (cuya transformación por la urbanización es irreversible e impacta sobre los demás recursos, como el agua y el aire), se comprende que la propiedad sobre el suelo cumpla una función social y ecológica particularmente intensa.

Esta singular relevancia de la función social del suelo explica que la Sentencia constitucional que he citado profusamente en el apartado anterior —por su señalada contribución doctrinal a fijar la concepción estatutaria de la propiedad en mi país— se dictara, no por casualidad, en un recurso contra una ley de reforma agraria que imponía a los propietarios de los fundos rústicos determinados deberes de explotación y mejora de la productividad de la tierra. Y que sea justamente a propósito del derecho a la vivienda que la Constitución española (art. 47) mande regular "la utilización del suelo de acuerdo con el interés general para impedir la especulación". El suelo es el único bien o recurso económico cuya especulación manda expresamente impedir la Constitución española, no por azar sino por su singular función social y ecológica[7].

En el ordenamiento colombiano, la función social y ecológica de la propiedad sobre el suelo exige conectar el artículo 58 de la Constitución Política más atrás reseñado con su artículo 80, por cuya virtud "El Estado planificará el manejo y aprovechamiento de los recursos naturales, para garantizar su desarrollo sostenible, su conservación, restauración o sustitución". Y con su artículo 334, que atribuye al Estado la dirección general de la economía y le habilita para intervenir, por mandato de la ley, en el uso del suelo. En México, la potestad regulatoria de la propiedad privada atribuida a la nación por el artículo 27 de la Constitución la habilita, en particular, para dictar "las medidas necesarias para ordenar los asentamientos humanos". En Ecuador, el artículo 375 de la Constitución manda al Estado, en todos sus niveles de gobierno, garantizar el derecho al hábitat y a la vivienda digna, entre otros medios, mediante "planes y programas de hábitat y de acceso universal a la vivienda" y su artículo 376 habilita a las municipalidades a expropiar, reservar y controlar áreas para el desarrollo futuro, de acuerdo con la ley, y prohíbe asimismo obtener beneficios "a partir de prácticas especulativas sobre el uso del suelo, en particular por el cambio de uso, de rústico a privado o de público a privado".

En Brasil es donde mayor concreción constitucional alcanza tanto la habilitación de la potestad pública de planeamiento urbano, como su relación con el derecho de propiedad privada. En efecto, en cuanto a lo primero el artículo 182 de la Constitución de Brasil configura una "política de desarrollo urbano" que atribuye al poder público municipal conforme a las directrices generales que fije la ley y que tiene por objetivo "ordenar el pleno desenvolvimiento de las funciones sociales de la ciudad y garantizar el bienestar de sus habitantes". El instrumento básico de esta política es el plan director, que hace obligatorio para las ciudades de más de 20.000 habitantes. Y en

---

7 También es elocuente el caso de Italia, donde la Constitución, después de configurar genéricamente el derecho de propiedad en su artículo 42, dedica su artículo 44 específicamente a habilitar a la ley a imponer obligaciones y cargas a la propiedad privada de la tierra para lograr el aprovechamiento racional del suelo y establecer relaciones sociales equitativas.

cuanto a lo segundo, asevera la Constitución que "la propiedad urbana cumple su función social cuando atiende las exigencias fundamentales de ordenación de la ciudad expresadas en el plan director".

En suma, la función social y ecológica de la propiedad del suelo se combina con un mandato constitucional de "regulación" en España, de "planificación" e "intervención" en Colombia, de "ordenación" en México, de "planificación" y "programación" en Ecuador, de "ordenación" y "planificación" en Brasil. Y de acuerdo con lo que dispongan las leyes, dichos instrumentos de regulación, ordenación, planificación y/o programación están habilitados para delimitar la función social y ecológica de la propiedad.

4. LA CONFIGURACIÓN DE LA PROPIEDAD POR LOS PLANES URBANOS Y LA SUJECIÓN DE LOS PROPIETARIOS A DEBERES O CARGAS URBANÍSTICAS Y A LAS POTESTADES ADMINISTRATIVAS PARA GARANTIZAR SU CUMPLIMIENTO

De acuerdo con el marco constitucional descrito, es habitual que las leyes habiliten a los planes para desarrollar el estatuto de la propiedad urbana, subordinándolo al interés general y particularizándolo respecto de un determinado ámbito espacial y temporal de aplicación.

Los planes determinan el contenido del derecho de propiedad, de conformidad con las leyes. Este contenido es estatutario, puesto que no sólo está conformado por facultades (de participación en actuaciones urbanizadoras, de edificación, de uso y explotación, de enajenación) sino también por sus correlativos deberes y cargas (de ejecución y costeamiento de obras, de conservación de edificaciones, construcciones e instalaciones, de cesión de suelos con destino público). Y unos y otros vienen dados no sólo por la situación de los terrenos, sino también por su destino fijado en dichos planes.

En el Derecho español, esta configuración legal de la propiedad del suelo se contiene en el artículo 4.1 del Texto Refundido de la Ley de Suelo y Rehabilitación Urbana (aprobado por Real Decreto

Legislativo 7/2015, de 30 de octubre, en adelante TRLSRU) y de ella se siguen importantes consecuencias, como que:

a) Puesto que los planes no limitan ni merman un derecho preexistente, sino que delimitan intrínsecamente el contenido de la propiedad, dicha ordenación no da derecho a exigir indemnización. Así lo dispone en España el citado artículo 4.1 del Texto Refundido de la Ley de Suelo y Rehabilitación Urbana.

   Ahora bien, esta regla general tiene excepciones. La ordenación urbana puede generar derechos indemnizatorios cuando produzca un daño antijurídico: tal cosa puede ocurrir cuando establezca una vinculación o limitación singular sobre una propiedad, que no compartan otras análogas; cuando las obligaciones y cargas impuestas superen el valor del aprovechamiento atribuido, haciéndolo económicamente inviable; o cuando el cambio de ordenación sea desfavorable y se imponga sin dejar transcurrir el tiempo suficiente para disfrutar del régimen anterior y amortizar la inversión realizada, en su caso (artículo 48 TRLSRU).

b) La previsión de edificabilidad por la ordenación territorial y urbana, por sí misma, no la integra en el contenido del derecho de propiedad del suelo. La patrimonialización de dicha edificabilidad exige su realización efectiva (puesto que la edificación del suelo apto para ello no sólo es una facultad, sino también un deber) y está condicionada en todo caso al cumplimiento de los demás deberes y el levantamiento de las cargas correspondientes, según dispone el artículo 11.2 TRLSRU.

   De entre estos deberes destacan los vinculados por el art. 18 de esta Ley a la promoción de las actuaciones de urbanización del suelo, que incluyen entregar obligatoria y gratuitamente a la Administración todo el suelo destinado a dotaciones públicas (viales, zonas verdes, etc.) incluidas en la actuación o adscritas a ella, así como el suelo urbanizado correspondiente a un porcentaje de entre el 5% y el 15% del aprovechamiento urbanístico (técnica a través de la cual se da cumplimiento al mandato de participación de la comunidad en las plusvalías urbanísticas establecido en el citado art. 47 de la Constitución española), y también costear, en su caso ejecutar y entregar todas las obras de urbanización y de conexión de la actuación con las redes de infraestructuras y servicios.

c) El incumplimiento de los deberes de la propiedad habilita, de conformidad con su artículo 49, a ejercer la prerrogativa administrativa de la ejecución subsidiaria o las potestades administrativas de la expropiación forzosa o de la venta o sustitución forzosas, por incumplimiento de la función social de la propiedad.

En Latinoamérica, como de seguido comprobaremos, está ya muy extendida no sólo la proclamación de la función social de la propiedad sino también la atribución a la misma de distintos deberes o cargas urbanísticas, en particular los asociados a los nuevos desarrollos urbanos. Pero no tanto los mecanismos de distribución público-privada de la plusvalía a ellos asociados, que sólo algunos países articulan ya sea mediante la técnica de la cesión obligatoria y gratuita de parte del aprovechamiento lucrativo (España o Argentina), ya de la adquisición onerosa de derechos (Brasil o Ecuador).

En México, el artículo 4.III de la Ley General de Asentamientos Humanos, Ordenamiento Territorial y Desarrollo Urbano reafirma el carácter estatutario de la propiedad urbana, comprensiva de derechos pero también de "responsabilidades específicas con el estado y con la sociedad" y proclama la prevalencia del interés público en la ocupación y aprovechamiento del territorio. En consecuencia, su artículo 47 sujeta "el ejercicio del derecho de propiedad, de posesión o cualquier otro derivado de la tenencia de bienes inmuebles ubicados en [los] centros [de población], a las Provisiones, Reservas, Usos y Destinos que determinen las autoridades competentes, en los planes o programas de Desarrollo Urbano aplicables"; su artículo 56 carga al "propietario o promovente" las obras de cabeza o redes de infraestructura de los proyectos de urbanización de áreas rurales y, en el caso de fraccionamientos o conjuntos urbanos, además deberá asumir el costo de las obras viales y sistemas de movilidad necesarias para garantizar la conectividad entre la acción urbanística de que se trate y el centro de población más cercano; y su artículo 57 exige a la legislación local garantizar "que se efectúen las donaciones y cesiones correspondientes a vías públicas locales, equipamientos y espacios públicos que se requieran para el desarrollo y buen funcionamiento de los Centros de Población."[8]

En Colombia, el artículo 2.1 de la Ley 388 de 1997 proclama la función social y ecológica de la propiedad como uno de los tres principios en los que se fundamenta el ordenamiento del territorio y, de conformidad con lo dispuesto en su artículo 15.2, las normas urbanísticas generales "otorgan derechos e imponen obligaciones urbanísticas a los propietarios de terrenos y a sus constructores", incluidas "las cesiones urbanísticas gratuitas, así como los parámetros y directrices para que sus propietarios compensen en dinero o en terrenos, si fuere del caso"[9]. Ahora bien, no es la ordenación en sí misma sino los que el artículo 36 denomina "los actos administrativos de contenido particular y concreto en firme que autorizan las actuaciones urbanísticas" (esto es, las licencias de parcelación, urbanización y construcción) quienes "consolidan situaciones jurídicas en cabeza de sus titulares y los derechos y las obligaciones contenidos en ellas". Y según su artículo 52, el incumplimiento de la función social de la propiedad también legitima a la Administración a su enajenación forzosa en pública subasta, en particular la de los terrenos declarados de desarrollo o construcción prioritaria, si no se urbanizan o construyen, respectivamente, en determinado plazo desde su declaratoria.

En Uruguay, el artículo 35 de la Ley nº 18.308 de 2008, de Ordenamiento Territorial y Desarrollo Sostenible también dispone que "las limitaciones al derecho de propiedad incluidas en las determinaciones de los instrumentos de ordenamiento territorial se consideran comprendidas en el concepto de interés general declarado en la

---

8 En el capítulo dedicado a ese país se da cuenta (ap. 2.3) de que no existe en México un sistema general de recuperación pública de plusvalías urbanísticas, pero sí varias grandes ciudades han establecido mecanismos de adquisición onerosa de los derechos de desarrollo, así como (ap. 2.4) de los debates y conflictos que han generado las cargas urbanísticas.

9 En su Sentencia C-495 de 1998, la Corte Constitucional colombiana declaró conformes con la Constitución las cesiones gratuitas del art. 37 de la Ley 388/1997, porque "constituyen una contraprestación de los propietarios de inmuebles por la plusvalía que generan las diferentes actuaciones urbanísticas de los municipios" y "comportan una carga a los propietarios que se enmarca dentro de la función social de la propiedad y su inherente función ecológica, que requiere regulación legal en los términos del art. 58 de la Constitución".

presente ley" y que el cumplimiento de los deberes vinculados al ordenamiento territorial establecidos por ella es condición para poder ejercer los derechos de aprovechamiento urbanístico del inmueble y para el dictado del acto administrativo de autorización para ejercer el derecho a desarrollar actividades y usos, a modificar, a fraccionar o a construir. Su artículo 37 contempla los deberes de la propiedad inmueble (usar, conservar, rehabilitar, ...) y su artículo 38 prescribe el deber de ceder "de pleno derecho" los terrenos reservados para espacios libres, equipamientos, cartera de tierras y otros destinos de interés público.

En Chile, las sucesivas modificaciones de la Ley General de Urbanismo y Construcciones (LGUC) han definido la planificación urbana como "una función pública cuyo objetivo es organizar y definir el uso del suelo y las demás normas urbanísticas de acuerdo con el interés general" (art. 28 decies) y en toda urbanización de terrenos el propietario debe ejecutar las obras de urbanización (art. 134) y ceder gratuita y obligatoriamente para circulación, áreas verdes, desarrollo de actividades deportivas y recreacionales y para equipamiento las superficies que señale la Ordenanza General, que no podrán exceder del 44% de la superficie total del terreno original (art. 70)[10]. A ello se añadió en 2016 un sistema de mitigaciones de los impactos sobre la movilidad de los proyectos de crecimiento urbano, ya sea por extensión o por densificación (arts. 168 ss.), y de aportes de los segundos al espacio público (art. 175), que se pagan en dinero o se materializan en estudios, proyectos, obras "u otras medidas" (art. 179), cuyo estudio excede del objeto comparado de este capítulo[11].

---

10 El Tribunal Constitucional chileno, en su Sentencia Nº Rol 253, de 15 de abril de 1997, confirmó la constitucionalidad de esta técnica al entender que no viola el derecho de propiedad, porque "lejos de constituir un daño patrimonial para el dueño, procura un beneficio pecuniario para él, pues el valor de los terrenos urbanizados es superior al valor de dichos terrenos sin urbanizar, incluyendo por cierto, en este último, los costos que demanda la urbanización tanto por la ejecución de las obras respectivas como aquellos que derivan de la pérdida de superficie por las cesiones gratuitas. Esta es una realidad constitutiva de un hecho público y notorio que no se puede ignorar".

11 Para más detalle, pueden verse el capítulo dedicado a Chile en esta obra (ap. 2.3) y las referencias allí citadas.

En Argentina, que carece de una ley federal y general en la materia, la función social de la propiedad se afirma en alguna de las leyes provinciales más recientes, como la de La Rioja de 10 de junio de 2021, cuyo artículo 4 proclama, entre otros, los principios de prevalencia del interés general sobre el particular y de ejercicio socialmente responsable del derecho de propiedad, según el cual "la propiedad privada cumple su función social cuando atiende a las exigencias fundamentales de planificación y desarrollo del territorio que apuntan a la utilización del suelo conforme al interés general y a los principios del desarrollo sustentable, constituyéndose como finalidades que integran los dominios del suelo a su función social." Dichos principios sustentan las potestades administrativas de clasificación (art. 7) y zonificación del territorio (art. 8) atribuidas a los instrumentos de panificación territorial, así como los deberes de los propietarios de ceder los suelos para apertura de calles, espacios circulatorios, espacios verdes públicos y equipamiento comunitario y de contribuir obligatoriamente, en su caso, a la participación de entre un 10% y un 35% en la valorización inmobiliaria generada por el aprovechamiento urbanístico y realizada con la enajenación del inmueble (arts. 18 a 21).

En Brasil, el Estatuto de la Ciudad (Ley nº 10.257, de 10 de julio de 2001) ya advierte en su mismo artículo 1º que "establece normas de orden público e interés social que regulan el uso de la propiedad urbana en pro del bien colectivo, de la seguridad y del bienestar de los ciudadanos, así como del equilibrio ambiental". Y su artículo 2º establece, entre otras directrices generales de la política urbana, el ordenamiento y control del uso del suelo, para evitar, por ejemplo, la utilización inadecuada de los inmuebles urbanos, la proximidad de usos incompatibles o inapropiados, la parcelación, la edificación o el uso excesivos o inadecuados para la infraestructura urbana o la retención especulativa del inmueble urbano, cuyo resultado sea su subutilización o no utilización.

La Ley brasileña parafrasea a la Constitución cuando recuerda en su artículo 39 que la propiedad urbana cumple su función social cuando atiende a las exigencias fundamentales de ordenación de la ciudad plasmadas en el plan maestro. Y dota a dicho plan de amplias potestades para delimitar áreas en las que la parcelación, edificación o utilización del suelo urbano no edificado, subutilizado o no utilizado sean obligatorias (art. 5) o en las que exigir contrapartidas a los propietarios por permitir construir por encima del coeficiente de aprovechamiento básico adoptado (art. 28), por las modificaciones en el uso del suelo que dicho plan establezca (art. 29) o por los beneficios derivados de la ordenación de una operación urbana consorciada (art. 33.VI). Prevé la expropiación de inmuebles por incumplimiento de la referida obligación de parcelar, de edificar o de utilizarlos (art. 8). Y también limita la facultad de libre disposición de los propietarios en las áreas que asimismo delimite el plan maestro, otorgando al poder público municipal un "derecho de preferencia" para la adquisición de inmuebles urbanos objeto de enajenación onerosa entre particulares (art. 25) con el objeto de destinarlos a fines tales como la regularización fundiaria, la ejecución de programas y proyectos habitacionales de interés social o la dotación de equipamientos o espacios libres de esparcimiento y zonas verdes (art. 26).

La Ley Orgánica de Ordenamiento Territorial, Uso y Gestión de Suelo (LOOTUGS) del Ecuador recoge de la tradición española la declaración del carácter no indemnizable de la ordenación urbanística y que sus previsiones sobre usos y edificabilidad "no confieren derechos adquiridos a los particulares" (art. 39). Y tampoco se limita a imponer a los propietarios de suelo vinculados a una unidad de actuación urbanística ceder gratuitamente el suelo destinado a espacios público, infraestructuras y equipamientos y financiar y ejecutar las obras de urbanización y demás costes de la actuación (art. 50), sino que además habilita a los gobiernos municipales y metropolitanos a arbitrar técnicas de concesión onerosa de derechos por la transformación de suelo rural a suelo rural de expansión urbana o suelo urbano, la modificación de usos del suelo o la autorización de un mayor aprovechamiento, "para garantizar la participación de la sociedad en los beneficios económicos producidos por la planificación urbanística y el desarrollo urbano en general" (art. 72).

También es común a varios países la afectación, por ministerio de la ley, de los recursos públicos obtenidos mediante estas técnicas a determinados fines de interés general de carácter urbanístico o habitacional. Así como en España los terrenos e ingresos obtenidos por la participación de la comunidad en las plusvalías generadas por la actuación urbanística de las administraciones públicas se integran necesariamente en los patrimonios públicos de suelo, que son patrimonios separados afectados a la promoción de viviendas protegidas u otros usos de interés social (arts. 51 y 52 TRLSRU), el dinero ingresado por la participación en la valorización inmobiliaria en La Rioja (Argentina) sólo puede destinarse a la construcción o mejoramiento de viviendas y/o construcción de obras de infraestructura de servicios públicos y/o de áreas de recreación y equipamientos sociales, en sectores de asentamientos o viviendas de población de bajos recursos, [art. 22.a)] y los recursos generados a través de la concesión onerosa de derechos en Ecuador quedan afectados a fines tales como la ejecución de infraestructuras, equipamientos y servicios o la construcción de vivienda de interés social (art. 73 LOOTUGS). Y en Chile, los aportes a los espacios públicos recaudados por los municipios deben mantenerse en una cuenta especial y separada del resto del presupuesto para su destino preferentemente a obras de infraestructura en movilidad y otros espacios públicos como áreas verdes y las actuaciones administrativas —planes, proyectos, expropiaciones— necesarias para llevarlas a cabo (art. 180 LGUC).

5. LA CLASIFICACIÓN DEL SUELO SEGÚN SU FUNCIÓN SOCIAL Y ECOLÓGICA

En España y algunos países latinoamericanos, la principal técnica utilizada por el urbanismo para diferenciar las funciones sociales y ecológicas de los terrenos ha sido la clasificación del suelo. La clasificación consiste en la división del suelo en dos o tres regímenes básicos, según cuales sean su estado y su destino, y sirve de premisa lógica para subclasificar a las clases en categorías y/o zonas más específicas. En la tradición española, además, estas distintas clases y categorías de suelo determinan la configuración de distintos estatutos de la propiedad. Queda así establecida una correspondencia entre regímenes (objetivos) de utilización del suelo y estatutos (subjetivos) de la propiedad, que ni es universal (en otros países no rige del mismo modo)[12] ni está exenta de críticas, por las rigideces que

[12] En Francia, por ejemplo, el urbanismo se apoya antes en el concepto de policía administrativa que en la concepción estatutaria de la propiedad y la clasificación del suelo no tiene el mismo efecto configurador de los estatutos de la

puede introducir y las rentas de monopolio que puede atribuir a la propiedad fundiaria.

Desde la seminal Ley de Régimen del Suelo y Ordenación Urbana de 1956, rige en España una clasificación tripartita del suelo en rústico o no urbanizable, urbanizable y urbano. Sólo a partir de la Ley 8/2007, de 28 de mayo, de Suelo, el legislador estatal —que ya no es legislador urbanístico, puesto que esta competencia es ahora autonómica— dejó de emplear la técnica de la clasificación tripartita y estableció solo dos grandes situaciones básicas de suelo, atendiendo a su situación efectiva y no a su destino: el suelo rural y el urbanizado. La intención era destrabar la regulación estatal —a la que compete fijar derechos y valores de la propiedad, pero no destinos del suelo porque no es el legislador urbanístico— de la lógica especulativa que atribuye derechos y garantiza valor a las meras expectativas, aun cuando estas no se realicen[13]. Desde entonces, la mayoría de comunidades autónomas se han mantenido en la tradicional clasificación tripartita del suelo, salvo Andalucía donde la Ley 7/2021, de 1 de diciembre, de Impulso para la Sostenibilidad del Territorio de Andalucía ha innovado en la materia al clasificar al suelo en solo dos clases: urbano y rústico (art. 12).

En algunos países latinoamericanos predomina una clasificación bipartita del suelo, basada en la distinción básica entre el medio rural y el urbano, en la que el suelo urbanizable se agrega al primero o al segundo según predomine la perspectiva de la situación fáctica o del

---

propiedad inmobiliaria. Los deberes y cargas urbanísticas, en consecuencia, no se le imputan a la propiedad sino a la promoción de la actividad urbanizadora o constructora (Bassols, 2002: 94). Tampoco en Alemania de la clasificación del suelo se siguen las mismas consecuencias estatutarias de la propiedad que en España (Rodríguez de Santiago, 2001: 310). Y respecto de Argentina, puede verse el capítulo correspondiente de esta obra (ap. 3.2).

13 También desvincular la urbanización del suelo del derecho individual de propiedad privada, del que excede lógicamente (porque urbanizar es hacer ciudad y la ciudad no es privativa de nadie) y también físicamente cuando se acomete de forma sistemática o conjunta para varios predios, por lo que la ley española ya no atribuye a los propietarios el derecho a promover la urbanización sino sólo a participar en su ejecución [art. 13.2.c) TRLSRU] y, simétricamente, tampoco le imputa los deberes y cargas correspondientes, que atribuye a los promotores de la actuación (art. 18).

destino urbanístico, mientras que otros países mantienen la clasificación tripartita del suelo.

En Colombia, la primera acción urbanística que la Ley 388 de 1997 habilita a la función pública del ordenamiento del territorio municipal o distrital es precisamente clasificar el territorio en suelo urbano, rural y de expansión urbana (art. 8.1), de forma que los planes de ordenamiento, además de un componente general, deben tener un componente urbano (regulador de las clases de suelo urbano y de expansión urbana: art. 13) y otro rural (para esta clase de suelo: art. 14) y las normas relativas a esta clasificación del suelo son calificadas por la Ley como estructurales (art. 15.1.1). Similar es la situación en Chile, donde la Ley define los "límites urbanos", como la línea imaginaria que delimita, de un lado, las áreas urbanas y de extensión urbana y, de otro, el resto del área comunal, esto es, el área rural (arts. 42 y 55 LGUC y 1.1.2 OGUC). También es el caso de la Provincia de Buenos Aires, en Argentina, cuya Ley de Ordenamiento Territorial y Uso del Suelo manda a los municipios delimitar su territorio en áreas rurales, de un lado, y de otro lado áreas urbanas y áreas complementarias, donde se definen como urbanas las áreas urbanizadas y semiurbanizadas, mientras que las áreas complementarias son las zonas circundantes o adyacentes a las áreas urbanas, con las que están relacionadas funcionalmente y en las que se delimitan zonas destinadas a su ensanche (arts. 5 y 6). Y en Ecuador, la Ley Orgánica de Ordenamiento Territorial, Uso y Gestión de Suelo atribuye al componente estructurante del plan de uso y gestión de suelo la clasificación del mismo (art. 28), para la que sólo considera solo dos grandes clases de suelo, el urbano y el rural, porque este último incluye al "suelo rural de expansión urbana", que es sometido a lo que denomina el tratamiento urbanístico de desarrollo, asimismo aplicable al suelo urbano no consolidado (arts. 4.15, 17, 19.3 y 42).

Mientras que en Uruguay, la Ley de Ordenamiento Territorial y Desarrollo Sostenible otorga a los gobiernos departamentales la competencia exclusiva para categorizar el suelo en rural, urbano o suburbano (art. 30). En México, asimismo, la Ley General de Asentamientos Humanos, Ordenamiento Territorial y Desarrollo Urbano clasifica el suelo en áreas urbanizadas, áreas urbanizables y áreas no urbanizables, que se determinan mediante lo que denomina la zonificación primaria del territorio (art. 3.II, III y XXXIX). Y en la provincia argentina de La Rioja, la Ley para el Desarrollo Territorial y un Hábitat Adecuado clasifica el suelo en áreas urbanas, de transición y/o periurbanas y no urbanas (art. 7).

Sea como fuere en cada país, importa tener presente que todo el suelo es un recurso natural y es hábitat de las personas, por tanto, todo él cumple una función tanto social como ecológica. Pero no en la misma medida: es notorio que en el suelo rural/no urbanizable prevalece la función ecológica asociada a su mayor biodiversidad, mientras que tanto en el suelo urbano, por su estado, como en el urbanizable/de transición o de expansión urbana/complementario/ periurbano o suburbano, por su destino, predomina la función social de servir de asentamiento de la población humana. Dedicaré los dos últimos apartados a estudiar brevemente, primero, la función ecológica del suelo rural y, después, la función social del suelo urbano o urbanizable con uso residencial. He elegido este uso porque veremos que, de los diferentes destinos urbanísticos que pueden tener estas clases de suelo, el residencial es el nuclear y más relevante jurídicamente por su conexión con la dignidad de la persona y el derecho a la vivienda.

6. LA FUNCIÓN ECOLÓGICA DEL SUELO RURAL

La función ecológica delimita el contenido de la propiedad sobre el suelo, limitando las facultades de transformación y acentuando los deberes de conservación. En España, el principio de desarrollo territorial y urbano sostenible prescribe "la protección, adecuada a su carácter, del medio rural y la preservación de los valores del suelo innecesario o inidóneo para atender las necesidades de transformación urbanística" [art. 3.2.b) TRLSRU], por lo que el suelo rural no sometido a actuaciones de urbanización debe ser preservado de ella por las Administraciones públicas [art. 20.1.a TRLSRU] y su utilización está regida por tres reglas básicas (13.1 TRLSRU):

a) Una regla general, según la cual las facultades del derecho de propiedad sobre estos suelos solo "incluyen las de usar, disfrutar y disponer de los terrenos de conformidad con su naturaleza, debiendo dedicarse, dentro de los límites que dispongan las leyes y la ordenación territorial y urbanística, al uso agrícola, ganadero, forestal, cinegético o cualquier otro vinculado a la utilización racional de los recursos naturales".

b) Una regla especial, para los "terrenos con valores ambientales, culturales, históricos, arqueológicos, científicos y paisajísticos que sean objeto de protección por la legislación aplicable", consistente en someter su utilización "a la preservación de dichos valores", por lo que sólo son admisibles "los actos de alteración del estado natural de los terrenos que aquella legislación expresamente autorice".

c) Y una regla excepcional, para legitimar sólo con este carácter "actos y usos específicos que sean de interés público o social, que contribuyan a la ordenación y el desarrollo rurales, o que hayan de emplazarse en el medio rural", como puede ocurrir, por ejemplo, con algunas infraestructuras o industrias cuya peligrosidad obligue a alejar de los núcleos de población.

Estas facultades en ningún caso deben propiciar la transformación urbanística del suelo rural y, por ello, "en este suelo quedan prohibidas las parcelaciones urbanísticas, sin que puedan efectuarse divisiones, segregaciones o fraccionamientos de cualquier tipo en contra de lo dispuesto en la legislación agraria, forestal o de similar naturaleza" (art. 16.2 TRLSRU).

En México, "las tierras agrícolas, pecuarias y forestales, así como las destinadas a la preservación ecológica, deberán utilizarse preferentemente en dichas actividades o fines" según el art. 48 de la Ley General de Asentamientos Humanos, Ordenamiento Territorial y Desarrollo Urbano, mientras que "la fundación de Centros de Población deberá realizarse en tierras susceptibles para el aprovechamiento urbano, evaluando su impacto ambiental y respetando primordialmente las áreas naturales protegidas, el patrón de Asentamiento Humano rural y las comunidades indígenas" de conformidad con su artículo 50. En consecuencia, su artículo 55 prescribe que "las áreas consideradas como no urbanizables en los planes o programas de Desarrollo Urbano y ordenamiento territorial, de conurbaciones o de zonas metropolitanas, sólo podrán utilizarse de acuerdo a su vocación agropecuaria, forestal o ambiental, en los términos que determinan esta Ley y otras leyes aplicables". Y en Uruguay, "los suelos de categoría rural quedan, por definición, excluidos de todo proceso de urbanización, de fraccionamiento con propósito residencial y comprendidos en toda otra limitación que establezcan los instrumentos" a tenor del art. 31 de su Ley de Ordenamiento Territorial y Desarrollo Sostenible.

El desarrollo sostenible del medio rural es un reto mayúsculo y creciente del urbanismo contemporáneo. Consiste en un equilibrio inestable y sometido a fuertes presiones: de un lado, debe proteger su carácter y valores propios, su aprovechamiento primario (agropecuario, forestal, cinegético, etc.), su paisaje y su biodiversidad, lo que requiere preservar a este medio de la transformación urbana y de la formación de nuevos núcleos de población pero, de otro, también debe evitar su despoblamiento mediante un conservacionismo indiscriminado que prive de contenido económico a la propiedad inmobiliaria, ahogue toda actividad económica o dificulte el acceso a la vivienda y los servicios básicos de la población rural. Un equilibrio que demanda, pues, un difícil juicio de ponderación por parte de los instrumentos de ordenamiento territorial y urbano.

7. LA FUNCIÓN SOCIAL DEL SUELO RESIDENCIAL Y LA CONSECUENTE DELIMITACIÓN DE SU PROPIEDAD

Del otro lado de la balanza, se encuentra el suelo que ya es urbano en su estado actual y aquél otro que se clasifica o categoriza como urbanizable, de expansión urbana o suburbano porque los planes le atribuyen dicho destino. Dentro de él, nos fijaremos en el suelo con uso residencial porque cumple una función social particularmente intensa y jurídicamente relevante.

7.1. El derecho a la vivienda y a la ciudad: una introducción

La vivienda es el ámbito del hábitat o medio de la persona en el que desarrolla de forma privativa su vida íntima y familiar. Es nuestro *territorio personal*. Desglosemos brevemente el significado de esta doble referencia de la vivienda, al territorio y a las personas, que nos habla de su consideración ambiental y socio-económica, respectivamente:

En primer lugar, como hábitat o medio de las personas, la vivienda es un territorio delimitado pero inserto en territorios más amplios. Forma parte del medio urbano o rural en el que no sólo se sitúa, sino del que también se provee (movilidad viaria, suministro de agua, luz, telecomunicaciones y otros servicios básicos, etc.) y al que está esencialmente vinculado.

Por eso el derecho a la vivienda forma parte del bloque ambiental de la Constitución española de 1978 (arts. 45, 46 y 47 CE), que aborda conjuntamente en su artículo 47 el derecho a la vivienda y la regulación del uso del suelo. También el artículo 65 de la Constitución portuguesa combina a la vivienda y el urbanismo. Y la Constitución de la República del Ecuador de 2008 reúne asimismo "hábitat y vivienda" en una misma sección, la sexta, del capítulo segundo de su título II, dedicado a los que denomina "derechos del buen vivir". El artículo 30 encabeza esta sección con el siguiente tenor: "Las personas tienen derecho a un hábitat seguro y saludable, y a una vivienda adecuada y digna, con independencia de su situación social y económica". Y en el plano internacional, la Carta de la Organización de los Estados Americanos incluye sin solución de continuidad entre las "metas básicas" de su artículo 34 la vivienda adecuada para todos los sectores de la población y unas condiciones urbanas que hagan posible una vida sana, productiva y digna.

Como advirtió Ildefonso Cerdá en su *Teoría General de la Urbanización* de 1867, de forma tan sencilla como elegante: la urbe es "un conjunto de habitaciones enlazadas por una economía viaria", donde la casa es "la urbe elemental". Y por la misma razón, el *derecho a la vivienda* suele ser reforzado últimamente con la afirmación de un *derecho a la ciudad*, al que está íntimamente asociado. La vivienda no puede ser provista aisladamente del medio —rural o urbano— en el que se inserta y que la dota de funcionalidad. Y no puede ser disfrutada efectivamente sin las infraestructuras, los equipamientos y los servicios en red necesarios para la calidad de vida en la sociedad contemporánea.

La paternidad del concepto de "derecho a la ciudad" se le atribuye a Henri Lefebvre, cuyo libro *Le droit a la ville* fue publicado en 1968, cuando ya se empezaban a hacer evidentes los efectos perversos de la especialización funcional de los espacios urbanos y de las ciudades-dormitorio masivas construidas en los suburbios de las grandes ciudades para alojar a población obrera e inmigrante. "En un periodo en el que los ideólogos discurren profusamente sobre las estructuras, la desestructuración de la ciudad manifiesta la profundidad de los fenómenos de desintegración (social, cultural)", frente a los que Lefebvre propone un derecho a la ciudad "como llamada, como exigencia" que "sólo puede formularse como *derecho a la vida urbana,* transformada, renovada".

Poco a poco, han ido creciendo los problemas de las aglomeraciones urbanas: pobreza urbana, degradación de barrios y segregación espacial de la población, privatización del espacio público, etc. Y el derecho a la ciudad ya no es sólo una reivindicación doctrinal, sino que va afirmándose en el Derecho positivo de algunos países, que inserta el derecho a disfrutar de una vivienda digna y adecuada en el más amplio derecho a disfrutar de un medio urbano asimismo adecuado. Primero en Francia, donde la Ley nº 91-662, de 13 de julio de 1991, *d'orientation pour la ville,* proclamó el "*droit a la ville*", para cuya efectividad los poderes públicos deben "asegurar a todos los habitantes de las ciudades las condiciones de vida y de hábitat que favorezcan la cohesión social" para lo cual afirmó a la política urbana como un elemento de la política de ordenación del territorio y declaró de interés nacional a la vivienda social.

En Brasil, la Ley nº 10.257, de 10 de julio de 2001 o *Estatuto da Cidade,* proclama en su artículo 2.1 como directriz general de la política urbana "garantizar el derecho a contar con ciudades sustentables, entendido como el derecho a la tierra urbana, a la vivienda, al saneamiento ambiental, a la infraestructura urbana al transporte y a los servicios públicos, al trabajo y al esparcimiento, para las generaciones futuras". En México, el artículo 4.I de la Ley General de Asentamientos Humanos, Ordenamiento Territorial y Desarrollo Urbano afirma asimismo un derecho a la ciudad comprensivo del "acceso a la vivienda, infraestructura, equipamiento y servicios básicos". Y en Ecuador, a continuación del derecho al hábitat y la vivienda del artículo 30 antes citado, el artículo 31 de la Constitución de Montecristi proclama el derecho a la ciudad en estos términos:

> "Las personas tienen derecho al disfrute pleno de la ciudad y de sus espacios públicos, bajo los principios de sustentabilidad, justicia social, respeto a las diferentes culturas urbanas y equilibrio entre lo urbano y lo rural. El ejercicio del derecho a la ciudad se basa en la gestión demo-

> crática de ésta, en la función social y ambiental de la propiedad y de la ciudad, y en el ejercicio pleno de la ciudadanía."[14]

En otros países, aun sin emplear la locución "derecho a la ciudad", también se han adoptado disposiciones para hacerlo efectivo. En España —donde rigen unos estándares mínimos de calidad urbana para nuevos desarrollos urbanísticos al menos desde el Reglamento de Planeamiento de 1978— primero la Ley de Suelo de 2007 y hoy el Texto Refundido de la Ley de Suelo y Rehabilitación Urbana vinculan el derecho a la vivienda con el de acceder, en condiciones no discriminatorias y de accesibilidad universal, a la utilización de las dotaciones públicas y los equipamientos colectivos abiertos al uso público. Y en Chile, la Ley General de Urbanismo y Construcciones ha sido modificado en 2022 "con el objeto de evitar o revertir la segregación urbana de las viviendas de interés público", para lo que manda a los planes reguladores "promover el acceso equitativo de la población a bienes públicos urbanos relevantes, tales como la cercanía a ejes estructurantes a movilidad, el acceso a servicios de transporte público o la disponibilidad de áreas verdes o equipamientos de interés público, como educación, salud, servicios, comercio, deporte y cultura" (art. 27).

En segundo lugar, como espacio privativo en el que ejercemos nuestro derecho fundamental a la intimidad personal y familiar y en el que fijamos nuestro domicilio (art. 18 CE), la vivienda entronca con la dignidad de la persona (de ahí que la Constitución española no proclame el derecho a una vivienda sin más, sino a una vivienda "digna y adecuada" a las personas que la habitan).

El Derecho constitucional comparado confirma este aserto: en el alemán, se encuentran ejemplos en los que el derecho a una vivienda (*Wohnung*) o habitación (*Wohnraum*) adecuadas se complementa en el mismo precepto con la proclamación de su inviolabilidad, como

---

14 La Ley Orgánica de Ordenamiento Territorial, Uso y Gestión del Suelo del Ecuador desarrolla el derecho a la ciudad como uno de sus principios rectores en el art. 5.6, incidiendo nuevamente —en lo que importa para este capítulo— en "la función social y ambiental de la propiedad que anteponga el interés general al particular y garantice el derecho a un hábitat seguro y saludable", pero prohibiendo la confiscación.

ocurre con los artículos 106 de la Constitución del Estado de Baviera de 2 de diciembre de 1946, 14 de la Constitución de la Ciudad Hanseática Libre de Bremen de 21 de octubre de 1947 y 28 de la Constitución de la Ciudad-Estado de Berlín de 23 de noviembre de 1995. La Constitución de Portugal también es ilustrativa porque, cuando cualifica a la vivienda a la que todos tienen derecho según su artículo 65, exige "que preserve la intimidad personal y la privacidad familiar".

El Tribunal Constitucional Federal alemán tiene establecido desde 1993 que la vivienda constituye el centro de la vida de las personas y de sus familias y debe servir no sólo para satisfacer las necesidades elementales de la vida, sino también para asegurar la libertad y el desarrollo personal (*BVerfGE* 89, 1, 6 § 21). Y conectando la dimensión personal con la ambiental de que nos acabamos de referir, ha añadido que esto también incluye la ubicación de la vivienda, por ejemplo en relación con la distancia a los equipamientos culturales, las escuelas, los comercios y las áreas recreativas o con la accesibilidad al transporte público (Decisión de la Sala 1ª de 18 de julio de 2019, 1 *BvL* 1/18, § 82). Y el Tribunal Constitucional español tiene asimismo declarado que "se trata, por tanto, de una materia que, por su íntima conexión con la esfera individual de la persona y el libre desarrollo de la personalidad, es de la máxima relevancia" (STC 93/2015, de 14 de mayo, FJ 9º), que la dota de un sentido socio-económico singular:

a) Económicamente, la vivienda es un bien inmueble con una oferta bastante rígida (por los tiempos y costes de su promoción y por la dependencia de un suelo idóneo para promoverla) y una demanda masiva y bastante inelástica, que tiene un valor de uso como bien de primera necesidad y también un valor de cambio como bien de inversión. Como tal bien, es objeto del derecho de propiedad y de otros derechos reales como el de superficie o personales como el arrendamiento. Y también objeto de actividad económica: constructiva o rehabilitadora y comercializadora de los edificios residenciales, financiera de los préstamos —normalmente hipotecarios— necesarios para su adquisición y prestacional de servicios de oferta de vivienda, como el arrendamiento.

b) Socialmente, su precio elevado provoca problemas de acceso y/o mantenimiento pacífico en el disfrute de la vivienda a las personas en estado de necesidad y los colectivos vulnerables.

Problemas que los poderes públicos están conminados a combatir, porque la vivienda es objeto de un derecho humano de carácter social: el derecho "a un nivel de vida adecuado que le asegure, así como a su familia, la salud y el bienestar, y en especial la alimentación, el vestido, la vivienda, la asistencia médica y los servicios sociales necesarios" según el artículo 25 de la Declaración Universal de los Derechos Humanos proclamada por la Asamblea General de las Naciones Unidas en 1948. Es decir, que el disfrute efectivo de este bien tiene un carácter basal como parte que es del "nivel de vida adecuado" o del mínimo existencial necesario para poder disfrutar de los restantes derechos de la persona. Sin disfrutar de una vivienda digna y adecuada, difícilmente se puede gozar de la inviolabilidad del domicilio, de la intimidad de la vida personal y familiar o de la protección de la salud, por ejemplo.

Análogamente, el Pacto Internacional de Derechos Económicos, Sociales y Culturales de 1966 proclama en su artículo 11 "el derecho de toda persona a un nivel de vida adecuado para sí y su familia, incluidos alimentación, vestido y vivienda adecuados". Como ya hiciera la Observación General nº 4, "El derecho a una vivienda adecuada", el Comité DESC afirma en su Dictamen de 17 de junio de 2015 respecto de la Comunicación nº 2/2014 que "el derecho humano a una vivienda adecuada es un derecho fundamental que constituye la base para el disfrute de todos los derechos económicos, sociales y culturales y está vinculado en su integridad a otros derechos humanos, incluyendo a aquellos establecidos en el Pacto Internacional de Derechos Civiles y Políticos" (11.1).

Y esta concepción basal de la vivienda en el Derecho internacional de los derechos humanos se ha trasladado asimismo a los instrumentos regionales. Como ya sabemos, la Carta de la Organización de los Estados Americanos incluye entre las "metas básicas" de su artículo 34 la vivienda adecuada para todos los sectores de la población. Y la Carta Social Europea, en su versión revisada de 1996, no sólo proclama un derecho autónomo a la vivienda en el apartado 31 de su Parte I y en su artículo 31, sino que además la considera como elemento del derecho de los minusválidos, las familias o las personas mayores a la protección social (arts. 15, 16 y 23) y del derecho a la protección contra la pobreza y la exclusión social (art. 30).

Del derecho a la vivienda y a la ciudad se ocupa monográficamente otro capítulo de esta obra, así que me he limitado aquí a esbozar su caracterización general, como premisa necesaria para desarrollar las consecuencias jurídicas que puede y debe desplegar sobre la función social de la propiedad del suelo, que es el objeto específico de este capítulo.

En su definición del ideal de una ciudad para todos, la Declaración de Quito incluida en la Nueva Agenda Urbana adoptada en la Conferencia Hábitat III de Naciones Unidas (2016) hace notar "los esfuerzos de algunos gobiernos nacionales y locales para consagrar este ideal, conocido como «el derecho a la ciudad», en sus leyes, declaraciones políticas y cartas" y propone imaginar ciudades y asentamientos humanos que "cumplen su función social, entre ellas la función social y ecológica de la tierra, con miras a lograr progresivamente la plena realización del derecho a una vivienda adecuada como elemento integrante del derecho a un nivel de vida adecuado, sin discriminación, el acceso universal y asequible al agua potable y al saneamiento, así como la igualdad de acceso de todos a los bienes públicos y servicios de calidad en esferas como la seguridad alimentaria y la nutrición, la salud, la educación, las infraestructuras, la movilidad y el transporte, la energía, la calidad del aire y los medios de vida." Como se ve, derecho a la vivienda, derecho a la ciudad y función social y ecológica de la propiedad de la tierra están lógicamente concatenados en este nuevo texto internacional de referencia en la materia. Una vez caracterizados los primeros, volvamos sobre la función social de la propiedad en relación con ellos.

7.2. La función social del suelo residencial

Habida cuenta de la relevancia de la vivienda para la dignidad de la persona y su calidad de vida, se comprende que la Constitución española no sólo vincule suelo y vivienda, tanto en su parte dogmática (art. 47 CE) como en la organizativa (art. 148.1.3ª CE), sino que ponga además la regulación del suelo al servicio de la efectividad del derecho a la vivienda. Esta mediatización se expresa en el empleo del gerundio "*regulando la utilización del suelo de acuerdo con el interés general*" tras el mandato dirigido a los poderes públicos de promover las condiciones necesarias y establecer las normas pertinentes para hacer efectivo el derecho a la vivienda. Desde la concreta perspectiva adoptada por el artículo 47 CE (que no agota el tratamiento constitucional de la materia, obviamente, pues debe interpretarse sistemáticamente en relación con otros preceptos de la Constitución) el suelo es el instrumento y la vivienda es el fin.

El desarrollo legislativo más general y claro de este marco internacional y constitucional se encuentra en España en el inciso final del artículo 3.4 del Real Decreto Legislativo 7/2015, de 30 de octubre, por el que se aprueba el Texto Refundido de la Ley de Suelo y Rehabilitación Urbana (TRLSRU): "El suelo vinculado a un uso residencial por la ordenación territorial y urbanística está al servicio de la efectividad del derecho a disfrutar de una vivienda digna y adecuada, en los términos que disponga la legislación en la materia."

Para avalar la validez de este precepto, el Tribunal Constitucional confirmó su raigambre constitucional: "al conectar el uso residencial con el derecho a disfrutar de una vivienda digna, desarrolla y concreta un principio rector de la política económica y social que vincula a todos los poderes públicos *ex* art. 47 CE" (STC 141/2014, de 11 de septiembre, F.J. 6º B).

Queda definida, de esta manera, la función social que cumple la propiedad del suelo cuando esté vinculado a un uso residencial por la ordenación urbanística: contribuir a la efectividad del derecho a una vivienda digna y adecuada. Aunque pudiera parecer una tautología, no lo es. Porque el suelo residencial puede tener distintos destinos: la vivienda habitual (ya sea en un régimen de libre mercado o en uno regulado o protegido para garantizar su accesibilidad económica), la vivienda vacacional o segunda residencia y la llamada "vivienda turística" o "vivienda de uso turístico", esto es, el alojamiento turístico por breves periodos de tiempo. Pero solo el primero de los tres es vivienda en el sentido constitucional del término y, por tanto, objeto del derecho de los artículos 25 de la Declaración Universal de Derechos Humanos y 47 de la Constitución española. De donde se sigue su primacía —en estrictos términos convencionales, constitucionales y legales— sobre los demás usos del suelo aludidos.

Pues bien, la posibilidad de utilizar las técnicas urbanísticas de la calificación y zonificación del suelo, típicas de la potestad administrativa de planificación, para diferenciar entre sus distintos usos y proteger el uso de vivienda (en su sentido constitucional y estricto) viene siendo controvertida desde hace décadas en España. Primero, se discutió ampliamente la posibilidad de diferenciar entre la vivienda libre y la social o protegida como calificaciones urbanísticas, después la posibilidad de destinar el suelo dotacional público al alojamiento o vivienda de las personas. Y más recientemente, se ha replanteado el debate a propósito de la posibilidad de limitar o prohibir el uso turístico de las viviendas en determinadas zonas urbanas. Estas controversias reflejan un desencuentro histórico entre las políticas de vivienda y de suelo y urbanismo que sólo en las últimas décadas va atenuándose mediante la articulación de técnicas urbanísticas específicamente concebidas para servir al derecho a la vivienda.

7.3. Las calificaciones y reservas de suelo para vivienda social o protegida

En España, la calificación de la vivienda social (llamada protegida o de protección pública) como un uso específico del suelo empezó siendo planteada por el planeamiento urbanístico y anulada por los Tribunales por falta de cobertura legal[15], hasta que obtuvo dicha cobertura expresa a partir del art. 35.3 de la Ley 8/1990, de 25 de julio, y hoy resulta pacífica. No sólo eso, sino que en la actualidad las leyes urbanísticas españolas imponen al planificador urbano reservas mínimas de suelo lucrativo residencial para vivienda protegida [empezando por la regla básica del art. 20.1.b) TRLSRU][16], siguiendo el

---

15 Pueden verse las Sentencias del Tribunal Supremo de 11 de enero de 1985, 1 de junio de 1987, 17 de abril de 1991, 21 de mayo de 1991 y 5 de febrero de 1992.

16 En Madrid, por ejemplo, rige el mínimo estatal de reserva del 30% de la edificabilidad residencial en el suelo urbanizable (arts. 38 y 42.5.c de la Ley 9/2001, de 17 de julio, del Suelo de la Comunidad de Madrid, en adelante LSCAM) y en Andalucía además el 10% de la nueva edificabilidad residencial en las actuaciones de reforma interior (art. 61.5 de la Ley 7/2021, de 1 de diciembre, de Impulso para la Sostenibilidad del Territorio de Andalucía, LISTA). En la Comunidad Valenciana, la reserva en suelo urbano es del 10% del incremento de la edificabilidad residencial excepto en los ámbitos de renovación y regene-

precedente francés de la ya citada Ley nº 91-662, de 13 de julio de 1991, *d'orientation pour la ville*, que instituyó por primera vez en aquel país un estándar de vivienda social obligatorio para todos los ayuntamientos de las aglomeraciones de más de 200.000 habitantes[17]. Y similares previsiones se han reproducido después en España para el suelo dotacional público: desde la posibilidad de calificarlo, esto es, destinarlo a vivienda o alojamiento, de la que se sigue el deber de cederlo de forma obligatoria y gratuita como carga de la actuación urbanizadora [art. 18.1. a) TRLSRU][18], hasta la fijación de reservas mínimas en alguna comunidad autónoma[19].

También en Latinoamérica se encuentran determinaciones similares, que delimitan el contenido del derecho de propiedad median-

---

ración urbana, donde se eleva al 15% (art. 33 de la Ley de Ordenación del Territorio, Urbanismo y Paisaje, Texto Refundido aprobado por Decreto Legislativo 1/2021, de 18 de junio). Y en el País Vasco, la reserva se eleva hasta el 75% de la edificabilidad residencial en el suelo urbanizable y el 40% de su incremento en el suelo urbano no consolidado (arts. 16 y 80 de la Ley 2/2006, de 30 de junio, de Suelo y Urbanismo del País Vasco, LSUPV).

17 En la actualidad, en Francia los artículos L111-24 del *Code de l'Urbanisme* y L302-9-1-2 del *Code de la Construction et de l'Habitation*, exigen, en toda operación de construcción de inmuebles colectivos de más de 12 viviendas u 800 m^2 de superficie, que al menos el 30% sean alojamientos sociales, y el art. L151-15 del primero habilita, además, al reglamento a delimitar, en las zonas urbanas o urbanizables, sectores en los que un porcentaje del programa de vivienda esté afectado a categorías de alojamiento con objetivos de *mixité sociale*.

18 El artículo 36.2.c)2º de la LSCAM, por ejemplo, incluye la red de viviendas públicas o de integración social entre las redes públicas cuyo suelo debe ser cedido a título gratuito en el suelo urbanizable sectorizado y en el urbano no consolidado. Y el art. 61.2.f) de la LISTA habilita al planeamiento a adscribir suelos incluidos en las actuaciones de nueva urbanización "a la dotación pública de viviendas sometidas a algún régimen de protección, con destino exclusivo al alquiler".

19 La LSUPV manda en sus artículos 17 y 81 al planeamiento de los municipios de 20.000 o más habitantes calificar unas determinadas superficies mínimas de suelo dotacional público con destino a alojamientos dotaciones en los ámbitos de uso predominantemente residencial. Esta calificación de suelo dotacional para alojamiento dotacional es íntegramente objeto de cesión a la administración autonómica y al ayuntamiento y se diferencia claramente de la calificación para vivienda protegida en virtud de su correspondiente reserva (arts. 16 y 82) que será, en su caso, objeto de la cesión del 15% de edificabilidad ponderada (art. 27, es decir, edificabilidad para usos de carácter lucrativo: art. 35.3 y 4), hasta el límite de dicha cesión.

te el destino de suelo por los planes a la promoción de la vivienda social. En Colombia, la Ley 388 de 1997 le atribuye a la acción urbanística de las entidades distritales y municipales el poder para calificar y localizar terrenos para la construcción de viviendas de interés social (arts. 8.7 y 15.3.2) y les manda, tanto a los planes de ordenamiento y los instrumentos que los desarrollen que incorporen suelo de expansión urbana como a los planes parciales para programas de renovación urbana, determinar porcentajes de suelo que deberán destinarse a este uso (art. 92). El Estatuto de la Ciudad de Brasil, tras su reforma de 2012, manda a los municipios que pretendan ampliar su perímetro urbano prever áreas para la vivienda de interés social, por medio de la demarcación de zonas especiales de interés social y de otros instrumentos de política urbana (art. 42-B.V). En el Ecuador, la Ley Orgánica de Ordenamiento Territorial, Uso y Gestión de Suelo dispone que en los distritos metropolitanos y en los cantones de más de 20.000 habitantes o en los que se observen o se prevean problemas para el acceso a la vivienda de la población, el plan de uso y gestión de suelo destine a vivienda social no más del 10% de las actuaciones privadas de urbanización de suelo para uso residencial (art. 87). Más allá va la Ley de Ordenamiento Territorial y Desarrollo Sostenible de Uruguay cuando fija entre el 10% y el 30% el porcentaje de las viviendas de interés social en las actuaciones de urbanización residencial (art. 53).

Aunque he afirmado que la jurisprudencia española empezó anulando la calificación urbanística de suelo para vivienda protegida por falta de cobertura legal, lo cierto es que también esgrimió una reticencia dogmática contra ella, por entender que “la habilitación que dimana del art. 33.2 de la Constitución ... para delimitar urbanísticamente el derecho de propiedad en cuanto a su contenido, está referida a los aspectos o contenidos urbanísticos y no se puede extender al establecimiento de un régimen especial de construcción, enajenación o arrendamiento de los edificios; materia ésta que en la legislación sectorial específica es objeto de un tratamiento preciso a través de medidas de fomento y no de técnicas urbanísticas”. Es decir, según esta doctrina, ya superada, la diferencia entre vivienda social o protegida y libre no es urbanística ni encuentra cobertura constitucional para formar parte de la delimitación urbanística del derecho de propiedad.

Pero es que, aunque el urbanismo consista en la ordenación de los usos del suelo, no es ni ha sido nunca una ordenación exclusivamente física o morfológica, ajena a los aspectos sociológicos, económicos o culturales de la ocupación de este recurso. Bien al contrario, el urbanismo es la expresión espacial o territorial de las diversas políticas socio-económicas que requieren utilizar el suelo[20]. Cuando configura el régimen jurídico del suelo y delimita el contenido de su propiedad, puede y debe atender a las diversas funciones sociales que puede cumplir. Es normal, por ejemplo, que las leyes o los planes establezcan estándares diferenciados para equipamientos educativos (desagregados según niveles de enseñanza), deportivos y sociales, sin que tampoco éstos tengan por qué ser física o morfológicamente diferentes entre sí, sino que atienden a necesidades sociales entre sí diversas, como también lo hace la reserva de un porcentaje mínimo de la dotación de aparcamientos para usuarios minusválidos. En la medida en que el urbanismo ordena espacialmente las diversas necesidades sociales y económicas de utilización del suelo, puede sin duda atender también a las necesidades de vivienda asequible y disponer sus técnicas al servicio de la política de vivienda, del mismo modo que lo hace al servicio de la política industrial, comercial, social o educativa, por ejemplo.

7.4. La zonificación de la vivienda de uso turístico

Como decía, el debate se ha reabierto en Europa décadas después a propósito de la posibilidad de limitar o prohibir el uso turístico de las viviendas en determinadas zonas urbanas —como París o Barcelona— en las que su alta concentración provoca escasez y carestía de la vivienda y desplazamiento de la población local. Y también esta cuestión ha quedado ya zanjada por la legislación y la jurisprudencia.

---

[20] El propio Tribunal Supremo español parece compartir este parecer cuando, por ejemplo, ha sancionado por razones de integración social la conformidad a Derecho de la denegación de una autorización urbanística de utilización del suelo no urbanizable para uso residencial en ejecución de un plan de erradicación del chabolismo, pues rechaza que pueda ser de interés público "la necesidad de emplazar en el medio rural a un colectivo del que se pretende su integración en el medio urbano" (STS de 11 de diciembre de 2003, F.J. 4º).

La oportunidad y aun la necesidad de diferenciar la vivienda de uso turístico como uso del suelo es aún más clara que en el caso de la vivienda protegida. Al fin y al cabo, tanto la vivienda protegida como la libre son usos de primera residencia, por lo que la necesidad de calificar suelo para la primera obedece principalmente a razones de accesibilidad a la vivienda y cohesión social. Pero en el caso de la vivienda de uso turístico, no sólo concurren las razones anteriores sino que además demanda equipamientos y servicios diferentes (la vivienda de uso turístico no precisa los mismos equipamientos educativos, sociales ni deportivos, por ejemplo, que la primera residencia)[21], por lo que su previsión y cuantificación es necesaria para una adecuada ordenación de los usos del suelo.

La limitación o prohibición del alojamiento turístico puede acometerse al menos desde dos perspectivas y en ejercicio de dos competencias distintas: como actividad económica de prestación de servicios, desde la competencia sectorial del turismo, o como uso diferenciado del suelo, desde la transversal del urbanismo. La primera —que no es objeto de este trabajo— topó prontamente con una jurisprudencia que la entendió contraria a la Directiva 2006/123/CE del Parlamento Europeo y del Consejo, de 12 de diciembre de 2006, relativa a los servicios en el mercado interior, más conocida como *Directiva Bolkestein*, por considerarla desproporcionada[22]. La segunda está corriendo mejor suerte, pero no por entenderla exenta de la Directiva sino pese a también estar sujeta a ella.

En la Sentencia del Tribunal de Justicia de 22 de septiembre 2020 (as. ac. C 724/18 y C 727/18, *Cali Apartments*) se discutía la aplicación de la Directiva *Bolkestein* a una normativa nacional que sujetaba el

---

[21] Esta diferencia y su relevancia urbanística han sido advertidas por la STSJ Andalucía de 29 de junio de 2015, confirmada por la STS nº 2318/2016, de 27 de octubre (véase su antecedente de hecho 3º *in fine*).

[22] Por ejemplo, SSTS nº 1741 y 1766/2018, de 10 de diciembre y 27 de noviembre respectivamente, y 25, 26 y 1401/2019, las dos primeras de 15 de enero y la tercera de 21 de octubre. Lo que sí aceptó el Alto Tribunal es que se impusieran ciertos requisitos no limitativos al servicio, como placa identificativa, ciertas condiciones de habitabilidad o atención telefónica, para proteger a los usuarios y consumidores (SSTS 1237 y 1401/2019, de 24 de septiembre y 21 de octubre, respectivamente, y 625/2020, de 1 de junio). Sobre esta jurisprudencia, puede verse más ampliamente Aguirre, 2021: 26-27.

arrendamiento de inmuebles amueblados a clientes de paso, de forma reiterada y durante breves periodos de tiempo, a un régimen de autorización previa en determinados municipios y encomendaba a dichos municipios la determinación de las condiciones de concesión de las autorizaciones.

Se trataba del artículo L 631 7 del *Code de la Construction et de l'Habitation* francés, que (1°) sujeta a autorización previa el cambio de uso de los inmuebles destinados a vivienda en los municipios de más de 200.000 habitantes, (2°) califica como cambio de uso su arrendamiento en las condiciones descritas y (3°) permite al alcalde supeditar dicha autorización a una compensación consistente en la transformación simultánea en vivienda de un inmueble con otro uso. Esta previsión fue desarrollada por Reglamento aprobado por la Junta Municipal de París en su sesión de 15, 16 y 17 de diciembre de 2008, que exige que "en las áreas sometidas a compensación cualificada" los inmuebles ofrecidos como compensación tengan el doble de superficie que los que son objeto de cambio de uso, a no ser que se conviertan en viviendas sociales.

Como se ve, el asunto versaba sobre la capacidad de los municipios para ordenar urbanísticamente los diversos usos de vivienda y es, por tanto, especialmente pertinente a los efectos de este trabajo[23]. Pues bien, el Tribunal europeo fija una interesante doctrina que, en lo que aquí interesa, se resume en dos puntos:

a) Que "una normativa nacional que, en aras de garantizar una oferta suficiente de viviendas destinadas al arrendamiento de larga duración a precios asequibles, somete determinadas actividades de arrendamiento ... a un régimen de autorización previa aplicable en determinados municipios en los que la tensión sobre los arrendamientos es particularmente acusada está justificada por una razón imperiosa de interés general como la lucha contra la escasez de viviendas destinadas al arrendamiento y es proporcionada al objetivo perseguido, dado que este no

23 En relación con servicios no residenciales, la STJUE de 30 de enero de 2018 (as. ac. C-360/15 y 31/16) ya había tenido ocasión de declarar que la Directiva Bolkestein no se opone a que un plan urbanístico municipal los prohíba en determinadas zonas geográficas.

puede alcanzarse con una medida menos restrictiva, en particular porque un control *a posteriori* se produciría demasiado tarde para ser realmente eficaz".

b) Que la Directiva europea tampoco se opone a una normativa nacional que "encomienda a las autoridades locales la facultad de precisar, en el marco fijado por dicha normativa, las condiciones de concesión de las autorizaciones previstas por tal régimen, a la vista de objetivos de diversidad social y en función de las características de los mercados locales de vivienda y de la necesidad de no agravar la escasez de viviendas, acompañándolas, si fuera necesario, de una obligación de compensación en forma de transformación accesoria y concomitante en viviendas de inmuebles con otro uso, siempre que tales condiciones de concesión sean conformes con los requisitos establecidos por esa disposición y que tal obligación pueda satisfacerse en condiciones transparentes y accesibles".

El Tribunal Supremo español ya se ha hecho amplio eco de esta doctrina en sus Sentencias nº 1550/2020, de 19 de noviembre, y nº 75/2021, de 26 de enero, en las que ha confirmado la capacidad de los planes urbanísticos para regular las viviendas de uso turístico como un uso diferenciado del suelo y limitarlas territorialmente. A partir de los fundamentos de un nuevo urbanismo sostenible y centrado en la mejora de la ciudad existente, en ellas se afirma contundentemente "la posibilidad —y la necesidad— de intervención municipal en la materia, en uso y ejercicio de la potestad de planeamiento, que cuenta con un claro respaldo y legitimación democrática y que, además, se nos presenta como realizada por la Administración más cercana al ciudadano, y articulada con un mayor grado de participación y conocimiento de la concreta realidad local".

En la misma idea de la idoneidad del urbanismo abunda la STS nº 779/2021, de 2 de junio, precisamente a propósito de un plan especial urbanístico para la regulación de las viviendas de uso turístico (de la ciudad de Barcelona)[24]: "no puede negarse que, si de

---

24 Dicho Plan (aprobado por el Pleno del Consejo Municipal de 1 de abril de 2016) diferencia las condiciones para establecer las viviendas de uso turístico en tres tipos o grados, según las zonas específicas de que se tratara, teniendo en

lo que en última instancia se trata es de unos concretos usos de las edificaciones existentes en el municipio, no solo es el planeamiento urbanístico el instrumento jurídico idóneo para ordenar esos usos, como el de todas las edificaciones, sino que es uno de los contenidos esenciales de los instrumentos del planeamiento." Sobre esta base, la Sentencia vuelve a concluir que la "discriminación" de las viviendas de uso turístico dentro del uso residencial, "no sólo es legítima, sino necesaria" y, por tanto, "el planificador debe hacer esa ordenación de usos específicos".

Qué lejos queda esta doctrina de la de los años 80 y primeros 90 del siglo pasado que negaba al urbanismo la potestad para diferenciar la vivienda libre de la protegida, a la que me he referido más atrás. Desde entonces, el legislador y la jurisprudencia españoles han expandido notablemente la capacidad del planeamiento urbanístico para ordenar los distintos usos residenciales del suelo y delimitar la función social de su propiedad.

En todo caso, los planes urbanísticos deben ceñirse a establecer determinaciones propias de su competencia, únicas para las que tienen cobertura legal: esto es, las referidas a la licitud y condiciones (intensidad, edificabilidad, tipología edificatoria, ocupación, compatibilidad, etc.) de los diferentes usos del suelo. No pueden establecer reglas económicas (como la exigencia de depósitos o avales para el ejercicio de la actividad) o civiles (como la exigencia de un quorum mínimo de aprobación en la comunidad de propietarios), que ya han sido anulados en diversos casos por los tribunales.

Más recientemente aún, la STS nº 109/2023, de 31 de enero, ha regresado otra vez a la cuestión de determinar si una disposición impugnada que supone una limitación o restricción a la comercialización de estancias turísticas en viviendas resulta conforme o no a los principios de proporcionalidad y necesariedad ínsitos a las "imperiosas razones de interés general" definidas en la Directiva Bolkestein.

En este caso, el Tribunal de instancia había anulado la prohibición de comercializar estancias turísticas en viviendas sitas en edifi-

---

cuenta el efecto de agregación que producen, su relación respecto de la población residente o el hecho de tratarse de ámbitos en proceso de desarrollo del planeamiento urbanístico (arts. 8 y ss.).

cios plurifamiliares, por entender innecesario y desproporcionado extenderla a todo el término municipal como una zona única, sin diferenciar ámbitos territoriales más acotados, como sí ocurría en los casos juzgados por las sentencias citadas más atrás. El Tribunal Supremo, en cambio, casa la sentencia fundamentándose (1°) en la cobertura expresa existente en la legislación turística autonómica para la medida adoptada[25], (2°) en la motivación de ésta por la presión ambiental, territorial, sobre la convivencia en los barrios y los precios de la vivienda que genera el turismo, que califica como evidente y consistente, y (3°) en el hecho de que dicha medida no limita el uso turístico de los inmuebles concebidos para desarrollar esa concreta actividad económica, sino que decide "no ampliar ese uso, naturalmente concebido para ese tipo de inmuebles, a otros que no lo son".

El urbanismo, en suma, puede configurar como extraordinario el uso turístico de los inmuebles residenciales, cuyo uso ordinario y preferente debiera ser la vivienda de las personas. En consecuencia, el condicionamiento y la limitación de dicho uso turístico no son medidas excepcionales y el canon de proporcionalidad a ellas aplicable debe ser deferente con la legitimidad democrática de la administración local competente para establecerlas y con la "razón imperiosa de interés general" a la que sirven, que no es otra que proteger el derecho a la vivienda.

Bibliografía

Bassols Coma, Martín (2002). Francia. Estudio de las líneas básicas de su legislación urbanística. *Ciudad y territorio. Estudios territoriales,* vol. XXXIV, n° 131, págs. 85-127.

Coalición Internacional para el Hábitat (2008). *El derecho a la ciudad en el mundo. Compilación de documentos relevantes para el debate,* Ciudad de México.

---

[25] Conforme al artículo 75 de la Ley 8/2012, de 19 de julio, del Turismo de las Illes Balears, modificada en 2017, "tiene la consideración de zona apta para la comercialización de estancias turísticas en viviendas de uso residencial aquella en que, motivadamente, con las medidas correctoras que se puedan establecer y cumpliendo las previsiones establecidas legalmente o reglamentariamente en materia de vivienda, la administración competente para llevar a cabo la zonificación considere que esta utilización extraordinaria de las viviendas residenciales resulta compatible con el uso ordinario de vivienda que las caracteriza".

Cordero Quinzacara, Eduardo (2008 A). El Derecho urbanístico chileno y la garantía constitucional de la propiedad. *Revista de Derechos Fundamentales*, nº 2, págs. 91-112.

– (2008 B). De la propiedad a las propiedades: la evolución de la concepción liberal de la propiedad, *Revista de Derecho de la Pontificia Universidad Católica de Valparaíso*, vol. 31, nº 2, págs. 493-525.

– (2018). Garantía institucional y derecho de propiedad. En Vaquer Caballería, Marcos, Moreno Molina, Ángel Manuel y Descalzo González, Antonio, coords., *Estudios de Derecho público en homenaje a Luciano Parejo Alfonso*, vol. 1. Valencia, Tirant lo Blanch, págs. 687-711.

Grossi, Paolo (1986). *Historia del derecho de propiedad. La irrupción del colectivismo en la conciencia europea.* Barcelona: Ariel.

Lefebvre, Henri (1978). *El derecho a la ciudad*, prólogo de Mario Gaviria, 4ª ed. Barcelona: Ediciones Península.

Pasquale, María Florencia (2014). La función social de la propiedad en la obra de León Duguit: una re-lectura desde la perspectiva historiográfica. *Historia constitucional*, nº 15, págs. 93-111.

Rajevic Mosler, Enrique (1998). La propiedad privada y los derechos adquiridos ante la planificación urbana. *Revista Chilena de Derecho*, vol. nº 25, nº. 1, págs. 65-112.

Rodotà, Stefano (1986). *El terrible derecho: estudios sobre la propiedad privada.* Trad. y prólogo de Luis Díez-Picazo. Madrid: Civitas.

Rodríguez de Santiago, José María (2001). Alemania. Líneas básicas de la legislación urbanística en la República Federal de Alemania. *Ciudad y territorio. Estudios territoriales*, vol. XXXIII, nº 128, págs. 301-320.

Rolnik, Raquel (coord.) *et al.* (2002). *El estatuto de la ciudad. Nuevas herramientas para garantizar el derecho a la ciudad en Brasil*, Instituto Polis (www.polis.org.br).

Santaella Quintero, Héctor (2019). *La propiedad privada constitucional: una teoría*, Madrid: Marcial Pons.

Vaquer Caballería, Marcos (2015). El derecho a la vivienda en su relación con los derechos a la ciudad y al medio ambiente. *Asamblea: revista parlamentaria de la Asamblea de Madrid*, nº 32, págs. 121-154.

– (2017). Influencias y confluencias de la Ley de Suelo española en la legislación urbanística y de ordenamiento territorial de Latinoamérica. *Práctica urbanística. Revista mensual de urbanismo*, nº 146.

– (2023). El derecho a la vivienda como función social de la propiedad desde la perspectiva de la planificación y gestión urbanísticas: patrimonios públicos de suelo, viviendas protegidas y viviendas de uso turístico. *Centro de Documentación Judicial (CGPJ)*, en prensa.

La equidistribución de beneficios y cargas en el urbanismo iberoamericano. De técnica urbanística a principio vertebrador del ordenamiento

MARTA LORA-TAMAYO VALLVÉ
Catedrática de Derecho Administrativo
Universidad Nacional de Educación a Distancia (UNED). España

1. INTRODUCCIÓN

La literatura urbanística internacional ha acuñado en las últimas décadas la noción de *"ciudad justa*[1] *"*, cuya principal impronta es el análisis de las políticas de suelo y el marco normativo que las sustenta desde perspectivas que subrayan la búsqueda de equidad social en la ciudad. Este enfoque resalta o visibiliza los efectos que las mismas generan sobre la desigualdad social, económica, y ambiental y parte de la asimilación del concepto de justicia como equidad, acuñado por Rawls[2].

---

1 Vid. Fainstein, S. *The Just City*. Cornell University Press. 2010.

2 Vid. Rawls, J. *La justicia como equidad. Una reformulación*. Paidós. 2000.

Este capítulo tiene por objeto enmarcar un principio informador básico del ordenamiento urbanístico español, la equidistribución de beneficios y cargas y mostrar su *vis expansiva*, con sus luces y sus poderosas sombras, y enmarcada en esta corriente analizaremos la implementación que de la misma se ha hecho en Iberoamérica.

Para ello seguiremos el consejo del profesor Azuela de la Cueva[3] sobre la circulación de los conceptos jurídicos en el urbanismo en la que realiza un llamamiento al estudio de instituciones jurídicas que podemos calificar como "*clásicas*" con extrañeza, planteándonos y replanteándonos desde una revisión histórica profunda la razón política, económica, jurídica de la introducción de determinados conceptos y la evolución, —coherente o no— que los mismos han desplegado en el tiempo y en distintos ordenamientos y culturas.

Recogemos esa llamada para abordar este Capítulo planteándonos interrogantes que nos permitan dilucidar, el porqué de la incorporación de determinadas técnicas urbanísticas, en este caso la equidistribución de beneficios y cargas y el porqué también de su circulación y su paulatina evolución.

Desde que Ildefonso Cerdá introdujera la semilla de la reparcelación urbanística en sus *Cuatro palabras sobre el ensanche de Barcelona* y de forma extensa en la Teoría de la Construcción de las Ciudades el concepto y la técnica de la equidistribución de beneficios y cargas por él acuñada han tenido un desarrollo intenso y extenso en torno a dos ejes fundamentales[4].

Por una parte y en el ordenamiento urbanístico español la equidistribución como técnica se ha ido perfeccionando y sofisticando cada vez más[5]. Desde una perspectiva territorial ha ido colonizando paso a paso, todos los ámbitos de actuación urbanística, ensanche en suelos vírgenes y reforma/regeneración en suelo urbano, e incluso

---

3 Azuela de la Cueva, A. *El derecho en movimiento. Once ensayos de sociología jurídica* Editorial Tirant lo Blanch / 978-84-1313-868-8

4 Vid. para el estudio de la obra y legado de Ildefonso Cerdá: Lora-Tamayo Vallvé, M. *Urbanismo de obra pública y derecho a urbanizar. Análisis comparado desde las aportaciones de G. E. Haussmann y la doctrina de Ildefonso Cerdá.* Marcial Pons, 2002.

5 Vid. Vaquer Caballería, M. *"Pasado, presente y futuro inmediato de la distribución equitativa de beneficios y cargas en el Urbanismo español"*. Revista de Derecho urbanístico y Medio Ambiente. Núm, 294, Madrid, diciembre (2014).

comienza a atisbarse una equidistribución ecosistémica que acoge a suelos no urbanizables protegidos, o suelos previstos para infraestructura verde expandiendo cada vez más sus límites físicos[6].

Esta ampliación de la perspectiva no tanto material sino territorial de la equidistribución se justifica, como veremos, desde un *deseo* de elevar un principio de operatividad técnica en un ámbito delimitado (la unidad de ejecución, la unidad de actuación, el polígono) a un principio informador/metaprincipio universal del que parece emanar, e incluso depender, todo el ordenamiento jurídico urbanístico.

Las razones de la *vis expansiva* del principio de equidistribución parecen responder, como mostraremos en este capítulo, de una parte, a la consolidación de un modelo en el que la financiación de la obra urbanizadora, en el sentido más amplio posible, corre a cargo de los propietarios-promotores-urbanizadores. Lo anterior se ha visto impulsado por el legislador estatal y autonómico que tradicionalmente han visto en ella la forma de "delegar" la ejecución y la gestión del planeamiento urbanístico sin asumir sus costes. Veremos la consecuencia de la asunción de este modelo en España, al menos.

De otra parte se observa una mutación del concepto de equidistribución elevado a principio inspirador de toda la ordenación urbanística que acogen nuestras recientes legislaciones y también nuestras legislaciones hermanas de Latinoamérica. Así, la técnica evoluciona/cambia y se inserta en toda una corriente enmarcada en el laxo, ambivalente, flexible y sinuoso derecho a la ciudad que promueve la necesidad de implantar criterios de justicia social y equidad en el ámbito urbano como medio para lograr ci*udades justas* como indicábamos al inicio de este epígrafe.

Y aquí es donde nace el equívoco.

El objeto de este capítulo es pues doble, de una parte, partiremos de forma sintética de la evolución de la equidistribución de benefi-

---

6 Así lo destacó y criticó García-Bellido, J. en su editorial de Ciudad y Territorio Estudios territoriales, XXXVII (144) 2005. En el que explica las contradicciones que puede generar la inclusión de suelos no urbanizables protegidos como sistemas generales adscritos, a distintos sectores de suelo urbanizable y lo califica como *"una candorosa visión de la justicia distributiva que reparte lo que no hay y regala beneficios generosamente incrementando todos los precios de los suelos reservados para tal fin"(pág 275).*

cios y cargas en España como técnica y como principio, al tiempo que intentaremos poner en evidencia de la mano de la doctrina y la jurisprudencia los efectos deseados y no tan deseados de esta extensión conceptual y material del principio de equidistribución. Y, posteriormente abordaremos este concepto en diversos países de América Latina.

Veremos pues cómo siendo un instrumento que técnicamente ha resultado ser poderoso y eficaz en ámbitos definidos de actuación generadora de ciudad para resolver el problema del financiamiento urbano y la obtención de suelos para necesidades públicas, no lo es tanto cuando se extrapola a todo el ámbito de la ciudad existente y de la no-ciudad. Llamaremos la atención sobre el riesgo del cambio de escala territorial y la pretensión de realizar esta distribución equitativa. Por ello se atisba que los parámetros jurídicos de las legislaciones urbanísticas que inspiran las políticas de suelo deberían reorientarse, quizás, hacia modelos no tan obsesionados por un principio de igualdad material, casi matemática, equidistributiva y valorativa que por otra parte contradice la esencia misma del hecho a hacer ciudad. Y, más bien, reflexionar en la línea de lograr mecanismos de cohesión y equilibrio territoriales y de sostenibilidad económica, social, ambiental.

2. LA EQUIDISTRIBUCIÓN DE BENEFICIOS Y CARGAS EN ESPAÑA. LUCES Y SOMBRAS DE UNA TÉCNICA Y UN PRINCIPIO

Para poder llevar a cabo un análisis ordenado de la *"joya de la corona"* de nuestro modelo urbanístico describiremos de forma sintética los elementos estructurales de la equidistribución de beneficios y cargas que podremos trasladar después a las legislaciones urbanísticas latinoamericanas y que nos mostrarán la medida y dimensionamiento de esta técnica. Analizaremos pues su ámbito material, su ámbito territorial, dónde se aplica la misma, y algunos aspectos clave de sus ámbitos subjetivos y procedimentales.

La reparcelación urbanística y la consiguiente ejecución del planeamiento en un régimen de equidistribución de beneficios y cargas consiste en distribuir *justamente las cargas y los beneficios de la ordenación urbanística, regularizar la configuración de las fincas, situar* su aprovechamiento *en zonas aptas para la edificación de acuerdo con el planeamiento y localizar sobre parcelas determinadas el aprovechamiento que, en su caso, corresponda al municipio* en proporción a la superficie de terreno aportada por cada propietario, en principio en un ámbito territorial determinado, la unidad de ejecución.

2.1. Origen histórico. Claves

Se atribuye a Ildefonso Cerdá la introducción del concepto de equidistribución de beneficios y cargas en su opúsculo *"Cuatro palabras sobre el ensanche de Barcelona"*[7]. La clave de bóveda de la doctrina de Ildefonso Cerdá puede sintetizarse en uno de sus pensamientos clave "*el coste de toda reforma urbana ha de sacarse de las utilidades y ventajas que ésta proporciona*[8]". La equidistribución surge como una alternativa económica que hiciera recaer la responsabilidad de la ejecución y la financiación de la obra urbanizadora sobre los propietarios/la propiedad del suelo ante la imposibilidad, por parte de la municipalidad de Barcelona del siglo XIX de emprender procesos expropiatorios masivos. Situación que coetáneamente estaba ocurriendo en el París de Haussman y Napoleón III[9]. Es pues una reacción técnica ante la imposibilidad de operar mediante un sistema concesional/de obra pública como el existente en Francia.

La asunción normativa de la equidistribución a través de la reparcelación urbanística operada mediante el sistema de compensación se introduce, en nuestro ordenamiento jurídico en la legislación de suelo de 12 de mayo de 1956.

En efecto, la Ley de Suelo de 1956 (en adelante LS56) casi un siglo después del inicio de los ensanches españoles introduce esta forma de asegurar el costeamiento de las obras de urbanización previas

---

7 Cerdá. *Las cinco bases de la teoría general de la urbanización,* Fundación Catalana per la Recerca Electa España, Madrid y Barcelona, 1996.

8 Cerdá i Sunyer, I. Teoría de la Viabilidad urbana (TVU). Cerdá y Madrid. MAP y Ayuntamiento de Madrid. Pág 215. Capítulo III. "costes y utilidades de la reforma". Edición original de 1861. Edición MAP-INAP Ayuntamiento de Madrid, 1991

9 Op. cit. pág. 35.

a la edificación de los solares. Desde esta primera regulación y como indica Tejedor Bielsa[10] "la historia de la legislación urbanística española es la de un constante intento por perfeccionar dichas técnicas distributivas asegurando la participación pública en las plusvalías"

La reparcelación urbanística y la consiguiente ejecución del planeamiento en un régimen de equidistribución de beneficios y cargas consiste *en distribuir justamente las cargas y los beneficios de la ordenación urbanística, regularizar la configuración de las fincas, situar* su aprovechamiento *en zonas aptas para la edificación de acuerdo con el planeamiento y localizar sobre parcelas determinadas el aprovechamiento que, en su caso, corresponda al municipio* en proporción a la superficie de terreno aportada por cada propietario.

Si bien, siendo consciente el legislador de que "no existe en nuestro derecho urbanístico vigente (ni en el histórico) un auténtico y pleno derecho a la equidistribución. Pues los mecanismos redistributivos ni juegan en/entre las diversas clases de suelo, ni en el seno de cada una de ellas en su totalidad, a excepción del suelo urbanizable programado mediante el instituto del aprovechamiento medio..."[11]

2.1.1. Ámbito territorial

Las legislaciones urbanísticas españolas han ido extendiendo la dimensión territorial y temporal de los ámbitos de equidistribución de beneficios y cargas, su *vis expansiva* se muestra en una, cada vez mayor, amplitud de miras del espacio y el tiempo de la equidistribución.

Así observamos que la ley del suelo de 12 de mayo de 1956 realiza una incipiente, y más genérica referencia estableciendo que ésta se llevaría a efecto, en Suelo Urbanizable, y en Polígonos de uso uniforme[12], posteriormente la ley 19/1975 de 2 de mayo de Reforma de la

---

10 Tejedor Bielsa, JC. *"El Derecho urbanístico en la encrucijada"*. Revista de Derecho Urbanístico y Medio Ambiente, ISSN 1139-4978, Año nº 51, Nº 311, 2017 (Ejemplar dedicado a: Especial 50 aniversario), págs. 453-478

11 Preámbulo TRLS 1992. Veremos como el legislador era muy consciente de esta dificultad, la jurisprudencia no lo va a ser tanto.

12 Vaquer Caballería, M. coincide en nuestro planteamiento al afirmar (op. cit. pág. 7, nota 4) *que "que la reparcelación no estaba originalmente inspirada tanto por un principio de justicia e igualdad entre todos los propietarios cuanto por un principio*

Ley sobre Régimen de Suelo y ordenación urbana, que dio lugar al Texto Refundido aprobado por Real decreto 1346/1976 de 9 de abril (en adelante TRLS 76)[13] amplía temporal y físicamente el concepto puesto que determina la necesidad de establecimiento de aprovechamiento medio en la fase de planeamiento y su materialización en la fase de ejecución. Es la ley 8/1990 de 25 de julio, sobre Reforma de Régimen Urbanístico y Valoraciones de Suelo que a su vez daría lugar al Texto Refundido aprobado por Real Decreto Legislativo 12/12992 de 26 de junio (en adelante TRLS92) la que lleva a cabo una apuesta aún más valiente en tanto que articula un mecanismo equidistributivo de áreas de reparto discontinuas entre varios sectores de suelo urbanizable[14].

Es la Ley 6/1998 de 13 de abril sobre Régimen del Suelo y Valoraciones (en adelante ley 6/98), ya muy disminuida en cuanto a la

---

práctico de eficacia lo confirma que la Ley dejara abierto el ámbito de la misma según conviniera en cada caso: desde "las manzanas aisladas" cuando no sea necesaria la parcelación conjunta de mayores superficies, a cada uno de los polígonos de uso uniforme en que pueda dividirse el Plan parcial a la agrupación de varios polígonos si circunstancias de pequeño rendimiento de construcción exigieran una mayor compensación para los propietarios o incluso toda la superficie afectada por l Plan parcial si la uniformidad de uso y su extensión lo aconsejaran (art. 80.3 LS1956)

13 Art. 97 TRLS 76

14 Vid. García de Enterría, E. y Parejo Alfonso, L. Lecciones de derecho urbanístico. Ed. Civitas, 1979. pág. 485 También mantienen la hipótesis de que los mecanismos de equidistribución de beneficios y cargas no estaban previstos ni pensados para el Suelo Urbano.
"La efectividad del derecho a la justa distribución de beneficios y cargas en el suelo urbano queda encomendada por entero, consiguientemente a la reparcelación; institución ésta, cuya aplicación en dicho suelo plantea decisivas dificultades por la elemental circunstancia de que el suelo urbano aparece normalmente —a la hora de dicha aplicación urbanizado y consolidado por la edificación. (…) La causa radica en que las técnicas arbitradas en la LS —incluso la reparcelación— están pensadas fundamentalmente para el proceso de nueva urbanización y no para las actuaciones en suelo ya consolidado
"Por de pronto y prescindiendo ahora de cualquier valoración jurídica debe decirse —en contra de injustificadas expectativas que ha despertado— que se trata de una modesta técnica a través de la cual no puede pretenderse la entera solución de los problemas de gestión urbanística en suelo urbano. Antes bien, su operatividad, para ser eficaz, ha de partir de un planteamiento realista, modesto dirigido derechamente a la obtención gratuita para el municipio del suelo calificado para equipamiento comunitario (…)"

ambición de una legislación urbanística de aprehender el proceso completo de producción del hecho urbano, la que con la aparición de una subcategoría, no muy clara por cierto, en cuanto a su margen de determinación por el planeamiento urbanístico, la que a través del comúnmente llamado suelo urbano no consolidado introduce los derechos y deberes de los propietarios de suelo en un régimen de equidistribución de beneficios y cargas[15].

Algunos autores[16] han criticado la normativa del 98 por entender que esta ley fue un retroceso porque no acoge la equidistribución entre sectores, aunque esta interpretación crítica podría ser modulada si entendemos que la ley del 98 restringe/se retranquea al no querer hablar en términos técnicos, sospechosos de vicios de inconstitucionalidad por razones competenciales (el Urbanismo es cosa de las Comunidades Autónomas)[17] y por ello no especifica/precisa que

---

15 Artículo 14. 2.

2. Los propietarios de terrenos de suelo urbano que carezcan de urbanización consolidada deberán asumir los siguientes deberes:

a) Ceder obligatoria y gratuitamente a la Administración todo el suelo necesario para los viales, espacios libres, zonas verdes y dotaciones públicas de carácter local al servicio del ámbito de desarrollo en el que sus terrenos resulten incluidos.

b) Ceder obligatoria y gratuitamente el suelo necesario para la ejecución de los sistemas generales que el planeamiento general, en su caso, incluya en el ámbito correspondiente, a efectos de su gestión.

c) Ceder obligatoria y gratuitamente a la Administración actuante el suelo correspondiente al 10 por 100 del aprovechamiento del correspondiente ámbito; este porcentaje, que tiene carácter de máximo, podrá ser reducido por la legislación urbanística. Asimismo, esta legislación podrá reducir la participación de la Administración actuante en las cargas de urbanización que correspondan a dicho suelo.

d) Proceder a la distribución equitativa de los beneficios y cargas derivados del planeamiento, con anterioridad al inicio de la ejecución material del mismo.

e) Costear y, en su caso, ejecutar la urbanización.

f) Edificar los solares en el plazo que, en su caso, establezca el planeamiento.

16 Vid. Vaquer Caballería, M. op. cit. pág. 19.

17 Vid. el fundamento jurídico 27.b) y c) de la Sentencia que establece en relación a este aspecto que: "...el Estado carece aquí de todo título competencial para prescribir que la ejecución se realice mediante unidades de ejecución y, menos aún, cuándo procede la actuación a través de esta técnica urbanística. El legislador estatal puede, como hace el art. 140 del TRLS no impugnado, establecer que la ejecución del planeamiento garantice la distribución equitativa de los beneficios y cargas entre los afectados, así como el cumplimiento de los debe-

la equidistribución pueda ser intersectorial sino que introduce el término más laxo de *actuaciones urbanísticas* porque competencialmente no puede hablar de ellas. Por otra parte, si que supone un hito en el sentido de que introduce la lógica "equidistributiva" y un urbanismo operacional sistemático en suelo urbano en el que hasta el momento se actuaba parcela a parcela, de lote en lote. Es pues un mero retroceso terminológico a modo de eufemismo técnico, como tantos otros que utiliza la ley, para no bordear los vicios de inconstitucionalidad señalados en la STC 61/97.

El vigente Texto refundido de la Ley de Suelo de Suelo y Rehabilitación urbana 7/2015 de 30 de octubre (en adelante TRLSRU 2015)[18] consolida y amplía este régimen si bien su visión es ya diferente por cuanto no se atribuye la obligatoriedad de equidistribuir a

---

res de cesión correspondientes y costeamiento de la obra urbanizadora, en la medida en que ello entronca con el estatuto básico de la propiedad urbana amparado en el art. 149.1.1º CE en los términos ya expuestos. Pero no le incumbe determinar el instrumento, el procedimiento o la forma en que ha de llevarse a cabo la ejecución del planeamiento, cuestiones estas que corresponden a la competencia urbanística autonómica, sin perjuicio de que, pueda tomar como punto de referencia, sin sentar su régimen jurídico, las áreas de reparto o las unidades de ejecución para regular las condiciones básicas de las facultades y deberes urbanísticos que garanticen la igualdad.
Desde esta perspectiva, en efecto, el art. 140 TRLS conecta con lo que ya ha dispuesto el art. 19 del TRLS, entre otros, que encabeza la regulación de los derechos y deberes básicos de los propietarios, esto es, que la aprobación del planeamiento preciso según la clase de suelo determina el deber de los propietarios afectados de incorporarse al proceso urbanizador y edificatorio, en las condiciones y plazos previstos en el planeamiento o legislación urbanística aplicable. Desde ese momento los afectados quedan vinculados a los deberes urbanísticos básicos, cuyo cumplimiento les permitirá la sucesiva adquisición de las facultades urbanísticas (arts. 20 y 23 de TRLS, entre otros). Pero el art. 143 TRLS impugnado excede de la regulación de las condiciones básicas que garanticen la igualdad en el ejercicio de la propiedad urbana y en el cumplimiento de los deberes, también básicos, ex art. 149.1.1º CE, cuando determina los supuestos en los que cabe establecer excepciones, sin que, para tal previsión normativa

18 Real Decreto Legislativo 7/2015, de 30 de octubre, por el que se aprueba el texto refundido de la Ley de Suelo y Rehabilitación Urbana, que refunde: Real Decreto Legislativo 2/2008, de 20 de junio, por el que se aprobó el texto refundido de la Ley de Suelo y a la Ley 8/2013, de 26 de junio, de rehabilitación, regeneración y renovación urbanas,

los propietarios de suelo por el hecho de serlo sino a los sujetos (propietarios/urbanizadores) que ejerzan la facultad de participar en las actuaciones urbanísticas, es pues un derecho, una posibilidad puesto que ostentan la facultad de ratificarse o no en él. Con el TRLSRU 2015 la equidistribución también se amplía a la ciudad consolidada a los efectos no de su retransformación sino también para su preservación como se desprende del art. 14 c del TRLSRU[19].

De una forma o de otra en el modelo equidistributivo, el que desplaza el peso económico y jurídico en los propietarios de suelo para llevar a afecto la obra urbanizadora que ha sido calificado por Vaquer[20] como "urbanismo de plusvalía" o por Parada como el "derecho privado oligopólico" la clave económica que justifica la aparición de esta técnica radica en la necesidad de conseguir la autofinanciación de la obra urbanizadora por parte de la propiedad privada de forma que serían los propietarios del suelo los que asumieran todos los costes de la misma incorporando al tiempo la plusvalía del valor resultante.

---

19 Vemos como la equidistribución afecta en el TRLS2015 a todo el suelo urbanizado, a diferencia de la ley 6/98 en la que se circunscribía al suelo urbano no consolidado; "Artículo 14. Contenido del derecho de propiedad del suelo en situación de urbanizado: facultades.
En el suelo en situación de urbanizado, las facultades del derecho de propiedad incluyen, además de las establecidas en las letras a), b) y d) del apartado 2 del artículo anterior, en su caso, las siguientes:
a) Completar la urbanización de los terrenos para que cumplan los requisitos y condiciones establecidos para su edificación. Este derecho podrá ejercitarse individualmente o, cuando los terrenos estén sujetos a una actuación de carácter conjunto, con los propietarios del ámbito, en la forma que disponga la legislación aplicable." (aquí deja la norma deja un espacio para que las Comunidades Autónomas puedan regular la posibilidad de completar estas acciones de forma conjunta, es decir en un régimen de equidistribución de beneficios y cargas)
c) Participar en la ejecución de actuaciones de reforma o renovación de la urbanización, o de dotación en un régimen de justa distribución de beneficios y cargas, cuando proceda, o de distribución, entre todos los afectados, de los costes derivados de la ejecución y de los beneficios imputables a la misma, incluyendo entre ellos las ayudas públicas y todos los que permitan generar algún tipo de ingreso vinculado a la operación.

20 Op. cit. pág. 1.

2.1.2. Ámbito institucional

La doctrina ha elaborado diferentes definiciones del sistema de compensación coincidentes en sus rasgos esenciales con los preceptos legales que lo regulan. Así Núñez Ruiz, ante el Proyecto de reforma de la Ley del Suelo del 76, afirma que el sistema de compensación *"es un medio institucional de participación regulada de los propietarios para la ejecución de la urbanización de una unidad de actuación y, en su caso, de la edificación de los solares resultantes, mediante la constitución asociativa de la Junta de Compensación, que asumirá directamente la realización de estos fines que se determinen libremente en sus estatutos"* o También se ha dicho, que *"por el sistema de compensación se da realidad al principio de la solidaridad de beneficios y cargas que debe existir entre los propietarios de un mismo polígono"*. Martín Blanco considera que la ejecución de la urbanización, de la unidad de ejecución a costa de los propietarios es el objetivo esencial del sistema de Compensación, siendo la posible edificación de los solares resultantes, un fin meramente accidental, que aunque normalmente acompaña la actividad urbanizadora, no constituye un fin necesario.

En cuanto a los elementos básicos que configuran la reparcelación urbanística y la consiguiente ejecución del planeamiento en un régimen de equidistribución de beneficios y cargas se articula a través de la denominada ejecución sistemática del planeamiento urbanístico mediante el sistema de Compensación cuyos elementos clave son:

- La delimitación de una unidad de ejecución en la que llevar a cabo la transformación jurídica, económica y física del proceso de reparcelación/equidistribución[21].

---

21 La unidad de ejecución ha de cumplir, en la ejecución del planeamiento, una compleja función, que va desde constituir el soporte físico de una actuación urbanística hasta servir de marco para permitir o hacer posible el "cumplimiento de los deberes de cesión, equidistribución y urbanización de la totalidad de su superficie conforme a lo que establezca la legislación urbanística aplicable" (art. 144.1 del TR y el art. 117.2 a) y b) de la LS). Por esta razón, no sería posible la delimitación de unidades de ejecución con aprovechamientos excesivamente dispares en relación con el aprovechamiento del área de reparto (art. 145 del TR y 36.2.2 RGU).
Además, es necesario que las unidades de ejecución, sean capaces de absorber los costes que la urbanización comporta.

- La garantía de beneficio de los participantes, que el valor de la edificabilidad patrimonializable fuera superior a las cargas y costes de urbanización.
- El reparto proporcional en función de la superficie aportada dentro de la unidad de ejecución.
- El establecimiento de una medida o patrón homogeneizador de cálculo para llevar a cabo la operación reparcelatoria (aprovechamiento medio, aprovechamiento tipo)[22].
- La constitución de una entidad gestora, la Junta de Compensación[23] con "plenos poderes"[24] para ejecutar los proyectos de reparcelación física y jurídica y liderar el proceso urbanizador que concluirá con la entrega a la administración de los bienes

---

22 El aprovechamiento tipo trata de hacer efectivo el principio de igualdad en la distribución de cargas y beneficios del planeamiento, garantizando a todos los propietarios de terrenos incluidos en una de las áreas de reparto un porcentaje del aprovechamiento de cada uno de ellos, cualquiera que fuere la situación de los terrenos, estuvieren incluidos o no en una unidad de ejecución; vid. art. 95 y ss. del TRLS 92, preceptos que constituyen concreciones propias del contenido de los Planes Generales, cuya competencia, obviamente urbanística, corresponde a las Comunidades Autónomas (f.jco. 25 c) de la STC 61/97 de 20 de marzo de 1997);

González Pérez, *Comentarios a la Reforma de la Ley de Suelo*, reimpresión de la 5º ed., Madrid, 1990, comentario al art. 84,

23 Como pone de relieve la STS de 11 de marzo de 1989: mediante la constitución de la Junta de Compensación que da lugar a un supuesto de autoadministración, son los propietarios los que desarrollan la función pública de la ejecución del planeamiento en virtud de una delegación que hace de la junta un agente descentralizado de la administración, de suerte que aquélla tiene naturaleza administrativa —art. 127.3 del TR— en tanto en cuanto actúe con funciones públicas «La naturaleza administrativa de la junta, establece la STS de 30 de octubre de 1989, «*no significa que toda la actuación de la junta de compensación esté sometida al Derecho administrativo: en la medida en que aquélla gestiona intereses propios de sus miembros sin ejercicio directo de funciones públicas, está sujeta al Derecho Privado. De ello deriva, pues, que al contratar —ejecución de obras, préstamos, ventas de terrenos, etc.— no ha de someterse a las formalidades propias del Derecho administrativo, pues todo ello tiene un carácter instrumental respecto de la finalidad última de la ejecución del planeamiento sin implicar el ejercicio directo de funciones públicas*»".

24 La Junta es el órgano clave gestor de la tarea reparcelatoria y urbanizadora, de cada unidad de ejecución de suelos calificados destinados a sistemas generales como ***adscritos*** a las mismas a los efectos de su obtención.

públicos resultantes del proceso (dotaciones locales, sistemas generales adscritos)[25].

2.2. *Principales avances y retrocesos técnicos: Desarrollo y evolución*

La sofisticación de este sistema ha pasado por distintas fases correspondientes a la aprobación de las sucesivas regulaciones de suelo a nivel nacional y autonómico. Todas ellas, han pretendido por una parte lograr un aumento de las cargas a los propietarios de suelo (lograr toda la urbanización, e ir aumentando las cesiones) en el ámbito de la unidad de actuación, y progresivamente incorporar también la obtención/financiación con cargo a las cuentas de la Junta de compensación de cargas ajenas al propio ámbito físico de la unidad de actuación.

Ese continuo aumento de cargas ha sido un salto al vacío. La integración en el proceso equidistributivo económico de terrenos destinados a infraestructuras/sistemas generales no incluidos en las unidades de ejecución, pero adscritos o afectos a las mismas para su obtención gratuita, un avance aparentemente técnico y cuantitativo (acumular más cargas en el denominador) rompe con la lógica inicial de la equidistribución. Recordemos que se habla de reparcelar en una unidad/polígono y no en todo el ámbito del plan. Este movimiento ha tenido efectos colaterales quizás imprevistos o no esperados en la valoración por parte de la jurisprudencia de los terrenos dedicados a infraestructuras/sistemas generales no adscritos a estas unidades de ejecución y a obtener por expropiación como veremos a continuación.

Siendo esta una cuestión aparentemente muy local y que tras la reforma de la Ley de suelo de 2007 y su sistema de valoraciones, ha perdido fuelle[26], tiene una extraordinaria importancia, desde una

---

25 El art. 158.3 del TRLS92 establecía que la Junta de Compensación tiene naturaleza administrativa, personalidad jurídica propia y plena capacidad para el cumplimiento de sus fines. El RGU, en su art. 24.2, la incluye entre las entidades urbanísticas colaboradora, a través de las cuales dice el art. 24.1 del RGU, los interesados participaran en la gestión urbanística.

26 Vid. Parada y Lora-Tamayo. Op. cit. pág. 402 y ss: *"Frente, pues, al sistema de valoración anterior, que se derogaba, la gran innovación que pretendió (pues ha sido práctica-*

perspectiva comparada pues muestra como *un exceso de cabida conceptual* del principio de equidistribución puede conducir a consecuencias nefastas y contrarias a los objetivos de la misma.

En efecto como criticaba García-Bellido[27] a quien seguimos en este punto, “A los entonces llamados «sistemas generales» con la LS76 (no con la LS56), se les incluyó en el denominador del aprovechamiento medio de todo el suelo urbanizable de los dos cuatrienios del programa del Plan general, con el objeto estricto y declarado de poder obtenerlos por cesión gratuita y obligatoria, como si fuesen zonas verdes al servicio de un sector de plan parcial, evitando así su siempre discutida y litigiosa valoración expropiatoria (incluso su, a veces ciertamente, fraudulenta clasificación arbitraria de suelo rústico rodeado de urbano para bajar su justiprecio), e iniciando con ello el desbocado tsunami que ahora nos inunda todo el territorio con «ladrillos virtuales». Esta equidistribución reparcelatoria global del suelo urbanizable programado del Plan general, que ahorra la expropiación onerosa de los sistemas de equipamientos, incluidos o adscritos, y que permite la obtención gratuita de todo el suelo de los mismos, es la causa y el efecto cruciales de toda la singularidad excepcional del modelo hispano y que ahora no saben dónde ni cómo

---

mente aniquilada por las STC 141/2014 y 218/2015) la Ley 8/2007 y el Texto Refundido de la Ley del Suelo de 2008 (y que recibe el TRLS 2015) fue, precisamente, volver a la regla clásica de que las plusvalías y aprovechamientos urbanísticos previstos en los planes no computaran en ningún caso en las valoraciones, imponiendo la referida distinción de las situaciones entre suelo rural y suelo urbanizado que atiende a la realidad presente y física de no estar o estar urbanizado" Aunque el Tribunal Constitucional ha desmantelado esta pretensión, esta vez de forma mucho más simple que en la STC 61/1997 como veremos a continuación pues ha declarado la inconstitucionalidad de los preceptos del TRLS2008 que permitían una modulación de los valores al alza (STC 141/2014), de una parte y de otra ha terminado por dinamitar la intencionalidad primigenia del texto declarando la inconstitucionalidad del método de valoración de la facultad de indemnizar la privación de participar en una actuación de primera urbanización. (STC 218/2015 de 22 de octubre). Nos encontramos pues, como veremos a continuación con una regulación de las valoraciones de suelo que tenía una pretensión: valorar por lo que hay y no por lo que puede llegar a haber, y que como consecuencia de las recientes sentencias constitucionales deja un margen de interpretación tan amplio que permite precisamente lo contrario de lo que pretendía originariamente: valorar expectativas urbanísticas prácticamente sin limitación alguna. "

27 García-Bellido, J. “*Por una liberalización del paradigma urbanístico español (II): la jurisprudencia de obras públicas en el límite del paroxismo*”. *Ciudad y Territorio. Estudios territoriales, XXXVII (143), 2005. Pág 5 y ss.*

encajar en su modelo algunos jueces en su buena fe equidistribuidora universal (...)

Con su pluma y visión magistral, siempre ácida, persuasiva y ¡tan expresiva¡ ya lo vaticinó premonitoriamente, en la antesala de la crisis que vivimos a partir de 2008 y arremetió contra los peligros que la alocada extrapolación del principio de equidistribución de beneficios y cargas podría generar, calificando su evolución y redimesionamiento como la "creación de un paradigma"[28], un modelo de modelos en el que al propietario de suelo se le asegura un derecho "natural" a urbanizar a través de la técnica de la clasificación de suelo

En el mismo sentido, y de forma más discreta pero efectiva, la que fuera novedosa, disruptiva y denostada por algunos, por mal entendida, legislación urbanística de la Comunidad Valenciana del año 1995 advirtió ya de los excesos de una extralimitación del principio de beneficios y cargas[29]. Ya Llidó Silvestre, a quien seguimos en esta consideración, muestra de forma muy certera que el punto de partida común de nuestra legislación urbanística ha sido una clara distinción entre la planificación, momento en el que se produce la decisión pública de ordenar el territorio, y la ejecución del dibujo en que se representan las decisiones de planeamiento. Sobre la base de ese esquema diferenciador de los dos momentos cumbre de las decisiones sobre el territorio, la legislación y, al amparo de la misma, *la desigualdad es coherentemente consustancial al planeamiento urbanístico*. La razón de ser de esa discriminación estriba en la coherencia y congruencia que se debe dar a las determinaciones de planeamiento para la ordenación racional del territorio, desde la óptica del interés general y al margen de consideraciones subjetivas acerca de la propiedad del mismo.

Y por ello, quizás como mecanismo corrector de la desigualdad en bruto (la que se produce entre los propietarios a los que tocó la lotería del planeamiento y podrán desarrollar, y los que quedan condenados a su preservación) *Que la desigualdad que se produce en ese primer momento de planificación de los usos del suelo, se corrige en la posterior*

28 Op. cit. pág. 289.

29 Llidó Silvestre, J. REALA-2000, núm. 283. "*Tramitación y efectos de la reparcelación en la legislación urbanística valenciana*".

fase de ejecución de aquella planificación, de modo que, llegado ese momento, es también inherente al proceso de transformación del territorio el principio de justa distribución de los beneficios y cargas que derivan del planeamiento y que éste ha distribuido indiscriminadamente sobre el territorio.

Justamente para servir a ese restablecimiento del principio de igualdad entre los propietarios de un ámbito de ejecución del planeamiento, se ideó la reparcelación que, en nuestra normativa histórica, tiene encomendada la misión de servir a la justa distribución de los beneficios y cargas derivados del planeamiento [art. 72.1.a) del Reglamento de Gestión Urbanística, en adelante RGU].

Pues bien, Llidó nos muestra como la Ley valenciana Reguladora de la Actividad Urbanística (en adelante, LRAU), de la que también surge la desigualdad a la hora del planeamiento y por razones de interés público (art. 2), parece que parta, a la hora de la ejecución del planeamiento, de postulados distintos en los que fuese accesoria la justicia en la distribución de los beneficios y cargas derivados del planeamiento. A esa conclusión se llega si se toma en consideración lo que dice la Ley en su preámbulo en el que se considera el principio de justa distribución de beneficios y cargas como *"bastante razonable"*, pero continúa diciendo: "preferiremos que la acción urbanística pública trate equitativamente a los propietarios afectados y se caracterice por distribuir justamente su cargas y beneficios". *"... el problema aparece cuando este principio justo, de ser una característica del actuar público, pasa a convertirse en la legitimación misma de la actuación administrativa y en su objeto básico. El propósito central de la gestión urbanística debe ser mejorar la calidad de vida ciudadana en términos compatibles con el fomento del desarrollo económico comunitario. Si ello se consigue haciendo, además, justicia a los propietarios, tanto mejor".*

Por su parte la legislación urbanística española vigente —el TRLS 2015— enmarca el principio de equidistribución de beneficios y cargas bajo el paraguas del principio de igualdad de forma genérica[30] para posteriormente concretarlo dentro de la lógica operativa del

---

30 Artículo 1 Objeto de esta ley Esta ley regula, para todo el territorio estatal, las condiciones básicas que garantizan: a) La igualdad en el ejercicio de los derechos y en el cumplimiento de los deberes constitucionales, relacionados con el suelo.

estatuto básico de la iniciativa y participación en la actividad urbanística en los que la lógica de la clasificación del suelo no prima, sino que impera la lógica de las actuaciones a desarrollar y el ejercicio de la iniciativa y la participación en las mismas en las que *"siempre que sea posible"* se actuará en un régimen de equidistribución de beneficios y cargas[31].

2.3. *La equidistribución elevada a principio informador del ordenamiento urbanístico y el papel de la jurisprudencia en la interpretación extensiva del mismo*

La jurisprudencia[32] ha tenido un papel fundamental en la configuración de la *vis expansiva* del principio de equidistribución de beneficios y cargas en España y lo ha hecho fundamentando sus razonamientos en torno a dos ideas básicas que se han ido repitiendo/

---

31 Art. 2.(...) A todas ellas les será de aplicación el régimen estatutario básico de deberes y cargas que les correspondan, de conformidad con la actuación de transformación urbanística o edificatoria que comporten, a tenor de lo dispuesto en el artículo 7. Estatuto básico de la iniciativa y la participación en la actividad urbanística. Art. 7.5
La participación en la ejecución de las actuaciones sobre el medio urbano se producirá, siempre que sea posible, en un régimen de equidistribución de cargas y beneficios. Artículo Art. 13.2 13. Contenido del derecho de propiedad del suelo en situación rural: facultades. 2. Facultades de los propietarios. c) El derecho a participar en la ejecución de las actuaciones de nueva urbanización, en un régimen de equitativa distribución de beneficios y cargas entre todos los propietarios afectados en proporción a su aportación. Para ejercer esta facultad, o para ratificarse en ella, si la hubiera ejercido antes, el propietario dispondrá del plazo que fije la legislación sobre ordenación territorial y urbanística, que no podrá ser inferior a un mes ni contarse desde un momento anterior a aquél en que pueda conocer el alcance de las cargas de la actuación y los criterios de su distribución entre los afectados.
c) Participar en la ejecución de actuaciones de reforma o renovación de la urbanización, o de dotación en un régimen de justa distribución de beneficios y cargas, cuando proceda, o de distribución, entre todos los afectados, de los costes derivados de la ejecución y de los beneficios imputables a la misma, incluyendo entre ellos las ayudas públicas y todos los que permitan generar algún tipo de ingreso vinculado a la operación.

32 Incluso, en la actualidad que ya no se predica en la regulación básica, que opera bajo actuaciones y no sobre ámbitos de ordenación. El TS ha seguido operando porque niega el cambio y sigue en el TRLS76

entrelazando y llevando sus planteamientos hasta límites extremos e insospechados en algunos casos.

Los axiomas en los que han fundamentado los tribunales su interpretación maximalista del principio de equidistribución de beneficios y cargas se basan en primer lugar en la afirmación de que el principio de equidistribución de beneficios y cargas es manifestación del principio de igualdad, y de otra que esta igualdad equidistributiva se traduce en una homogeneización de las valoraciones de los terrenos estén o no incluidos en unidades de ejecución y se obtengan o no por expropiación.

La extensión territorial y temporal del principio de equidistribución de beneficios y cargas ha traído consecuencias, no deseadas, al modelo (o modelos) urbanístico español. Aunque la explicación de lo que García-Bellido llama como "esquizofrenia del urbanismo español" requería de un desarrollo más extenso es preciso, al menos, advertir de la deriva que el mismo ha tomado, y de la interpretación que la jurisprudencia ha hecho del mismo. Estas interpretaciones jurisprudenciales no buscan justificar un aumento de las cargas en mayores infraestructuras o dotaciones a los responsables (propietarios/urbanizadores) de los desarrollos urbanísticos basándose criterios de equidad urbana o incuso de sostenibilidad, sino que basándose en una estricta interpretación del principio de igualdad lo extrapolan de tal forma que rompen con la esencia del sentido y la finalidad última del planeamiento urbanístico.

En efecto, la existencia de una doble posibilidad de obtención de suelos destinados a Sistemas generales (aquellos que superan el servicio/la utilidad de una unidad de actuación infraestructuras, aeropuertos vías de tren…o incluso suelos de protección ecológica) adscritos a unidades de ejecución, a efectos de su obtención/valoración no generaban más problema jurídico[33] que el aumento de la carga (en el denominador) a las cuentas de la Junta de Compensación, sin embargo

"Se está pasando, en una temible extrapolación previsible, de una reparcelación local de pequeños polígonos en comunidad de propie-

---

33 Otra cuestión es cómo afecta este aumento de las cargas en el producto final, la vivienda, por ejemplo.

tarios, cuyo fin era equidistribuirse los gastos de sus mejoras internas de urbanización de calles y farolas, a una reparcelación universal desmesurada donde la finalidad instrumental de la misma se ha desbocado en forma de paranoia agresiva para ser sólo un instrumento ciego para desparramar a boleo cuantiosos sobrebeneficios expectantes del aprovechamiento medio de los suelos urbanos y urbanizables por todo el extenso territorio, sumergiéndolo bajo la devastadora economía del ladrillo. La metástasis que corroe el sistema se está agravando con la propagación acelerada de una esquizofrenia que ya albergaba el modelo desde sus propios inicios, pero que descoyunta el entero organismo en una aguda crisis de bipolaridad de la personalidad entre el valor económico real de mercado de la tierra frente al hinchado valor virtual atribuido por los planes y la ley de valoraciones del suelo; crisis que recientemente ha estallado, expresándose en toda su crudeza con una virulencia convulsa, estertórea.

Los hechos jurisprudenciales, para empezar, son demoledores. Desde la tristemente famosa serie de sentencias del Tribunal Supremo de 1994, ¡hace ya 11 años!, más de tres docenas de STS y otras tantas de los Tribunales Superiores de Justicia (de las Comunidades Autónomas) e innúmeros acuerdos de los anacrónicos Jurados Provinciales de Expropiación por todo el país (de los que no llegan rastros a los Tribunales de Justicia, las más de las veces, pero que son los que más rápida y contagiosamente han difundido la endemia) están valorando los suelos rústicos o no urbanizables a expropiar para diversas finalidades de grandes obras públicas del Estado (ampliaciones de aeropuertos, autopistas, vías del ferrocarril, del AVE, dotaciones universitarias, deportivas, etc., etc.) como si fuesen sistemas generales locales con un aprovechamiento medio imaginario, estuviesen o no estuviesen previstos en los planes municipales y aunque su finalidad fuese supramunicipal, autonómica, supraregional o estatal.

La frase hecha que reaparece sin variar en casi todas las sentencias de estos últimos años es lapidaria y muy elocuente, acumulando en esta línea una jurisprudencia concluyente:

"a pesar de estar clasificado de no urbanizable el suelo de uso dotacional o para sistemas generales, su valoración, a efectos de ejecutar éstos por el sistema [sic] de expropiación, debe hacerse como si de suelo urbanizable se tratase, dado su destino, ya que de lo contrario se incumpliría la obligación de equidistribución de los beneficios y cargas derivados del planeamiento, impuesta por los arts. 3.2.b y 87.1, LS76" [o el 3.1.b, LS92; o el 5, LS98... todos son iguales desde el mismo art. 3.2.b, LS56]; razón por la que "el justiprecio del suelo ha de atender a la finalidad urbanística del mismo, por lo que no cabe valorar como no urbanizable aquel cuyo destino es ser urbanizado" (STS 29-05-99; 16-01-01, etc.); remachando otras: "el suelo de sistemas generales, si cuenta con los servicios que marca la Ley, es suelo urbano. Y si no cuenta con ellos, cabe decir, como única posible alternativa contraria, que, cualquiera que sea el tipo de suelo en el que está incluido, tendrá, a efectos de su valoración, naturaleza de suelo urbanizable, con apoyo legal en el art. 26.2 del Reglamento de Planeamiento y su tasación ha de hacerse con arreglo al valor urbanístico. Ello es plenamente coherente con la equidistribución y los sistemas de obtención [sic] de sistemas generales" (STS 29-05-00, 16-02-05, etc.)[34].

Por otra parte la jurisprudencia sigue identificando la configuración de la extensión *ad infinitum* del principio de equidistribución de beneficios y cargas como plasmación del principio de igualdad y principio rector del ordenamiento jurídico-urbanístico

Así, El Tribunal Constitucional en su Sentencia 146/2001, de 11 de julio apunta que "El mandato de equidistribución "en cada actuación urbanística" es la forma mínima y elemental de garantizar la igualdad entre propietarios. Las desigualdades en beneficios y cargas urbanísticas derivadas del planeamiento son tanto más patentes cuanto mayor es la proximidad y similitud física entre las distintas fincas. Por ello, el art. 5 LRSV identifica cada actuación urbanística concreta como ámbito espacial en el que, en todo caso, debe producirse el reparto de cargas y beneficios. Se trata, por tanto, de una norma mínima de equidistribución reconducible a la competencia de igualación del Estado ex art. 149.1.1 CE ".

Y así, entre otras la STS Sala 3ª de 17 junio 2016. EDD 2016/93289 el principio de equidistribución de beneficios y cargas del planeamiento entre los afectados, como manifestación del derecho de igualdad se configura como principio general rector en materia de

---

34 GARCIA-BELLIDO, J. op. cit. pás 7 y ss.

urbanismo, aplicable tanto en la redacción de los planes como en su posterior ejecución.

Más recientemente el TS, como indican irónica pero certeramente Cerezo y Tejerina en su blog "*nos vuelve a demostrar su negación al cambio operado por la LS07 y ahora recogido en el TRLSR.*

En la reciente STS 1701/2020 relativa a los proyectos de reparcelación y vinculada en este caso a la reparcelación del Sector Residencial B-1 Larrabizker de Mungia, establece (FJ7): ..." Un principio elemental, sustancial y de observancia rigurosa en cualquier reparcelación, es el de "la distribución justa entre los interesados de los beneficios y cargas de la ordenación urbanística", artículo 72.1 RGU, es decir, el primero de los objetivos de la reparcelación. Dicho objetivo y principio de toda reparcelación como se afirma en la Sentencia de esta Sala de 30 de junio de 2009, recurso 1378/2005, es "un elemento consustancial del planeamiento [...], principio esencial". "Es una exigencia básica en relación con los propietarios afectados por una actuación urbanística, el principio de equidistribución de beneficios y de cargas es tributario del derecho constitucional a la igualdad, que garantiza que ninguno de los propietarios tenga un trato discriminatorio o de favor".

Y desde este postulado, que ha sido el "mantra" clásico incorpora una nueva deriva/interpretación laxa del mismo entendiendo que La "equidistribución de beneficios y cargas" de la reparcelación impide considerar la misma, desde la racionalidad, como productora de "efectos desfavorables o de gravamen", pues la carga (de contribuir a los gastos de la urbanización), se compensa con los beneficios resultantes en el plano individual, derecho de edificar en la parcela, etcétera, y en el plano de la comunidad, una ordenación urbana para y por el bien público, que toda ordenación urbanística pretende.

A partir de esa declaración el Tribunal concluye que: La reparcelación puede ser un procedimiento iniciado de oficio, como ocurre en este caso, y podemos considerarla como el ejercicio de una potestad administrativa "en general de intervención".

Pero no es posible, y lo reiteramos, considerar que la misma produce "efectos desfavorables o de gravamen", pues el abono de las cantidades a pagar por los afectados por la misma, se corresponde a los beneficios obtenidos de la reparcelación que antes, FD Cuarto, se han explicitado así como el reparto proporcional de las cargas, no contradicho por la recurrente en la instancia. Por ello es inaplicable a la reparcelación en abstracto y en general, el art. 44.2. ley 30/92 (equivalente al 25. 1. b) de la Ley 39/2015)

Sin entender pues o como dice García-Bellido entendiendo pero haciendo huelga a la japonesa. Concibe este proceso como un proceso que siempre ha de generar beneficios sin tener en cuenta, a) que la nueva ley ya no concibe la participación en la obra urbanizadora como una obligación sino como una facultad, y b) de otra que si el derecho a urbanizar no forma parte de las prerrogativas que emanan del derecho de propiedad sino de la libertad de empresa, el riesgo empresarial ¿Dónde queda? ¿el juez me asegura siempre "el beneficio"?

Ese mítico relato no se sostiene: la equidistribución no es la manifestación/implementación en el planeamiento urbanístico del principio de igualdad[35], es en todo caso una corrección a la desigualdad congénita que el sistema de planeamiento genera con respecto a los propietarios de suelo nada más...y nada menos.

La confusión deriva pues de esa asociación equidistribución como sinónimo de igualdad entre desiguales y de la equidistribución como principio generador de equidad territorial[36].

---

35 Vid. en favor de la interpretación del TS. Fernández Torres, J. R. "*El principio de equidistribución en la fase de planeamiento. A propósito de la importante STS de 27 de mayo de 2015 (RC nº 2678/2013, Asunto Txomin Enea)*)" Revista Aranzadi de Urbanismo y Edificación 34. Mayo-agosto 2015

36 Vid. En este sentido el comentario de Cerezo Ibarrondo y Tejerina en su blog: https://www.orbenismo.es/2016/06/la-sentencia-de-txomin-enea-y-el.htmlInteresa quizás hacerse eco de la Sentencia de Txomin Enea (Donostia San Sebastian) y como ha resuelto esta cuestión el TS. En primer lugar recuerda (FJ3) que "e*l principio de equidistribución de beneficios y cargas del planeamiento entre los afectados —como manifestación del derecho de igualdad reconocido en el artículo 14 de la Constitución—, ha sido configurado como principio general del urbanismo, de aplicación tanto en la redacción de los planes en que se ejercita la potestad de planeamiento, como en la fase posterior de la ejecución*" (STS 1029/2012). Respecto a la conexión entre principio de igualdad e imputación de Sistemas Generales obliga a que el planeamiento justifique la imputación, y al carecer el PGOU de Donosti de tal justificación lo anula: "*En el caso ahora enjuiciado, en el que se ha adscrito a un concreto ámbito un sistema general que beneficia por igual a toda la ciudad, aun cuando se vaya a actuar por el sistema de expropiación, lo cierto es que tal adscripción... ha sido impuesta a los*

Veamos a continuación la recepción de este principio en algunos ordenamientos latinoamericanos.

3. LA RECEPCIÓN E IMPLEMENTACIÓN DEL PRINCIPIO DE EQUIDISTRIBUCIÓN DE BENEFICIOS Y CARGAS EN LATINOAMÉRICA. TRASPLANTES JURÍDICOS, MODELOS Y MEDIOS

Las legislaciones urbanísticas latinoamericanas han recibido una influencia muy directa del modelo urbanístico español[37] tal y como describe Parejo en el Capítulo de esta obra.

Así mismo Maldonado y Lora-Tamayo analizamos en otro momento varios países de América Latina, en particular los de organización unitaria, que en los últimos 20 años han adoptado reformas legales, que tomaron como referencia e importaron categorías del modelo urbanístico español. El caso más antiguo es el de Colombia (1997), pero también Uruguay (2008), Ecuador (2016) recibe una importante influencia de nuestro modelo. Allí analizamos in extenso las formas en que se "trasplantan" modelos y técnicas, mostrando una diferencia entre el estilo calificado como *caja de herramientas*, que

---

propietarios del mismo, sin explicación ni justificación alguna, o, al menos, ni la Sala de instancia ni la Administración urbanística demandada, ahora recurrida, aciertan a ofrecer otra que la de ser tales determinaciones coherentes con el modelo territorial del Plan General, sin más explicación, y cuyo significado genérico no resulta suficiente para admitir que se haya respetado la exigencia de motivación" (FJ3). En cuanto a la distribución igualitaria de la VPP, el Tribunal Supremo entiende que es obligatoria y que superar el estándar requiere una cumplida justificación, por lo que también anula el PGOU por este otro motivo: "… *ante la protesta de desproporción…, el citado Ayuntamiento se limita a oponer que el Tribunal a quo ha declarado que el juego del principio de justa distribución de beneficios y cargas se ciñe al ámbito de la ejecución, lo que, como hemos declarado anteriormente, no es así, y que no concurre un término valido de comparación que lo evidencie, a pesar de que se admite que en el ámbito de "Txomin Enea" se ha impuesto una reserva del 67% de la edificabilidad residencial a viviendas protegidas mientras que la media del suelo urbano de la ciudad es del 46%, sin que tal desproporción cuente con justificación ni explicación alguna por parte de la Administración urbanística, que es quien debe motivar la determinación impugnada*" (FJ4).

37 Lora-Tamayo Vallvé, M. y Maldonado Copello, M. M. "Trasplantes jurídicos entre España y América Latina en las leyes de planeación urbana y políticas de suelo". *Paper* del Instituto Lincoln de Políticas de Suelo. 2018.

bajo unos principios y una reglas generales reglamenta una serie de instrumentos que se ponen a disposición de los gobiernos municipales, como así lo recoge el Estatuto de la Ciudad aprobado en Brasil en 2001 y lo fue la primera ley colombiana, conocida como ley de reforma urbana y el enfoque de construcción de un sistema, articulado por los instrumentos de planeación, como sería el español y el surgido en los países anteriormente citados.

Esos procesos de producción normativa que inciden sobre el ordenamiento territorial y el suelo permiten revisar el tema de la circulación de modelos jurídicos dentro de las estructuras normativas nacionales y los mecanismos y coyunturas a través de las cuales se comparten, transfieren o transportan categorías e instituciones jurídicas, que han contribuido a transformar el derecho[38].

En la formulación de la investigación tomamos una tipología bastante pragmática acuñada por Miller con un enfoque más sociológico que jurídico, donde señala la dificultad de encontrar los tipos de trasplante o circulación normativa en su estado puro y cómo a menudo se entremezclan, siendo los modelos: i) Trasplantes que ahorran costos ii) Trasplantes determinados desde el exterior iii) Trasplantes *entrepeneur,* es decir que tienen detrás un agente que de manera habitual y profesional apoya la gestión de las transferencias de modelos e institutos y iv) Trasplantes que generan legitimidad.

El trasplante que ahorra costos es el más simple, toma prestada una norma que ha funcionado en otra parte, para ahorrar tiempo, evitar experimentaciones y reducir los riesgos de diseñar una solución original. En muchos casos se dan procesos de *bricolaje,* donde

---

38 Los análisis sobre este fenómeno se insertan en los estudios de historia del derecho o del derecho comparado (Watson 1993), pero rebasan la revisión del Derecho desde el punto de vista interno (definido por los contornos exclusivos del formalismo y la dogmática jurídica) e incorporan enfoques interdisciplinarios y dinámicos apoyados en la sociología, las políticas públicas y el análisis de actores, para comprender como parte de un derecho en movimiento las motivaciones, los efectos y las condiciones de las transmutaciones. Estos enfoques se extienden a la comprensión de las condiciones de asimilación y adaptación de las instituciones y categorías en contextos culturales, políticos, socio-económicos e institucionales diversos, su inserción efectiva en otras tradiciones legales y su eventual enriquecimiento, para que no sean letra muerta o factor de creación de conflictos.

se toma un poco de muchos lados y el resultado suele ser una total desconexión con la realidad.

Los trasplantes determinados por el exterior involucran individuos, entidades multilaterales, gobiernos, etc., en algunos está presente la condicionalidad o incluso la coerción, para acceder a créditos o a acceder a ciertas actividades o mercados, pero también son adoptados con algún margen de autonomía, para ofrecer estabilidad y atraer inversión extranjera o facilitar el comercio internacional. También se incluyen dentro de esta categoría la adopción de normas de derechos humanos para mejorar la imagen del país en contextos internacionales.

El trasplante "entrepreneur" hace referencia a individuos y grupos que obtienen beneficios por su gestión en alentar y lograr cambios legales con base en modelos extranjeros y en que hay un exportador dispuesto a aportar algún tipo de recursos para lograr la adopción. Los beneficios no son necesariamente económicos, a veces hay idealismos o acciones cooperativas.

El trasplante que genera legitimidad se basa en el prestigio de un modelo foráneo, bien sea de todo el sistema jurídico o de una institución en particular. Los legisladores y los jueces recurren a esos modelos para reducir resistencias y ganar aceptación, basados en un argumento de autoridad legal. En este caso los actores se esfuerzan mucho más por defender el modelo que por adaptarlo a las circunstancias locales.

El planteamiento conceptual que se acaba de sintetizar puede completar con un análisis convencional (desde la perspectiva de las políticas públicas, los juristas no estamos tan acostumbrados a ello) de actores e intereses, para establecer quiénes ejercieron un papel relevante en el ámbito de las entidades estatales; los actores que movilizan la legitimidad técnica de las reformas y los actores privados.

Los casos colombiano, uruguayo y ecuatoriano pueden ser considerados como una forma de trasplante *entrepeneur* con adaptaciones, en los que determinados españoles con vinculaciones y motivaciones específicas, a través de la cooperación española, acometieron la tarea de transmitir los contenidos de la legislación del suelo española[39].

A lo largo de toda esta obra veremos similitudes y diferencias en los modelos de planeamiento, de clasificación de suelos y de ejecución del mismo y veremos cómo estos modelos similares pero con matices locales se adaptan al contexto local, tanto física como jurídica e institucionalmente.

En cuanto a la vigencia, desarrollo y cobertura del principio de equidistribución de beneficios y cargas asistimos a una implementación como principio vertebrador del ordenamiento jurídico urbanístico en el que se toma el principio desde una esfera maximalista, identificándolo más bien como una forma técnica de hablar de la equidad social necesaria en la ciudad.

De otra contemplamos la vertebración concreta de la técnica de la equidistribución/reparcelación a través de sistemas que aparecen a nuestros ojos inacabados pues su implementación depende en muchos casos de la normativa local, y en la debilidad sobre todo de dos de las piezas básicas de los mecanismos equidistributivos, a saber, la

---

39 En Colombia y Uruguay, fue la inserción de los proyectos de ley que concretaron las referencias a la ley española en trayectorias institucionales más o menos largas y relativamente sólidas, delineadas por el enfoque de la planeación del desarrollo económico promovida en América Latina en el marco de la Alianza para el Progreso, un programa promovido por el presidente John F. Kennedy que se derivada de la experiencia de reconstrucción de Europa en la posguerra y que buscaba modernizar las prácticas de la planeación en la región y movilizar ciertas reformas, como estrategia de prevención de expansión del socialismo, tras la toma del poder por efecto de la revolución cubana. Se trató de un trasplante claramente determinado desde el exterior, que proporcionó marcos legales e institucionales que efectivamente se implantaron y fueron apropiados y en relación con los cuales agentes internos de los países, los urbanistas, propusieron dar identidad a la planeación urbanística.
Lo anterior lleva a establecer que para comprender el punto clave que se proponía la investigación era preciso una revisión de largo plazo de los procesos de construcción de normas y de políticas públicas aún en medio de la inestabilidad causada por las dictaduras, la violencia y el conflicto armado interno, como ocurre en Colombia, la inestabilidad económica y política. Pero también permite verificar procesos ricos de elaboración y de discusión propios de los actores políticos, académicos, empresariales y activistas de cada país sobre la mejor forma de resolver problemas como el de la ocupación territorial y el control de la tierra urbana.

existencia de una entidad gestora de carácter administrativo, como es la Junta de Compensación, y de otra la articulación de técnicas/ métodos de cálculo y exigencia de los aprovechamientos, de las cargas y los beneficios.

3.1. Importación legislativa. Adaptación y contextualización

3.1.1. Colombia

A) La discusión sobre las transferencias del sistema español

La identificación de técnicas urbanísticas trasladables de unos ordenamientos jurídicos a otros, conduce en ocasiones a discusiones doctrinales con un importante sesgo ideológico[40] sobre el mayor me-

---

[40] Vid. Lora-Tamayo, M. y Maldonado, M. M. *Paper* del Lincoln Institute of Land Policy. *"Trasplantes jurídicos entre España y América latina en las leyes de planeación urbana y políticas de suelo. 2018"*. Existen distintas versiones sobre la mayor o menos influencia del modelo español; una versión de los economistas y otra de los arquitectos, que presentamos a continuación. Fabio Giraldo Isaza, un economista, era el Viceministro de Agua Potable, Vivienda y Desarrollo Urbano cuando inició el trámite del proyecto de ley. De acuerdo con su versión, si bien la Ley 388 de 1997 tuvo influencia del régimen español, dicha influencia no se constituyó en lo más importante de esta norma, ni fue su principal trasfondo. En su concepto, la perspectiva que siempre se mantuvo desde el Viceministerio en torno al diseño de una nueva regulación del desarrollo urbano tuvo origen en la política de vivienda que avanzó desde los años 1970 y que tuvo como una de sus bases principales la creación del sistema UPAC para la financiación de la vivienda. El fundamento filosófico-político de la ley estaba en Lauchlin Currie, y su visión neo-keynesiana de la política urbana a partir de la cual se buscaba la articulación del sector público con el privado para impulsar el desarrollo económico a partir del crecimiento urbano. Para Giraldo realmente aportó y determinó la aprobación de la Ley 388 de 1997. El objetivo de la nueva ley era potenciar el desarrollo urbano a partir de la acción privada y el impulso del Estado. En ese sentido, Giraldo destaca el papel que tuvo Enrique Peñaloza padre, en la proyección de nuevos modelos de planificación y ejecución urbana. Considera que la influencia de la ley española se dio en aspectos puntuales y no tan relevantes. El equipo liberado por Carolina Barco, en el proyecto del PNUD sí fue fuertemente influenciado por la corriente española, y algunos de ellos viajaron a Madrid y tuvieron contacto con académicos, pero en su opinión no fue el impulsor principal de la norma. La ley fue el producto de un conjunto de agentes que hacían parte del Ministerio y de una visión empresarial que venía de décadas anteriores en el sector de la construcción. La única cuestión que recalca como originaria del modelo español incorporado en la ley colombiana

es el sistema de reparto de cargas y beneficios, figura que desde el punto de vista técnico y político resultaba conveniente en la formulación de la ley. Para Molina básicamente se incorporaron tres figuras, inspiradas en la ley española pero con ajustes: los planes parciales, la distribución equitativa de cargas y beneficios, y la participación en plusvalía. Los primeros eran muy atractivos debido a que permitían superar la lógica del desarrollo predial y pasar a escalas de planificación más grandes, especialmente para expansión y renovación urbana. Sin embargo, se incorporó incluyendo aquella perspectiva de la planificación estratégica con lo cual se los despojaba del énfasis arquitectónico. Lo segundo, la distribución equitativa de cargas y beneficios fue también incorporada pero, según él, se hizo en la ley colombiana una diferenciación no existente en España: las cargas generales y locales. Para él este es otro de los equívocos en la aplicación de la ley en la medida en que siempre se consideró que las fuentes de financiación de la carga general no podían ser el propio desarrollo sino la aplicación de instrumentos más generales vinculados a sistemas de tributación general. Y en materia de plusvalías, se buscó la captura de rentas, pero bajo un modelo distinto al español en la medida en que se adoptó como un tributo además claramente vinculado a un concepto que durante el franquismo era imposible de aceptar —la plusvalía—. Aparte de la incorporación de esas figuras, Molina no considera que la Ley española haya ejercido una influencia importante sobre la ley.
Por el contrario, la percepción de Gloria Bolaños, quien estuvo al frente de la redacción de la ley es bien distinta. Ella considera que existió una importante influencia de la ley española en la colombiana, aunque no se trató de una copia literal o transcripción, porque hubo una adaptación al contexto colombiano y a un sistema que ya tenía una trayectoria. Aun así, el espíritu de muchas de sus figuras está presente sin lugar a dudas. Se incorporó la función pública del urbanismo y se incluyeron los planes parciales y el sistema de reparto equitativo de cargas y beneficios y las unidades de actuación urbanísticas, Se incorporó la clasificación del suelo y se definió la categoría de suelo de expansión urbana, pero no se retomó exactamente la categoría de suelo programado y no programado, que quedó proyectada en los planos parciales, y, a mi modo de ver, en los planes de desarrollo económico y de programación de inversiones. Cree que se tomaron algunas ideas sobre el trámite de la expropiación para permitir destrabar su utilización. También se incorporó la clasificación de los tipos de normas en los planes de ordenamiento territorial entre estructurales, generales y complementarias y se hizo alusión al sistema de compensación.
Hubo otras figuras de elaboración local o inspirados en otras experiencias internacionales, como el reajuste de terrenos, que proviene del sistema japonés y respecto al cual se contaba de tiempo atrás con cooperación. Y figuras como los curadores urbanos, la articulación con las políticas de vivienda, el programa de ejecución, el ajuste a la declaratoria de desarrollo prioritario, para que no quedara sujeta a extinción del dominio sino a una venta forzosa en pública subasta y la participación en plusvalías. Estas figuras, a pesar de no encontrarse en el modelo español, fueron discutidas con asesores españoles incluso durante el proceso de discusión de la ley en el Congreso

nor peso que la influencia de un sistema haya podido tener en otro. Es interesante en este sentido la diferente visión que, dependiendo del ascendente profesional, ideológico y político pueda tener la valoración de estas influencias.

En el caso de la ley 388 de 1997 de Colombia, a pesar de que hay distintos sectores que le otorgan un mayor o menor peso a la influencia española, todos ellos coinciden en que uno de los elementos clave que se trasladan directamente es la equidistribución de beneficios y cargas.

B) Regulación de la equidistribución en la ley 388/97

Dimensión territorial

Reajuste de terrenos: La ley 388/97[41] desarrolla la técnica del reajuste en la línea de su utilización internacional, es decir "englobar diversos lotes de terreno para luego subdividirlos en forma más adecuada y dotarlos de obras de infraestructura urbana básica, tales como vías, parques, redes de acueducto, energía eléctrica y teléfonos. También podrán adelantar proyectos de integración inmobiliaria en zonas, áreas e inmuebles clasificadas como de desarrollo, redesarrollo y renovación urbana, con el objeto de reunir o englobar distintos inmuebles para subdividirlos y desarrollarlos, construirlos, o renovarlos y enajenarlos. Los municipios o sus entidades descentralizadas podrán asociarse con otras entidades y con los particulares, por iniciativa de cualquiera de ellos, para desarrollar áreas no desarrolladas previstas en el plan de desarrollo, mediante acuerdos de asociación, contratos de sociedad u otros que celebre con los propietarios de las tierras, así como también mediante la compraventa y expropiación

---

En materia contenidos, María Clara Vejarano, consultora del equipo del PNUD, considera que la aproximación a los instrumentos de la Ley española no resultaba totalmente extraña debido a que en nuestra legislación ya se encontraban elementos importantes previstos en la Ley 9 de 1989. En su opinión, el tema que parecía más innovador e importante procedente era el sistema de distribución de cargas y beneficios. Era una aproximación realmente nueva a la forma de estructurar proyectos urbanos y muy distinta a la labor tradicional de los arquitectos en el diseño de planes de urbanización

41 Art. 2 LDT "función social de la propiedad, prevalencia del interés general sobre el particular y distribución equitativa de beneficios y cargas"

de los inmuebles requeridos. Los partícipes en los reajustes de terrenos o integraciones inmobiliarias recibirán el pago por sus terrenos, la indemnización si se recurre a la expropiación y las utilidades o participaciones que correspondan al propietario preferiblemente con los lotes restantes de la subdivisión, provistos de la infraestructura urbana básica, o en inmuebles construidos dentro del proyecto respectivo. El precio de los lotes transferidos al reajuste o los costos totales de las infraestructuras necesarias podrá ser financiado por bonos o títulos valores emitidos para el efecto, redimibles con el producto de la venta de los lotes o inmuebles resultantes. Se realizará un avalúo, con reglas similares a las de la indemnización en el caso de expropiación, para determinar el valor de los terrenos aportados y el de los lotes o inmuebles resultantes del proyecto.

Gestión asociada a través de reajustes de terrenos

Las actuaciones urbanísticas de urbanización y edificación podrán ser desarrolladas por propietarios individuales en forma aislada o por grupos de propietarios asociados voluntariamente o de manera obligatoria a través de unidades de actuación urbanística, directamente por entidades públicas o mediante formas mixtas de asociación entre el sector público y el sector privado. En general la gestión es adelantada por agentes privados.

Con base en los criterios establecidos en los POT, los planes parciales definen las unidades de actuación urbanística, de forma que permitan el cumplimiento conjunto de las cargas de cesión y urbanización de la totalidad de su superficie, mediante el reparto equitativo entre sus propietarios. Se elabora un proyecto de delimitación, y se tramita la recepción y resolución de las objeciones y observaciones de los propietarios, y el acto de delimitación se inscribe en el folio de matrícula inmobiliaria, en adelante los predios afectados no podrán ser objeto de licencias de urbanización o construcción por fuera de la unidad.

La ejecución de las unidades de actuación implica la gestión asociada de los propietarios, siguiendo la técnica del reajuste de terrenos o la integración inmobiliaria, con distribución equitativa de cargas y beneficios.

La ejecución de la unidad de actuación se iniciará una vez se definan las bases para la actuación, mediante el voto favorable de los propietarios que representen el cincuenta y uno por ciento (51%) del área comprometida, incluida las condiciones para ejecutar un reajuste de terrenos. Los inmuebles de los propietarios renuentes serán objeto de los procesos de enajenación voluntaria y expropiación previstos en la Ley por parte de las entidades municipales o distritales competentes, quienes entrarán a formar parte de la asociación gestora de la actuación, sin perjuicio de que puedan transferir tales derechos a la misma.

Es posible declarar por parte de la administración el desarrollo y construcción prioritario de algunas de las unidades de actuación, en cuyo caso, si en un plazo de 6 meses contados desde la aprobación de la delimitación no se logra el acuerdo entre los propietarios, la administración podrá optar por la expropiación administrativa de los terrenos o la venta forzosa en pública subasta.

En caso de acuerdo, se constituye una entidad gestora (por lo general un fideicomiso con patrimonio autónomo), se establecen las condiciones de cumplimiento de las cargas urbanísticas y se restituyen los aportes de suelo con los terrenos resultantes, en dinero o en certificados de derechos de construcción.

C) Discusión sobre las "cargas urbanísticas"

El artículo 37 de la ley, que lleva la rúbrica "Espacio público en actuaciones urbanísticas", lo que se presta a confusión, define las condiciones para los distintos procesos o trámites de urbanismo o urbanización. Las reglamentaciones del POT deben definir para las distintas actuaciones urbanísticas, las cesiones urbanísticas destinadas a vías locales, equipamientos colectivos y espacio público en general y, también, las afectaciones a que estén sometidas por efectos de reservas de terrenos para construcción de infraestructura vial, de transporte, redes matrices y otros servicios de carácter urbano o metropolitano.

Para las actuaciones que lo requieran como la urbanización en terrenos de expansión y la urbanización o construcción en terrenos con tratamientos de renovación urbana, o sea, donde ocurren las transformaciones urbanas, el Plan debe señalar el procedimiento previo para establecer la factibilidad de extender o ampliar las redes de servicios públicos, la infraestructura vial y la dotación adicional de espacio público, así como los procesos o instrumentos mediante los cuales se garantizará su realización efectiva y la equitativa distribución de cargas y beneficios derivados de la correspondiente actuación.

Además, la ley dispone que el POT debe establecer mecanismos que garanticen el reparto equitativo de las cargas y los beneficios derivados del ordenamiento urbano entre los respectivos afectados, y señala que las unidades de actuación, la compensación y la transferencia de derechos de construcción y desarrollo, entre otros, son mecanismos que garantizan este propósito.

Las unidades de actuación urbanística son la base de la gestión asociada o reparcelación, según se explica a continuación. El artículo que específicamente se refiere a estas unidades diferencia las cargas locales y las de carácter general, que han sido el punto de conflicto más fuerte en la aplicación de la ley.

Este artículo dispone que las llamadas cargas locales, o sea las correspondientes a las cesiones y la realización de obras públicas correspondientes a redes secundarias y domiciliarias de servicios públicos de acueducto, alcantarillado, energía y teléfonos, así como las cesiones para parques y zonas verdes, vías vehiculares y peatonales y para la dotación de los equipamientos comunitarios, se distribuyen entre los propietarios de la respectiva unidad de actuación urbanística.

Las llamadas cargas generales, es decir el coste de la infraestructura vial principal y redes matrices de servicios públicos, y según el artículo 37 el espacio público en general, se distribuirán entre los propietarios de toda el área beneficiaria de las mismas y deberán ser recuperados mediante tarifas, contribución de valorización, participación en plusvalía, impuesto predial o cualquier otro sistema que garantice el reparto equitativo de las cargas y beneficios de las actuaciones. Con base en esta última referencia, en la ciudad de Bogotá y luego en otros, se empezaron a establecer sistemas de reparto equitativo de cargas y beneficios, es decir, mecanismos de movilización de plusvalías para su financiación. La redacción de este artículo muestra un amplio margen de interpretación en cuanto al "denominador" en el cálculo de las cargas que hayan de imputarse a los propietarios del suelo en el reajuste de terrenos, pues dependerá en gran medida de las disposiciones específicas de cada POT y de la definición concreta de las obligaciones urbanísticas y de los mecanismos para asegurar la distribución equitativa de cargas y beneficios.

La discusión ha sido muy intensa y el argumento de los promotores de la ley que fueron entrevistados en el papel de referencia ha sido que *eso* no estaba contemplado en la ley *ni hacía parte del acuerdo político* que hubo detrás, y que no habría condiciones para cargar la financiación de esas infraestructuras a los proyectos urbanísticos y que ese tipo de infraestructuras o espacios públicos deberían estar vinculados a instrumentos de tributación aplicados de manera general en la ciudad.

En una entrevista realizada, el abogado vinculado a Camacol señaló que el punto que podía generar resistencias de la ley en el sector privado era el de las cargas urbanísticas, Argumentó que los desarrolladores siempre han estado dispuestos a asumirlos, bajo la condición de que obedezcan a un criterio serio de equidad, y cuando detrás de su imposición se encuentren razones técnicas y económicas claras. Si las cargas se vuelven inequitativas, radicales y poco claras se convierten en un monstruo para los desarrolladores. Para ello, considera que se deben cumplir dos condiciones fundamentales. Primero, que haya una división entre cargas generales y cargas locales. La general, en principio, no debería estar a cargo del desarrollador porque beneficia a toda la ciudad y por tanto debe ser financiada por el conjunto de la ciudadanía. La local sí debe ser asumida por el desarrollador, pero debe ser clara y cuantificable y para ser financiable debe ser compensada con edificabilidad. La carga general puede ser objeto de pago si el acceso a mayores aprovechamientos beneficia el desarrollo de un determinado proyecto. Los privados están dispuestos a su pago siempre y cuando no sea a través de un cheque al sector público que va a un fondo negro. Si el vehículo de pago es transparente, el privado está dispuesto a pagarla.

Esta discusión se explica por dos razones: La primera que el instrumento central era el tributo que en la ley 388 pasó a llamarse participación en plusvalías, siguiendo la expresión del artículo 82 de la Constitución. Este tributo, que podía recuperar hasta un 50% del incremento en los precios del suelo producidos por los cambios de norma, se concebía como el mecanismo que de manera general captaría los recursos necesarios para finalidades como las infraestructuras de transporte. Sin embargo, este tributo contempla una lista de destinaciones relativamente amplia y cada gobierno municipal tiene la posibilidad de elegir cuál o cuáles.

La segunda razón es más bien conformista: captemos plusvalías pero no tanto, para no tensionar demasiado la aplicación de la ley…

3.1.2. Uruguay

A) Trasplante a través de la cooperación española en la redacción de la ley[42]

La influencia española en la legislación urbanística uruguaya comienza, en un pasado reciente, a través del POT de Montevideo. Isabel Viana señala que la relación de los académicos y técnicos uruguayos con instituciones españolas comenzó en la década de 1980 a través del Instituto de Cooperación Iberoamericana y del Centro de Estudios Municipales y de Cooperación Interprovincial-CEMCI, liderado por Enrique Rodríguez García, que otorgaba becas para cursos que se realizaban en España con personas de todos los países de América Latina. Esos cursos incluían el tema de ordenación del territorio y gestión del suelo de la legislación española.

Esos cursos generaron la Asociación latinoamericana de municipalidades, que se reunía una vez al año y que luego se transformó en la Unión iberoamericana de municipalistas. Este cambio es expresión del propósito de algunos españoles de tener presencia en los países de América Latina y transferir las instituciones españolas, con un discurso de defensa de la organización y autonomía municipal y con transferencia hacia los gobiernos municipales.

Uno de los abogados influenciados por esta escuela, José Luis Sciandro publicó su tesis de Maestría en Derecho de aguas, sobre "Las consecuencias jurídicas de la reciente incorporación de la visión ambiental en el derecho de aguas de Uruguay, tomando como referencia la experiencia del derecho español", donde discute, sobre todo el tema de la armonización de las competencias entre niveles de gobierno y la necesidad de integración de la regulación del agua, el medio ambiente y el ordenamiento territorial, entendidas como

---

42 Vid. In totum Maldonado y Lora-Tamayo "*Trasplantes…*"

materias reguladas que concurren en un mismo espacio geográfico sujeto a competencias concurrentes.

En el espacio de la Unión iberoamericana de municipalistas empieza a tener presencia la Junta de Andalucía, que desarrollaba su propia política de cooperación, como comunidad autónoma y que finalmente se concreta en la cooperación con el gobierno de Tabaré Vásquez en 1990 y concluyó en la elaboración del Plan de Ordenamiento Territorial. En opinión de varios de los actores del proceso de elaboración de la ley por decisión gubernamental, primero en la intendencia y luego a nivel nacional, se produjo un cierre en torno a esta cooperación, que impidió la presencia de otros aportes, incluso de otras comunidades españolas.

Además de la asesoría al Plan de Montevideo el mismo equipo de españoles asesoró el Costa Plan en la intendencia de Canelones.

La legislación uruguaya de ordenamiento territorial y desarrollo sostenible. 18.308 de 2008 recibió una influencia muy directa del modelo español a través del trabajo del abogado Sebastián Olmedo y el arquitecto Manuel González Fustegueira. El primero hizo un trabajo de revisión detallada de la legislación uruguaya, para armonizar con las categorías provenientes del sistema español.

Eran dos las principales preocupaciones, la primera darle identidad y fuerza a las Directrices Nacionales de Ordenamiento Territorial, lo que implicaba la irrupción del gobierno nacional en un ámbito que tradicionalmente había sido competencia exclusiva de las autoridades departamentales. Se buscaron aportaciones en el marco de la comisión asesora de ordenamiento territorial que previamente había puesto en funcionamiento Berbejillo, pero el punto de partida fueron dos asesorías prestadas por la Facultad de Arquitectura, el Instituto y por la Junta de Andalucía.

El dictamen de la Junta de Andalucía, elaborado por el abogado Sebastián Olmedo Pérez, consistió en una exposición del derecho urbanístico español, donde se resaltan entre sus premisas principales la necesidad de implementar:

El principio de afectación de los beneficios a las cargas y el hecho de que los beneficios de las actuaciones urbanísticas se encuentran vinculados en primer lugar al cumplimiento de los deberes (cargas urbanísticas). No resulta legítimo pretender patrimonializar aquello que no ha cumplimentado las obligaciones urbanísticas.

Junto con el principio de solidaridad o *compensación urbanística.* Por regla general la planificación distribuye de manera desigual la facultad de urbanizar y los usos, por tanto, se establece la solidaridad de beneficios y cargas entre todos los interesados. La compensación urbanística se aplica en dos niveles: se definen las áreas de reparto y el aprovechamiento medio o tipo en cada una de ellas. Todos los propietarios incluidos en esas áreas de reparto tienen un derecho al aprovechamiento urbanístico equivalente al 90% del aprovechamiento medio, sea cual sea la situación de su predio y sea cuál las posibilidades edificatorias que establezca el Plan en ellos. En la fase de ejecución todos los propietarios o interesados tienen derecho a que se les adjudiquen parcelas urbanizables, donde poder materializar su derecho al aprovechamiento urbanístico.

B) Regulación; Bases para la gestión asociada o reparcelación

La regulación del principio de equidistribución de beneficios y cargas en Uruguay, recibe pues una importante influencia española.

En la ley de Ordenamiento Territorial y Desarrollo Sostenible (Ley 18.308 de 2008) de Uruguay se denominan *"Facultades de la propiedad inmueble en suelo urbano no consolidado y suelo potencialmente transformable"* donde los propietarios de este tipo de *inmuebles,* una vez incluido en un Programa de Actuación Integrada, que nos recuerda, sin duda alguna al modelo de los PAIs de la legislación valenciana tendrán las siguientes facultades:

a) Promover su ejecución y transformación en las condiciones y requerimientos legales.

b) Adjudicación de los solares resultantes de acuerdo con el proyecto de fraccionamiento o urbanización, en proporción a sus aportaciones al proceso de ejecución.

c) Edificar en dichos solares, conforme a las determinaciones del instrumento y una vez cumplidos los deberes territoriales. Los propietarios que renuncien voluntariamente o sean excluidos del proceso de ejecución por aplicarse la expropiación, tendrán derecho a la indemnización legalmente prevista, sin incorporar a la valoración de ésta los beneficios que se derivan del proceso de ejecución.

Los propietarios de inmuebles en suelo con el atributo de potencialmente transformable, no incluido en un Programa de Actuación Integrada tendrán derecho a presentar consultas e iniciativas a la Intendencia Municipal para acceder a la efectiva incorporación de los mismos al proceso de transformación territorial.

Perímetros de actuación. Constituye un ámbito de gestión de un instrumento de ordenamiento territorial, en una superficie delimitada en el suelo con categoría de potencialmente transformable, o urbano no consolidado, para ejecutar las previsiones del mismo y efectuar el cumplimiento de los deberes territoriales de cesión, equidistribución de cargas y beneficios y retorno de las mayores valorizaciones. La delimitación de un perímetro de actuación podrá traer aparejada la suspensión del otorgamiento de permisos de construcción hasta tanto no se aprueben los respectivos proyectos de urbanización y reparcelación en su caso.

Sistemas o regímenes de gestión. Corresponde al poder público la determinación de la forma de gestión, sus plazos y fuentes de financiamiento, la delimitación de los perímetros de actuación y la observación del cumplimiento de las obligaciones de compensación de cargas y beneficios y retorno de valorizaciones. La ley lo denomina Actuación territorial.

Se fomentará el desarrollo de la actividad de ejecución por iniciativa privada para el cumplimiento de los objetivos de los instrumentos de ordenamiento territorial. El inicio de la actividad de ejecución requerirá la aprobación del instrumento de ordenamiento territorial correspondiente. No obstante, la ejecución de las redes básicas de uso público podrá realizarse en forma anticipada previa declaración de urgencia[43].

Los proyectos de urbanización y reparcelación serán aprobados por la Intendencia Municipal conforme al procedimiento que defina

---

43 Vemos aquí, al igual que en el modelo Colombiano anteriormente descrito y a diferencia del modelo español como las cargas que deben imputarse a los propietarios/urbanizadores no terminan de estar claramente cerradas y generan un amplio margen de decisión y discusión.

la Ordenanza Departamental. El proyecto de reparcelación integra el conjunto de predios comprendidos en un perímetro de actuación definiendo las parcelas resultantes, así como la adjudicación de las mismas a los propietarios en proporción a sus respectivos derechos y a la Intendencia Municipal, en la parte que le corresponde conforme a la presente ley y al instrumento de ordenamiento territorial. La reparcelación comprende también las compensaciones necesarias para asegurar la aplicación de la distribución de cargas y beneficios entre los interesados.

Los perímetros de actuación se desarrollarán por alguno de los siguientes sistemas de gestión: a) Por iniciativa privada directa, constituyéndose una entidad privada para los fines de ejecución o por convenio de gestión entre los titulares de los terrenos. b) Por cooperación público-privada, mediante la suscripción del correspondiente instrumento. c) Por iniciativa pública, expropiando la Administración la totalidad de los bienes necesarios.

3.1.3. Ecuador

A) Trasplantes

La introducción del Buen Vivir lleva consigo, entre otras, la adopción de nuevas formas de protección al individuo y a la naturaleza: el derecho a la Ciudad, los derechos de la naturaleza, la función social y ambiental de la propiedad, la promoción del bien común y la preponderancia del interés general al interés particular conforme al buen vivir, el asegurar el acceso de las personas a una vivienda digna y a un hábitat seguro y saludable y lograr un Ordenamiento Territorial equilibrado y equitativo son los principios que dan sustento a una naciente política de Planificación, de Ordenamiento Territorial y de una adecuada gestión en el uso del suelo a escala nacional.

La Constitución Ecuatoriana enarbola tres principios que, aunque aparecen algo difusos en el entramado articular son básicos como principios informadores de rango constitucional de la legislación de ordenación territorial, uso y gestión del suelo recientemente aprobada: el derecho a la ciudad, la función social y ecológica de la propiedad y el principio de equiditribución de beneficios y cargas.

B) Regulación

Por otra parte y junto con el Derecho a la Ciudad y la función social y ambiental de la propiedad que aparecen en el ordenamiento ecuatoriano como derivadas de este, la Constitución Ecuatoriana y Ley Orgánica de Ordenamiento Territorial, Uso y Gestión del Suelo de 30 de junio de 2016, (en adelante LOOTUGS) introducen la noción genuinamente española, del reparto equitativo de beneficios y cargas entendiendo que (art. 5.8.) "Se garantizará el justo reparto de las cargas y beneficios entre los diferentes actores implicados en los procesos urbanísticos, conforme con lo establecido en el planeamiento y en las normas que lo desarrollen"

La introducción de este principio sostiene y legitima la gestión del suelo a través de Planes parciales en los que operen mecanismos jurídicos y económicos que impongan derechos y deberes a los propietarios de suelo en proporción a su aportación física, sin generar por otra parte indemnización alguna.

La distribución o reparto de cargas y beneficios es una forma eficiente de administración del suelo que persigue definir los beneficios que recibe el propietario de un predio por una norma urbanística determinada con ciertas condiciones de aprovechamiento en índices de altura, mayor porcentaje de edificación, cambio de uso o clasificación del suelo y las obligaciones que por entrega de esos beneficios le corresponde como la financiación de obras de infraestructura, la dotación de equipamientos, el pago en dinero o especie por los beneficios recibidos o aquellas que el planeamiento defina. Su fin primordial es buscar equidad territorial y justicia social.

Si bien es cierto, como veremos en el momento de analizar las técnica de clasificación del suelo y la ejecución del planeamiento urbanístico y de desarrollo, esta equidistribución sólo se produce en el ámbito de las unidades de actuación o polígonos definidos al efecto, por lo que las técnicas reparcelatorias y equidistributivas no pueden en este sentido ser observadas/analizadas como el paradigma de la justicia social sino más bien como medios técnicos operativos concretos para lograr una igualdad de reparto en ámbitos del territorio muy definidos.

Un sobredimensionamiento del concepto y el principio de distribución equitativa de beneficios y cargas, cuya sede territorial lógica es la unidad de ejecución puede estar generando cierta confusión al no entenderse como un principio informador/operativo reducido o de aplicabilidad concentrada en un ámbito, la unidad de ejecución, no siendo fácil de extrapolar a una dimensión urbana compleja o total de una ciudad en la que la equidad social puede y debe ser obtenida con otros medios complementarios de carácter fiscal, social.

Los planes parciales serán de iniciativa pública o mixta. La vigencia de cada plan parcial estará prevista al momento de su aprobación, y podrá exceder la vigencia del plan de uso y gestión de suelo respectivo.

Las unidades de actuación urbanística, sean de iniciativa pública, privada o mixta, están sometidas a la aprobación del distrito o municipio que exigirá los siguientes instrumentos técnicos: 1. La identificación y aplicación de los instrumentos de gestión determinados en esta Ley. 2. Un proyecto de urbanización o renovación urbanística. En el suelo incluido en una unidad de actuación urbanística no se puede aprobar ningún proyecto de fraccionamiento o reestructuración de la propiedad si no va acompañado del correspondiente proyecto de urbanización o renovación urbanístico y de reparto de cargas y beneficios. El plazo máximo para notificar la resolución sobre la aprobación de los instrumentos técnicos a que se refiere este artículo no puede exceder de seis meses. La falta de notificación de la resolución dentro de este plazo generará los efectos del silencio administrativo negativo, sin perjuicio de las sanciones al servidor público responsable.

Las unidades de actuación urbanística pueden ser promovidas y gestionadas por:

1. Los propietarios del suelo incluido en la unidad de actuación. 2. La administración pública o por una persona natural o jurídica, pública o privada, mediante acuerdo con los propietarios del suelo incluidos en el ámbito de actuación. Cuando sean varios los propietarios del suelo incluido en la unidad de actuación deben haber dado su conformidad a la iniciativa al menos los que sean titulares del 51% de la superficie del ámbito. Los propietarios que no hayan dado su conformidad pueden adherirse a la iniciativa y participar en la gestión de la unidad de actuación y en la distribución de sus beneficios y sus cargas, caso contrario, los propietarios mayoritarios podrán

solicitar al Gobierno Autónomo Descentralizado metropolitano o municipal proceda con la enajenación forzosa en subasta pública de los predios, alícuotas o derechos y acciones cuyos propietarios no se adhieran a la actuación urbanística.

3.1.4. México

La ley general de asentamientos humanos, ordenamiento territorial y desarrollo urbano de 28 de noviembre de 2016 define las herramientas de planeación que se deberán adoptar desde el nivel federal, estatal y municipal y establece una serie de instrumentos entre los que destaca la inclusión del reagrupamiento parcelario en los artículos 86 y 87.

El reagrupamiento parcelario se define como la integración de la propiedad *"mediante el reagrupamiento de predios, en los términos de las leyes locales relativas. Los predios reagrupados podrán conformar polígonos de actuación a fin de lograr un Desarrollo Urbano integrado y podrán aprovechar los incentivos y facilidades contempladas en esta Ley para la ocupación y aprovechamiento de áreas, polígonos y predios baldíos, subutilizados y mostrencos." (LGAHOTDU, Artículo 86°)*

La recuperación de la parte alícuota de propietarios e inversionistas se recupera en tierra, edificaciones o en dinero según se convenga. (Artículo 86)

Por su parte, el artículo 87 indica el procedimiento general que debe seguir el reagrupamiento parcelario, indicando la necesidad de cumplir con el Plan de Desarrollo Urbano aplicable, administrar las aportaciones de propietarios e inversionistas a través de un fideicomiso u otra figura legal aplicable, la habilitación de infraestructura bajo la responsabilidad de todos los actores involucrados, la distribución de cargas y beneficios resultantes con base en un estudio previo de factibilidad financiera formulado por quien sea el promovente y la restricción de la venta de los predios resultantes hasta que hayan sido construidas las obras de infraestructura.

En lo que respecta a la CDMX, en su constitución reconoce la función social del suelo y de la propiedad pública, privada y social, en los términos de la Constitución Política de los Estados Unidos Mexicanos. El Gobierno de la Ciudad es responsable de administrar y gestionar el suelo para garantizar la distribución equitativa de las cargas y los beneficios del desarrollo urbano, el desarrollo incluyente y equilibrado, así como el ordenamiento sustentable del territorio de la Ciudad y, en forma concurrente, del entorno regional, considerando la eficiencia territorial y la minimización de la huella (Art. 16 del Ordenamiento Territorial en la sección C de Regulación del suelo).

La constitución de la Ciudad de México (CDMX) es en este sentido de vanguardia al regular que se debe garantizar la distribución de las cargas y los beneficios del desarrollo urbano, pero no ahonda más en la materia, además, enmarca en un ordenamiento sustentable del territorio de la ciudad y considera la huella ecológica.

La CDMX, en su Constitución Política (art. 16) establece la obligación *"de los propietarios de desarrollos inmobiliarios de pagar una compensación monetaria para mitigar el impacto urbano y ambiental"*, con el fin de contribuir al desarrollo y equipamiento urbano. Y que el Gobierno de la Ciudad es responsable de administrar y gestionar el suelo para garantizar la distribución equitativa de las cargas y los beneficios del desarrollo urbano, el desarrollo incluyente y equilibrado, así como el ordenamiento sustentable del territorio de la Ciudad y, en forma concurrente, del entorno regional, considerando la eficiencia territorial y la minimización de la huella (art. 16 Ordenamiento Territorial C. Regulación del suelo). El artículo 15 estableció "*la fórmula y criterios para la aplicación de dichos ingresos en las zonas de influencia o de afectación, en condiciones de equidad, transparencia y rendición de cuentas*", correspondiendo a los programas y planes parciales contemplar los cambios de los usos del suelo.

En México, los gobiernos locales obtienen ingresos de distintas fuentes, entre ellas, las transferencias del Gobierno Federal y otros que generan por conceptos propios como impuestos (predial), derechos (por suministro de agua), aprovechamientos, productos y contribuciones de mejoras. Las transferencias que les hace el Gobierno Federal son a través de Participaciones (Ramo 28) y Aportaciones (Ramo 33), Provisiones Salariales y Económicas (Ramo 23), Convenios de Descentralización y Reasignación, además de recursos para Protección Social en Salud.

A partir de la expedición de la LGAHOTDU en 2016, el Gobierno Federal ha emitido Guías orientadoras para la armonización de las legislaciones estatales y municipales, así como para la incorporación de sus planteamientos e instrumentos en el marco de planeación estatal y municipal. Sin embargo, es un proceso de lento avance que depende de las capacidades locales de gestión de las reformas, así como de la voluntad política y las condiciones preexistentes para implementar o impulsar estos cambios.

4. A MODO DE CONCLUSIÓN

La equidistribución de beneficios y cargas ha sido en España la técnica que, articulada en sede de planeamiento y en ejecución del mismo a través del sistema de Compensación, ha permitido uno de los grandes sueños de cualquier urbanista: que la ciudad financie la ciudad.

Es cierto que la complejidad y la deriva de la técnica han generado disrupciones destacables; por una parte la deriva maximalista jurisprudencial y la identificación de igualdad y equidistribución, de otra el deseo de extensión de esta técnica a ámbitos urbanos consolidados y las dificultades de su implementación.

Aún así y a pesar de todo hemos de remitirnos a los hechos y es que la ciudades españolas, con sus luces y sus sombras, y sobre todo sus extensiones/ensanches ostentan un nivel cualitativo y cuantitativo de dotaciones[44], y espacios públicos único en Europa y esta visión no debe perderse de vista, porque el sistema es eficaz, ha sido resolutivo para la construcción de ciudad, y lo sigue siendo.

La regulación de la equidistribución de beneficios y cargas en aquellos países que han recibido una mayor influencia de modelo urbanístico español, ya sea por la colaboración de expertos en la formulación de sus normas como en la recepción normativa de es-

---

44 Vid. En este sentido la AGENDA URBANA ESPAÑOLA (https://cdn.mitma.gob.es/portal-web-drupal/AUE/02_00-doc._diagnostico.pdf) y en especial su diagnóstico en el que se pone de relieve como con todo, España ocupa el puesto 19 en calidad de vida según la OCDE, lo que la sitúa
en la media de los países consultados y destaca sobre todo por su salud, la seguridad y la vida en comunidad. Las ciudades tienen mucho que ver con ello y buena parte de las estadísticas existentes sobre calidad de vida en las ciudades europeas, sitúan a las españolas en puestos muy relevantes.

tas novedades deja todavía algunas lagunas fruto de su adaptación al contexto local de una parte y de la propia concienciación socio-jurídica-económica, la concepción de que los propietarios/urbanizadores deben sufragar todos los gastos de la obra urbanizadora que muestran la inserción del principio y de la función social de la propiedad pero su falta de concreción jurídica y económica.

Esta resistencia se muestra de forma clara en algunos ordenamientos así por ejemplo la asunción de que la financiación de la obra urbanizadora, el viario, es una obligación inserta dentro de las facultades y deberes ínsitos en la equidistribución de beneficios y cargas no es del todo clara en Latinoamérica y la legislación urbanística muestra muchos resquicios, botón de muestra son las alternativas que ofrecen algunos ordenamientos para que los poderes públicos/las municipalidades vayan adelantando estos gastos como son entre otros, la declaratoria de desarrollo prioritario (vigente en Colombia y Ecuador, Uruguay), la planificación económica/el planeamiento de desarrollo articulado como planes de obras municipales que aportan/financian las obras de infraestructuras urbanas prioritarias en el municipio, que reflejan pues la coexistencia de un modelo de fuerte financiación pública al tiempo que se van implantando poco a poco instrumentos de gestión de suelo que permitan esa efectiva equidistribución no sólo de los beneficios sino de unas cargas urbanísticas claramente establecidas en los proyectos de urbanización pero no necesariamente implementadas desde una perspectiva formal en la regulación (legal o reglamentaria) urbanística.

El reto es, pues, la articulación de una reglamentación local que descienda hasta la ejecución del planeamiento y articule métodos que permitan una justa equidistribución de beneficios y cargas operativa y eficaz.

Nos queda en el aire, y en la discusión, la búsqueda de las razones profundas de esa elevación del principio técnico al principio programático, o quizás a la fundamentación de las razones superficiales, es más sencillo elevar a principio que descender a la técnica y embarrarse con ella.

Bibliografía

Acosta, A. (2012): *De las alternativas del desarrollo a las alternativas al desarrollo". En Construyendo el Buen Vivir.* I Encuentro Internacional del Programa de Cooperación Universitaria e Investigación Científica, compilado por Alejandro Guillén García y Mauricio Phélan Casanova, 33-46. Cuenca: PYDLOS. "Los Buenos convivires. Filosofías sin filósofos, prácticas sin teorías". Estudios Críticos del Desarrollo 7 (12): 153-192.

Benabent Fernández de Córdiba, M. y Vivanco Cruz, L. (2017): *El ordenamiento territorial y el urbanismo en el Ecuador y su articulación competencial,* Ciudad y territorio: Estudios territoriales, ISSN 1133-4762, Nº 194, págs. 713-726

Correa Montoya, L. (2010): *Algunas reflexiones y posibilidades del Derecho a la Ciudad en Colombia.*

Cortez, D. (2014): *Genealogía del Sumak Kawsay y el Buen Vivir en Ecuador: un balance". En Post-crecimiento y Buen Vivir. Propuestas globales para la construcción de sociedades equitativas y sustentables,* coordinado por Gustavo Endara, 317-354. Quito: Friedrich Ebert Stiftung Ecuador DES-ILDIS.

Fernandes, E. (2006): *Updating the Declaration of the Rights of Citizens in Latin America: constructing the Right to the City in Brazil,* International Public debates: urban Policies and the Right to the City. Paris, UNESCO.

Fernández Rodríguez, T. R. (2006): *Manual de Derecho urbanístico, Madrid, 2006;*

– (1996): *Siglo y medio de urbanismo en España,* en Ciudad y Territorio, núms. 107-108, Ministerio de Fomento, Madrid.

Fernández Torres, J. R. "El principio de equidistribución en la fase de planeamiento. A propósito de la importante STS de 27 de mayo de 2015 (RC nº 2678/2013, Asunto Txomin Enea)*)" Revista Aranzadi de Urbanismo y Edificación 34. Mayo-agosto 2015

García-Bellido, J. "Por una liberalización del paradigma urbanístico español (II): la jurisprudencia de obras públicas en el límite del paroxismo". Ciudad y Territorio. Estudios territoriales, XXXVII (143), 2005.

García de Enterría, E. y Parejo Alfonso, L. (1981).: *Lecciones de Derecho Urbanístico,* Civitas, Madrid.

González Pérez, J. (1992): *Comentarios a la Ley del Suelo (Texto refundido de 1992).* Civitas.

Gorosito Zuluaga, Ricardo (2001) "Introducción al ordenamiento territorial como técnica de protección ambiental en el derecho uruguayo", Editorial Amalio M. Fernández, Montevideo

Gorosito Zuluaga, Ricardo, Pablo Ligrone (2009) "Regímenes jurídicos actualizados. Ordenamiento territorial y desarrollo sostenible - Ley fundante 18.303" La ley Uruguay, Montevideo

Gorosito Zuluaga, Ricardo, Pablo Ligrone, Astrid Sánchez (2009) "Instrumentos Leyes 18.308 y 18.367 de OT y DS, Ficha 3, Ed. Bastides, Montevideo

Lora-Tamayo Vallvé, M. (2017):.

- (2013): *La Europeización del territorio.* Dykinson. Madrid.
- (2006): *Derecho urbanístico y medio ambiente, hacia el desarrollo urbano sostenible.* Dykinson, Madrid.
- (2002): *Urbanismo de obra pública y derecho a urbanizar,* Marcial Pons, Madrid.
- (2000): *Las nuevas legislaciones de las Comunidades Autónomas: una visión de conjunto,* Revista de Administración Pública, nº 151.
- (1999): *Desintonía jurisprudencial en torno a la aplicación de la STC 61/1997,* Revista de Derecho Urbanístico, 167.

Lora-Tamayo Vallvé, M. y Maldonado Copello, M. M. *"Trasplantes jurídicos entre España y América Latina en las leyes de planeación urbana y políticas de suelo".* Paper del Instituto Lincoln de Políticas de Suelo. 2018.

Maldonado Copello, M. M. (2002). *El significado jurídico del "Derecho a la ciudad".* Cambridge. Disponible en: http://www.institutodeestudiosurbanos.info/dmdocuments/cendocieu/1_Docencia/Profesores/Maldonado_Maria_Mercedes/Ineditos/Significado_Juridico_DerechoMaldonado_Mercedes-2002.pdf

Manosalvas, M. (2014): *Buen vivir o suma kawsay. En busca de nuevos referenciales para la acción públicas en Ecuador.* Iconos. Revista de Ciencias Sociales. Núme 49, Wuito, pp 101-121. FLACSO. ISSN 1390-1249.

Pacheco Balanza, D. (2012): *Dimensiones Territoriales del Vivir Bien". En Transiciones hacia el Vivir Bien o la construcción de un nuevo proyecto político en el Estado Plurinacional de Bolivia,* coordinado por Katu Arkonada, 105-125. Barcelona: Icaria Editorial.

Parejo Alfonso, L. (1996): *Siglo y medio de Urbanismo en España,* en Ciudad y Territorio, núm. 107-108, Ministerio de Fomento, Madrid.

- (1995a) (coordinador): *El urbanismo hoy, Madrid, 1997; obras colectivas: La política del suelo en el siglo XXI. Intervención o liberalización,* CEMCI, Temas de Administración Local, Madrid.
- (1995b): *El régimen urbanístico de la propiedad inmobiliaria en España, en Propiedad, expropiación y responsabilidad. La garantía indemnizatoria en el Derecho europeo y comparado,* Tecnos, Madrid.

Peters, S. (2014): *Post-crecimiento y Buen Vivir: ¿Discursos Políticos Alternativos o Alternativas Políticas?". En Post-crecimiento y Buen Vivir. Propuestas globales para la construcción de sociedades equitativas y sustentables,* coordinado por Gustavo Endara, 125-163. Quito: Friedrich Ebert Stiftung Ecuador DES-ILDIS.

www.alianzapais.com.ec/ipp Documento de análisis legislativo. “Ley Orgánica de Ordenamiento Territorial, Uso y gestión del Suelo: elementos fundamentales y rol de los GAD en el contexto posterremoto”.

Salas, J. (1980): *Beneficios y cargas derivados del planeamiento,* en Revista de Administración Pública, núm. 92.

Tejedor Bielsa, J. C. (1998): *Propiedad, Equidistribución y Urbanismo. Hacia un nuevo modelo urbanístico.* Ed. Aranazadi, Pamplona.

Vaquer Caballería, M. (2014): *Pasado, presente y futuro inmediato de la distribución de beneficios y cargas en el urbanismo español.* Revista de Derecho Urbanístico y Medio ambiente (RDUyMA), Nº 294, diciembre, Madrid.

VVAA (1995): *La política del suelo en el siglo XXI. Intervención o liberalización,* CEMCI, Temas de Administración Local, Madrid.

Mattar, J. y Cuervo, L. M. (Editores), 2017 “Planificación para el desarrollo en América Latina y el Caribe Enfoques, experiencias y perspectivas” Comisión Económica para América Latina y el Caribe (CEPAL)

Urruzola, JP “A propósito de la nueva Ley de Ordenamiento Territorial y sus directrices nacionales” Pampa: Revista Interuniversitaria de Estudios Territoriales, Año 2009, Número 5 file:///C:/Users/Mariana/Downloads/Dialnet-APropositoDeLaNuevaLeyDeOrdenamientoTerritorialY-Su-3247610.pdf

Barreras a la eficacia de las normas y políticas de ordenación territorial y urbanística en América Latina

HÉCTOR SANTAELLA QUINTERO[1]
Profesor de Derecho Administrativo de la Universidad Externado de Colombia

SUMARIO: 1. INTRODUCCIÓN. 2. ALGUNOS ASPECTOS COMUNES DE LOS PAÍSES LATINOAMERICANOS. 3. ALGUNOS DE LOS PRINCIPALES PROBLEMAS DE LA IMPLEMENTACIÓN Y EFICACIA DE LAS NORMAS Y MEDIDAS EN MATERIA DE ORDENACIÓN TERRITORIAL Y URBANÍSTICA EN AMÉRICA LATINA. 3.1. Problemas jurídico-administrativos. 3.2. Problemas socio-políticos. 4. REFLEXIONES FINALES. Bibliografía.

1. INTRODUCCIÓN

Si, como ha venido a reconocer de manera contemporánea la teoría del Derecho Administrativo, a esta disciplina concierne no solo ordenar y limitar el poder, sino también asegurar la eficacia de la acción administrativa en la consecución de los objetivos que le han sido señalados[2], la preocupación por la implementación y eficacia de las normas y medidas que se adoptan en los distintos campos dominados o confiados a la Administración Pública cobra una especial relevancia. A la vista de los trascendentales fines encomendados a las autoridades administrativas en el ámbito de la ordenación del territorio y el urbanismo, dicha preocupación no puede más que acentuarse en ellos; en especial si se toman en consideración los críticos efectos (materiales, jurídicos, económicos, ecológicos, sociales e, incluso, políticos) de su ineficacia. Es preciso, entonces, asumir tanto

---

1 Profesor de Derecho Administrativo de la Universidad Externado de Colombia. Doctor en Medio Ambiente y Ordenación del Territorio por la Universidad Autónoma de Madrid y profesor invitado de la misma Universidad (2021). Contacto: hector.santaella@uexternado.edu.co

2 Parejo Alfonso (1995), Schmidt-Assmann (2003: 26-27), Cassese (2014: 343), o Vaquer Caballería (2018: 1247). Sobre la incidencia de la preocupación por la eficacia en la metodología del Derecho, véase Díez Sastre (2018: 95-97).

una concepción política como sociológica de la eficacia[3]. En virtud de la primera, se entiende que "la eficacia de las normas alude a la satisfacción o realización de las finalidades u objetivos sociales o políticos en vista de los cuales fueron establecidas esas normas"[4]; con la segunda se hace referencia "al grado de efectivo cumplimiento de las normas por parte de sus destinatarios"[5]. La proliferación de esta clase de instrumentos a lo largo de la región, con objetivos afines (la organización del uso y ocupación del territorio con miras a orientar su transformación en el largo plazo, para posibilitar un desarrollo ambientalmente sostenible, económicamente viable, socialmente justo, territorialmente equilibrado y culturalmente diverso[6]), impone esta perspectiva.

En efecto, luego de un pasado colonial compartido, que llevó por igual a una problemática, fragmentada y desordenada ocupación de sus territorios, acaso agravada con los años por una generalizada debilidad institucional para hacer presencia en todos los rincones de sus geografías, desde el último tercio del siglo XX se observa en los estados latinoamericanos la tendencia a asumir la responsabilidad que les incumbe frente a la ordenación de sus territorios y la planificación del desarrollo urbano. La grave situación de muchas poblaciones, denunciada al menos de manera oficial desde la Conferencia de las Naciones Unidas sobre los Asentamientos Humanos celebrada en 1976 en Vancouver, llevó a que se extendiera la preocupación sobre este asunto. Como se evidencia en la presente obra colectiva, tanto a nivel constitucional como legal, un bloque importante de los estados latinoamericanos ha dejado atrás su tradicional distancia frente a cómo se ocupa, aprovecha y transforma el territorio, para adoptar políticas, estrategias e instrumentos enderezados a superar las consecuencias negativas y corregir las difíciles condiciones que arrojó el intenso y descontrolado proceso de urbanización vivido por la región durante la segunda mitad del siglo XX. La influencia de los modelos español y francés es nítida en algunos casos; en otros se han intentado esquemas particulares. Sin embargo, como apunta la CEPAL en

---

3 Prieto Sanchís (2009, 85-87).

4 *Ídem.*

5 *Ibidem.*

6 CEPAL (2017: 78).

un documento reciente, en Latinoamérica "[l]a urbanización pasada ha ocurrido de forma más bien espontánea, regida por mecanismos de mercado, y produciendo territorios urbanos sin planificación o visión de largo plazo. Las ciudades se caracterizan [por esto,] a la vez por economías frágiles, altos niveles de desigualdad urbana y una degradación ambiental preocupante"[7].

Así, pese al esfuerzo realizado en lo jurídico por incorporar mecanismos que doten a las autoridades de instrumentos (teóricamente) apropiados para ordenar y planificar el desarrollo de sus urbes, los problemas persisten. La situación es, pues, desafiante, ya que a pesar de haberse adoptado distintas herramientas de ordenación del territorio (aunque de diferente índole y raíz, como se aprecia en los textos que conforman la parte especial de esta obra), y de ser común el esfuerzo y el empeño administrativo por enmendar las secuelas de la desordenada expansión urbana experimentada, diversas circunstancias han marcado una brecha sensible entre la realidad y la norma. No se trata solo de que ideales expresados en la Nueva Agenda Urbana (como "la igualdad en el uso y el disfrute de las ciudades y los asentamientos humanos y (…) la inclusividad y garantizar que todos los habitantes, tanto de las generaciones presentes como futuras, sin discriminación de ningún tipo, puedan crear ciudades y asentamientos humanos justos, seguros, sanos, accesibles, asequibles, resilientes y sostenibles y habitar en ellos, a fin de promover la prosperidad y la calidad de vida para todos"[8]) o en los Objetivos de Desarrollo Sostenible (como el objetivo No. 11, relativo a la construcción de ciudades y asentamientos inclusivos, seguros, resilientes y sostenibles), se encuentren aún lejos de la realidad en no pocos casos. Por distintas razones (que serán examinadas en este capítulo), las normas y estrategias adoptadas por las autoridades encuentran barreras que dificultan o impiden su eficacia en la práctica.

Por esta razón, desde una perspectiva de Derecho Público, el presente capítulo pasa revista a algunas de las principales dificultades que enfrentan las autoridades administrativas en América Latina para la implementación de los instrumentos y la materialización de

---

7 CEPAL (2017: 9).

8 ONU HABITAT (2017: 5).

los fines impuestos por la regulación en materia de ordenación territorial y urbanística (2). De manera previa a dicho inventario se examinan algunos aspectos comunes de la realidad de los Estados latinoamericanos, que justifican la aproximación conjunta aquí esbozada (1). El escrito cierra con algunas reflexiones finales planteadas a manera de colofón (3).

2. ALGUNOS ASPECTOS COMUNES DE LOS PAÍSES LATINOAMERICANOS

Pese a ser grandes las diferencias que existen al interior de los Estados examinados (en términos de extensión, riqueza económica y de recursos naturales no renovables, conformación étnica, topografía, climas, biodiversidad, condiciones de orden público o número de grandes metrópolis y ciudades intermedias, entre otros), es indudable que hay también notables aspectos en común. Los países del espacio latinoamericano no solo comparten su pasado colonial, su gran riqueza y diversidad de recursos naturales o sus elevados niveles de desigualdad (política, económica y social); coinciden también en el hecho de albergar, en general, una población mayoritariamente urbana[9]. Ciertamente, según datos de la Plataforma Urbana y de Ciudades de América Latina y el Caribe, en la actualidad el 81,2% de su población habita en áreas urbanas y se espera que para 2050 este porcentaje escale al 89%[10]. Este dato resulta crucial, pues permite explicar, en parte, el por qué de la reciente acogida generalizada de las técnicas de planificación y ordenación del territorio y el desarrollo urbano.

Además de lo anterior, como apunta la CEPAL, "[l]a región presenta varias problemáticas comunes en materia de suelo urbano, in-

---

9 En el caso de Suramérica, según datos de 2021 del BANCO MUNDIAL, solo Ecuador presenta un nivel de población urbana inferior al 70%, debido a que el 36% de su población aún habita en áreas rurales. Se tiene, incluso, el caso de Uruguay, con un 96% de población asentada en áreas urbanas. Vid. https://datos.bancomundial.org/indicator/SP.URB.TOTL.IN.ZS?locations=ZJ (consultado el 10 de diciembre de 2022).

10 https://www.cepal.org/es/notas/cepal-onu-habitat-minurvi-presentan-plataforma-urbana-ciudades-america-latina-caribe

cluyendo un historial de alta informalidad, mala planificación, altos precios, especulación y retención excesiva al suelo como reserva de plusvalía, segregación interurbana y delincuencia relacionada con temas de gestión del suelo urbano"[11]. A estos problemas se suma la recurrente debilidad de las autoridades administrativas locales, producto de la tradición centralista y de la aún hoy mayoritaria opción por modelos de estado unitario (con la excepción —a veces más formal que real— de los esquemas federales de Argentina, Brasil, México y Venezuela) y gobiernos presidencialistas[12], con incipientes (y paulatinos pero prometedores) procesos de descentralización, amenazados, en todo caso, por la inestabilidad institucional aparejada a sistemas políticos todavía autoritarios, aferrados a una concepción patrimonial del poder y lastrados por fuertes dosis de corrupción política y administrativa[13].

Desde una perspectiva estrictamente jurídica, por último, se debe destacar que en general se trata de Estados que bien de manera directa, bien de forma indirecta (esto es, recibiendo su influencia por vía del artículo 21.1 de la Convención Americana de Derechos Humanos[14]), han incorporado a sus constituciones la idea de la función social de la propiedad privada o figuras o doctrinas equivalentes, enderezadas a garantizar la prevalencia del interés general. Ello no solo supone la exclusión de la concepción clásica e individualista de este derecho; abre la puerta a la configuración legal de su contenido con arreglo a las exigencias del interés general y el bienestar colectivo[15]. La funcionalización de la propiedad privada operada por esta vía resulta esencial para la adopción de modelos legales de ordenación territorial y desarrollo urbano planificados y controlados por la Administración. A la par que faculta al planeamiento territorial y urbanístico para completar el contenido jurídico de los derechos de propiedad inmobiliarios, mediante la definición de las facultades y

---

11 CEPAL (2017: 28).

12 Gargarella (2016).

13 Barroso (2019: vi.)

14 De acuerdo con esta disposición: "Toda persona tiene derecho al uso y goce de sus bienes. La ley puede subordinar tal uso y goce al interés social".

15 Santaella Quintero (2019: 81 y ss.).

deberes de los propietarios[16], posibilita la adopción de reglas, programas y políticas relevantes para la materialización de los fines sociales del Estado (*a. e.* ambientales, económicos, políticos, culturales y sociales) y proporciona a las autoridades herramientas aptas para asumir el dominio de asuntos por largo tiempo desatendidos.

Sin embargo, como se evidencia en el terreno, gozar de condiciones jurídicas, políticas o sociales apropiadas para la implantación de esta clase de sistemas no garantiza *per se* su eficacia. En no pocos países, como se relata en el capítulo del Ecuador de esta obra, a pesar de los cambios formales introducidos en la Constitución y la ley respecto de la propiedad privada, en el imaginario colectivo predomina aún la visión clásica individualista de este derecho. Ello, sumado a la desconfianza de la ciudadanía en las autoridades, incide negativamente en la eficacia de las normas y medidas adoptadas en materia de ordenación territorial y planificación del desarrollo urbano. Sin embargo, como se verá a continuación, hay muchas más causas para la ineficacia de esta normatividad.

3. ALGUNOS DE LOS PRINCIPALES PROBLEMAS DE LA IMPLEMENTACIÓN Y EFICACIA DE LAS NORMAS Y MEDIDAS EN MATERIA DE ORDENACIÓN TERRITORIAL Y URBANÍSTICA EN AMÉRICA LATINA

A pesar de los antecedentes que presentan algunos países de la región en materia urbanística (p. ej. México, Chile, Colombia o Venezuela), es fundamentalmente a partir del último tramo del siglo XX cuando el conjunto de naciones latinoamericanas da los pasos necesarios para dotarse de las herramientas jurídicas indispensables para hacer de la planeación y ordenación urbanística algo más que un pequeño quehacer municipal. En algunos casos, la transición será el dictado de una nueva constitución (como pág. ej. en Bolivia, Brasil, Colombia o Ecuador); en otros, surgirá como una imposición de los tiempos y de la realidad urbana a la política. De cualquier modo, la expansión de las preocupaciones ambientales y de las ligadas a

---

16 Agudo González (2011: 22)

la protección de los valores socio-culturales presentes en los territorios, en no pocas ocasiones traducidas en legislaciones sectoriales no siempre armonizadas con la necesidad de regular e impulsar un desarrollo urbano ordenado y seguro (a veces igualmente desarticulado del conjunto de políticas públicas y con visos claros de insostenibilidad), los desmanes y omisiones del pasado, la segregación social intra e interurbana, la falta de capacidad técnica y económica de muchas administraciones locales, la inseguridad en las calles, la disociación entre lo urbano y lo rural, la inexistencia de mecanismos adecuados para la coordinación interadministrativa, la proliferación de conflictos de uso de suelo, la desconfianza de la ciudadanía en sus autoridades y el predominio de la informalidad (o de una cultura de desobediencia a unas normas no siempre concebidas para ni concernidas por su eficacia), serán algunos de los problemas comunes que afectan la generalidad del espacio latinoamericano y dificultan la efectividad de la regulación, las políticas y estrategias puestas en marcha en los ámbitos territorial y urbanístico.

Ahora bien, desde una perspectiva más detallada y de Derecho Público, el estudio global de lo sucedido en los Estados latinoamericanos en punto a la implementación y eficacia de las normas y políticas adoptadas en estos campos puede llevarse a cabo mediante la agrupación en dos grandes bloques de los diversos problemas concretos identificados en la parte especial de esta obra: de un lado, las dificultades de tipo jurídico-administrativo; y de otro, las barreras de corte socio-político. Quedan por fuera problemas de carácter económico, de fallas o carencia de información catastral actualizada o de falta de datos sobre la vocación y conformación de los suelos o las características de los ecosistemas o recursos presentes en cada territorio. A pesar de su relevancia, se trata de cuestiones altamente técnicas, que desbordan ampliamente la competencia de quien escribe estas líneas. No se examina tampoco el problema de la corrupción administrativa, tendencialmente percibida como un asunto crítico en el conjunto de la región[17], con obvia incidencia en lo que sucede en este ámbito; ni se enjuician o evalúan los sistemas sancionatorios (administrativos y penales) legalmente establecidos en todos los or-

---

17 BID (2019).

denamientos para asegurar la observancia de estas normas. Uno y otro asunto envuelven análisis extensos y complejos, que desbordan por mucho las pretensiones de este capítulo.

3.1. Problemas jurídico-administrativos

Sin ánimo de exhaustividad y, naturalmente, sin pretender ignorar los obligados matices a que fuerzan los particularismos propios de cada uno de los sistemas jurídicos de estos países y sus tradiciones legales, en aras de ofrecer una perspectiva general de algunos de los problemas que desde lo jurídico-administrativo aquejan la puesta en marcha de los distintos instrumentos contemplados para ordenar el territorio y la planificación urbana, puede destacarse, en primer lugar, la deficiente regulación legal de las facultades y responsabilidades de las entidades administrativas (nacionales y territoriales) involucradas en estas tareas. Ello se observa por igual en Estados federales o unitarios. La inexistente o vaga cobertura legal de aquello que las distintas autoridades administrativas pueden hacer en este campo podrá traducirse, según el sistema jurídico al que se mire, en inacción de la autoridad no habilitada para intervenir o en la remisión de dicha determinación a la instancia territorial competente para su desarrollo (en los estados federales). Esto último no solo obstruye o dificulta un mínimo de uniformidad en la práctica de esta competencia, lo que riñe con elementales consideraciones de igualdad en el disfrute del derecho de propiedad y en los deberes que le son inherentes; pueden llegar a suponer un serio escollo para la viabilidad y materialización de intereses supralocales en juego en estas materias. En Estados federados como Argentina, la falta de un marco legal nacional adecuado ha dado lugar a una gran variedad de situaciones, caracterizadas por el predominio de las regulaciones provinciales o municipales. Ello no solo impide un tratamiento dogmático sistemático e integral de la cuestión; se traduce, además, en una problemática y a veces deficiente regulación de cuestiones relevantes para la buena marcha de esta materia (como lo referente al régimen del suelo, el procedimiento y las condiciones de revisión de los instrumentos de planificación urbanística y su interrelación con otros planes sectoriales)[18]. En otros casos, la tradición local de las competencias urbanísticas o una reacción contra el secular centralismo imperante en la región ha llevado a la falta de consideración de la necesaria implicación de las autoridades del orden nacional y de los niveles intermedios (departamentos, provincias, estados, etc.) en estos asuntos. Ello resulta problemático en la medida en que intereses o realidades supramunicipales pueden resultar distorsionadas, ignoradas o gestionadas de manera insostenible o ineficiente por los entes locales. Así, por ejemplo, en el Perú, solo de manera reciente la Ley 31313 de 2021 resolvió esta situación. Hasta entonces, comenta Zegarra Valdivia (2023: 233), la planificación urbana operaba "sin contar con una ley ni política nacional. Ello —apunta— convertía la planificación urbana en una 'técnica-normativa sin mayor orientación ni sentido y en contradicción con las demás acciones del Estado en materia urbana'". Algo similar sucedía en Colombia; donde hasta 2011 la ausencia de una dimensión regional de la ordenación del territorio hizo de ella "un mapa de fragmentos"[19], debido a la atención primordial de la perspectiva de los entes locales[20]. El Ecuador registraba una situación semejante, en la que el Gobierno Nacional solo podía formular orientaciones estratégicas, con un coste notable para la implementación de una ordenación del territorio racional y coherente con los objetivos de lograr un reparto equitativo de las oportunidades y beneficios del urbanismo, sostenibilidad en la gestión de los recursos, cohesión social y buen vivir. La expedición en 2016 de la Ley Orgánica de Ordenamiento Territorial, Uso y Gestión de Suelo ha ofrecido vías de cambio a esta realidad, pues reconoce al Gobierno Central la facultad de dictar políticas nacionales en función de la rectoría del ordenamiento territorial y de elaborar planes especiales para proyectos nacionales de carácter estratégico, así como planes sectoriales con incidencia en el territorio[21]. En Colombia

---

18 Véase, al respecto, el capítulo correspondiente a Argentina, de la parte especial de este trabajo.

19 Del Castillo Daza (2002: 98).

20 Respecto al ajuste de esta situación a partir de 2011, con la expedición de la Ley 1454 de ese año (o Ley Orgánica de Ordenamiento Territorial), véase Santaella Quintero (2020: 130 y ss.).

21 Vid. el capítulo correspondiente a Ecuador, de la parte especial de este trabajo.

la previsión legal de un conjunto de determinantes de los planes de ordenamiento territorial municipal (primero, por el artículo 10 de la Ley 388 de 1997, y luego fijados al detal por leyes sectoriales[22]), calificados por el legislador como normas de superior jerarquía de obligatoria observancia, ha operado en la práctica, respecto de un puñado de asuntos de interés supralocal (a saber: cuestiones ambientales, de protección del patrimonio histórico cultural, de infraestructura de servicios públicos básicos y de transporte, así como de cuestiones ligadas a áreas metropolitanas formalmente declaradas), como efectivos mecanismos de coordinación unilateral[23]. Ello, sin embargo, no ha resultado exento de cuestionamientos desde la óptica de la garantía de la autonomía local[24].

Un segundo problema tiene que ver con la eventual indefinición de la naturaleza jurídica y jerarquía de los distintos instrumentos de planificación (del desarrollo urbano y de otras materias), situación que se ve agravada por el recurrente entrecruzamiento de legislaciones sectoriales como la ambiental o la agraria en cuestiones territoriales y urbanísticas. El caso mexicano, donde la planificación territorial tiene una vertiente urbanística y otra ambiental, esta última presenta una pluralidad de instrumentos no claramente jerarquizados y donde la fortaleza de la legislación agraria y de la propiedad campesina han debilitado a la planificación urbana, ilustra esta situación[25]. En Brasil la situación de rivalidad entre la legislación urbanística y la agraria se traduce en el reconocimiento de "fincas de recreo" como espacios urbanizables por fuera de la aparentemente rígida postura de no edificación del suelo rústico. A ello se añade el reconocimiento y clasificación como urbanos de los asentamientos con uso y características urbanas que, aunque se encuentren en zona rural, efectúa la Ley de Regularización de Suelos. Se suma a lo anterior la inexistencia de una regulación legal nacional de los instrumentos de planifica-

---

22 Crítica con el oportunismo y falta de criterio general que han representado estas decisiones graneadas del legislador colombiano, Maldonado Copello (2008: 47-48).

23 Santaella Quintero (2020: 148 y ss.). Un sentido más amplio de las determinantes, en Covilla Martínez (2020: 241 y ss.).

24 Vásquez Viana (2019).

25 Vid. el capítulo correspondiente a México, de la parte especial de este trabajo.

ción, por lo que algunos planes están previstos en leyes federales y cuentan con una descripción general de su contenido material, sin que se proporcionen, en todo caso, mayores detalles sobre su contenido, ni una definición precisa de sus conceptos, tipos de zonas o exigencias metodológicas a observar por la cartografía[26]. En Argentina sucede algo similar y la planificación urbanística se caracteriza por la falta de articulación con otros planes sectoriales[27]. En Colombia, la proliferación de instrumentos sectoriales de planificación en los ámbitos más variados (urbanismo, medio ambiente, desarrollo rural, infraestructura de transporte, minería, hidrocarburos, servicios públicos básicos, protección del patrimonio histórico cultural, turismo, vivienda, etc.) dificulta su puesta en marcha, pues no siempre el legislador ofrece criterios explícitos para su jerarquización y relacionamiento[28]. Todo ello genera incertidumbre jurídica (tanto en las autoridades como en la ciudadanía), promueve una perniciosa conflictividad, fruto de la lucha intersectorial por el territorio; lo que a la postre dificulta la aplicación y eficacia de estos mecanismos.

En línea con lo anterior, y acaso producto de la desvinculación que todavía se observa en varios países entre las legislaciones ambiental y de ordenación del territorio y urbanística, la rivalidad entre medio ambiente y desarrollo urbano también figura en el listado de dificultades y problemas jurídico-administrativos que registra la región en punto a la efectividad de sus normas y medidas en el ámbito examinado. Aunque en países como Uruguay la regulación urbanística ha incorporado el paradigma ambiental y definido un tratamiento esencialmente protector de los suelos rurales (basado en la definición de dos subcategorías: la rural productiva y la rural natural), ello no parece ser la regla. A los ya referidos desencuentros que se presentan en Brasil o México en este frente, se suman las tensiones del Derecho peruano, donde las falencias legales hasta hace poco existentes en materia de ordenación territorial y urbanística generaron un énfasis en las competencias ambientales, calificado de esencial por algunos

---

26 Vid. el capítulo correspondiente a Brasil, de la parte especial de este trabajo.

27 Vid. el capítulo correspondiente a Argentina, de la parte especial de este trabajo.

28 Santaella Quintero (2020: 133 y ss.).

y de sobredimensionado por otros[29]. En el ordenamiento jurídico colombiano, el sesgo urbano de su legislación y su incomprensión y defectuosa regulación de la complejidad del suelo rural han llevado a una problemática penetración de los usos urbanos en suelos rústicos aledaños a las principales ciudades del país[30]. Además, cuando las autoridades ambientales toman en serio sus responsabilidades, son habituales los conflictos con las autoridades urbanísticas, con un elevado coste para los procesos de revisión de los instrumentos de ordenación y planificación territorial. En Chile los suelos rurales se utilizan sin respetar las normas que los rigen, y sirven de escenario a importantes proyectos inmobiliarios[31]. El reto de la construcción de ciudades más sostenibles parece, así, difícil de materializar; algo crítico a la vista de la riqueza y valor de los ecosistemas y recursos naturales afectados por los impactos que apareja la descontrolada expansión de las urbes latinoamericanas[32]. A pesar de los compromisos formales (constitucionales y legales) de estas naciones con la protección del medio ambiente, a falta de un verdadero enfoque integrador de urbanismo sostenible[33], esta situación persistirá.

Otro asunto crítico desde la perspectiva jurídico-administrativa es el relativo a las dificultades para conseguir una adecuada articulación de las distintas autoridades involucradas o concernidas por las decisiones de ordenación del territorio y la planificación urbana. Como se podrá evidenciar en la parte especial de esta obra, se trata de un problema que acusa la práctica totalidad de los países examinados; únicamente el Uruguay parece encontrarse a salvo de esta situación. De forma paradójica, la recurrente alusión legal e innegable exigencia práctica de coordinación interadministrativa en este campo no ha supuesto un desarrollo legal adecuado de técnicas y mecanismos que faciliten el logro de dicho resultado. Así, a la prenotada desvinculación entre la legislación urbanística y la ambiental o la agraria (a las que podrían también agregarse la minera, de infraestructura, turis-

[29] Cfr. Zegarra Valdivia (2023: 103-104).

[30] Véase Santaella Quintero (2023).

[31] Vid. el capítulo correspondiente a Chile, de la parte especial de este trabajo.

[32] CEPAL (2017: 65).

[33] Un interesante ejercicio de agrupación de indicadores para medir el nivel de sostenibilidad de una ciudad en Amaya Arias (2020).

mo, etc.), se añade la ausencia de instrumentos e instancias apropiadas para posibilitar la articulación efectiva de los criterios procedentes del sinfín de autoridades sectoriales habitualmente involucradas o afectadas por las actividades de ordenación del territorio y la planificación urbanística. Sea que se entienda que la ordenación territorial busca "garantizar una adecuada estructura espacial para el desarrollo de las políticas económicas, sociales, ambientales y culturales"[34], promover un "equilibrio territorial prevalente sobre el urbanismo"[35] o que se destaque su "proyección horizontal o transversal que la hace converger en su objeto de actuación con otras competencias como el urbanismo o el medio ambiente"[36], es indudable que se trata de una competencia de carácter esencialmente concurrencial, profundamente requerida de altas dosis de coordinación. Por ende, por tener como característica la integración de diversos sectores y niveles de gobierno frente a la gestión de un territorio, como apunta Covilla Martínez, la ordenación territorial "requiere de fórmulas de coordinación que permiten que todos los actores puedan ser tomados en cuenta en la decisión que se tome"[37]. Comisiones conjuntas, mesas de concertación, informes preceptivos (vinculantes o no), procesos de evaluación ambiental estratégica o, incluso, determinantes de superior jerarquía y obligatorio cumplimiento, pueden ser útiles para la materialización de este propósito. Bien sea mediante leyes generales o sectoriales corresponde al legislador definir cuál es su opción y definir una estructura regulatoria que incentive o propicie el acuerdo. De lo contrario, factores como los prejuicios centralistas, la inercia administrativa, los celos institucionales, la rivalidad intersectorial o la desconfianza entre autoridades con distintos cometidos funcionales y filiaciones políticas, pueden entrabar los procesos, suspender actividades, proyectos u obras, desatar conflictos políticos o jurídicos y, en suma, dificultar o impedir que se consigan los fines para los que las normas y políticas en materia de ordenación del territorio y planificación urbanística han sido establecidas.

---

34 López Ramón (2013: 69).

35 Vaquer Caballería (2022: 134).

36 Agudo González (2010: 46).

37 Covilla Martínez (2020: 230).

Finalmente, y a la vista de la dinámica inherente a las ciudades, también puede incluirse en este listado a la falta de criterios ciertos sobre la revisabilidad de los instrumentos de ordenación del territorio y planificación del desarrollo urbano. Las fallas legales en este campo pueden conducir tanto a su petrificación y obsolescencia, como a la inconveniente consideración que se trata de dispositivos permanentemente abiertos al cambio, en contravía de la relativa estabilidad que deben ofrecer. Idealmente el legislador debería conciliar tanto la necesidad de adaptación al cambio con los esenciales requerimientos de estabilidad jurídica que demanda la actividad inmobiliaria. Para ello suelen definirse unos tiempos mínimos y máximos de vigencia de los componentes de estos instrumentos (de largo, mediano y corto plazo), complejos procedimientos de revisión y unas causales específicas (aunque necesariamente generales) que deberán ser justificadas y demostradas por la autoridad que promueve su revisión. En países como Argentina la falta de una adecuada regulación de estos extremos es la causa de que los planes urbanos puedan durar hasta que se apruebe uno nuevo, lo cual puede tomar décadas. En Colombia la situación no ha sido muy diferente, agravada en parte por la complejidad del procedimiento de revisión y la debilidad económica, administrativa y técnica de numerosos municipios. En Chile, en contraste, las autoridades cuentan con una notable habilitación para variar la planificación urbanística. Sea como sea, resulta evidente que un componente fundamental de la eficacia de esta clase de normas dependerá tanto de su anclaje cierto y directo con la realidad a la que se dirigen, como de un margen mínimo de tiempo para su asimilación y posibilidad de cumplimiento y desarrollo. En últimas, ni su petrificación, ni su banalización parecen cauces adecuados para garantizar el cumplimiento de los complejos y ambiciosos fines perseguidos por esta normatividad y sus políticas e instrumentos.

3.2. Problemas socio-políticos

Al menos dos grandes escollos de tipo socio-político merecen ser puestos de presente en este escrito. El primero tiene que ver con la característica informalidad de las sociedades latinoamericanas, que en lo urbanístico se proyecta en el enfrentamiento entre la ciudad formal y la ciudad informal. Como suele suceder en los países en vías de desarrollo, la población vulnerable se aglutina en zonas de riesgo, suelos rurales aledaños al área urbana o incluso en reservas naturales, y desarrollan procesos irregulares de edificación sin previa urbanización ni observancia de las normas urbanísticas. El resultado: "asentamientos humanos desprovistos de infraestructura y servicios básicos donde se fijan familias de baja renta a la espera de la llegada de urbanización y de regularización de la tenencia de la tierra"[38]. A la existencia de grandes capas de población en condiciones de vulnerabilidad, incapaces de costearse una vivienda dentro del mercado formal, se suman problemas como la estrechez de recursos oficiales, el desentendimiento estatal de su responsabilidad de garantizar una vivienda digna a toda su población, la plena conciencia social de la debilidad del Estado y de su proverbial déficit de eficacia y control sobre el cumplimiento de las normas[39]. En países como Colombia, el problema se ha agravado producto del conflicto armado y sus oleadas de desplazamiento forzado[40]. De manera reciente, el alza en la inflación, su repercusión en los tipos de interés hipotecario y prejuicios ideológicos del nuevo gobierno de este país frente al sector privado han supuesto un frenazo a la política de promoción de viviendas de interés social que venía adelantando el Estado colombiano desde principios de este siglo (SÁNCHEZ, 2023). Sin duda una pésima noticia para el desarrollo urbano planificado, ordenado y sostenible, que en el ámbito latinoamericano demanda importantes inversiones oficiales (BANCO MUNDIAL, 2023: 8) y una no despreciable cuota de colaboración con el sector privado. Estas decisiones tan solo alientan la informalidad y difieren en el tiempo e incrementan los costes de la inversión pública en este frente. Las reivindicaciones permanentes de los colectivos conformados por la población que habita en estos asentamientos, sumado a la presión de distintos sectores de la sociedad y a los compromisos sociales de los Estados han llevado a la adopción generalizada de políticas de regularización o reubicación de estos asentamientos. Ello no solo toma tiempo y recursos públicos cuantiosos; no impide (y en cierta forma incentiva) el incumplimiento de los fines perseguidos por las normas y políticas de ordena-

---

[38] Veríssimo (2012: 46).

[39] Sobre esto, véase García Villegas (2009).

[40] Baena Carrillo (2020: 857-858).

miento y planificación del desarrollo urbano, como la lucha contra el crecimiento urbano insostenible, la cohesión social o la equitativa distribución de cargas y beneficios. No por ineludibles en el marco de un Estado social de Derecho estas políticas de regularización o reubicación pueden quedar exentas de un escrutinio crítico o excusar u ocultar la inacción primigenia de las autoridades administrativas que posibilitó tales asentamientos. Esquivar esta discusión conduce a normalizar la dicotomía ciudad formal/ciudad informal como parte del paisaje de nuestras urbes, con su larga secuela de efectos indeseables (conjuntos privados y favelas o barrios de invasión, segregación social, perpetuación de la desigualdad, laxitud frente al incumplimiento de la legalidad, rentismo, etc.), así como las desigualdades (sociales, económicas y políticas) que se encuentran en la base de estas situaciones. De aquí que valga la pena superar los formalismos maniqueístas e indagar y procurar remediar las verdaderas causas de esta realidad[41].

Un segundo problema de tipo socio-político tiene que ver con las notables asimetrías existentes entre las grandes ciudades y las pequeñas municipalidades de estos países. Mientras que algunas de sus metrópolis se cuentan dentro de las principales ciudades globales de la actualidad y disponen de importantes presupuestos y burocracias altamente calificadas a su servicio, son incontables las pequeñas localidades que carecen de los recursos (humanos, económicos y técnicos) para planificar su desarrollo urbano[42] y hacer un seguimiento adecuado de su cumplimiento efectivo. Legislaciones como la colombiana han contemplado instrumentos distintos de ordenación territorial en función del tamaño de la población (dependiendo de si se trata de municipios grandes, medianos o pequeños[43]). Sin embargo esta medida *per se* no permite a las entidades locales de menor capacidad remediar sus limitaciones, ni posibilita el cumplimiento de los fines de la legislación urbanística y de ordenación del territorio; simplifica parcialmente su labor, pero no contribuye a que la puedan hacer mejor. Es preciso reconocer esta heterogeneidad que ofrece la

---

41 Un intento de análisis crítico de esta situación en Baena Carrillo (2020).

42 CEPAL (2017: 79).

43 *Vid.* el capítulo correspondiente a Colombia, de la parte especial de este trabajo.

realidad e introducir mecanismos que permitan, con la cooperación del nivel intermedio (o incluso del Gobierno Central, si las normas constitucionales así lo permiten), formular instrumentos apropiados para asegurar que también en los territorios con autoridades administrativas débiles puedan aspirar a la materialización efectiva de los cometidos perseguidos por esta legislación. De lo contrario, lo concerniente a la ordenación del territorio y la planificación urbanística no pasarán de ser un discurso elitista, incompatible con la realidad de múltiples comunidades y municipios de la región.

Lo anterior va aparejado a las dificultades para determinar cuál debe ser el papel que juegue dentro del desarrollo urbanístico el suelo rural. Pequeños municipios con atractivo para el sector inmobiliario pueden ver en la transformación de sus zonas de campiña una interesante fuente de ingresos, aun cuando ello suceda a costa de drásticos cambios en el valor y los usos del suelo, el paisaje y la conformación de su población, entre otros. De forma general se observa que existen problemas con el tratamiento que se le dispensa al suelo rural, bien porque se aisla y protege en exceso, bien porque se le incorpora (por diversas vías) al circuito de aprovechamiento y transformación urbanística de manera indistinta o descuidada. Siendo apenas natural el propósito de llevar servicios y bienes públicos básicos a las zonas rurales, e incluir estas áreas dentro del forzoso campo de acción de las autoridades locales, de suerte que sea posible reducir las brechas que separan las condiciones de vida entre lo urbano y lo rural, parece claro que ello debe ocurrir por unos rieles distintos a los que se transitan dentro del perímetro urbano. El valor ambiental de estos suelos, la demanda que por ellos puede haber en ocasiones para su destinación a usos urbanísticos y las diferencias culturales, sociales y económicas existentes entre la población urbana y la rural en buena parte de los países latinoamericanos (donde a veces puede haber incluso diferencias étnicas) desaconseja dicha equiparación y fuerza a una reflexión específica sobre este asunto. La actual crisis ambiental impone la necesidad de gestionar el territorio y sus recursos a partir de su carácter de "bienes escasos y vitales"[44],

---

[44] Guhl Nanneti (2017: 74).

la conciencia de que el territorio "constituye una unidad espacial"[45] y de que sus componentes urbano y rural "son interdependientes y complementarios"[46]. Ello pone de relieve la importancia de una auténtica función pública de ordenación territorial, más allá de la pura planificación urbanística a cargo de las autoridades locales. También resalta la urgencia de superar la concepción elitista de la protección de la naturaleza, en tanto que, como expresaba el preámbulo de la Ley de Suelo Española de 2007, "todo suelo rural tiene un valor ambiental digno de ser ponderado". De aquí que, como afirma Vaquer Caballería (2022: 168), "[l]a declaración o clasificación de ciertos espacios, ya sean rurales o urbanos, como 'protegidos' no legitima para desconsiderar, por oposición, a los restantes como 'no protegidos' o, peor aún, no merecedores de protección alguna". Como es lógico, ello no inhibe cualquier posibilidad de desarrollo o aprovechamiento de esta clase de suelos; tan solo erige condiciones para que su utilización consulte los intereses de la colectividad y no se haga en contravía de los cometidos fundamentales del modelo de gestión del territorio pretendidamente instaurado.

4. REFLEXIONES FINALES

Como ha sido anotado, una mirada desde el Derecho Público a la eficacia de las normas y políticas de ordenación territorial y urbanística permite evidenciar que en no pocos casos es el mismo sistema jurídico el que, con sus vacíos, excesos o redundancias, dificulta, impide o genera incentivos adversos para el cumplimiento de los fines perseguidos por esta normatividad. Pese a ser desafiante, el panorama no es, en absoluto, desesperanzador. Acaso el fortalecimiento de la función y tarea de ordenación territorial, entendida como una responsabilidad pública comprometida con la gestión sostenible, supramunicipal y coordinada de los territorios y recursos, además de supraordenada al grueso de las competencias con incidencia territorial (excepción hecha, por ejemplo, del medio ambiente), podría ofrecer claridades que hoy se echan de menos y desatar algunos de

---

45 *Ídem*.

46 *Ibidem*.

los nudos que resultan de la visión sectorial y compartimentalizada del territorio imperante en buena parte de los países examinados. Perfilar y articular la estructura orgánica, normativa y procedimental indispensable para poner en marcha este fortalecimiento es una tarea pendiente en prácticamente toda la región; lo mismo que afinar los mecanismos de coordinación interadministrativa que le son inherentes. También lo es apostar de una manera más decidida por la conservación de sus valiosos recursos naturales y superar el clásico enfoque jurídico formalista y la retórica política, que se contentan con la sola expedición de normas para entender que se ha conseguido un logro y se le ha cumplido a la sociedad. Resulta forzoso, en su lugar, poner en marcha procesos sistemáticos de evaluación del cumplimiento de los objetivos trazados e incorporar a los procesos de producción normativa análisis realistas y pragmáticos de las posibilidades materiales de su implementación efectiva. También lo es superar el reto de la escasez de recursos oficiales, trabajar de la mano con el sector privado para elevar la eficacia y cobertura de los procesos de renovación y expansión urbana, así como superar los recurrentes déficit de vigilancia y control del cumplimiento de esta normatividad. Acaso ellos sean el correlato del déficit de legitimidad y aceptación social que en no pocos casos aqueja a muchas normas adoptadas por las autoridades sin una genuina preocupación por sus condiciones de eficacia.

De cualquier modo, el desentendimiento estatal o la falta de soluciones efectivas frente a la carencia de vivienda de amplias capas de la población más vulnerable y la laxitud con que habitualmente actúan en el entorno latinoamericano los responsables de las funciones de policía administrativa resulta problemática y costosa, erosiona el Estado de Derecho y genera incentivos perversos para situaciones como la crítica dicotomía ciudad formal / ciudad informal. Aunque la política debería, en un sistema democrático, encargarse de corregir esta clase de desviaciones, no hay duda que el impulso y la espuela de los jueces puede constituir un resorte efectivo en esta causa. Por esto, la articulación de mecanismos que permitan a la ciudadanía el recurso a la justicia para demandar el cumplimiento de estas normas resulta de primera importancia. La reciente entrada en vigor, en 2021, del Acuerdo de Escazú (primer tratado internacional ambiental en América Latina y el Caribe), que tiene como prioridades garantizar la participación y el acceso a la información y a la justicia ambiental, debería ser, en este orden de ideas, un acicate para las reformas que se vislumbran como necesarias.

Una última reflexión que surge al advertir esta realidad es la necesidad de comenzar a pensar en la construcción de un auténtico Derecho del territorio. Entendido como un subconjunto del Derecho Administrativo que agrupe a todas las disciplinas con incidencia territorial decisiva (*i. a.* el Derecho urbanístico, el Derecho ambiental, el Derecho agrario, el Derecho minero, el Derecho energético, el Derecho de la infraestructura, el Derecho del patrimonio histórico cultural y el Derecho del turismo, entre otros), el Derecho del territorio debe sobreponerse a ellas sin anular sus particularidades ni protagonismo y figuración sectorial, tan solo con el ánimo de sentar unas bases comunes, que los aproximen y faciliten su intersección y relacionamiento. Se trata, en suma, de acudir a este insumo teórico para poner fin a las contradicciones y tensiones entre estas disciplinas que de manera inconveniente se cuentan hoy por docenas; fruto, acaso, de la incomprensión de que comparten un mismo sustrato material (el territorio) y jurídico (unas mismas bases constitucionales). En definitiva, por ser el territorio un elemento esencialmente concurrencial, resulta problemático que existan entre estos sectores divergencias críticas respecto a cuestiones que, como la participación ciudadana, la autonomía local, la protección del ambiente o la garantía de la propiedad privada, resultan esenciales en todos los casos. Un mínimo de armonización parece, entonces, natural, entre ámbitos que pese a su invariable yuxtaposición (y frecuente sobreposición), suelen presentar asperezas y permanentes y costosas fricciones.

Bibliografía

Agudo González, Jorge (2011). Concepción estatutaria y propiedad inmobiliaria o la crónica de la desvalorización anunciada del derecho fundamental a la propiedad privada, en *Revista de Administración Pública,* No. 185, 9-47.

– (2010). La formalización jurídico-administrativa de la Ordenación del Territorio en España", en J. Vinuesa y L. Galiana (Coords.). *Teoría y práctica de la Ordenación del Territorio.* Madrid: Editorial Síntesis.

Amaya Arias, Ángela (2020). La gestión de la biodiversidad urbana como presupuesto de las ciudades sostenibles, en J. I. Rincón y N. Cabezas (Eds.).

Ordenación del territorio, ciudad y Derecho Urbano. Competencias, instrumentos de planificación y desafíos. Bogotá: Universidad Externado de Colombia.

Baena Carrillo, Samuel (2020). Hacia un derecho administrativo y urbanístico crítico: la regularización de asentamientos informales, entre la inclusión y la asimilación, en J. I. Rincón y N. Cabezas (Eds.). *Ordenación del territorio, ciudad y Derecho Urbano. Competencias, instrumentos de planificación y desafíos.* Bogotá: Universidad Externado de Colombia.

BANCO INTERAMERICANO DE DESARROLLO (2019). *Anticorrupción, transparencia e integridad en las Américas.* Sin ciudad: BID. Informe disponible en: https://www.thedialogue.org/wp-content/uploads/2019/12/ColoquiosAnticorrupcion.pdf

BANCO MUNDIAL. *Instrumentos innovadores para financiar la infraestructura y el desarrollo urbano en ciudades colombianas* (2020), Washington, The World Bank. Informe disponible en: https://documents1.worldbank.org/curated/en/230191593563682035/pdf/Innovative-Instruments-to-Finance-Urban-Development-in-Colombian-Cities.pdf

Barroso, Luis Roberto (2019). Foreword: The Life and Death of Constitutions in Latin America: Constitutional Arrendments, the Role of Courts and Democracy, en R. Albert, C. Bernal & J. Zaiden Benvindo (Eds.). *Constitutional Change and Transformation in Latin America* Oxford: Hart Publishing.

Cassese, Sabino (2014). *Derecho Administrativo: historia y futuro,* Sevilla, INAP - Global Law Press.

COMISIÓN ECONÓMICA PARA AMÉRICA LATINA Y EL CARIBE (2017). *Panorama multidimensional del desarrollo urbano en América Latina y el Caribe.* Santiago: CEPAL - Naciones Unidas - Cooperación Regional Francesa para América del Sur. Informe disponible en: https://repositorio.cepal.org/bitstream/handle/11362/41974/1/S1700257_es.pdf

Del Castillo Daza, Juan Carlos (2002). Ordenamiento territorial y ordenamiento ambiental, en *Problemática jurídico-ambiental de los centros urbanos.* Bogotá: Universidad Externado de Colombia.

Covilla Martínez, Juan Carlos (2020). Concurrencia y coordinación en las distintas tipologías de determinantes de los planes de ordenamiento territorial, en J. I. Rincón y N. Cabezas (Eds.). *Ordenación del territorio, ciudad y Derecho Urbano. Competencias, instrumentos de planificación y desafíos.* Bogotá: Universidad Externado de Colombia.

Díez Sastre, Silvia (2018). *La formación de conceptos en el Derecho público.* Madrid: Marcial Pons.

García Villegas, Mauricio (2009). Los incumplidores de reglas, en M. García Villegas (Dir.). *Normas de papel.* Bogotá: Siglo del Hombre - DEJUSTICIA.

Gargarella, Roberto (2016). *La sala de máquinas de la Constitución. Dos siglos de constitucionalismo en América Latina (1810-2010).* Madrid: Katz.

Guhl Nanneti, Ernesto (2017). "¿Qué territorio queremos?", en *Revista Ciudades, Estados y Política,* Vol. 4, No. 2, 71-79.

López Ramón, Fernando (2013). *Introducción al derecho urbanístico,* 4ª Edición, Madrid: Marcial Pons.

Maldonado Copello, María Mercedes (2008). La ley 388 de 1997 en Colombia: algunos puntos de tensión en el proceso de su implementación", en *Arquitectura, Ciudad y Entorno (ACE),* No. 7, 34-66.

ONU HABITAT (2017). *Nueva Agenda Urbana.* Sin ciudad: Naciones Unidas. Informe disponible en: https://habitat3.org/wp-content/uploads/NUA-Spanish.pdf

Parejo Alfonso, Luciano (1995). *Eficacia y administración: tres estudios,* Madrid, INAP/BO.

Prieto Sanchís, Luis (2009). *Apuntes de teoría del Derecho,* 4ª edición. Madrid: Editorial Trotta.

Sánchez, Camilo. "La venta de viviendas en Colombia cae a la mitad" (2023), en *El País* (versión digital), 13 de marzo.

Santaella Quintero, Héctor (2023). El suelo rural bajo asedio: análisis en clave de postpandemia y de la legalidad urbanística", en *Revista Digital de Derecho Administrativo,* No. 29, 59-87.

– (2020). "La maraña de las competencias e instrumentos de ordenación del territorio en el derecho administrativo colombiano: interacción multinivel más allá del criterio jerárquico y de la simple concertación horizontal", en J. I. Rincón y N. Cabezas (Eds.). *Ordenación del territorio, ciudad y Derecho Urbano. Competencias, instrumentos de planificación y desafíos.* Bogotá: Universidad Externado de Colombia.

– (2019). *La propiedad privada constitucional: una teoría,* Madrid, Marcial Pons.

Schmidt-Assmann, Eberhard (2003). *La teoría general del Derecho Administrativo como sistema.* Madrid: Marcial Pons.

Vaquer Caballería, Marcos (2022). *Derecho del territorio,* 2ª Edición. Valencia: Tirant lo Blanch.

– (2018). El poder administrativo, en M. Vaquer, A. Moreno y A. Descalzo (Coords.). *Estudios de Derecho Público en Homenaje a Luciano Parejo Alfonso,* T. II. Valencia: Tirant lo Blanch.

Vásquez Viana, Iván (2019). "Los determinantes de ordenamiento territorial como límite a la autonomía local en materia de disposición urbanística del territorio", en *Revista Digital de Derecho Administrativo,* No. 22, 255-295.

Veríssimo, Antonio Augusto (2012). "Programas de regularización y formación de las plusvalías en las urbanizaciones informales" en T. Bolivar y J. Erazo (Coords.). *Dimensiones del hábitat popular latinoamericano,* Quito: FLACSO - CLACSO - Instituto de la Ciudad Municipio del Distrito Metropolitano de Quito.

Villabella Armengol, Carlos (2017). El constitucionalismo contemporáneo de américa latina. Breve estudio comparado, en *Boletín Mexicano de Derecho Comparado,* No. 149, 943-978.

Zegarra Valdivia, Diego (2023). Ordenación del territorio y planificación urbana en el Perú. Lima: Palestra - Tirant lo Blanch - PUCP.

Regularidad e irregularidad urbana en Latinoamérica[1]

EDUARDO CORDERO[2]
Catedrático de Derecho Administrativo

RESUMEN: El autor hace una relación de los principales problemas que plantea la irregularidad urbanística en Latinoamérica, para sostener que irregularidad no sólo puede ser enfocada como un problema de legalidad o de disciplina urbanística, sino que también da cuenta de una debilidad en la forma que el Estado cumple su función constitucional. Por tal razón, la regularización de la ocupación del espacio constituye un deber estatal en el marco de la cohesión social y del derecho al acceso a la vivienda digna, haciendo un análisis de la forma de enfrentarlas a partir de una legislación que considere instrumentos que sean eficientes y eficaces para tal objetivo.

Palabras claves: Regularización - Urbanismo - Latinoamérica

ABSTRACT: The author makes a list of the main problems of urban irregularity in Latin America. It affirms that irregularity can not only be seen as a problem of legality or urban discipline, but also shows us a weakness in the way the State fulfills its constitutional function. In this way, the regularization of the occupation of space constitutes a state duty within the framework of social cohesion and the right to access decent housing, making an analysis of the way to face them based on legislation that considers instruments that are efficient and effective for that purpose.

Keyword: Regularization - Urban - Latin America

---

1 Ponencia presentada en el Seminario Internacional "El Derecho territorial y urbano en Latinoamérica", organizado por la Universidad Carlos III de Madrid y la UNED, el 12 de diciembre de 2022.

2 Pontificia Universidad Católica de Valparaíso (Chile). Correo electrónico: eduardo.cordero@pucv.cl

1. INTRODUCCIÓN

La relación e identidad que se produce entre el Derecho y la realidad plantea una tensión constante que se hace crítica y cada vez más difícil de lograr, especialmente cuando se trata de valores y bienes que la Constitución pretende amparar y hacer eficaces, muchos de los cuales se traducen en derechos de contenido social, que en la práctica tienen un grado de cumplimiento mínimo o casi inexistente. Esto ha ocurrido particularmente con la ocupación y uso del espacio, que ha planteado desde la segunda mitad del siglo XIX uno de los desafíos más complejos que ha debido enfrenar el Estado a partir de la función social que le asigna por parte de las Constituciones, frente al reconocimiento de derecho sociales como la vivienda digna y un medio ambiente sano.

En efecto, existe una tensión permanente en la forma como el legislador pretende establecer una regulación y programación para satisfacer estos valores y bienes constitucionales, frente a una realidad que tiende a presentar resistencia producto de factores culturales, sociales y económicos, que llevan a una disociación entre lo previsto por la norma y la realidad social. Y se trata de un problema cada vez más complejo, que no se resuelve simplemente por una cuestión de legalidad y del establecimiento de mecanismos destinados a encauzar la ocupación irregular del suelo. En Latinoamérica la realidad social nos muestra de manera descarnada como aquello no es posible sin una intervención decidida del Estado en el diseño de políticas públicas eficaces que tienda a garantizar las condiciones mínimas para hacer efectivo el derecho a una vivienda digna.

En el entendido que se trata de un problema que reconoce múltiples factores, el objeto de esta instancia de reflexión y discusión es determinar cómo los ordenamientos jurídicos en Iberoamérica han establecido herramientas para construir el paso desde la irregularidad a la regularidad en el ámbito urbanístico y de la vivienda. La experiencia europea, especialmente de países que nos resultan tan cercanos, así como la forma en que los países Latinoamericanos han tratado de enfrentar esta situación a partir de una gran precariedad social, nos permitirá reflexionar y compartir experiencias que —dentro de los márgenes que puede desarrollar el derecho positivo—, constituyen una contribución efectiva para alcanzar los fines que el marco constitucional nos ha impuesto.

2. EL PROBLEMA DE LA VIVIENDA Y CALIDAD DE VIDA

Todas las investigaciones dan cuenta que los países de América Latina y el Caribe son los más urbanizados del mundo en desarrollo. En general, si bien la población rural tiende a mantenerse en términos numéricos, la población urbana ha experimentado un aumento significativo[3]. En sólo 50 años su población urbana ha pasado del 50 al 81,2% (actualmente, más de 480 millones de sus habitantes viven en áreas urbanas)[4], y según las tendencias de crecimiento, la población urbana podría llegar al 87% en el 2025 y al 89% en el 2050[5].

Sin embargo, en la región nos encontramos con los países menos poblados en relación con el territorio que comprenden. Esto produce una enorme concentración de la población en las zonas urbanas y la existencia de grandes ciudades, lo cual tiene evidentes repercusiones en el desarrollo socioeconómico, en el medio ambiente y, en definitiva, en la calidad de vida de los habitantes, que se manifiesta en sectores más crecientes de pobreza y marginalidad. Así, sólo en la década de los '90 se experimentó un crecimiento de las personas pobres de 122 millones en 1990 a 130 millones en 1999[6]. Por su parte, el crecimiento económico de la primera década de este siglo permitió reducir la pobreza del 45,5% en 2004 al 27,8% en 2014, pero se ha experimentado un estancamiento. Así, al año 2020 la pobreza extrema en América Latina alcanzó al 33,7% de la población, que aproximadamente comprende 209 millones de personas[7].

Este fenómeno conlleva una serie de consecuencias que son conocidas: la proliferación de asentamientos irregulares, el acaparamien-

---

3 Una relación y proyecto de la población rural y urbana en América Latina y el Caribe se puede consultar en EBANKS (1993: 134).

4 CEPAL (2012: 27-28). También se puede consultar ECLAC, ONU (2018).

5 UNITED NATIONS, DEPARTMENT OF ECONOMIC AND SOCIAL AFFAIRS, POPULATION Division (2018).

6 LATTES (200: pág. 51).

7 CAF, Banco de Desarrollo de América Latina (2013).

to anárquico de la tierra, el déficit de vivienda, la carencia de vialidades primarias y servicios de infraestructura urbana, todo lo cual está unido en muchos casos a una falta de planificación urbana. Así, aun cuando exista una mayor urbanización, la vivienda de muchos habitantes de las ciudades de la región es de baja calidad o precaria. Al año 2012 se estimaba que de los 130 millones de familias que vivían en las ciudades, 5 millones estaban obligadas a compartir vivienda con otra familia, 3 millones residían en viviendas irreparables y otros 34 millones habitaban en inmuebles que carecían de título de propiedad, agua potable, saneamiento, pisos adecuados o espacio suficiente[8].

A su vez, tampoco la urbanización de las ciudades cumple con los estándares que se esperan para garantizar condiciones mínimas de habitabilidad. Así, se estimaba que un 21% de las viviendas urbanas latinoamericanas no tienen la infraestructura básica necesaria, dentro de las cuales un 15% no cuenta con sistema de alcantarillado o saneamiento y un 9% no cuenta con agua potable. Por otra parte, la calidad de los materiales con los cuales se construye tampoco es la mejor, ya que un 12% ha sido construida con materiales deficientes, y un 6% tiene suelo de tierra. A lo anterior se agrega el déficit cuantitativo de vivienda, que se estima en un 6%, lo que conlleva a serios problemas de hacinamiento[9].

Todos estos factores además inciden en la salud y la educación de las personas, particularmente de los niños. El hacinamiento en viviendas con pisos de tierra, sin servicios de saneamiento, carente de agua potable y de recolección de basuras, necesariamente es fuente de enfermedades y repercute en la salud de la población. Por su parte, está demostrado que la carencia de agua potable, electricidad y el hacinamiento afecta el desempeño académico de los estudiantes e incide en sus resultados educativos[10].

En definitiva, la falta de condiciones de urbanización y de una vivienda de vida digna es determinante en la calidad de vida de las personas, lo que necesariamente tiene consecuencias respecto los de-

---

8 BOUILLON (2012: xxvii).

9 Idem.

10 Idem.

beres y funciones que debe cumplir el Estado en estas materias. Así, la existencia de la irregularidad no sólo puede ser enfocada como un problema de legalidad o de disciplina urbanística, sino como una debilidad en la forma que el Estado cumple su función constitucional, lo que se demuestra en la existencia de barrios pobres, degradados y en condiciones infrahumanas que reciben distintas denominaciones, pero que responden al mismo problema: campamentos o poblaciones callampas en Chile; favelas en Brasil; chabolas en España; villas miserias en Argentina; tugurios en Colombia o barrios jóvenes en Perú.

3. LA IRREGULARIDAD URBANÍSTICA COMO CATEGORÍA FORMAL Y LOS MECANISMOS DE REGULARIZACIÓN

En general, la regularidad urbanística debemos comprenderla dentro de la idea de eficacia del ordenamiento jurídico, es decir, respecto de cumplimiento generalizado que hacen de sus disposiciones la comunidad. Sin embargo, en este caso, los problemas de eficacia de la norma tienen un alcance más complejo, pues combinan dos factores relevantes: a) el diseño de políticas públicas destinadas a cumplir determinados objetivos por parte del Estado a través de la implementación de diversas estrategias, y b) una mayor complejidad de los instrumentos normativos, que amplían el conjunto de disposiciones que deben ser aplicadas, como sucede con la planificación, y la posibilidad cierta que no se podrán cumplir de forma plena.

Ahora bien, en dicho contexto, la irregularidad urbanística, esto es, la ocupación del suelo contrariando lo previsto en las normas urbanísticas, puede constituir en principio un problema de legalidad, pues se traduce en una actuación que no se corresponde a lo previsto en las normas que regulan el uso y edificación. Sin embargo, no necesariamente esta realidad será así.

En efecto, la planificación territorial es un importante instrumento de cambio social, razón por la cual sus previsiones necesariamente no se van a corresponder con la realidad territorial existente. Por otra parte, los instrumentos de gestión del planeamiento operan en un largo período de tiempo, razón por la cual se mantiene una situación de fuera de ordenación que debe respetar los derechos y situaciones jurídicas ya adquiridas. Esto es un elemento común en todos los sistemas comparados que, en muchas ocasiones, demuestran las falencias de la regulación al ser implementada y, sobre todo, la falta de recursos para utilizar instrumentos más incisivos como es la expropiación forzosa. Así, estos supuestos de disociación entre planificación y realidad territorial están dentro de la "regularidad urbanística", en la medida que se consideran los mecanismos que permiten el paso de un modelo territorial previsto en el plan, respetando las situaciones jurídicas ya consolidadas.

Por tanto, en nuestro análisis nos vamos a centrar en aquellos supuestos en que está presente esta disociación, pero frente a actuaciones que son abiertamente contrarias a lo previsto en el plan. Desde una perspectiva general, aquellas pueden comprender desde el incumplimiento de las normas de urbanización hasta las disposiciones sobre construcción o edificación, en un grado variable. Por tal razón, muchos de estos casos pueden ser llevados a través de medidas propias de lo que se denomina "disciplina urbanística", que comprende diversos instrumentos de reacción, que van desde las sanciones administrativas, procedimientos de regularización y medidas de restablecimiento de la legalidad, siendo las más importante la medida de demolición de las obras ya realizadas.

Ahora bien, de esta forma se encauza las formas de irregularidad para llevarlas, en definitiva, a una ocupación del espacio que guarde conformidad con la normativa urbanística y, especialmente, con la planificación urbana. Sin embargo, es en este punto donde se experimenta una constante tensión, pues las irregularidades se pueden mantener en el tiempo y se van consolidando, especialmente cuando no existen los medios y recursos para asegurar no sólo la vigencia y aplicación de la planificación urbana, sino también de reprimir sus infracciones.

El fenómeno tiene particular dificultad en los denominados *asentamientos humanos irregulares*, que son núcleos de población ubicados en áreas o predios subdivididos, que no cuentan con la autorización administrativa, o bien pueden contar con ella, pero que no acataron los lineamientos y disposiciones establecidas en la autorización. En general, la situación tiene un punto de inicio inverso a la forma regular de hacer ciudad: la necesidad de vivienda obliga a construir en terrenos que no cuenta con los elementos urbanos mínimos (vialidad, saneamiento, agua potable, electricidad), y se produce el acaparamiento anárquico del suelo al margen de toda regulación, que se va consolidando en el tiempo. En esos casos no cabe duda de que estamos frente un quebrantamiento de la legalidad, pero las posibilidades reales de enfrentar el problema con relativo éxito sólo desde dicha perspectiva, no resuelve la cuestión de fondo, que es una cuestión socioeconómica que debe ser asumida a partir del diseño e implementación de políticas públicas de vivienda eficientes y eficaces por parte del Estado. Lo anterior, exige un diagnóstico adecuado que permita una caracterización de estos asentamientos, identificando su localización, superficie, tipo, grado de urbanización y su condición de habitabilidad. Aquello permitirá adoptar una decisión en orden establecer si resulta posible llevar adelante un proceso de regularización o no y, en estos últimos casos, buscar soluciones que permitan la integración social de todos sus habitantes, en el marco del deber de cohesión social que debe cumplir el Estado.

4. LAS EXIGENCIAS DESDE EL ORDEN CONSTITUCIONAL: COHESIÓN SOCIAL Y VIVIENDA DIGNA

Una cuestión central de este análisis lo constituye el concepto de cohesión social como elemento estructurante de la función que debe cumplir el Estado en relación con la sociedad. Así, este concepto ha sido un elemento central de los valores e ideas que proclama la Unión Europea, dando origen al denominado "modelo social europeo". Esta ha sido definida como "... la capacidad de una sociedad de asegurar el bienestar de todos sus miembros, minimizando disparidades y evitando la polarización. Una sociedad cohesionada consiste en una comunidad de individuos libres que se apoyan en la búsqueda de estos objetivos comunes bajo medios democráticos"[11]. Bien se ha señalado que el concepto europeo de cohesión social tiene como referencia la "cultura de derechos sociales", y equivale a integración social mediante el acceso garantizado legalmente a diferentes funcio-

---

11 Véase: EUROPEAN COMMITTEE FOR SOCIAL COHESION (2004).

nes y recursos sociales que provee el Estado. La cohesión, por ende, no viene dada de antemano (de la naturaleza del individuo o de la sociedad civil), sino que se crea políticamente mediante la sanción legal de derechos que el Estado tiene la obligación de asegurar, independientemente de cualquier vínculo natural o tradicional[12].

En el caso de Latinoamérica, la discusión sobre este tema ha sido impulsada por entidades como el Banco Interamericano de Desarrollo, la Comisión Económica para América Latina y el Caribe, la Corporación de Estudios para América Latina y el Programa de Naciones Unidas para el Desarrollo[13], pero tiene un componente jurídico importante a partir de los propios textos constitucionales.

Ahora bien, desde la perspectiva jurídica, las constituciones en Latinoamérica han reconocido la función de conformación que debe cumplir el Estado respecto de la sociedad en relación con ciertos valores y bienes, en donde el derecho a la vivienda digna constituye un elemento capital[14].

Así, en el caso de Argentina su Constitución de 1994 consagra como deber del legislador el del establecer el acceso a una vivienda digna, en el marco de otros deberes que se imponen al Estado, como es la protección integral de la familia; la defensa del bien de familia y la compensación económica familiar (artículo 14 bis). Esto además se debe complementar con lo dispuesto en los tratados internacionales, así como las normas nacionales y de cada una de las provincias[15].

En la Constitución de Brasil se reconoce expresamente el derecho a la vivienda como derecho social (artículo 6º), estableciendo normas expresas de política urbana en el marco del orden económico y financiero (artículos 182 y 183)[16]. A su vez, la doctrina ha entendido que el concepto de vivienda al cual se refiere la Constitución es a la vivienda digna, esto es, aquella que cuenta con "la infraestructura

---

12 Véase: SORJ y TIRONE (2007: 109-110).

13 Véase: BANCO INTERAMERICANO DE DESARROLLO (2006).

14 Una interesante relación sobre el tema se puede ver en de los Ríos (2008: 127 a 147). En cuanto al análisis de este derecho en perspectiva comparada en Europa, véase López Ramón (2010).

15 Damsky (2011: 229-234).

16 Una relación de las políticas de vivienda en Brasil se puede consultar en Bonduki (2012: 88-94).

y las condiciones urbanas y también el estatus legal regular de propiedad y posesión"[17]. Esto se entiende a partir de la dignidad humana que reconoce la propia Carta fundamental en su artículo 1° III, y que se traduce en que el legislador asume como un deber la "regularización de la tierra", a través de diversos cuerpos legales, como es la Ley N° 10.257, de 2001, sobre el Estatuto de la Ciudad.

En el caso de Colombia se contiene una regulación más integra de este derecho, disponiendo que: "Todos los colombianos tienen derecho a vivienda digna. El Estado fijará las condiciones necesarias para hacer efectivo este derecho y promoverá planes de vivienda de interés social, sistemas adecuados de financiación a largo plazo y formas asociativas de ejecución de estos programas de vivienda" (artículo 51). Sin embargo, el acceso a la vivienda digna no es considerado un derecho fundamental, tal como lo ha sostenido la Corte Constitucional, aunque el Estado debe proporcionar las medidas necesarias para proporcionar a los colombianos una vivienda bajo unas condiciones de igualdad, y unos parámetros legales específicos[18].

En el caso de Chile, no existe una regulación expresa de este derecho, pero no resulta difícil encontrar su fundamento a través de las cláusulas generales que reconocen la dignidad de la persona (artículo 1° inciso 1°); la servicialidad del Estado frente a la persona humana, así como su finalidad de promover el bien común, para lo cual debe contribuir a crear las condiciones sociales que permitan a todos y a cada uno de los integrantes de la comunidad nacional su mayor realización espiritual y material posible (inciso 4°). Además, se le asigna el deber de promover la integración armónica de todos los sectores de la Nación y asegurar el derecho de las personas a participar con igualdad de oportunidades en la vida nacional (inciso final). Además, el artículo 5° inciso de la Carta fundamental dispone que el ejercicio de la soberanía reconoce como limitación el respeto a los derechos esenciales que emanan de la naturaleza humana, siendo deber de los órganos del Estado respetar y promover tales derechos, garantizados por esta Constitución, así como por los tratados internacionales ratificados por Chile y que se encuentren vigentes. Esto

---

17 Fagundes de Oliveira (2011: 2).

18 Sobre la materia, véase Olano (2006: 105-112).

permite que dichos instrumentos tengan una particular posición en el ordenamiento jurídico chileno, imponiendo deberes al propio legislador, dentro de los cuales se encuentra la obligación de garantizar el acceso a una vivienda digna.

En el caso de Portugal, la Constitución de 1976 dispone en su artículo 65.1 que: "Todos tienen derecho, para sí y para su familia, a una vivienda de dimensiones adecuadas, en condiciones de higiene y comodidad, y que preserve la intimidad personal y la privacidad familiar". La doctrina y jurisprudencia también sostienen en este caso que este derecho ha sido configurado como un derecho de naturaleza social que presupone la intervención del legislador para concretar su contenido. Por tal razón, se afirma que la plena efectividad del derecho a la vivienda depende de la "reserva de lo posible" en términos políticos, económicos y sociales, y está siempre condicionado por las opciones que el Estado decida seguir en materia de política de la vivienda[19].

Por último, en el caso de España el derecho a la vivienda se regula en el artículo 47 de la Constitución, en el Capítulo III del Título I de la CE, bajo el epígrafe de "Principios Rectores de la Política social y económica", cuya interpretación se ha hecho de forma sistemática en relación con otros preceptos, como es el artículo 45 (derecho a un medio ambiente adecuado) y el artículo 46 (protección del patrimonio histórico), junto a los mandatos que se desprenden de los artículos 1.1 y 9.2, además de aquellos derechos de contenido económico, como el derecho de propiedad regulado en el artículo 33 y el de iniciativa privada en el artículo 38[20].

Por su parte, a nivel internacional todos estos Estados están sujetos a instrumentos plenamente vinculantes y en donde se reconoce el derecho a la vivienda digna. Así, el Pacto Internacional de Derechos Económicos, Sociales y Culturales de 1966, dispone en su artículo 11.1 que los Estados Partes "… reconocen el derecho a toda persona

---

19 AFONSO (2017: 334).

20 Existe un número importante de trabajos que se han hecho cargo de analizar esta disposición. Podemos destacar Bassols (1996); Pisarello (2009); Ruiz-Rico (2009: 1410 y ss.); Muñoz (2000); Ponce y Doménec (2008: 49-64); Jiménez Blanco (2000: 1711-1726); Garrido (2004: 369-454); Espínola (2010); López Ramón (2014: 49-91).

a un nivel de vida adecuado para sí y su familia, incluso alimentación, vestido y vivienda adecuados, y a una mejora continua de las condiciones de existencia". En sentido similar también lo regula la Declaración Universal de Derechos Humanos de 1948, en su artículo 25.1: "Toda persona tiene derecho a un nivel de vida adecuado que le asegure, así como a su familia, la salud y el bienestar, y en especial la alimentación, el vestido, la vivienda, la asistencia médica y los servicios sociales necesarios...".

En el ámbito Interamericano la Declaración Americana de Derechos y Deberes del Hombre del mismo año, en su artículo XI establece que: "Toda persona tiene derecho a que su salud sea preservada por medidas sanitarias y sociales, relativas a la alimentación, el vestido, la vivienda y la asistencia médica, correspondientes al nivel que permitan los recursos públicos y los de la comunidad".

No vamos a insistir en la importancia y repercusión que tiene el ordenamiento internacional en el Derecho interno[21], y el hecho que se haya asumido que este Derecho supranacional es también Derecho interno, vigente, operativo y aplicable por los tribunales nacionales[22].

En definitiva, en los ordenamientos comparados existe una coincidencia en cuatro elementos básicos: a) El Estado tiene un deber en materia de política social y económica tendiente a garantizar la cohesión social, donde resulta capital el tema del derecho de acceso a la vivienda; b) El derecho a la vivienda tiende a considerarse un derecho de naturaleza social, condicionado a los medios y recursos de los cuáles dispone el Estado, sin perjuicio que tiene el deber de materializarlo y cumplirlo; c) La vivienda exige condiciones de dignidad, que se traducen en los elementos básicos para la habitabilidad, lo cual necesariamente se vincula con el urbanismo y el estándar que se debe proveer en términos de infraestructura y servicios básicos, y d) Este deber de los Estados se encuentra también consagrado a nivel internacional, en diversos instrumentos que rigen en cada una de las regiones y que refuerzan el deber estatal en estas materias.

---

21 Cassese (2003: 20).

22 Gordillo (2000: 23).

5. MARCO JURÍDICO IDÓNEO Y TÉCNICAS ADMINISTRATIVAS FRENTE A LOS ASENTAMIENTOS IRREGULARES

Tal como hemos señalado, la irregularidad que nos interesa afrontar no está vinculada con aquellas infracciones que deben ser encausadas mediante los instrumentos de la disciplina urbanística. En este caso, el foco de atención dice relación con aquella irregularidad que se produce como consecuencia de la necesidad social, que implica el uso de diversas técnicas destinadas a asegurar condiciones dignas de vida a las personas que se encuentran en dicha situación.

Ahora bien, resulta complejo y hasta contradictorio que frente al marco jurídico general al cual se encuentran sujetos los procesos de urbanización y construcción, se pretenda elaborar un marco de excepción que tolere estas actuaciones que, en definitiva, están al margen de la legalidad. Por eso es común que los procesos que se llevan a cabo para la regularización sean en muchas ocasiones construidas bajo la tolerancia legal y utilizando las herramientas generales de las cuales dispone la Administración (expropiación, construcción de obra pública, subsidios, etc.).

En este contexto, la regularización supone actuaciones tanto jurídicas como materiales que pueden llegar a ser de gran envergadura y afectar a un número significativo de personas, como dan cuenta los procesos de erradicación de favelas que tuvieron lugar en la década de los '70 en Río de Janeiro, y que en definitiva se paralizaron producto del desfinanciamiento[23]. De esta forma, el legislador puede establecer un sistema de regularización sujeto a estrictas normas para su aplicación, pero que necesariamente traslada a la Administración la decisión de llevar adelante el proceso y como tendrá lugar el mismo. En todo caso, siempre el factor presupuestario será un elemento determinante que permitirá el control parlamentario de dichas operaciones y una evaluación de la conveniencia y necesidad de seguir adelante que dicho proceso.

En este sentido, las posibles formas de actuación nos permiten distinguir ente operaciones asistemáticas y sistemáticas, siguiendo en

---

23 Santa María (2011: 117-132).

alguna medida las formas de ejecución del planeamiento, aunque en este caso está orientada a encauzar la ocupación del espacio a las previsiones urbanísticas.

Las "operaciones asistemáticas" son aquellas que comprende un número limitado de viviendas en la cual ya existe cierto estándar de urbanización y que, por tanto, sólo se requiere de una mejora de las mismas o sólo basta con acciones concretas en unidades determinadas. Así ocurre con las obras de saneamiento domiciliario, pavimentación de calles, ensanches y delimitación de la línea oficial, etc. En muchos de estos supuestos, las técnicas más apropiadas son las propias del fomento a través de ayudas públicas o subsidios, lo cual no descarta la posibilidad que la propia Administración o un concesionario de servicio público pueda asumir dicha función.

Por su parte, las "operaciones sistemáticas" suponen una intervención de la Administración destinada a realizar una actuación urbanística que permita la normalización de la ocupación del espacio, dotándolo de infraestructura, servicios, vías de acceso, etc. En este caso, se parte del supuesto que la solución no ha sido la erradicación de los barrios irregulares, sino la de dotar a lo construido de urbanización, permitiendo que las viviendas tengan las condiciones mínimas de habitabilidad. En muchos de estos casos, la irregularidad no sólo dice relación con lo construido, sino también con la propiedad del suelo, que puede ser público o de terceros que, en algunos casos, pueden haber propiciado dicha ocupación. Por tal razón, deberán utilizarse las técnicas generales de actuación que permitan intervenir el suelo, ya sea desafectándolo o expropiando. En algunos sistemas, como ocurre en el caso de Chile, la irregularidad priva de la administración del terreno a su propietario y permite realizar transferencias para financiar las obras y otorgar títulos a los ocupantes.

Quizás lo más delicado en estos casos se vislumbrar una modificación del plan. Aquello siempre será posible, pero es una decisión que debe ser muy bien ponderada, ya que coloca la realidad sobre la norma y muchas veces el esfuerzo de los especuladores apuesta a dicho objetivo, esto es, que lo irregular inexorablemente tenderá a ser regularizado normativamente.

6. EL CASO DE CHILE: EL PROCEDIMIENTO DE SANEAMIENTO Y REGULARIZACIÓN DE OBRAS DE URBANIZACIÓN Y CONSTRUCCIONES

En Chile los asentamientos informales o irregulares son una realidad permanente desde la segunda mitad del siglo XX, siendo objeto de distintas denominaciones: poblaciones callampas, en la década de 1950; tomas de terrenos, en la década de 1960; y campamentos, a partir de los años 1970[24]. A su vez, Chile se encuentra entre los países con menor número de asentamientos informales en Latinoamérica, pero ha experimentado un importante crecimiento en los últimos cuatro años, entre otras causas, por el crecimiento exponencial de la migración, el aumento del precio de la vivienda y de los alquileres.

De acuerdo con el "Catastro Nacional de Campamentos 2022" que elabora el Ministerio de Vivienda y Urbanización, el total de campamentos en Chile es de 1.091, los que comprenden a 71.961 hogares. Además, en relación con el año 2019, luego de un incremento significativo de la migración y después de la pandemia por Covid19, se identificaron 355 nuevos campamentos y 29.112 nuevos hogares. Por su parte, el 50% de los campamentos a nivel nacional se encuentran en las regiones de Valparaíso (255), Metropolitana (142) y Biobío (156). A su vez, las regiones que concentran el 75% de los hogares de campamentos se encuentran en la región de Valparaíso (18.405), seguida por la Metropolitana (13.392) y luego, Tarapacá (9.300). Además, según las cifras del estudio, el 36% de los habitantes de campamentos pertenecen a poblaciones migrantes, de las cuales el 83% de ellas vive en las regiones de Tarapacá, Antofagasta y Metropolitana. Esta última es la posee mayor cantidad de población

---

24 Estas denominaciones dicen relación con el nivel de complejidad y organización que tienen estos asentamientos. Al asentamiento espontáneo se les ha denominado "barrios callampas"; cuando es producto de una acción organizada de los pobladores, se les llama "toma", y si se mantienen en el tiempo con una organización interna, se les llama "campamento". Considerando la forma en que tienen lugar estos asentamientos, nos encontramos con las "ocupaciones dirigidas" por un tercero, muchas veces el propietario del terreno, que tienen lugar sin la realización de las obras de urbanización (loteos irregulares), frente a las "ocupaciones espontáneas", que se realizan por pobladores, ya sea de forma organizada o por imitación (densificación).

migrante con un 31%. Por su parte, resulta interesante saber que los motivos que llevaron a estas personas a vivir en asentamientos fue debido a los bajos ingresos (55%) y el alto costo del arriendo (45%).

Por tal razón, se han regulado en Chile diversas herramientas jurídicas destinadas a la regularización de asentamiento informales, a saber:

1. Ley Nº 16.741, que establece normas para saneamiento de los títulos de dominio y urbanización de poblaciones en situación irregular;
2. Ley Nº 16.282, sobre sismos y catástrofes (artículo 43), y
3. Ley Nº 20.234, que establece un procedimiento de saneamiento y regularización de loteos, con modificaciones recientes que son relevantes.

Haremos una breve explicación de cada uno de estos cuerpos legales.

6.1. *Ley Nº 16.741, que establece normas para saneamiento de los títulos de dominio y urbanización de poblaciones en situación irregular*

Este texto legal data del año 1968, por lo que ha tenido diversas modificaciones[25]. Establece un procedimiento especial destinado a cumplir dos objetivos: a) regularizar los títulos de propiedad y, b) ejecutar las obras de urbanización. Para tal efecto, se requiere que el asentamiento irregular sea declarado formalmente en "situación irregular" por decreto supremo[26].

---

[25] En el texto original se perseguía regularizar la situación de loteos irregulares originados antes del 1 de enero de 1967, fecha que fue extendida mediante la Ley Nº 19.018, al 31 de marzo de 1990.

[26] La declaración de "loteo irregular" se realiza mediante la dictación de un decreto supremo del Presidente de la República, y procederá en los siguientes casos:
a) Cuando, sin haberse ejecutado la urbanización o garantizado las obras, se hayan realizado —antes del 31 de marzo de 1990— cualquiera clase de actos que tengan por finalidad última la transferencia del dominio de lotes (ventas, promesa de ventas, constitución de comunidades, de sociedades, etc.).
b) Cuando, habiéndose garantizado las obras de urbanización y realizando actos que tenían por finalidad transferir el dominio antes del 31 de marzo de

Esta normativa no se ocupa de todo asentamiento irregular, sino de aquellas ocupaciones dirigidas por un tercero (propietario o promotor), que transfiere terrenos para uso urbano, sin contar con obras de urbanización, conocidos como "loteos brujos". Sin embargo, en la práctica también se ha extendido a otras formas de irregularidades, como los campamentos.

Una vez realizada la declaración, el decreto se debe inscribir en el registro inmobiliario (conservador de bienes raíces), produciendo los siguientes efectos: a) el terreno queda embargado, por lo que no puede ser objeto de transferencia, y b) queda bajo la administración de un servicio púbico (Servicio de Vivienda y Urbanización o SERVIU), que asume en calidad de depositario del bien embargado. De esta forma, dicho organismo cumple una doble función: representa los derechos de los ocupantes y representa al propietario del terreno para la suscripción de las escrituras de transferencia de dominio de los lotes y, por otra, se lo faculta para que administre esos inmuebles, incluso puede requerir la realización judicial de otros bienes del propietario para financiar la ejecución de las obras de urbanización del inmueble, siempre con cargo a los responsables. A su vez, este procedimiento de regularización cuenta con dos fases: una administrativa y otra judicial. En la etapa jurisdiccional se conocerán y resolverán las distintas cuestiones que se susciten, abriéndose en el respectivo expediente judicial tres cuadernos: el declarativo, el de administración y el de verificación[27].

1990, haya ocurrido que: i) las garantías son insuficientes; ii) las obras de urbanización no se ejecutaron dentro del plazo fijado, o iii) no se fijó un plazo para ejecutar las obras y han transcurrido más de 2 años desde la constitución de las garantías.
c) Cuando, habiéndose ejecutado o garantizado las obras de urbanización, el propietario o loteador no ha efectuado la transferencia del dominio a que se hubiere obligado por alguno de los actos antes mencionados, sin que haya otorgado el título definitivo de dominio.

[27] Estos cuadernos comprenden las siguientes materias: a) *Declarativo*: se declarará quienes están obligados a otorgar los títulos definitivos, las indemnizaciones a pobladores y el costo de las obras de urbanización por ejecutar; b) *Administración*: se tratarán todas las cuestiones relativas a la administración del inmueble que realice el SERVIU, el cual, para la determinación de las obras a realizar y sus costos, presentará un informe al tribunal, el propietario tendrá diez días para oponerse. Si nada dice con el sólo mérito del informe, se fijan las obras

En general, se reconoce que esta ley ha sido eficaz en la regularización de los títulos de dominio a los pobladores, pero ha resultado ser bastante lenta y burocrática respecto de la realización de las obras de urbanización, debido a la falta de recursos necesarios para tal efecto. Además, los procesos judiciales se han dilatado de forma excesiva, manteniéndose los asentamientos informales por más de 30 años[28].

6.2. Ley de Sismos y Catástrofes

La Ley N° 16.282 fue dictada en el año 1965 a raíz de un terremoto ocurrido en la zona central de Chile. Si bien su objetivo fue hacer frente a los sismos u otros desastres naturales, en su artículo 43 se establecen algunas normas para regularizar poblaciones, previa declaración formal por decreto suprema de "Zona Afectada por Catástrofe".

En este caso, la ley permite que los municipios puedan aprobar los planos para la división de terrenos en donde existan asentamientos informales, aun cuando no cuenten con obras de urbanización,

---

necesarias y el costo de las mismas por el juez, y se procederá a la realización judicial de los bienes del propietario y loteador, c) *Verificación*: en este cuaderno se revisarán todos los asuntos que se reclamen derivados de la resolución que dicte el SERVIU para el otorgamiento definitivo de los títulos de dominio. Para tales efectos, los pobladores, dentro de los 3 meses siguientes a la mencionada resolución judicial del artículo 16 deberán elevar una solicitud al SERVIU, haciendo valer sus derechos para que se les otorgue el título definitivo. Vencido el plazo, se dictará una resolución administrativa que contendrá una nómina de las solicitudes acogidas, una con las solicitudes rechazadas y, en el caso de las solicitudes acogidas, la individualización del poblador y del sitio, del precio que se adeude y la forma de pagarlo, además de la singularización del plano de loteo aprobado al efecto por el SERVIU. Por último, se elaborará una nómina con los pobladores que tengan derecho a que se les restituya valores y se les indemnicen los perjuicios.

En contra de esta resolución del SERVIU se otorga a los pobladores la facultad para interponer una reclamación única, la cual se presentará ante el mismo SERVIU, pero será conocida y resuelta por el Tribunal, tramitándose en el anotado cuaderno de verificación.

28 Así, por ejemplo, en la región de Valparaíso fueron declarados en Situación Irregular un universo de 209 poblaciones, y a la fecha se ha logrado alzar el embargo total de loteo irregular de 6 loteos.

tanto en suelo urbano como rural. Este decreto se inscribe en el conservador de bienes raíces, permitiendo que se entregue a los ocupantes el título de dominio. El objetivo de este cuerpo legal ha sido sólo la regularización de títulos, no considerando mecanismos especiales para ejecutar las obras de urbanización.

6.3. Ley Nº 20.234, que Establece un Procedimiento de Saneamiento y Regularización de Loteos

A diferencia de la normativa anterior, este cuerpo legal sólo tiene por objeto regularizar la urbanización existente en un asentamiento, a partir de las divisiones o loteos que se hecho han realizado lo pobladores[29], aunque establece las condiciones para que los pobladores puedan regularizar sus títulos y construcciones. Era una norma temporal, pero luego de diversas modificaciones, mantendrá su vigencia hasta el año 2030[30].

En este caso, estamos ante un cuerpo normativo más completo, que regula derechamente los asentamientos irregulares y permite, a través de un procedimiento administrativos más ágil y expedito, que se obtenga una recepción provisoria o definitiva de las obras de urbanización[31]. Por su parte, la recepción provisoria obliga a reali-

---

29 El artículo 1º de este cuerpo legal dispone: "*La presente ley contempla un procedimiento simplificado y excepcional para el saneamiento y regularización de las obras mínimas de urbanización que requieren aquellos asentamientos poblados que no cuentan con permiso o recepción de loteo otorgado por la respectiva Dirección de Obras Municipales y que, además, cumplen con las características y demás requisitos exigidos por esta ley para acceder a esta herramienta excepcional*". Esta norma fue introducida por la Ley Nº 21.476, de 10 de agosto de 2022.

30 Entró en vigor con su publicación en el Diario Oficial con fecha 5 de enero de 2008 y su plazo de vigencia original era de 24 meses. No obstante, ha sido renovada en cuatro oportunidades mediante las Leyes Nºs. 20.562, de 25 de enero de 2012; 20.812, de 30 de enero de 2015; 21.206, de 27 de enero de 2020; 21.476, de 10 de agosto de 2022, que estableció que el procedimiento simplificado de regularización a que se refiere esta ley regirá hasta el 31 de diciembre de 2030.

31 Se establece que para otorgar la recepción definitiva de las obras de urbanización que requiere un asentamiento emplazado en el área urbana o de extensión urbana, la Dirección de Obras deberá verificar el cumplimiento de las siguientes condiciones: dotación de servicio de agua potable, alcantarillado o evacuación de aguas servidas y electricidad; alumbrado público, gas, cuando

zar las obras de urbanización en un plazo de 5 años, que se puede prorrogar, y permite a los interesados postular a diversas fuentes de financiamiento para su ejecución[32].

El objetivo de esta ley ha sido crear los incentivos para que, a través de un procedimiento más simple, se puedan regularizar las obras de urbanización y, luego, los títulos de propiedad y las construcciones que los pobladores tienen en dichos asentamientos. En nuestra opinión, este cuerpo normativo se encuentra muy bien orientado y el cumplimiento de sus fines quedará sujeta a la labor que deban cumplir los órganos que integran la Administración urbanística en Chile, sin perjuicio de hacer frente a las causas más profundas del déficit habitacional, como es el aumento del valor de la vivienda.

7. REFLEXIONES FINALES

Las formas tradicionales de enfrentar la irregularidad urbanística en Latinoamérica suponen asumir un problema de mayor envergadura, que coloca al Estado en la posición de cumplir un deber fundamental con la sociedad en relación con el acceso a la vivienda en condiciones dignas y, por tanto, en la necesidad de buscar los mecanismos idóneos que permitan cumplir estos objetivos desde la perspectiva social, económica, de políticas públicas y —en el ámbito que nos convoca— desde la perspectiva jurídica.

Por tal razón, resulta del mayor interés analizar la forma como en los ordenamientos comparados que tienen un tronco y cultura común, han enfrentado este problema, tanto desde la perspectiva jurídica como en los hechos, a fin de poder determinar cuáles serían los instrumentos más idóneos para enfrentar dicha labor y, a su vez, establecer si es necesario una regulación integral de la materia o sólo recurrir a las técnicas tradicionales propias de los ámbitos del Derecho administrativo y urbanístico.

---

corresponda, y pavimentación, en este último caso, conforme a las exigencias mínimas contempladas en los artículos 3.2.6 y siguientes de la Ordenanza General de Urbanismo y Construcciones. (artículo 4° inciso 2°).

32 Artículo 4° inciso 10° y artículo 5°.

Resulta difícil —dada la complejidad y los desafíos que deben enfrentar la sociedad actual—, que la irregularidad producto de las aglomeraciones anárquicas del espacio y de la necesidad de vivienda sea resuelta, pero constituye un desafío necesario el de comenzar a reflexionar sobre el punto y encontrar mecanismos que permitan afrontar dicha realidad de la mejor manera para lograr una efectiva integración de todos los sectores sociales, en orden a superar una fragmentación social que ha sido el lastre de muchos de los problemas que enfrentan los países de la región.

Bibliografía

Afonso, Ana (2017): *A proteçáo do direito à habitaçáo na Carta Social Europeia e no Direito português,* en Lex Social, Monográfico 1.

BANCO INTERAMERICANO DE DESARROLLO (2006): *La cohesión social en América Latina y el Caribe. Análisis, acción y coordinación,* Washington, Banco Interamericano de Desarrollo.

Bassols Coma, Martín (1996) *Derecho a la vivienda: articulo 47,* en *Comentarios a la Constitución española de 1978,* O. Alzaga Villamil (Dir), T. IV, Ed. Cortes Generales, Madrid.

Bonduki, Nabil (2012): *La nueva política nacional de vivienda en Brasil: Desafíos y limitaciones,* en *Revista de Ingeniería,* Universidad de los Andes, Bogotá, julio-diciembre de 2011, págs. 88-94.

Bouillon, César (2012): *Un espacio para el desarrollo: Los mercados de vivienda en América Latina y el Caribe,* New York, Banco Interamericano de Desarrollo.

Cassese, Sabino (2003): *La crisis del Estado,* Lexis Nexis, Buenos Aires, pág. 20

CAF, Banco de Desarrollo de América Latina (2013): 5 datos sobre pobreza en América Latina y el Caribe, consultado con fecha 12 de diciembre de 2022: https://www.caf.com/es/actualidad/noticias/2022/04/5-datos-sobre-pobreza-en-america-latina-y-el-caribe/#:~:text=La%20tasa%20de%20pobreza%20extrema,%25%20al%2011%2C5%25.

CEPAL (2007): *Cohesión social. Inclusión y sentido de pertinencia en América Latina y el Caribe,* Santiago de Chile, Cepal.

- (2007): *Panorama Social de América Latina,* Santiago de Chile, Cepal
- (2012): *Población, territorio y desarrollo sostenible,* Ecuador.
- Boletín Demográfico Nº 63, enero-febrero 1999.

Cordero, Eduardo (2020): *Estudios sobre propiedad y Derecho urbanístico,* Valencia, Tirant lo Blanch.

Cordero, Eduardo y Parejo, Luciano (2019): *Estudios sobre regularización urbana y registral en Iberoamérica,* Valencia, Tirant lo Blanch.

Damsky, Isaac (2011): *El derecho a la vivienda en Argentina,* en Derecho Urbanístico, UNAM, págs. 229-234.

De los Ríos, Silvana (2008): *El Derecho a la Vivienda y las Declaraciones Constitucionales,* en Revista INVI N° 62, vol. 23, págs. 127 a 147.

Ebanks, G. Edward (1993): *Las sociedades urbanizadas de América latina y el Caribe. Algunas dimensiones y observaciones,* en Notas de Población, vol. 21 N° 57.

ECLAC, ONU (2018): *The 2030 Agenda and the Sustainable Development Goals An opportunity for Latin America and the Caribbean,* Santiago, ONU.

Espínola Orrego, Gilda (2010): *El derecho a la vivienda digna y adecuada en el ordenamiento jurídico español,* Tesis Doctoral, Facultad de Derecho, Departamento de Derecho público, Universidad Alcalá de Henares; LÓPEZ RAMÓN, Fernando (2014): *El derecho subjetivo a la vivienda,* en Revista Española de Derecho Constitucional, N° 102, págs. 49-91.

EUROPEAN COMMITTEE FOR SOCIAL COHESION (2004): A New Strategy for Social Cohesion. Revised Strategy for Social Cohesion Approved by the Committee of Ministers of the Council of Europe on 31 March 2004, Council of Europe, octuber, 2004.

Fagundes de Oliveira, Cristiane (2011): *Derecho social a la vivienda digna en la Constitución brasileña y su contenido práctico en la ciudad de Porto Alegre,* Porto Alegre, Brasil.

Garrido Gutiérrez, Pilar (2004): *El derecho a una vivienda digna y adecuada,* en *Los principios rectores de la política social y económica,* J. Tajadura Tejeda (dir.), Ed. Biblioteca Nueva, Madrid, 2004, págs. 369-454.

Gordillo, Agustín (2000): *Introducción al Derecho,* Buenos Aires, Fundación de Derecho Administrativo.

Jiménez Blanco, Antonio (2000): *El derecho a una vivienda digna y adecuada,* en *Comentario a la Constitución socio-económica de España.* Ed. Comares, Granada, págs. 1711-1726.

Lattes, Alfredo E. (2001): *Población urbana y urbanización en América Latina,* en La Ciudad Construida.

López Ramón, Fernando (coord.) (2010): Construyendo el derecho a la vivienda, Madrid, Marcial Pons.

Muñoz Castillo, José (2000): *El derecho a una vivienda digna y adecuada. Eficacia y ordenación administrativa,* Ed. Colex, Madrid.

Olano García, Hernán (2006): *El derecho a la vivienda digna en Colombia,* en Díkaion, año 20, N° 15, págs. 105-112.

ONU (2012): Programa de la ONU para Asentamientos Humanos, Informe ONU-Habitat.

Pisarello Parados, Gerardo (2009): *El derecho a la vivienda como derecho social: implicaciones constitucionales en Revista catalana de dret public,* N° 38.

Ponce Solé, Julio y Doménec Sibina, Tomás (2008): *El derecho a la vivienda en el siglo XXI: sus relaciones con la ordenación del territorio y el urbanismo,* Marcial Pons, Madrid, págs. 49-64.

Ruiz-Rico Ruiz, Gerardo (2009): *Una aproximación básica al derecho constitucional a la vivienda*, en *Estudios sobre la Constitución Española: homenaje al profesor Jordi Solé Tura*, Vol. 2, Ed. Cortes Generales, Madrid.

Santa María Muxica, Luz (2011): *La favela como espacio de exclusión social en la ciudad de Rio de Janeiro*, en EURE, vol. 37, Nº 110, pág. 117-132.

Sorj, Bernardo y TIRONE, Eugenio (2007): *Cohesión Social en América Latina: un marco de investigación*, en Pensamiento Iberoamericano, 2ª época, 1, págs. 109-110.

UNITED NATIONS, DEPARTMENT OF ECONOMIC AND SOCIAL AFFAIRS, POPULATION Division (2018): *World Urbanization Prospects: The 2018 Revision*, consultado con fecha 12 de diciembre de 2022: https://population.un.org/wup/DataQuery/

Vivienda Inclusiva en la regulación urbanística de América Latina: ¿un destino sin guardianes?

CLAUDIA ACOSTA

SUMARIO: 1. LA INTERVENCIÓN PÚBLICA EN EL PROBLEMA HABITACIONAL. 2. EL FINANCIAMIENTO HABITACIONAL: UNA APUESTA DOMINANTE CON RESULTADOS COMPLEJOS. 3. LA REGULACIÓN URBANÍSTICA UNA HERRAMIENTA PARA LA VIVIENDA SOCIAL. 3.1. Colombia. 3.2. Brasil. 3.3. Perú. 4. CONCLUSIONES. Bibliografía.

Entrado el siglo XXI en un mundo mayoritariamente urbano no es necesario convencer al lector de un libro sobre derecho urbano de la importancia de la vivienda en las condiciones de vida de las personas, ni de la crisis habitacional que enfrentan sociedades desiguales, pero también, y cada vez más, ciudades del llamado mundo desarrollado.

Jueces de los más variados lugares nos recuerdan que es obligación del Estado desarrollar acciones orientadas a garantizar a sus ciudadanos el derecho a la vivienda. Y, que tales acciones deben orientarse prioritariamente a atender o proteger a aquellos que se encuentran en peor situación. Es decir, es necesaria la intervención pública para alcanzar este objetivo y la política debe ser focalizada.

Sin embargo, no se trata de cualquier tipo de acción. Iniciativas de política pública como el movimiento *"housing first"* nos recuerdan la importancia de un lugar digno, adecuado y estable para la conformación del bienestar interior y el desarrollo humano. Millones de viviendas sociales distantes y "guetizadas" nos dejan claro que el dónde importa tanto como el cuanto, y que el apoyo al financiamiento habitacional es necesario, pero no suficiente.

El derecho a la vivienda solo está garantizado si viene acompañado de proximidades de ciudad, esto es, de oportunidades, y las regulaciones jurídico-urbanísticas tienen un papel central en ello. A este último aspecto, las regulaciones jurídico-urbanísticas sobre vivienda social en diversos países en América Latina y algunas experiencias de implementación se dedica este capítulo. Para el desarrollo se presentarán los siguientes aspectos: la intervención pública en el problema habitacional, los abordajes de política pública financiera y regulatoria, diversas respuestas a la cuestión habitacional desde el ordenamiento jurídico-urbanístico en países de la región y experiencias de implementación, y conclusiones.

1. LA INTERVENCIÓN PÚBLICA EN EL PROBLEMA HABITACIONAL

La carencia de una vivienda digna y adecuada compromete las condiciones de avance socioeconómico de las personas, familias, ciudades y países donde existe. Es un serio obstáculo para el desarrollo. La falta de habitación social es un problema generalizado en las sociedades urbanas y, cuanto más desigual sea una sociedad, más complejo y amplio éste se presenta.

A diferencia de lo que ocurre con otros problemas, encontramos que diversas corrientes económicas justifican la intervención del Estado en el tema habitacional. Las actuaciones de política pública habitacional son, en general, entendidas como un legítimo interés público. No hay, sin embargo, tanta sintonía sobre el tipo de intervención que debe realizarse ni el grado de participación del Estado en la actividad económica inmobiliaria privada. La intervención pública puede ocurrir de diversas formas y por diversas motivaciones.

La forma más común de intervención pública en América Latina es de tipo financiera. Son acciones orientadas a mejorar o completar la capacidad económica de la familia para acceder a una vivienda. En la región se suelen utilizar apoyos económicos que se destinan en las personas (beneficiarios) para adquirir viviendas económicas (típicamente nuevas) ofrecidas por el sector privado (con incentivos a la producción o no). En muchos de nuestros países, a la producción u oferta privada de viviendas económicas también se le conceden beneficios, exoneraciones o incentivos tributarios (impuestos, tasas, contribuciones) y, en diversos contextos, también beneficios urbanísticos.

Como será discutido en la parte central de este capítulo, la región también utiliza herramientas regulatorias urbanísticas para atender el problema habitacional. Haremos breve aproximación al financiamiento por su dominio en la esfera pública y las dificultades que no resuelve (en especial de localización), para posteriormente profundizar en la regulación como herramienta. Buscamos así fortalecer la importancia de contemplar y articular ambas estrategias desde la política pública en la lucha por mejores condiciones habitacionales.

2. EL FINANCIAMIENTO HABITACIONAL: UNA APUESTA DOMINANTE CON RESULTADOS COMPLEJOS

Bajo el nombre de financiamiento encontramos diversas estrategias de intervención pública que tienen en común el uso de apoyos económicos para incrementar o completar la capacidad de consumo de la persona o familia por una vivienda. Estos apoyos económicos pueden destinarse a formas variadas de consumo en habitación, en general para vivienda nueva en propiedad (ocasionalmente para vivienda usada, mejoramiento habitacional, e inclusive vivienda en alquiler).

En países con altas desigualdades y baja formalidad en el empleo, el financiamiento habitacional no está disponible para un segmento importante de la población. Hablamos de mayorías cuyos ingresos son bajos y provienen en buena parte de actividades en el sector informal de la economía. Las acciones públicas de financiamiento pretenden dos objetivos simultáneos: completar la capacidad económica de las familias que no cuentan con recursos suficientes para acceder a una vivienda adecuada y, mejorar las condiciones de acceso a los mercados de crédito, al menos para una parte de esta población.

Los subsidios habitacionales suelen recorrer una escalera gradual de incremento de apoyo financiero en función de las condiciones económicas de la familia. Históricamente en la región, la fórmula más utilizada ha sido la del "A+B+C" (A Ahorro + B *voucher* o apoyo público + C Crédito bancario). En el A+B+C el gobierno complementa la capacidad económica de una familia de ingresos medios o medio-bajos, con capacidad reducida de ahorrar, pero capaz de cubrir el crédito, de preferencia a tasa de interés más baja. Un segundo grupo sin capacidad de ahorro, pero con capacidad de crédito tendrá apoyo completo del gobierno cubriendo el Ahorro y el Bvoucher, y la familia cubrirá el crédito. Un tercer grupo, de recursos más bajos, será atendido por una formula en la que el gobierno cubre A + B + y parcialmente el C (crédito) y los beneficiarios cubren una parte pequeña del costo de la vivienda con crédito de bajo costo y largo plazo. Y, finalmente, un cuarto grupo correspondiente a la población en condiciones de pobreza y pobreza extrema, sin capacidad de ahorro ni de asumir créditos, para la cual operan subsidios plenos o casi plenos cubiertos por el gobierno (son los llamados programas de vivienda gratuita). En los programas de subsidios suelen incluirse reglas que reducen o inclusive exoneran costos administrativos y procedimentales asociados a las transacciones inmobiliarias.

Esta alternativa de política pública suele recibir gran atención pública por dos motivos: uno económico y otro social (es intencional el orden de las motivaciones). Muchas iniciativas de política pública de financiamiento habitacional tienen como motivación objetivos macroeconómicos de impulso a la economía, de forma tal que el apoyo al financiamiento habitacional es un medio para alcanzar el objetivo de activar o reactivar cadenas productivas vinculadas al sector inmobiliario y de empleo (típicamente vivienda nueva). Sin incurrir en contradicción, es común que iniciativas de apoyo económico a la adquisición de una vivienda se orienten o busquen priorizar atender a personas y familias de bajos ingresos, y por tanto con mayores obstáculos para proveerse una vivienda. En países como Brasil, Colombia, o México el apoyo gubernamental y social (fondos de ahorro obligatorio para vivienda) se concentró durante el siglo XX en la atención al segmento de clase media de la población. Ya, en este siglo ha habido mayor focalización de la acción pública, al contemplar y atender de forma amplia a la población de menos recursos, principalmente por medio de programas de vivienda gratuita o altamente subsidiada.

Durante el siglo XXI buena parte de los presupuestos y acciones de política pública en la región se han invertido en programas de subsidio con variaciones alrededor de la fórmula del A+B+C. El llamado "modelo de subsidio a la demanda" fue inaugurado por Chile aún durante el siglo XX con importante inversión pública sostenida por más de una década, lo que explica que sobre este caso se concentre importante parte de la literatura. Como país pionero, Chile introdujo una estrategia de política habitacional de incentivo económico (subsidio) junto con medidas de desregulación del mercado de suelo (en especial el retiro de los límites o perímetros urbanos). El país llegó prácticamente a terminar con el déficit cuantitativo de viviendas, pero a un costo urbano y social alto: expansión urbana de bajísima densidad y más bajos aún estándares urbanísticos por medio de grandes conjuntos habitacionales aislados física y socialmente ocupados por poblaciones homogéneas. Dado el largo camino recorrido por este país, se observan ajustes incrementales e innovaciones orientadas a reducir la escala de los proyectos, mejorar la inserción espacial e incluso, recientemente, de incentivo a la mezcla social (Sabatini, Mora, Polanco y Brain. 2014). Este caso nos muestra las virtudes y defectos de una estrategia apoyada en recursos financieros, la confianza ciega en que los mercados por si solos resuelven el problema habitacional, y la idea de que *per se* las regulaciones urbanísticas son desfavorables a la vivienda social. Si, por un lado, hoy en Chile es reducido el problema habitacional en términos de cantidad, es decir, hay viviendas sociales en número cercano a la necesidad, por otro, el problema se ha trasladado a las condiciones habitacionales y de ciudad de las viviendas producidas (Sabatini y Brain, 2008). Como otras dos referencias de la estrategia financiera, citamos brevemente por su amplitud y alcance, los casos de México y Brasil (por orden de aparición).

Con el histórico cambio político ocurrido en México al inicio del siglo XXI, el PRI (Partido Revolucionario Institucional) cedió después de más de 70 años en el poder a otro partido, el PAN (Partido Acción Nacional). Este cambio, impulsado por las nuevas condiciones de la contienda electoral implicó un movimiento desde las clases políticas de atención a los grupos sociales más pobres, propiciando su inclusión y priorización en políticas sociales como educación, salud, y asistencia social (Garay, 2016). Con la llegada del PAN, y después de dos décadas de ausencia de inversión federal en el área, llegó la vivienda social a la agenda política. El PAN estructuró una estrategia de política pública afincada en un subsidio complementario para la adquisición de vivienda nueva (el componente B, dentro del A+B+C). Conocido como "Tu casa / Está es tu casa" fue desarrollado entre 2001 y 2012, articulado mayoritariamente a créditos de la entidad financiadora habitacional (el INFONAVIT). Esta estrategia permitió cofinanciar cerca de cuatro (4) millones de viviendas para la población trabajadora de bajos ingresos del país, con gran acogida por empresas y trabajadores. Se desarrolló principalmente en las regiones central y norte del país, áreas que concentran empleos formales, y presentan importantes variaciones en condiciones institucionales y regulatorias del mercado de suelo.

Es amplia la literatura que indica situaciones de abandono de las viviendas, bajos estándares urbanísticos, ausencia de servicios públicos y sociales, problemas de seguridad (además de convivencia), entre otros. Las viviendas abandonadas tienen en común la pésima localización y ausencia de servicios y exiguas condiciones de habitabilidad. Además de convertirse en una decepción (y deuda crediticia) para las familias de bajos recursos beneficiadas, en un reto a posteriori para gobiernos locales y entidades financiadoras (Monkkonen, P, 2011a y 2011b, SEDESOL, 2012). Es importante mencionar que, en México no son comunes medidas regulatorias del mercado de suelo orientadas a atender la problemática habitacional ni a promover la vivienda social.

Por último, en el caso de Brasil, después de un largo período de escasa inversión pública federal en la problemática habitacional, en 2009 fue lanzado el programa *Minha Casa Minha Vida* (Acosta, 2023). Este programa se orientó a la reactivación económica del país por medio del apoyo a la adquisición de vivienda nueva por la población de ingresos medios (franja 2), bajos, e inclusive sin ingresos (franja 1). El apoyo público financiero estableció diversas estructuras de subsidios habitacionales: ahorro+crédito+subsidio (franja 2) y diversos grados de créditos+subsidio casi pleno (franja 1). El programa invirtió un enorme volumen de recursos públicos, generó entre 2009 y 2015 aproximadamente cuatro (4) millones de unidades habitacionales distribuidas a lo largo y ancho de un país continental. Ha sido el programa de mayor escala y velocidad en la historia del país y de América Latina. Sus reglas incluyeron escasos parámetros de localización, orientados a garantizar los servicios de energía, agua entubada y presencia de transporte público. Y, su implementación se realizó desarticulada de herramientas regulatorias urbanísticas presentes o incentivadas a nivel local, inclusive aquellas orientadas a favorecer de la vivienda social (Acosta, 2015). Al analizar la localización de las viviendas sociales más económicas (Franja 1) con casi 2 millones de unidades) localizadas principalmente en las regiones metropolitanas del país observamos aislamiento socio-espacial, falta de equipamientos y servicios sociales (precisamente más requeridos por esta población), e incremento en la expansión urbana (Biderman, et al, 2019).

Los tres casos comparten importante escala de producción de viviendas por medio de los subsidios (y otras medidas complementarias, incluyendo renuncias tributarias) y un problema común: resultados poco satisfactorios para las ciudades y, en diversa medida, para los propios beneficiarios. Llegamos aquí a una reflexión que abrirá paso al siguiente segmento de este artículo. Sabemos que nuestras regulaciones urbanísticas son deficientes y pueden, en determinados casos, dificultar aún más el acceso al suelo y a la vivienda para las familias de bajos ingresos. Sabemos también que los subsidios para la adquisición de viviendas económicas sin reglas de integración socioespacial llevan a resultados poco satisfactorios para las familias beneficiarias y las ciudades. E, intuimos, que las actuales políticas de financiamiento poco o nada "conversan" con las condiciones y posibilidades de los instrumentos regulatorios de los mercados de suelo donde son implementadas (esto último, ciertamente no es un acuerdo tácito entre los países, y si una característica de este modelo de intervención). Dicho de otra forma, estos programas comparten también el supuesto de que la oferta de la vivienda social será resuelta por el libre juego del mercado, pero los resultados no lo sustentan. Es necesario revisar las regulaciones urbanísticas y orientarlas hacia políticas de suelo pro-vivienda social y replantear esta distancia, o mejor, divorcio entre financiación y regulación.

3. LA REGULACIÓN URBANÍSTICA UNA HERRAMIENTA PARA LA VIVIENDA SOCIAL

Quizás convenga iniciar el segmento más importante de este capítulo afirmando lo que ya ha sido ampliamente demostrado: los mercados habitacionales: no producen, de forma autónoma, vivienda social para cubrir las necesidades de aquella sociedad en la cantidad, precio y localización requeridos para cubrir las necesidades de aquella sociedad. De hecho, al mercado de vivienda social se le denomina un "mercado desaparecido" (*missed market*), y por lo que diversas estrategias son utilizadas para hacerlo "aparecer". La más común, que opera sobre las fallas del financiamiento son los subsidios, a la que acabamos de referirnos. Pero, también las medidas regulatorias[1].

Las medidas regulatorias condicionan el funcionamiento de los mercados de suelo y vivienda. Aunque basada en objetivos o fines colectivos, la regulación urbanística, en especial de uso del suelo, reduce la libertad constructiva y, esto por definición económica, incrementa los costos de la producción habitacional (Turner y Fichter, 1997)[2]. Un ejemplo de regulación urbanística orientada a hacer a aparecer la vivienda social es *"exigir que todos los proyectos reserven un determinado porcentaje de unidades para vivienda social. La gran ventaja de esta intervención es que la vivienda social no es construida de forma aislada de los centros urbanos (...) Otra forma de intervención en el mercado inmobiliario es la alteración de las reglas de uso del suelo y parámetros constructivos con miras a alcanzar un objetivo social. En Brasil, una experiencia de ese tipo son las llamadas Zonas Especiales de Interés Social (ZEIS)"* (Acosta, 2015, 25). En este último sentido, para garantizar o "reservar" áreas específicas del territorio para el uso predominante por vivienda social,

---

1 Hay dos grandes aproximaciones a la problemática habitacional desde el punto de vista de la regulación. Una aproximación que centra o foca sus esfuerzos en los asentamientos precarios (desarrollando para ello tecnologías jurídico-institucionales específicas). Y, países que, además, en paralelo a lo anterior, o de forma prevaleciente vuelven sus ojos a la regulación urbanística como una herramienta que debe contemplar la vivienda social dentro de su espectro de acción. Son países en los cuales el nivel nacional/federal han priorizado sus acciones regulatorias alrededor del fenómeno de la precariedad: Argentina (ver a Maldonado y Petrelli en este libro), Perú (se recomiendan los trabajos de Julio Calderón Cockburn), y México (ver a Azuela y Herrera en este libro). Se destaca en el caso de Argentina que por ahora no hay aproximación a la vivienda social desde la intervención regulatoria a proyectos inmobiliarios (cuotas, exigencias), pero hay un desarrollo de iniciativa de la ciudad de Buenos Aires de instrumento similar a las ZEIS: las Unidades Territoriales de inclusión urbana (UTIS).

2 Este trabajo no aborda, aunque no ignora, la literatura que debate los efectos o impactos negativos de determinadas normas urbanísticas o constructivas en el aumento de los precios de los inmuebles y en la menor elasticidad de la oferta. Esta literatura está concentrada en el caso de Estados Unidos (véase por ejemplo a Glaeser y Gyourko, 2008). Con mucha menos evidencia documentada en la región, destacan las investigaciones de Goytia et ali (2015).

el ejemplo más expresivo y pionero es Brasil con la demarcación de Zonas Especiales de Interés Social (por sus siglas, ZEIS).

A seguir serán abordadas las primeras, es decir, las medidas integradas a la actividad cotidiana del mercado inmobiliario, que tienen potencial de aproximar las viviendas sociales de las oportunidades, y se apoyan en mecanismos económicos de recuperación o movilización de plusvalías o incrementos de valor (Calavita, Nico y Alan Mallach. 2010).

Por orden de aparición serán presentados los casos de Colombia con la obligación o cuota de vivienda social y prioritaria, Brasil con la cuota de solidaridad, y Perú con la recién aprobada figura de la zonificación inclusiva. La intención es presentar las figuras en su tránsito en la vida jurídica y de gestión pública local.

3.1. Colombia

Colombia cuenta con un marco jurídico-urbanístico estructurado y experiencias de implementación de casi un cuarto de siglo. El sistema muestra influencias de Europa continental, en especial España y Francia. La vivienda social ha estado en el foco de las motivaciones y contenidos de las principales estructuras regulatorias de ordenamiento territorial y de gestión de suelo (Ley 9 de 1989, Ley 388 de 1997, y normas complementarias). La ley 9 de 1989 mostró especial preocupación por el fenómeno de la precariedad como solución de acceso al suelo para la población de menos ingresos y propuso herramientas para su atención integral como política de estado. Y, la ley de 1997 estableció en su artículo 92 que las acciones urbanísticas desarrolladas por los municipios incluyen el de deber de, calificar y localizar terrenos para la construcción de vivienda de interés social en los diversos suelos (incluyendo las categorías e instrumentos urbanísticos específicos).

De especial interés para los debates de implementación de esta norma en el país son: i) el reconocimiento de la autonomía municipal para decidir criterios de localización de la vivienda social, ii) la exigencia que recae sobre el particular es la de dar un uso específico al suelo en régimen privado —vivienda social— y no la de ceder o entregar este suelo al gobierno, y, iii) el destino o uso específico sobre el suelo al que aplica, sin embargo, solo se cumple o materializa con la construcción de viviendas económicas. El paso de la promulgación en la norma nacional a su adopción municipal ha sido lenta, fragilizada por la debilidad institucional local y espacio de disputa entre intereses locales nacionales y del sector constructor.

La exigencia comprende dos categorías: vivienda de interés social (VIS) y vivienda de interés prioritario de precio aún más económico (VIP). En Colombia, la obligación VIS-VIP puede cumplirse en el propio proyecto (*in situ*), por traslado a otra área de la ciudad o de forma compensatoria en dinero y, en general no incluye el reconocimiento de incentivos urbanísticos al privado. Fue introducida por primera vez en el país por la ciudad de Bogotá en el año 2000 en su primer plan de ordenamiento bajo el nuevo marco jurídico nacional (Decreto 619 de 2000). Bogotá fue pionera tanto en dar el paso a la concretización de la exigencia en el ordenamiento local al establecer porcentajes obligatorios de suelo para VIS y VIP. También lo ha sido en los debates para que la obligación se convierta en un mecanismo de generación de oferta de vivienda social. Siguiendo el relato de Rojas, Carrascal y Caballero (2019), en la ciudad la reglamentación de la obligación ha significado un proceso de ajustes incrementales tanto a nivel jurídico, como técnico y de negociación política[3]. Entre los cambios se destaca la ampliación progresiva de la obligación a todos los suelos de la ciudad y no solo a aquellos periféricos y de menor valor, la exigencia de vivienda VIP (y no solo VIS), y estrategias para que el cumplimiento se diera lo más cercano al objetivo de garantizar mezcla social en los proyectos y así reducir la fuerte segregación socioespacial. A partir de entonces diversos municipios siguieron el camino trazado por Bogotá.

A pesar de la urgencia de la problemática habitacional, el gobierno nacional reglamentó la exigencia mínima de suelo y situaciones aplicables en 2007 (Decreto Nacional No. 4259 de 2007, también Ley 1.537 de 2012). Siguiendo a Rojas et al (2019), la reglamentación nacional fue más restrictiva que la adoptada por Bogotá, reduciendo

[3] Se destacan las siguientes normas: Decreto Distrital No. 469 de 2003, Decreto Distrital No. 327 de 2004, Acuerdo Distrital No. 489 de 2012, Decreto Distrital No. 118 de 2013, Decreto Distrital No. 478 de 2013, Decreto Distrital No. 138 de 2015.

los suelos a los que aplicaría la exigencia y fortaleció la posibilidad de trasladar o pagar en dinero, fragilizando la ya instalada tendencia a segregación socio-espacial en el mercado inmobiliario. En 2013, el gobierno nacional por medio del Decreto No. 075 estableció nuevas reglas para los municipios. Solo dos tipos de suelo en las ciudades debían cumplir o aportar suelo para vivienda social: los suelos con tratamiento urbanístico de desarrollo y de renovación urbana (en modalidad de redesarrollo), lo harían en los porcentajes establecidos por el nivel nacional y en determinados casos no sería posible exigir vivienda VIP, solamente VIS que tiene un valor más alto. Esto implicaba que los niveles locales no podrían reglamentar ni porcentajes superiores ni otros suelos. Está última norma fue objeto de controversia administrativa entre la ciudad de Bogotá y la Nación. En 2021, el Consejo de Estado, discute el alcance de la facultad reglamentaria del nivel nacional con relación a la competencia constitucional de nivel municipal de determinar las zonas en que debe construirse vivienda social y con cuales instrumentos, como parte de la competencia de reglamentar los usos del suelo. Se destaca en la decisión la reflexión sobre el ámbito de acción reglamentaria nacional "*es la entidad territorial la encargada de determinar sus necesidades en materia de vivienda de interés social y definir las estrategias e instrumentos para la solución del déficit (...) sin que de manera expresa excluya de dichas estrategias o instrumentos, la habilitación de suelo VIS o VIP en otros tratamientos urbanísticos*" (Consejo de Estado, 2021, Sentencia 2013 00292 00; pág. 50). La sentencia también aclara que los tratamientos reglamentados por el gobierno nacional no son exclusivos, así como los mínimos son mínimos y no máximos.

Sin embargo, la lucha no ha sido solo ni únicamente jurídica. Los municipios viven una lucha silenciosa cotidiana con relación a la implementación de la obligación, su reglamentación, exigencia, seguimiento al cumplimiento y, no menos importante, cumplimiento de destinación para familias de bajos ingresos. Nuevamente, en diálogo con Rojas, et al, se refería a la ciudad como "*adicional a la exigencia de suelo, se han establecido incentivos para mejorar su localización, estimular su construcción o propiciar mezcla con usos diferentes al residencial y con otros grupos sociales de mayores ingresos*" (2019, 25). Sin embargo, el documento también alertaba sobre reglamentaciones contradictorias y opuestas entre el nivel nacional y la ciudad de Bogotá, así como vacíos importantes que no se han resuelto de forma adecuada, como la imprecisión en la obligación entre suelo y construcción. Finalmente, el estudio indicaba que, si bien entre 2005 y 2017 en Bogotá se habían licenciado 514.000 viviendas, y de ellas 220.000 debían corresponder a vivienda social (con una producción de 22.000 no había un sistema de seguimiento al cumplimiento ni a la destinación.

La ciudad, a pesar de su capacidad de gestión y recursos humanos, tecnológicos, y jurídicos, mostraba serios desafíos de implementación, minando el impacto real del instrumento. La contradicción entre la norma nacional (de menor control) y la local (más rígida pero con vacíos de seguimiento), tanto para las viviendas *in situ*, como para los traslados y los pagos en dinero.

En otras palabras, la exigencia regulatoria es solamente el inicio de un largo y exigente camino de gestión pública en el cual las viviendas mejor localizadas podían no llegar a la población que las requiere, las viviendas trasladadas contaban con reglas e interpretaciones convenientes al desarrollador y favorables a la segregación, y el pago compensatorio tenía problemas tanto de cálculo como de destinación del recurso. Finalmente, cabe mencionar los escándalos en el país bajo el nombre de "falsas VIS y VIP". Se trata de estrategias seguidas por particulares tanto para producir viviendas sin perfil adecuado para familias de bajos ingresos pero contabilizadas como vivienda social, y de comercialización de viviendas sociales mejor localizadas para inversión.

3.2. Brasil

En Brasil fueron creadas las zonas especiales de interés social (ZEIS). Las ZEIS constituyen perímetros o áreas que deben ser definidos en el plan director (plan general de la ciudad) en los cuales el uso predominante será la vivienda social, ya sea en áreas libres u ocupadas, de origen formal o precario. Este instrumento es de gran utilidad para proteger a moradores originarios en barrios que experimentan procesos de valorización y llegada de usos más rentables y habitantes con perfiles económicos más altos. Esta figura también facilita la regularización urbanística del barrio y el reconocimiento o legalización de las construcciones ocupadas por población de bajos ingresos. En otras palabras, crea una ventana normativa favorable a la flexibilización de exigencias y estándares urbanísticos y constructivos. También es utilizada para definir el uso de suelos y construcciones ociosas por amplios períodos de tiempo. Y, finalmente, se usa como mecanismo de reserva o destino futuro de suelos vacíos para garantizar oferta de vivienda social.

Sin embargo, su utilización no es generalizada, ni hay consenso sobre su obligatoriedad por los municipios aunque experimenten necesidades urgentes de vivienda. Así, mientras unos municipios utilizan la ZEIS, demarcan áreas y hacen ajustes continuos en la gestión, otros solo las contemplan de forma abstracta en el plan director (plan general) sin materializarla en demarcaciones de territorios. Además, la localización, tamaño y condiciones de uso y aprovechamiento de las áreas demarcadas con ZEIS presenta gran variación entre las ciudades.

Finalmente, en general, en la práctica, poco se vincula con iniciativas de financiamiento habitacional mayoritariamente establecidas y financiadas por el gobierno federal (la Unión), como ocurrió en el caso del programa Minha Casa Minha Vida.

Por otro lado, una figura de tipo *inclusionary housing* ha ganado espacio en las regulaciones municipales; se discutirá el caso pionero de São Paulo. En 2014, la ciudad estableció en su *plan director* la cuota de solidaridad —en portugués, *cota de solidariedade*, con la intención de impulsar la mezcla social y viabilizar financieramente viviendas sociales en entornos más afluentes. Fue establecido que los proyectos inmobiliarios privados de gran escala (mayor a 20.000 m2) deben donar el 10% de su área construida para producción de vivienda social (de tipo Habitación de Interés Social), el equivalente en terreno o en dinero. A cambio recibe una contraprestación, un incremento de 10% en el área computable que es objeto de pago por medio de la concesión onerosa de derecho de construir (*outorga onerosa do direito de construir*[4]). Así la cuota de solidaridad es un instrumento al mismo tiempo obligación-incentivo. Es una exigencia u obligación,

---

4 Sobre este instrumento, implementación y efectos en la ciudad de São Paulo se recomienda el trabajo de Oliveira, V. E. de (2021) llamado "Recuperação da valorização urbana e seu impacto sobre o preço dos imóveis: uma avaliação do instrumento paulistano".

dado que no es optativo cumplirla si el proyecto se enmarca en el perfil definido por el plan, pero incluye un incentivo urbanístico (en especial el descuento en el cobro de potencial edificatorio[5]) con el objetivo de viabilizar la oferta de viviendas sociales en áreas mejor localizadas. El informe de gobierno sobre resultados del plan director para el período 2014-2020, indicaba que el instrumento tuvo un alcance reducido, con aplicación en 33 proyectos (una porción muy pequeña de la producción inmobiliaria en la ciudad), estimación de 579 unidades de vivienda de interés social (tipo HIS para familias de ingresos bajos, hasta 3 salarios mínimos, y medio-bajos, de 3 a 6 salarios mínimos) y recaudó un poco más de $54 millones de reales (cerca de 11 millones de dólares). Con mayor detalle, se indica por Tavolari y Nisida (2023) que solamente 7 proyectos optaron cumplir la exigencia con unidades habitacionales *in situ* los cuales ya se destinaban en su integralidad a atender mercado popular de viviendas (todos los demás prefirieron realizar pago en dinero). El mismo estudio indicaba que, para la fecha se habían generado solo 263 viviendas, las demás estaban en obra, y todas las viviendas encajaban en el rango de precio para familias con 3 a 6 salarios mínimos, sin ninguna generación de viviendas de precio más económico (0 a 3 salarios). Estos datos indican la necesidad de análisis costo-beneficio de la medida, dada su incidencia reducida a pocos proyectos y la desproporción evidente en favor del pago en dinero.

Sin embargo, se subraya aquí una importante ausencia regulatoria y de seguimiento a una herramienta de política pública que descansa en acciones de los particulares para producir un bien muy escaso y de gran atractivo comercial: inmuebles económicos bien localizados. El propio gobierno municipal señaló que "no hay informaciones sobre el perfil de las familias beneficiarias de las viviendas licenciadas como HIS" (São Paulo, 2021, pág. 325). En 2022, la prensa informaba la falta de fiscalización del gobierno al destino de las unidades habitacionales y la adquisición de las viviendas por inversionistas utilizando diversas estrategias de fraude incluyendo además los beneficios financieros asociados a créditos para familias de bajos ingresos (Folha de São Paulo, 2022). Y, el estudio realizado por De Abreu Moreira

---

[5] La estrategia de conceder incentivos

(2022) indicaba, además de obstáculos e imprecisiones en el cálculo del porcentaje de viviendas, que el perfil predominante de las viviendas generadas por la cuota era de *studios*, con tamaño promedio de 35 m2, los cuales no son objeto de financiamiento popular pues el mínimo exigido para vivienda social es de 39 m2 y además debe contar con espacios separados. En resumen, un histórico de ausencia regulatoria, de control y seguimiento, y sin vínculo con acciones de política de vivienda, que permite el desvío de finalidad del instrumento para el objetivo propuesto[6].

3.3. Perú

Como fue comentado atrás, este país se ha caracterizado por un histórico de fragilidad regulatoria sobre los procesos de transformación del espacio y del hacer ciudad y en paralelo una fuerte política de regularización, a posteriori, del creciente y pujante mercado de ocupación precario.

Sin embargo en la última década, fueron aprobadas dos normativas nacionales en planificación y gestión urbanística: 1) el Decreto Supremo No. 022-2016, por el cual se aprueba el reglamento de acondicionamiento territorial y desarrollo urbano sostenible, que reglamenta la legislación municipal 2016, así como 2) la ley de desarrollo urbano sostenible No. 31313 de 2021. Esta última ley reconoció, por primera vez en el país, a la problemática habitacional como un asunto objeto de la planeación y una necesidad a ser atendida o contem-

---

6 La falta de fiscalización y el desvío de finalidad no son problemas exclusivos de la cota de solidaridad. El plan director de la ciudad también estableció un conjunto de incentivos tributarios y urbanísticos orientados a favorecer y promover la oferta de viviendas de precio económico por el sector privado en proyectos inmobiliarios. Aunque la medida tuvo importante impacto al estimular la oferta de viviendas con tal precio, nuevamente la destinación parece escaparse como el agua lo hace en los dedos de la mano. Los debates indican nuevamente falta de acompañamiento de la medida por el gobierno, criterios imprecisos para evaluar los ingresos de la persona y el uso de "presta nombres" de familias de bajos ingresos para compra con finalidad de inversión. La solución (propuesta en el plan que se debate en 2023) muestra nuevamente falta de comprensión de lo que significa jurídica y conceptualmente que una vivienda sea social y, una vez más la ausencia del gobierno en su misión de que tal esfuerzo llegue a quién debería llegar.

plada por este. En específico fueron contemplados dos instrumentos: la declaración de zonas especiales de interés social (en inspiración al instrumento homólogo del sistema de Brasil) y el instrumento denominado como zonificación inclusiva (similar a la obligación de vivienda social utilizada por el sistema colombiano, aunque con un incentivo de edificabilidad como en el sistema brasileño).

La declaración de zonas especiales de interés social aplicaría para diversos territorios y movimientos del hacer ciudad (urbanización, renovación, regeneración urbana) e implica que en los perímetros de estas zonas el uso prioritario (dominante) será vivienda social con dos cortes de precio (muy económica y económica). Ya la zonificación inclusiva establece una obligación de un porcentaje mínimo de vivienda (muy económica o económica), a ser definido por cada ciudad en su plan de desarrollo urbano con un mínimo de 10% del área total que se habilite. En este último caso se estableció también la existencia de un incentivo de aprovechamiento urbanístico (en parámetros urbanísticos y edificatorios) aplicable para favorecer o amortizar el peso económico de este uso (vivienda social) dentro del proyecto.

Ahora, ¿cuál ha sido la recepción de tal exigencia y que debates plantea? Traeremos el caso de la ciudad más importante del país: el Distrito de Lima Metropolitano.

Lima Metropolitana es un continuo urbano caracterizado por la ocupación de baja densidad y alta carencia de soportes urbanísticos (excepto algunas áreas primadas). Políticamente, este distrito se divide administrativamente en diversas y muy segregadas municipalidades con importante autonomía administrativa para ejercer la competencia regulatoria sobre los usos del suelo y condiciones en que se da la transformación urbanística. Históricamente, Lima metropolitana ha utilizado el instrumento de Planes Urbanos desde el siglo XIX, siendo el último aprobado en 2022 "Plan de Desarrollo Metropolitano de Lima 2021-2040".

Junto con la ley nacional, el Ministerio de Vivienda, Construcción y Saneamiento (MVCS) avanzó con la expedición de normas reglamentarias técnicas de aplicación nacional (Reglamento Especial de Habitación Urbana y Edificación). Tales reglas nacionales, en la práctica, chocaban con otras reglamentaciones ya establecidas por gobiernos locales y, en algunos casos, significaban una quiebra al candado de segregación establecido por medio de la zonificación en muchos municipios. Fueron trabadas litis constitucionales sobre el argumento de conflicto de competencias entre lo establecido por la ley y en desarrollo reglamentario de la exigencia (en la zonificación inclusiva) por él y la autonomía municipal entendida como competencia exclusiva. La municipal distrital de Barranco y la Municipal Metropolitana de Lima plantearon la litis de a dos años de promulgación de la ley nacional y de vida jurídica de las dos figuras, el conflicto, planteado como de competencias técnicas (normas reglamentarias), trasciende al corazón del debate sobre la vivienda social. La vivienda social es necesaria y fundamental para que la planeación cumpla su objetivo de garantizar condiciones adecuadas y armónicas de vida para todos sus habitantes, pero desaparece frente a la reserva del suelo para usos más rentables y las ideas que sustentan la segregación socioespacial (en especial, el supuesto de que la mezcla social impacta negativamente los valores del suelo, o la valorización).

El pleito fue planteado por los municipios, y resuelto por el Tribunal Constitucional, desde un debate de invasión del nivel nacional al ejercicio de las competencias constitucionales exclusivas de los municipios en materia de zonificación, parámetros urbanísticos y edificatorios. El Tribunal concluye que la autoridad nacional fue más allá de su competencia con norma impugnada y da la razón a los municipios. En el debate planteado por el juez constitucional da la razón al nivel nacional en ejercer competencias regulatorias sobre las condiciones mínimas de habitabilidad física de las viviendas sociales —una mirada a la vivienda en su condición física, de la puerta para adentro.

Por otro lado, da la razón al nivel subnacional en la medida en que entiende que "Corresponde a los gobiernos locales, conforme a las pautas de coordinación entre municipalidades provinciales y distritales (...), determinar si los proyectos de VIS son compatibles o no con la clasificación municipal de zonas residenciales, comerciales, o de otros usos, pues es competencia de tales entidades realizar la zonificación y el planeamiento urbano" (Sentencia 000004-2021, página 29 numeral 117). Dejar a criterio de los municipios la compatibilidad de los proyectos de vivienda social a cada zonificación y planeamiento, permitiría eventual entendimiento de que la vivienda social es una decisión optativa, que responderá a los criterios e intereses de cada local. Y, aunque el juez constitucional expresa alguna preocupación con el uso de esta herramienta regulatoria para obstaculizar el desarrollo de proyectos, llama la atención la ausencia de un debate más profundo sobre este aspecto.

La decisión parece indicar una fuerte preocupación con las reglas sobre la forma urbana —y en este sentido el nivel nacional no podría establecer criterios diferentes de los locales. Al tiempo que, se desentiende de la problemática y muy frecuente situación en que los requerimientos de vivienda social —un uso que tiene poquísimo margen de adaptación por cuenta de su precio restringido— son incompatibles con las exigencias y condiciones municipales y frente a la cual la decisión sugiere que primarán los intereses locales, aunque, una vez más, se sacrifique a la vivienda social.

No se discute la centralidad de la regulación urbanística, en el caso de la zonificación y las reglas de aprovechamiento del espacio como herramienta de política pública que debe condiciona el funcionamiento de los mercados de suelo e inmobiliarios, entre ellos la vivienda social. Menos aún, su no neutralidad, su vinculación intrínseca con visiones de mundo e intereses locales, y sus efectos de inclusión o exclusión social en el espacio. La prensa, por su parte, no lo ignora. Titulares han invadido está semana alzando la voz de los intereses locales. A seguir algunos ejemplos: Alcalde de La Molina "no se cederá 10% del distrito para vivienda social (¿Destinarán 10% de su territorio para VIS?) No. Lo que voy a hacer es respetar la autonomía municipal (...) Alegó que su distrito tiene problemas de congestión vehicular por lo que, de darse un área para viviendas de bajo costo, generaría un colapso" (Periódico Gestión, Inmobiliarias, noticia 16/06/2023), Alcalde de Miraflores "No me pueden obligar (a tener un 10% del distrito para vivienda social"; Alcaldesa de San Isidro "Siempre consideramos que son los propios municipios, de acuerdo a las características de su territorio, los que están llamados a determinar a través de la planificación urbana, lo que mejor le corresponde a sus distritos para otorgar calidad de vida a sus ciudadanos (...) y reitero que el municipio no considera viable el desarrollo de nuevos proyectos VIS" (Diario noticias Perú, Municipios podrán negarse a autorizar la construcción de viviendas de interés social, 22/06/2023). En este interesante debate, el gremio constructor tiene también voz "emitieron un comunicado conjunto llamando a las autoridades municipales a impulsar el desarrollo de proyectos de construcción de vivienda de interés social para generar más acceso a la vivienda formal" (Diario enoticias Perú, Municipios podrán negarse a autorizar la construcción de viviendas de interés social, 22/06/2023).

4. CONCLUSIONES

Como los capítulos nacionales presentes en este libro indican, en América Latina las herramientas regulatorias son comunes en la región. En muchos lugares son las propias autoridades municipales quienes deciden los contenidos de estas regulaciones, o de buena parte de ellas. Sin embargo, su naturaleza, alcance y finalidad es ampliamente variado entre los países, e inclusive, en algunos casos de una ciudad a otra dentro del mismo país. Es decir, no es posible hablar de una "regulación urbanística" al referirse al amplio y variado panorama regulatorio-urbanístico de la región, y más bien de diversos momentos y abordajes.

Como fue presentado, América Latina no es ajena al uso de herramientas financieras y regulatorias urbanísticas para atender el problema habitacional. Los subsidios son la herramienta financiera más común y suelen utilizarse sin articulación con la capacidad regulatoria urbanística. Esta última presenta abordajes orientados a atender la precariedad (extenso fenómeno regional) y abordajes desde la regulación urbanística de la actividad inmobiliaria. Lastimosamente, financiamiento y regulación van por caminos separados.

Los casos de Colombia —con la falsa VIS, y de Brasil con los fraudes y desvíos, indican que el desafío va mucho más allá de la apuesta regulatoria. Caben aquí algunas preguntas ¿Quién es el actor llamado a ser responsable por la destinación? Que, no es otra cosa que el real cumplimiento de la finalidad de estos instrumentos. Ante el cuestionamiento por el desvió de las viviendas sociales el gobierno de la ciudad de São Paulo simplemente respondió que "*quien compra el apartamento se responsabiliza por su adecuada destinación*" (Folha de São Paulo, 2022). Se trata de una respuesta como mínimo preocupante y que mezcla la co-responsabilidad del particular con la falta de responsabilidad del ente público llamado a ser legitimo garante de este interés público. Y, los casos de Colombia y Perú nos muestran que las competencias en ordenamiento son una medida de la distribución del poder político nos territorios.

La vivienda como un destino. ¿Qué significa realmente y cuál es su alcance? ¿Cuál es el papel de los marcos jurídico-urbanísticos en este asunto? Y, claramente, no hay como dejar de lado una conclusión evidente. El marco normativo es una herramienta importante y eficiente para inducir cambio en el comportamiento del sector inmobiliario hacia la promoción de la vivienda social. Pero no es suficiente. Para que se cumpla el objetivo y la vivienda sea un destino se requiere de gobiernos que consideren éste como un interés legítimo y a sí mismos como los garantes de su defensa, y para ello desarrollen componentes técnicos y organizacionales capaces y responsables por acciones adecuadas a alcanzar los resultados deseados con el instrumento: que las viviendas sociales cumplan su obligación de destino para la población que lo requiere. La respuesta pasa por las instituciones y sus ausencias en la gestión pública.

En los tres casos, dadas las características de las figuras jurídicas incluidas puede hablarse tanto de vivienda inclusiva como de zonificación inclusiva. Y, en los casos de Colombia y Brasil, además del debate regulatorio, los casos destacan la complejidad de la dimensión operacional y de gestión pública.

En el caso de las exigencias u obligaciones de vivienda social vinculadas a la realización de proyectos inmobiliarios, los casos presentados ilustran por lo menos dos aspectos: no parece aún naturaleza jurídica de la obligación y sus alcances para los actores involucrados (gobiernos locales, nacionales, sector inmobiliario) y, la obligación exige una cadena no solo regulatoria como de articulación procedimental e intersectorial que permita que la misma se transforme en la finalidad pretendida.

¿Cómo reaccionan diversos sistemas jurídico-urbanísticos a la necesidad de vivienda social? ¿Qué relación encontramos entre estas medidas y la justicia en la ciudad? ¿Hay relación entre la justicia en la ciudad y los diseños institucionales y de gestión pública?

Países con altos niveles de desigualdad, como los latinoamericanos, presentan serios problemas habitacionales, muchas viviendas son inadecuadas además de insuficientes y la precariedad continúa siendo el camino habitacional para las familias de bajos ingresos. Los sistemas jurídico-urbanísticos no son ajenos a las causas de esta problemática y tampoco son neutrales a sus soluciones. Así como la planeación participa de la exclusión, puede y debe recorrer el camino de la inclusión. Desde diversos abordajes, justificativas y estrategias de política de suelo, los países buscan caminos para alcanzar la justicia y sustentabilidad social.

Bibliografía

Acosta, Claudia. 2015. O programa federal brasileiro "Minha Casa Minha Vida" é um regulador-sombra das normas urbanísticas municipais? Dissertação. Fundação Getúlio Vargas, São Paulo.

– 2023. Centralização e heterogeneidade federativa: participação e estratégias dos estados no programa Minha Casa Minha Vida. Tesis de doctorado. Fundação Getúlio Vargas, São Paulo.

Biderman, Smolka y Sant'anna. Informalidad de la vivienda urbana: ¿Influyen en ella la regulación de la construcción y del uso del suelo? Publicado en: LandLines Article, abril, 2009. Disponible en: http://www.lincolninst.edu/pubs/1626_Informalidad-de-la-vivienda-urbana—Influyen-en-ella-la-regulaci%C3%B3n-de-la-construcci%C3%B3n-y-del-uso-del-suelo-

Biderman, et al, 2019. Quanto custa morar longe: procurando respostas no programa Minha Casa Minha Vida. Relatório de pesquisa. CEPESP/FGV; Fundação Escolhas. Disponible en: http://www.cepesp.io/publicacoes/quanto-custa-morar-longe-procurando-respostas-no-programa-minha-casa-minha-vida/

Calavita, Nico y Alan Mallach. 2010. Inclusionary housing in International Perspective. Affordable housing, social inclusion, and land value recapture. Capítulo 1 "An international perspective on inclusionary housing" págs. 1-15. Disponible en: https://www.lincolninst.edu/sites/default/files/pubfiles/inclusionary-housing-in-international-perspective-chp.pdf

CIDADE DE SÃO PAULO. Secretaria de Urbanismo e Licenciamento (2021). Relatório de Monitoramento e Avaliação da Implementação do Plano Diretor Estratégico 2014 a 2020. Disponible en: https://gestaourbana.prefeitura.sp.gov.br/wp-content/uploads/2021/12/Relat%C3%B3rio-de-Monitoramento-do-PDE-2014-2020.pdf

CONSEJO DE ESTADO. 2021. Acción de nulidad No. 110001 0324 000 2013 00292 00. Demandante: Alcaldía Mayor de Bogotá - Secretaria Distrital del Hábitat. Disponible en: https://www.consejodeestado.gov.co/documentos/boletines/249/11001-03-24-000-2013-00292-00.pdf

De Abreu Moreira, Fernanda (2022). Cota de solidariedade. Instrumento de inclusão socioespacial o bônus de potencial construtivo? Tesis de Maestria. Universidade Presbiteriana Mackenzie. Disponible en: https://dspace.mackenzie.br/bitstream/handle/10899/29144/Fernanda%20de%20Abreu%20Moreira...pdf?sequence=1&isAllowed=y

Feldman, S. Avanços e limites na historiografia da legislação urbanística no Brasil. R. B. ESTUDOS URBANOS E REGIONAIS No 4 / MAIO 2001, pp 33-47. Disponible en: http://www.fau.usp.br/cursos/graduacao/arq_urbanismo/disciplinas/aup0535/Feldman,_Sarah._Avancos_e_Limites_na_Historiografia_da_Legislacao_Urbanistica_do_Brasil.pdf

Folha de São Paulo (2022). Prefeitura dá benefício a construtoras, mas não fiscaliza destino de moradia social. Artículo publicado en octubre 17 de 2022. Disponible en: https://www1.folha.uol.com.br/cotidiano/2022/10/prefeitura-da-beneficio-a-construtoras-mas-nao-fiscaliza-destino-de-moradia-social.shtml?utm_source=sharenativo&utm_medium=social&utm_campaign=sharenativo

Garay, Candelaria (2016). Social Policy Expansion in Latin America. Cambridge University Press. New York.

Glaeser, Edward y Joseph GYORKO. Rethinking federal housing policy. How to make housing plentiful and affordable. The EAI Press, 2008. Washington, D.C.

Goytia, Cynthia, Guadalupe Dorna, Jonathan Cohen and Ricardo Pasquini (2015). An empirical analyisis of land use regulation determinants. Working Paper. Cambridge, MA: Lincoln Institute of Land Policy. 2015.

Monkkonen, P. (2011a) The Housing Transition in Mexico: Expanding Access to Housing Finance. Urban Affairs Review 47(5), 672-695.

– (2011b) Do Mexican Cities Sprawl? Housing Finance Reform and Changing Patterns of Urban Growth. Urban Geography 32(3): 406-423.

PERIÓDICO GESTIÓN. Sección Inmobiliarias, noticia 16/06/2023. Alcalde de la Molina: no se cederá 10% del distrito para vivienda social. Disponible en: https://gestion.pe/tu-dinero/inmobiliarias/la-molina-nocedera-el-10-de-su-territorio-para-viviendas-de-interes-social-noticia/

Sabatini, Francisco e Isabel Brain. (2008). La segregación, los guetos y la integración social urbana: mitos y claves. Revista EURE - Revista de Estudios Urbano Regionales, 34(103) Disponible en: https://scielo.conicyt.cl/scielo.php?script=sci_arttext&pid=S0250-71612008000300001

Sabatini, Mora, Polanco y Brain. 2014. Conciliando integración social y negocio inmobiliario: seguimiento de proyectos integrados (PIS) desarrollados por inmobiliarias e implicancias de política. En Instrumentos Notables de Política de Suelo en América Latina, Smolka y Furtado (ed). Lincoln Institute of Land Policy. págs. 61-67. Disponible en: https://www.lincolninst.edu/sites/default/files/pubfiles/instrumentos-notables-politicas-de-suelo-america-latina-full_0.pdf

Sedesol. (2012) La Expansion de las Ciudades en Mexico. 1980-2010.

Tavolari, Bianca y Vitor Nisida (2023). A cota de solidariedade no Plano Diretor de São Paulo. Artículo de opinión publicado en el Períodico NEXO políticas públicas. Disponible en: https://pp.nexojornal.com.br/ponto-de-vista/2023/A-cota-de-solidariedade-no-Plano-Diretor-de-S%C3%A3o-Paulo

Teixeira dos Santos, Eliane (2022). Impactos da regulação sobre o equilibrio urbano: uma avaliação quantitativa sobre o caso paulistano. Tesis de Doctorado. Fundação Getulio Vargas. Disponible en: https://bibliotecadigital.fgv.br/dspace/handle/10438/32818

Turner, J. e Fichter, R. Freedom do build. Macmillan: New York. 1971.

TRIBUNAL CONSTITUCIONAL. Pleno. Sentencia 302/2023. Caso de los parámetros urbanísticos II. República de Perú. Disponible en: https://tc.gob.pe/jurisprudencia/2023/00004-2021-CC.pdf

SEGUNDA PARTE

ORDENAMIENTOS NACIONALES DE REFERENCIA

El Derecho territorial y urbano en Argentina

MELINDA LIS MALDONADO y HERNÁN PETRELLI

SUMARIO: 1. INTRODUCCIÓN. 2. EL ESTADO DE LA LEGISLACIÓN URBANÍSTICA Y TERRITORIAL ARGENTINA. 2.1. Situación general. 2.2. Las competencias en el centro del debate y su implicación en los contenidos de las normas. 2.3. Actores claves del proceso de reforma urbana. 3. CLASIFICACIÓN JURÍDICA DEL SUELO Y DESTINO DE LOS SUELOS. 3.1. Criterios para su definición y competencias territoriales. 3.2. Relación con derechos y deberes de la propiedad. 3.3. Indemnización por cambios en la legislación urbanística. 3.4. Plusvalía por reclasificación del suelo. 4. PLANEAMIENTO URBANÍSTICO. 5. EJECUCIÓN DEL PLANEAMIENTO. 6. FINANCIACIÓN URBANA. 7. DISCIPLINA URBANÍSTICA. SANCIONES URBANÍSTICAS DE NACIÓN A CABA. 8. CONCLUSIONES. Bibliografía. Referencia documental. Legislación citada. Jurisprudencia.

1. INTRODUCCIÓN

El derecho urbanístico en Argentina es una rama jurídica emergente. Al no haber un marco normativo nacional y ante la diversidad o ausencia de ordenamientos jurídicos generales en cada jurisdicción, la situación es muy variada. Aun así, se advierte un impulso con reformas o intentos de reformas jurídicas en los últimos años. La jurisprudencia y doctrina hacen eco de esta situación normativa, observándose una creciente producción doctrinaria y jurisprudencial. Estos procesos de emergencia se insertan en un contexto latinoamericano.

El objetivo de este capítulo es presentar un panorama general haciendo énfasis en esta diversidad y recientes reformas, ilustrando con algunas regulaciones y casos específicos.

Este capítulo se estructura en torno a seis temáticas: 1) el estado de la legislación urbanística y territorial Argentina, 2) la clasificación jurídica del suelo, 3) el planeamiento urbanístico, 4) modalidades de la ejecución urbanística, 3) la financiación de la transformación urbana y 6) las sanciones urbanísticas con énfasis en el sistema nacional y en la jurisdicción de la Ciudad Autónoma de Buenos Aires.

2. EL ESTADO DE LA LEGISLACIÓN URBANÍSTICA Y TERRITORIAL ARGENTINA

2.1. Situación general

Argentina no tiene una ley nacional que regule el ordenamiento territorial-urbano. Sin embargo, desde hace casi dos décadas, experimenta un proceso de reforma urbana[1]. Este proceso se da en distintas dimensiones, tal como señala Maldonado (2010): social, político-institucional, jurídica y académica.

La dimensión social está relacionada con el movimiento de base que demanda una ley nacional, reclamando el acceso democrático a la ciudad y a la vivienda. Esta base social puede observarse a partir de todos los firmantes y adherentes a la Declaración Nacional por la Reforma Urbana Argentina[2] (3/10/05). También en el soporte social de reformas jurídicas[3].

La dimensión político-institucional, importa la elaboración de políticas públicas y cambios en la estructura del estado. El Plan Estratégico Territorial Nacional, la creación del Consejo Federal Territorial o COFEPLAN en 2008, y las adhesiones al mismo por los gobiernos

---

1 Maldonado (2010) define como Reforma urbana como "un proceso o movimiento académico, político-institucional, social que se centra en el fenómeno urbano y supone una revisión y modificación en el ordenamiento jurídico". Esta noción aplicada a un contexto latinoamericano se diferencia de la noción iberoamericana de reforma urbana aplicada a regeneración de suelo urbano.

2 En este documento, luego de manifestar determinadas preocupaciones, se propone mancomunar esfuerzos para promover un proceso de reforma urbana en Argentina, que permita asegurar: 1. Protección legal del derecho a la vivienda y a la ciudad. 2. Democratización del acceso a la tierra e inmuebles urbanos. 3. El derecho a la regularización. 4. Los procesos de desalojos no deben violar los derechos humanos. Derogación del delito de usurpación. 5. La democratización del acceso a los servicios públicos. 6. La participación de las personas u organizaciones implicadas en las políticas urbanas y de vivienda. 7. El fortalecimiento de los procesos de autogestión del hábitat. 8. Desarrollo urbano sin discriminación. 9. Acceso a las áreas centrales urbanas. 10. La promoción de políticas urbanas y de vivienda con sentido redistributivo. 11. Reforma tributaria. 12. Modificación de la ley federal de vivienda.

3 Esto es bien notorio en el soporte social de la ley de Acceso Justo al Hábitat (Ley 14.449 de 2012 de la Provincia de Buenos Aires) o de la regulación nacional sobre Barrios Populares.

locales (Maldonado, 2010), son hitos importantes de esta dimensión. Más recientemente (2020) se destaca el Plan Nacional de Suelo Urbano[4] creado por el Gobierno Nacional que cuenta con la adhesión de distintas provincias.

En la dimensión académica, se observa una creciente oferta de programas de posgrado ofrecidos por distintas universidades en temas urbanos, que va acompañado por diferentes espacios de debate impulsados por el sector académico. Sin embargo, a nivel de programas de grado, la temática urbanística está casi reservada a programas de arquitectura.

Finalmente, la dimensión jurídica, está marcada, por un lado, por la presentación de proyectos nacionales y provinciales de leyes de ordenamiento territorial (Maldonado, 2010) y por el otro, por un aumento en la juridificación de temas urbanos en todos los niveles de gobierno.

En cuanto al primer punto, hubo un período marcado por la presentación de proyectos de leyes nacionales[5] (2007 a 2013), con posterioridad a la Declaración Nacional por la Reforma Urbana. En la última década, si bien la necesidad de una ley nacional ha estado mencionada en algunos debates políticos, no se ha presentado formalmente ningún proyecto normativo nacional.

---

4 Este plan fue creado por Resolución 19/2020 del Ministerio de Desarrollo Territorial y Hábitat quien está a cargo de su implementación a través de la Subsecretaría de Política de Suelo y Urbanismo. El plan incluye el Programa Nacional de Producción de Suelo, el Programa de capacitación y asistencia técnica, la Mesa Intersectorial de Políticas de Suelo Urbano, y el Observatorio Nacional de Acceso al Suelo.

5 Se tomaron en cuenta los siguientes proyectos: Proyecto de Ley de Uso del Suelo y Ordenamiento Territorial Urbanístico (5258-D-2007, y 1764-D-2009), impulsado por la Diputada Silvia Augsburger, Proyecto de ley de Desarrollo Urbano Territorial Nacional (2563-D-2009), impulsado por la Diputada nacional Nélida Belous; Anteproyecto de ley de ordenamiento territorial para un desarrollo Sustentable, impulsado por el Consejo Federal de Planificación territorial (2010), Proyecto de Ley sobre la Planificación y el ordenamiento Territorial (2011: S2826/115649 D 2011; 2013: S 2843/13), impulsado por el colectivo Habitar Argentina y los diputados Díaz, Filmus, López y Martínez; Proyecto de Ley (S-2538/13) del Sistema Integral de políticas para la vivienda y el hábitat, impulsado por el colectivo Habitar Argentina y los diputados Díaz, Corregido, López y Filmus.

A escala provincial también se observa, la presentación de distintos proyectos de leyes de ordenamiento territorial en distintas provincias con el logro de su aprobación en algunas de ellas. Si bien a este nivel hay distintas normativas parciales sobre temas territoriales[6] solo algunas de éstas pueden considerarse normas macro de ordenamiento territorial y/o urbano. La primera jurisdicción que aprobó este tipo de norma fue la Provincia de Buenos Aires, a través del Decreto-ley 8912/1977[7] de "ordenamiento territorial y de usos del suelo" en período de la dictadura. Esta norma regula aspectos importantes como la clasificación del suelo, la definición de usos (sin asignarlos), las etapas del ordenamiento territorial e incorpora algunos instrumentos de gestión urbana[8]. Por muchos años, fue la única jurisdicción argentina con una norma de este tipo. Con posterioridad se aprobaron las siguientes leyes que pueden considerarse normas macro de temas urbanos territoriales para las jurisdicciones argentinas: la ley 2930 de 2008 de la Ciudad Autónoma de Buenos Aires que aprueba su Plan Urbano Ambiental[9], la ley Nº 8051 de 2009 de Or-

---

6 En este sentido, por ejemplo la Provincia de Santa Fe (Decreto Nº 7317/67), de Córdoba (9448 de 2010) y de San Juan (Ley 113-A de 2014, antes Ley Provincial 3769 de 1973) cuentan con normativa que regulan algunos aspectos urbanísticos, pero no constituyen leyes marcos de ordenamiento territorial.

7 Explica Scotti (2000:11) que esta norma fue dictada el 24 de octubre de 1977, lo que indica su gestación durante el gobierno de facto. El texto original fue validado al regreso de la democracia y modificado por distintas normas posteriores.

8 Entre estos, vale resaltar unos instrumentos sucesivos que sancionan la ociosidad del suelo y promueven su utilización (art. 84 y siguientes). Estos comienzan con una declaración de parcelamiento y/o edificación obligatorio de inmuebles baldíos o con edificación derruída o paralizada, que importa revertir esta situación en determinado plazo. Luego sigue un gravamen especial progresivo, y termina con la declaración de utilidad pública del inmueble sujeto a expropiación. Este instrumento, regulado en el año 1977, se considera de vanguardia para la época, sin embargo, se desconoce que alguna vez se haya aplicado. Hoy instrumentos similares se encuentran en leyes nacionales de temas territoriales, como el Estatuto de la Ciudad de Brasil (Ley 10.257 de 2001) y la Ley 388/97 de Colombia.

9 La Ciudad Autónoma de Buenos Aires tiene una naturaleza sui generis. En ese sentido ejerce competencias como los municipios del país, pudiendo aprobar normas urbanísticas similares a éstos, pero no pertenece a ninguna provincia, ejerciendo competencias similares a otras provincias. De allí que el PUA pueda considerarse al mismo tiempo como un plan urbano, y como una ley marco.

denamiento Territorial y Usos del Suelo de la Provincia de Mendoza, la ley Nº 14.449 de 2013 de "Acceso Justo al Hábitat" de la Provincia de Buenos Aires; la ley Nº 6099 de 2018 que regula el Ordenamiento Territorial, Uso y Fraccionamiento del Suelo de la Provincia de Jujuy, y la Ley Nº 10.393 de 2021 que aprueba el Régimen Jurídico de Ordenamiento Territorial de la Provincia de La Rioja. Una nota especial requiere la Ley de Acceso Justo al Hábitat de la Provincia de Buenos Aires. La misma es una norma modificatoria de la regulación de 1977, que, con el objetivo de promover el derecho a la vivienda y a un hábitat digno y sustentable (art. 1), consagra principios, directrices y parámetros de la política de hábitat y vivienda (art. 10 a 16) y regula distintos instrumentos de gestión y financiación urbana y de participación ciudadana[10]. Esta ley fue el resultado de un proceso de reforma jurídica con un fuerte movimiento social, lo que también explica su apropiación y grado de implementación y su diferenciación con las demás normas provinciales.

El segundo aspecto se relaciona con la juridificación de temáticas urbanas. Siguiendo el sentido planteado por Azuela[11] (2006), en Argentina se evidencia un proceso por el cual distintas expectativas del campo urbano, se convierten en enunciados jurídicos para ser incorporados al horizonte cultural de los actores que participan en dicho campo. Así, a las normas y proyectos normativos mencionados con anterioridad, se suman otras normas que regulan instrumentos de política urbana, programas, planes y códigos urbanos municipales que evidencian este proceso de juridificación de temas urbanísticos a distintas escalas de gobierno[12].

---

10 Estos instrumentos son denominados "mecanismos de actuación" e incluye los siguientes: promoción de procesos de producción social del hábitat y de urbanizaciones planificadas, integración socio urbana de villas y asentamientos precarios, fomento del crédito para la mejora del hábitat, zonas de promoción del hábitat social y participación en valorizaciones inmobiliarias generadas para la acción urbanística.

11 Azuela (2006, págs. 13 a 14) define este concepto aplicado al campo ambiental, el que se traslada aquí al campo urbano.

12 Como ejemplo de ello, puede advertirse en códigos municipales de ordenamiento territorial, menciones genéricas de derechos que no contemplan una pauta regulatoria en el entre sus consecuencias jurídicas.

2.2. Las competencias en el centro del debate y su implicación en los contenidos de las normas

Un aspecto central de este proceso de reforma urbana en su dimensión jurídica gira en torno a las competencias territoriales para regular sobre estos temas y la delimitación de los contenidos que los gobiernos de distintos niveles pueden aprobar, principalmente el Congreso Nacional, las legislaturas provinciales y los concejos deliberantes municipales. Los fundamentos jurídicos de estas competencias provienen principalmente de la Constitución Nacional (CN) de 1994, de las constituciones provinciales y de la Ciudad Autónoma de Buenos Aires (1996) y de las leyes orgánicas de municipios y comunas aprobadas por las legislaturas provinciales.

Para explicar el tema competencial en Argentina se sigue a Maldonado (2010 y 2013) en base a García Bellido y Betancor Rodríguez (2001)[13]. Para ello se toman en cuenta tres aspectos que se explican a continuación.

El primer aspecto se refiere a *la estructura elemental del Estado*. Este aspecto incluye dos temáticas relevantes: los niveles de división territorial y articulación competencial (Maldonado, 2010 y 2013). Argentina es un Estado Federal con tres niveles territoriales: la Nación, las provincias y los municipios, con un régimen especial para la Ciudad de Buenos Aires que tiene una categoría sui generis a partir de la Constitución de 1994. Las provincias conservan todo el poder no delegado por la CN al gobierno federal, y el que expresamente se hayan reservado por pactos especiales al tiempo de su incorporación (art. 121). Cada provincia dicta su propia constitución conforme lo dispuesto por el art. 5° de la CN, asegurando la autonomía municipal y reglando su alcance y contenido en el orden institucional, político, administrativo, económico y financiero (art. 123). Esto significa que la provincia define el contenido de la autonomía municipal, pudiendo ser mínima (competencia para dictar sus propias reglas de orga-

---

[13] García Bellido y Betancor Rodríguez (2001) utilizan esta estructura para un análisis comparado de las entidades territoriales y organización competencial de algunos países europeos. Maldonado (2010 y 2013), siguiendo aplica dichos conceptos para el análisis comparado de competencias en Argentina, Brasil y Colombia.

nización) o máxima (reconociéndole la posibilidad de dictar su propia carta orgánica municipal). Como consecuencia, en la actualidad, en Argentina es posible encontrar diferentes relaciones de alcance y contenido de la autonomía municipal. La ciudad de Buenos Aires tiene un régimen de gobierno autónomo, con facultades propias de legislación y jurisdicción (art. 129). Los niveles territoriales se articulan de 3 formas. La Nación se relaciona con las provincias, pero estas conservan el poder no delegado expresamente al gobierno federal (regla art. 121). A su vez, las provincias son quienes determinan el alcance y el contenido de la autonomía municipal en los órdenes institucional, político, administrativo, económico y financiero (art. 5 y 123). La Ciudad Autónoma de Buenos Aires ejerce las competencias expresamente reconocidas por la CN.

El segundo aspecto tiene que ver con el *nivel territorial en el que están residenciadas las competencias legislativas sobre ordenamiento urbano-territorial.* En Argentina las competencias para legislar sobre ordenamiento urbano-territorial residen en la Nación, las provincias, la Ciudad Autónoma de Buenos Aires y los municipios (Maldonado, 2010 y 2013).

Los proyectos o anteproyectos normativos de leyes nacionales[14] han fundamentado las competencias legislativas nacionales en cuatro bases constitucionales. La primera es la cláusula ambiental, que establece que "corresponde a la Nación dictar las normas que contengan los presupuestos mínimos de protección, y a las provincias, las necesarias para complementarlas, sin que aquéllas alteren las jurisdicciones locales" (párrafo 3, art. 41, CN). En base a esta norma, el Congreso Nacional ha aprobado distintas leyes ambientales que han sido complementadas por las provincias. En el mismo sentido, se interpreta que podría dictarse una ley nacional de ordenamiento territorial. Otros fundamentos constitucionales provienen de la cláusula de la prosperidad (inc. 18, art. 75 de la CN) y de las facultades

---

14 Proyecto de Ley de Uso del Suelo y Ordenamiento Territorial Urbanístico (1764-D-2009) de la Diputada Silvia Augsburger, el proyecto de Ley de Desarrollo Urbano Territorial Nacional (2563-D-2009 presentado por la Diputada Nélida Belous; El anteproyecto de Ley de Ordenamiento Territorial para un Desarrollo Sustentable de COFEPLAN, Proyectos presentados en 2011 y 2013 por Díaz y otros (S2826/11, 5649 D 2011, S 2843/13).

vinculadas al desarrollo humano y crecimiento armónico del territorio (inc. 19, art. 75 de la CN). Finalmente, quizás uno de los fundamentos constitucionales con mayor fuerza normativa, está vinculado a los Tratados Internacionales de Derechos Humanos (inc. 22 y 23, art. 75 de la CN), que valen como la Constitución misma. A partir de estos tratados, por ejemplo, se reconoce explícitamente la función social de la propiedad. Estas competencias legislativas nacionales no son exclusivas, sino concurrentes entre los distintos niveles de gobierno, no pudiendo el Congreso Nacional vulnerar las competencias provinciales y municipales[15].

Los contenidos de los proyectos de leyes nacionales sobre ordenamiento o desarrollo territorial varían, pero todos parten del reconocimiento de distintos principios como la función social y ambiental de la propiedad, la función pública del urbanismo, el reparto equitativo de cargas y beneficios y la participación ciudadana. La diferencia entre ellos radica en el detalle de los instrumentos de política territorial. Los proyectos que avanzan en un detalle mayor, y por lo tanto, avanzan sobre las autonomías provinciales, plantean un sistema de adhesión por parte de las provincias. En cambio, los proyectos que establecen presupuestos mínimos, basados en fundamentos constitucionales de la cláusula ambiental, no plantean un sistema de adhesión provincial.

En cuanto a la competencia de las provincias para legislar sobre ordenamiento urbano-territorial, la misma puede basarse en distintas normas constitucionales. Puede considerarse como un “poder reservado de las provincias” (art. 121 CN), una facultad concurrente de las Provincias con la Nación vinculado al progreso (art. 75, inc. 18 y art. 125 CN) o a la protección del ambiente (art. 41 CN), o estar relacionado con la titularidad originaria de las provincias respecto a sus recursos naturales (art. 124 CN). A modo de ejemplo, en el anteproyecto de ley de ordenamiento territorial de Mendoza, se habla de un federalismo y cita estas normas constitucionales nacionales[16].

---

15 Al respecto Maldonado (2010) hace un análisis de los contenidos que podría regular una ley nacional de ordenamiento territorial sin vulnerar las competencias provinciales y municipales.

16 Ver expediente No 55711/2008 del Senado de la Provincia de Mendoza.

Un caso destacado se encuentra en la Constitución de la Provincia de Río Negro, que dedica un artículo al ordenamiento territorial, estableciendo reglas competenciales para su ejercicio. Expresamente establece que "la Provincia con los municipios ordena el uso del suelo y regula el desarrollo urbano y rural" y establece pautas específicas para el ejercicio de esta competencia[17].

Los municipios, mediante distintas ordenanzas, regulan su desarrollo urbano-territorial y usos del suelo. El reconocimiento de estas competencias puede encontrarse en las constituciones provinciales, en las leyes "marco" provinciales sobre ordenamiento territorial, en las leyes orgánicas de municipios y en las cartas orgánicas municipales (Maldonado, 2013). El resultado puede ser muy variado según exista o no regulación a nivel provincial[18].

---

17 "Artículo 74, de la Constitución de la Provincia de Río Negro (1988). La Provincia con los municipios ordena el uso del suelo y regula el desarrollo urbano y rural siguiendo las siguientes pautas: 1. La utilización del suelo debe ser compatible con las necesidades generales de la comunidad. 2. La ocupación del territorio debe ajustarse a proyectos que respondan a los objetivos, políticas y estrategias de la planificación democrática y participativa de la comunidad, en el marco de la integración regional y patagónica. 3. Las funciones fundamentales que deben cumplir las áreas urbanas para una mejor calidad de vida determinan la intensidad del uso y ocupación del suelo, distribución de la edificación, reglamentación de la subdivisión y determinación de las áreas libres. 4. El cumplimiento de los fines sociales de la actividad urbanística mediante la intervención en el mercado de tierras y la captación del incremento del valor originado por planes u obras del Estado."

18 Por ejemplo la ley Orgánica de Municipios de la Provincia de Entre Ríos (Ley nº 10027 de 2011), se refiere a las competencias de planeamiento y también de regulación urbana de los municipios. En particular establece que, en "lo relativo al desarrollo urbano y medio ambiente" compete a los municipios "la elaboración y aplicación de planes, directivas, programas y proyectos sobre política urbanística y regulación del desarrollo urbano" y "reglamentar el ordenamiento urbanístico en el Municipio, regulando el uso, ocupación, subdivisión del suelo y el desarrollo urbano en función social" (art. 11, g. 1 y g.3). Entre Ríos es una de las provincias donde se reconoce competencia plena a los municipios, en ejercicio de las facultades que la CN les atribuye. La Constitución de Entre Ríos, "asegura autonomía institucional, política, administrativa, económica y financiera a todos los municipios entrerrianos, los que ejercen sus funciones con independencia de todo otro poder" (art. 231). Este artículo es el desarrollo del art. 123 de la Constitución Nacional que establece que "Cada provincia dicta su propia constitución, conforme a lo dispuesto por el Artículo 5º asegurando la

El tercer aspecto se refiere al *nivel territorial en el que están residenciadas las principales competencias de aprobación del planeamiento, ejecución y control urbanísticos.* Esta competencia se fundamenta en la CN (art. 123), en las constituciones provinciales, en las leyes Orgánicas de Municipios y Comunas, en Cartas Orgánicas municipales (Maldonado, 2010 y 2013) y en las leyes provinciales de ordenamiento territorial.

En general esta competencia es ejercida por los municipios que son quienes aprueban sus planes urbanos, los ejecutan y efectúan el control urbanístico. En ese sentido, la ley de Ordenamiento Territorial y usos del suelo de la Provincia de Mendoza, expresamente dice que los planes de ordenamiento municipal son aprobados por los municipios mediante ordenanza municipal, y que el municipio, es competente para aplicar el régimen sancionatorio por las infracciones al plan municipal que se hayan ocasionado en su territorio (art. 38 y 60 de la Ley 8051 de la Provincia de Mendoza). Pero, en el caso de la Provincia de Buenos Aires, se da una particularidad ya que, en cada etapa del planeamiento territorial de los municipios, interviene el órgano legislativo local y el Poder Ejecutivo provincial que convalida las ordenanzas municipales (art. 75 y 83 del Decreto 8912/77). La Provincia no planifica específicamente, pero sin su intervención a través de la convalidación provincial, los planes municipales aprobados por ordenanzas no pueden entrar en vigencia. Pero, en materia de infracciones a los planes municipales, la legislación mencionada sí deja en claro que es competencia municipal (art. 93 del Decreto 8912/77).

2.3. Actores claves del proceso de reforma urbana

Este proceso de reforma urbana nacional evidencia quiénes son los actores claves. A nivel gubernamental se destaca no sólo el Gobierno Nacional, sino los gobiernos provinciales que avanzan en la formulación y aprobación de las leyes de ordenamiento territorial. Asimismo, los gobiernos locales ejercen un rol fundamental al incorporar instrumentos de gestión y financiación urbana aún si contar con marcos normativos supralocales, inspirados en las experiencias

---

autonomía municipal y reglando su alcance y contenido en el orden institucional, político, administrativo, económico y financiero".

latinoamericanas y fundados en la constitucionalidad de la autonomía municipal.

Por otro lado, debe destacarse el rol clave de distintos actores de todo el país en este proceso, proviniendo de la sociedad civil, academia y distintos sectores políticos. Pero quizás el mejor ejemplo de continuidad y multisectorialidad de este proceso es "Habitar Argentina", un "colectivo conformado por organizaciones, instituciones académicas, movimientos sociales urbanos y campesinos y legisladorxs, que trabajan con el objeto de generar un marco normativo para garantizar el derecho a la vivienda, a la tierra y al hábitat digno para todxs"[19].

3. CLASIFICACIÓN JURÍDICA DEL SUELO Y DESTINO DE LOS SUELOS

3.1. Criterios para su definición y competencias territoriales

En Argentina, no existe ninguna normativa nacional que defina las clases de suelo. La clasificación jurídica del suelo se encuentra regulada a nivel provincial o municipal según exista o no un marco normativo supralocal. Es decir, en principio, si hay una legislación provincial, los municipios deben seguir esas reglas para clasificar sus territorios. Ante ausencia de legislación provincial, los municipios tienen total autonomía para definir las clases de suelo, siguiendo —en general— un sistema de zonificación según usos. Para la clasificación del suelo, la regulación urbanística (provincial o municipal) establece distintos criterios, pudiendo basarse en la realidad (lo que existe efectivamente), la destinación del suelo (a qué actividades se destina) o ambos criterios combinados. Como resultado de esta diversidad regulatoria, la situación es muy variada según cada una de las jurisdicciones, tal como se ilustra con los siguientes ejemplos.

En el caso de Mendoza, el gobierno provincial es la autoridad competente para definir las clases de suelo y para clasificar efectivamente el mismo. En cuanto a la definición de las clases de suelo, la Ley de Ordenamiento Territorial de la Provincia de Mendoza (Ley

---

19 http://www.habitarargentina.org.ar/

8051 de 2009) sentó por primera vez las bases para realizarlo (art. 14), lo que fue desarrollado con más precisión por el Plan Provincial de Ordenamiento Territorial (Ley 8999 de 2017)[20].

En concordancia con ambas leyes provinciales, hay cinco clases de suelo: áreas urbanas, áreas rurales (irrigadas y no irrigadas), áreas de interfaces urbano-rural (o áreas complementarias), áreas naturales y áreas bajo regímenes especiales. En la definición de estas clases de suelo se advierten criterios de realidad y de destinación del suelo. Para la definición de las áreas urbanas, rurales y de interfaz, el Plan Provincial de Ordenamiento Territorial (5.2.1.2.) aprobó una metodología basada en la selección de variables representativas consensuadas por un equipo interdisciplinario, las que se organizan en dos grupos: excluyentes y complementarias, de acuerdo a su impacto en la definición de áreas. Se consideran excluyentes a las siguientes variables: tamaño de parcela, densidad edilicia, densidad de población. Las variables complementarias son: áreas servidas de Infraestructura (electricidad y agua potable), zonificación municipal s/ ordenanzas vigentes y derechos de riego. Luego de definir esta metodología, es el mismo plan provincial el que efectivamente clasifica el territorio. Así, en los anexos de dicha ley (8999/2017) se observan los mapas de cada uno de los municipios pintados con los colores correspondientes a cada clase de suelo. En la imagen 1, se puede observar las clases de suelo en el municipio de Tunuyán.

---

20 La ley 8051 de 2009 es la ley marco de ordenamiento territorial de Mendoza, que regula distintos aspectos, entre ellos, los instrumentos de planificación. Uno de los instrumentos es el Plan Provincial de Ordenamiento Territorial (art. 20 y 21 de la Ley 8051). El Plan de Ordenamiento Provincial de Mendoza es aprobado casi 10 años después de la sanción de esta ley, mediante la Ley 8999 de 2017.

Imagen 1: Clasificación del territorio del Municipio de Tunuyán

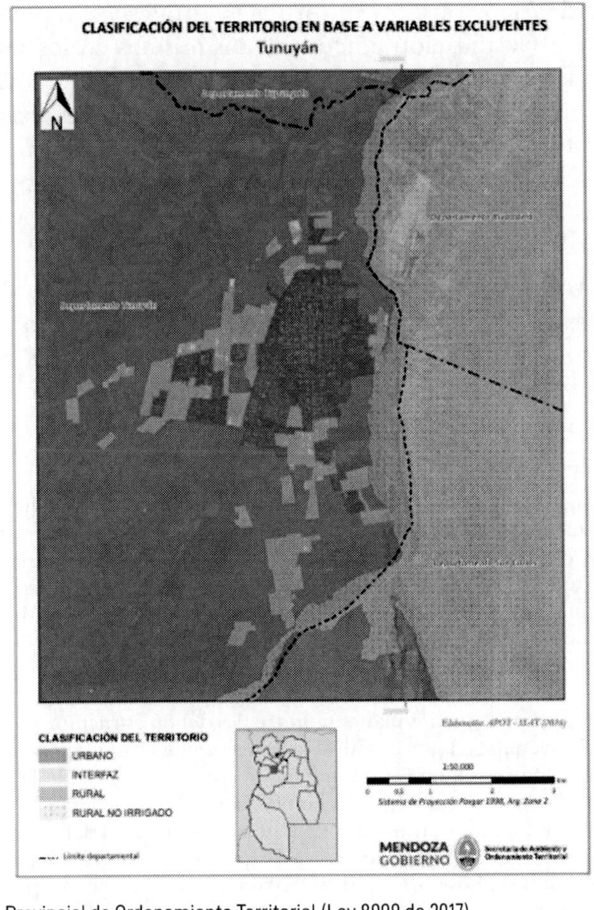

Fuente: Plan Provincial de Ordenamiento Territorial (Ley 8999 de 2017).

Así como la definición de las clases de suelo y la clasificación efectiva es realizada por el gobierno provincial (ley 8051 de 2009 y Ley 8999 de 2017 respectivamente), la zonificación queda en manos de los municipios, pero guiados por los procedimientos y reglas establecidos en la legislación provincial[21].

---

21 Así, por ejemplo, la Ley 8999 de 2017 de Mendoza establece en el punto 5.2.2.1. que "La zonificación es un proceso mediante el cual se subdivide el espacio geo-

En la provincia de Buenos Aires, el Decreto Ley 8912/77 definió tres clases de Áreas (art. 5 y 6): urbanas, rurales y complementarias, delegando la clasificación efectiva de las mismas en los municipios, en base a los criterios establecidos en la legislación provincial. Estos combinan elementos de la realidad (por ejemplo, existencia de infraestructura y equipamiento comunitario) y de destinación (por ejemplo, reserva para futuro ensanche)[22]. La delimitación del territorio en estas áreas, constituye la primera etapa del planeamiento a cargo de los municipios.

En la provincia de Santa Fe, si bien no hay una ley de ordenamiento territorial, existe una norma aprobada por el ejecutivo provincial, el Decreto Nº 7317/67, que establece algunos criterios que sirven para definir lo que se entiende por área urbana[23] y que es seguida

---

gráfico con algún fin, sobre todo para instrumentar políticas públicas destinadas al ordenamiento y la regulación del suelo. Esta zonificación debe estar sustentada en procedimientos y criterios científico-técnicos tales como capacidad de carga, aptitud del territorio, índice de riesgo, otros. La misma debe estar contenida en los planes de ordenamiento del territorio. La Zonificación Municipal es el resultado de un proceso de Planificación Municipal cuyo procedimiento se encuentra determinado por la Ley 8051 en su Art. 16 en el que define el modo de elaboración de los Planes de Ordenamiento Territorial (tanto a nivel provincial como municipal). Dichos planes municipales deben estructurarse de acuerdo a la clasificación del territorio a nivel provincial, a los criterios generales previstos en el Plan Provincial de Ordenamiento Territorial y siguiendo la metodología establecida en el mismo (…) La zonificación que los municipios establezcan se constituirá en un instrumento de regulación y control del territorio y estará asociada a los instrumentos económicos previstos en el PPOT para lograr los efectos deseados. Los municipios elaborarán un Código de Ocupación del Suelo a escala municipal que contendrá la zonificación de todo su territorio y será consecuencia de las disposiciones de los PMOTs."

22 El área rural comprende "las áreas destinadas a emplazamientos de usos relacionados con la producción agropecuaria extensiva, forestal, minera y otros" (art. 5). El área Urbana se define como "la destinada a asentamientos humanos intensivos, en la que se desarrollen usos vinculados con la residencia, las actividades terciarias y las de producción compatibles" (art. 6). El área urbana comprende dos subáreas: la urbanizada y la semiurbanizada (art. 5) Las Áreas Complementarias son "Los sectores circundantes o adyacentes al área urbana, en los que se delimiten zonas destinadas a reserva para ensanche de la misma o de sus partes constitutivas, y a otros usos específicos" (art. 6).

23 Esta norma considera como "área urbanizada la compuesta por las manzanas sobre las que están prestando los siguientes servicios mínimos, abovedamiento

por los municipios. En materia de zonificaciones, existe una gran diversidad de conceptos y el ejercicio de esta potestad está a cargo de los municipios, habiendo una gran heterogeneidad de tipologías en la provincia.

En el caso de la Provincia de Jujuy, la Ley Nº 6099, define tres clases de suelo: urbano, transición y rural (art. 18) y establece que el ejido urbano[24] municipal concordará con la superficie territorial clasificada como Área Urbana y Área de Transición (art. 20). En estas dos áreas el municipio es competente para zonificar o calificar el suelo (art. 19).

La Provincia de Córdoba tiene una situación particular. El radio municipal se extiende hasta donde haya o pueda haber servicios públicos municipales (permanentes), aplicando un criterio de cuasi-realidad[25] para la definición de las zonas urbanas y de expansión. Esto implica que los municipios no sean necesariamente colindantes cuando haya zonas rurales entre éstos, las que quedan bajo la jurisdicción provincial[26]. Estas definiciones están en la Ley Orgánica Municipal de la Provincia[27]. Asimismo, existe una legislación urbanística (Ley 9.841 de 2010), pero ésta sólo es aplicable al área metropolitana de la ciudad de Córdoba requiriendo la adhesión de los municipios y comunas[28]. Esta Ley contiene una clasificación de áreas conforme

---

de calles, alumbrado público y red de baja tensión domiciliaria, alcantarillado, recolección de residuos y arbolado, y/o que tengan un 50% de sus parcelas con edificación" (art. 1, Reglamento de Loteos y Urbanizaciones para Comunas y Municipios de la Provincia de Santa Fe).

24 La misma ley define ejido urbano al "espacio físico urbanizado de cada Territorio Municipal en el cual el Municipio tiene acción directa" (art. 18).

25 Hay servicios públicos o puede haber.

26 Es decir, puede haber casos de municipios que no se tocan en sus límites, cuando entre ellos queda un espacio de tierras que no son ni zonas urbanas, ni zonas de expansión.

27 Ley Orgánica Municipal de la Provincia de Córdoba (Ley 8102 de 1991): Artículo 7º El radio de los Municipios comprenderá: 1) La zona en que se presten total o parcialmente los servicios públicos municipales permanentes. 2) La zona aledaña reservada para las futuras prestaciones de servicios.

28 El art. 1 de la ley define el alcance espacial de la misma al establecer "La presente Ley regula los usos del suelo y pone en vigencia el "Plan Metropolitano de Usos del Suelo —Sector Primera Etapa—", en el espacio geográfico que contiene el anillo de Circunvalación Metropolitano y las localidades relacionadas con

a la regulación de uso de suelo: a) Áreas Urbanizables; b) Áreas de Urbanización Diferida; c) Áreas No Urbanizables; d) Áreas de Valor Estratégico y e) Áreas Industriales de Impacto, Actividades Mineras o asimilables.

La reciente Ley de la Provincia de la Rioja que regula el régimen jurídico de ordenamiento territorial (Ley Nº 10.393 de 2021), define tres clases de suelo (art. 7): suelo urbano, de transición o periurbano y no urbano. Se destaca que en la clase de suelo "no urbano", se incluye expresamente, entre otros, a las "áreas de asentamientos de pueblos originarios"[29]. La autoridad provincial es competente para realizar efectivamente la clasificación del suelo mediante un Plan Provincial de Desarrollo Territorial (art. 8, a), mientras que los municipios son competentes para la zonificación en sus territorios de acuerdo a los criterios establecidos en la ley provincial (art. 8).

De lo expresado anteriormente pueden extraerse dos conclusiones importantes. La primera es que existe una gran diversidad en Argentina en materia de clasificación del suelo. No hay denominaciones ni definiciones idénticas sobre clases de suelo en el país. La segunda conclusión se refiere a las autoridades competentes para definir y clasificar el suelo. En este aspecto, en algunas provincias esta competencia es ejercida por las provincias, en otras es compartida con los municipios y en otras es exclusivamente materia de los municipios. Esto dependerá principalmente del grado de avance de las legislaciones provinciales, que son las que dejan en claro el reparto competencial.

3.2. Relación con derechos y deberes de la propiedad

En general la clasificación jurídica del suelo no está asociada a un régimen claro de derechos y deberes de la propiedad. DDe distintas

---

este componente vial". Del art. 13 se interpreta que la esta ley requiere adhesión de las municipalidad y comunas "ARTÍCULO 13.- Invítase a las municipalidades y comunas a adherir a la presente Ley que pone en vigencia el "Plan Metropolitano de Usos del Suelo —Sector Primera Etapa—".

29 La clase de suelo "no urbano" comprende a áreas de asentamientos de pueblos originarios, áreas naturales, y áreas de aprovechamiento extractivo, energético y uso estratégico de recursos.

regulaciones difusas y parciales, puede realizarse una asociación entre determinadas clases de suelo y algunos deberes y derechos. Sin embargo, esto no resulta de un marco integral y claro. Por ejemplo, el deber de edificar o utilizar el suelo en un área urbana, puede derivarse de la aplicación de instrumentos tributarios que sancionan la ociosidad del suelo en estas zonas, ya sean mediante tasas municipales o adicionales en los impuestos inmobiliarios.

Asimismo, la vinculación de deberes esenciales con clases de suelo en muchos casos es inexistente. Así, el deber de urbanizar en un determinado plazo no está regulado para los inmuebles que estén en áreas complementarias o de expansión urbana. En la mayoría de los casos, principalmente para áreas urbanas, la legislación se concentra en la definición de derechos al regular la intensidad de usos del suelo.

En los últimos años, sin embargo, se observa una tendencia, principalmente en las regulaciones municipales[30], a sumar algunas exigencias como condiciones para acceder a esos derechos constructivos o urbanísticos, principalmente asociados a preocupaciones ambientales o climáticas[31] y a instrumentos de recuperación de plusvalías urbanas.

3.3. Indemnización por cambios en la legislación urbanística

La indemnización por cambios en la legislación urbanística no resulta genéricamente admitida y así lo expresa el artículo 1971 del Código Civil y Comercial de la Nación. Ello se debe a que se entiende que para habilitar una indemnización, el daño que se produce debe ser concreto y real. No es posible indemnizar el daño eventual. Así

---

30 Esto se observa principalmente en los Códigos o Reglamentos de Edificación o Urbanos, que son aprobados por los órganos legislativos locales, con forma de ordenanza municipal.

31 Sobre este punto, ver el caso de los retardadores pluviales domiciliarios en la ciudad de Santa Fe (Maldonado et al, 2020) y el reciente Código de Habitabilidad de Santa Fe (Ordenanza Nº 12783 de 2021). Sobre soluciones basadas en la naturaleza como condiciones para acceder a licencias de construcción o urbanización, ver Maldonado (en edición).

fue expresado por la Corte Suprema de Justicia de la Nación (1986) en el fallo Juillerat C/Municipalidad de la Ciudad de Buenos Aires.

Consistentemente, la jurisprudencia también marca que no hay derechos adquiridos al mantenimiento de una norma (Petrelli, 2020).

3.4. Plusvalía por reclasificación del suelo

Muy pocas legislaciones en Argentina regulan la posibilidad de recuperar plusvalías urbanas por cambios en la clasificación del suelo. En general, esta plusvalía se internaliza en el propietario. Sin embargo, algunas regulaciones contemplan este supuesto. Así, por ejemplo, la ley 14.449 de la Provincia de Buenos Aires, regula entre los hechos generadores de la participación del municipio en las valorizaciones inmobiliarias, al cambio de suelo rural a complementario o urbano, o de suelo complementario a urbano[32] (art. 46, inc. a y b). Esta legislación provincial requiere una reglamentación municipal que regule algunos aspectos como el monto de la participación, el que no puede ser menor a 10% ni mayor al 30%. En algunas experiencias locales, esta plusvalía causada por la reclasificación de suelo es cobrada mediante un tributo local: la contribución de mejoras. Entre estos casos se mencionan las experiencias de Trenque Lauquen (Provincia de Buenos Aires) y de Río Grande (Provincia de Tierra del Fuego), donde lo recaudado se ha utilizado para producción del suelo y programas de vivienda[33]. Debe aclararse que tradicionalmente la contribución por mejoras ha sido utilizada para el financiamiento de obras públicas, como puede ser la pavimentación de una calle. De allí que, la utilización reciente de este tributo causado por la reclasificación de suelo corresponde a casos atípicos. Esta práctica puede deberse a que este tributo es reglamentado y cobrado, generalmente, por los municipios (no por las provincias) los que tienen una amplia experiencia institucional en su uso, y que, en términos generales, su implementación no es objeto de judicialización.

---

32 Las definiciones de estas clases de suelo están en el art. 5 y 6 del Decreto Ley 8912

33 Sobre el caso de Trenque Lauquen ver Duarte y Baer (2014) y para el caso de Río Grande ver Lobato (2021).

4. PLANEAMIENTO URBANÍSTICO

A pesar de la gran variedad de planes urbanos que existen en Argentina, podría clasificarse los mismos en dos grupos: a) planes que se aprueban por norma y b) planes sin forma normativa que son sólo instrumentos que orientan la gestión. Esto sucede a nivel municipal y a veces a nivel provincial.

En el caso de los planes aprobados normativamente, resulta imperioso distinguir qué partes de dichos planes son programáticas (orientan al Estado) y cuáles son de operatividad inmediata. La ventaja de la normativización de los planes es que continúan siendo obligatorios, más allá de los cambios de gestión pública y son un punto conductor ineludible en los debates jurídicos. Los planes que no son normatizados, son una pauta de gestión pública autoimpuesta por un gobierno; por eso pueden ser modificados y abandonados aún en la misma gestión que los generó, y difícilmente superen un cambio de gobierno.

En las pocas jurisdicciones provinciales que cuentan con una legislación marco sobre ordenamiento territorial, éstas regulan aspectos relativos a los planes urbanos, su naturaleza jurídica, las autoridades competentes involucradas, los contenidos básicos, su relación con planes provinciales, el procedimiento para su aprobación (con mayor o menor detalle). Sin embargo, uno de los aspectos ausentes en esta regulación, versa sobre la vigencia de los planes, los plazos para su revisión y la intangibilidad de los contenidos[34]. Por lo tanto, los planes duran hasta que sean derogados por otro plan, sin garantía mínima de intangibilidad de sus contenidos, ni máxima que obligue a su revisión.

La provincia de Buenos Aires, es una de estas jurisdicciones con norma marco de ordenamiento territorial. Su regulación data de

---

[34] Por intangibilidad se entiende los contenidos de los planes urbanos que no pueden ser modificados durante un determinado plazo de tiempo contados desde su aprobación. Este aspecto, que está regulado en otras legislaciones, como en Colombia, en relación a determinados contenidos de los Planes de Ordenamiento Territorial que no pueden ser modificados, no se contempla en las legislaciones urbanísticas argentinas. Por lo tanto, las normas y los contenidos de los planes urbanos-territoriales, pueden ser modificados en cualquier momento por los órganos competentes.

1977 (Decreto-Ley 8912 de 1977). Según ésta existen cuatro etapas de planeamiento sucesivas (art. 75): 1) delimitación preliminar de zonas, 2) zonificación, 3) planes urbanos, 4) planes particularizados[35].

En cada una de las etapas del proceso de planeamiento establecido se procede a la evaluación de las etapas precedentes (excepto en los casos de planes particularizados[36]), a fin de realizar los ajustes que surjan como necesidad de la profundización de la investigación de los cambios producidos por la dinámica de crecimiento e impactos sectoriales, y por los resultados de la puesta en práctica de las medidas implementadas con anterioridad (art. 76). Cada una de estas etapas del planeamiento debe aprobarse por ordenanza municipal (legislativo local) y convalidarse por Decreto Provincial (ejecutivo provincial) (art. 83).

---

35 El Decreto Ley 8912/77 define cada una de estas etapas del planeamiento. ARTÍCULO 77.- Se entiende por delimitación preliminar de áreas al instrumento técnico-jurídico de carácter preventivo que tiene como objetivo reconocer la situación física existente en el territorio de cada municipio, delimitando las áreas urbanas y rurales y eventualmente zonas de usos específicos. Permitirá dar en el corto plazo el marco de referencia para encauzar y controlar los cambios de uso, pudiendo establecer lineamientos generales sobre ocupación y subdivisión del suelo. ARTÍCULO 78.- Se entiende por zonificación según usos al instrumento técnico-jurídico tendiente a cubrir las necesidades mínimas de ordenamiento físico territorial, determinando su estructura general, la de cada una de sus áreas y zonas constitutivas, en especial las de tipo urbano, estableciendo normas de uso, ocupación y subdivisión del suelo, dotación de infraestructura básica y morfología para cada una de ellas. ARTÍCULO 80.- El plan de ordenamiento organizará físicamente el territorio, estructurándolo en áreas, subáreas, zonas y distritos vinculados por la trama circulatoria y programando su desarrollo a través de propuestas de acciones de promoción, regulación, previsión e inversiones, mediante métodos operativos de ejecución en el corto, mediano y largo plazo, en el cual deberán encuadrarse obligatoriamente los programas de obras municipales, siendo indicativo para el sector privado. Fijará los sectores que deban ser promovidos, renovados, transformados, recuperados, restaurados, preservados, consolidados, o de reserva, determinando para cada uno de ellos uso, ocupación y subdivisión del suelo, propuesta de infraestructura, servicios y equipamiento, así como normas sobre características morfológicas. ARTÍCULO 82.- Se entiende por plan particularizado al instrumento técnico-jurídico tendiente al ordenamiento y desarrollo físico parcial o sectorial de áreas, subáreas, zonas o distritos, pudiendo abarcar áreas pertenecientes a partidos linderos.

36 No es obligatorio para los municipios hacer planes particularizados. Estos son planes especiales para un sector específico.

Sobre este punto deben hacerse algunas anotaciones. La primera es que la intervención de la provincia en este proceso de convalidación se circunscribe a dos temas, expresados en el art. 83 del Decreto 8912: "a) Verificar el grado de concordancia con los objetivos y estrategias definidos por el Gobierno de la Provincia para el sector y con las orientaciones generales y particulares de los Planes Provinciales y Regionales de desarrollo económico y social y de ordenamiento territorial (artículo 3, inciso b), así como el grado de compatibilidad de las mismas con las de los Municipios linderos. b) Verificar si se ajustan en un todo al marco normativo referencial dado por esta Ley y sus disposiciones reglamentarias, y si al prever ampliaciones de áreas urbanas, zonas residenciales extraurbanas e industriales se han cumplimentado las exigencias contenidas en la misma para admitir dichos actos". En la práctica, estas convalidaciones pueden ser totales o parciales, pero la provincia no puede hacer modificaciones de estas normas. El segundo aspecto, es que la convalidación provincial, según el texto normativo, debería ser previa a la sanción de las ordenanzas municipales. Sin embargo, en la práctica esto no ocurre, ya que los municipios aprueban primero las ordenanzas y luego las remiten a la provincia para su convalidación[37]. En tercer lugar, la convalidación provincial tiene efectos importantes. Sin ésta, las ordenanzas municipales que aprueban las distintas etapas del planeamiento, no entran en vigencia.

A 45 años de esta norma, la mayoría de los municipios bonaerenses se encuentran en la etapa 1 o 2, siendo muy pocos los que han alcanzado la etapa de planes urbanos, tal como se puede visualizar en la siguiente imagen.

---

37 Esto modalidad corresponde a la versión derogada del artículo 83 del Decreto 8912/77 por la ley 10.128 (Scotti, 2000, pág. 16-17).

Imagen 2: Estado actual de avance en etapas del planeamiento urbano en la Provincia de Buenos Aires

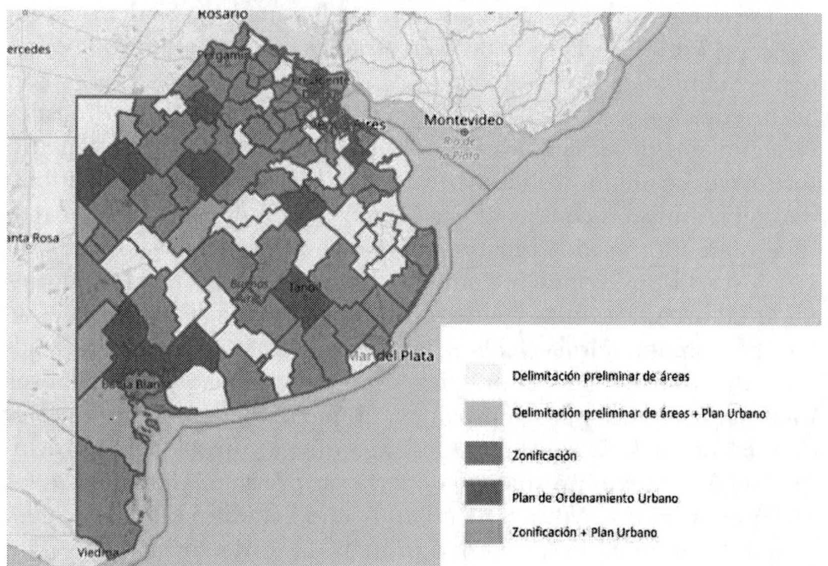

Fuente: En base a Urbasig (08/10/22).

Mendoza es otra de las jurisdicciones con ley provincial (2009), la que se destaca por la regulación detallada del plan provincial de ordenamiento territorial y de los planes municipales de ordenamiento territorial. Ambos deben ser aprobados por el órgano legislativo, teniendo, el primero, forma de Ley (provincial) y el segundo, de Ordenanza (municipal). El Plan Provincial de Ordenamiento Territorial de Mendoza, aprobado por Ley 8999 de 2017, no sólo es el primero en la historia de la provincia, sino, el primer plan provincial de este tipo en el país. A partir de la aprobación de este plan, los municipios deben aprobar sus planes de ordenamiento territorial local[38].

[38] A septiembre de 2022, 10 de 18 municipios han aprobado sus planes municipales de ordenamiento territorial con posterioridad a la aprobación del plan provincial de ordenamiento territorial. Fuente: https://www.mendoza.gov.ar/ordenamientoterritorial/planes/

La Ciudad Autónoma de Buenos Aires tiene una ley marco que orienta la regulación urbanística que es la Ley N° 2930 (2008) del Plan Urbano Ambiental (PUA). Si bien establece que su objetivo es implementar el Derecho a la Ciudad y los lineamientos que describe son consistentes con ello, no es menos cierto que casi en su totalidad es una norma programática, orientativa del accionar estatal. El PUA es la ley marco a la que debe ajustarse la normativa urbanística y las obras públicas en la ciudad. Entre esta normativa, se encuentra el Código Urbanístico (Ley N° 6099/18) y el Código de Edificación (Ley N°6100/18) de la ciudad. Actualmente, el PUA está en proceso de actualización.

En general, la planificación urbanística en Argentina se caracteriza por la falta de articulación con otros planes sectoriales. Aun cuando tengan forma normativa, la regulación implica un conjunto de normas dispersas, confusas que dificultan su aplicación y su acceso por los ciudadanos. Los planes urbanos, duran hasta que sea aprobado otro, tiempo que puede extenderse a décadas. Los planes urbanos no están en contacto con los planes de gobierno[39], lo que dificulta su implementación y la responsabilización de los funcionarios públicos.

Otro de los grandes desafíos de la planificación normativa, es garantizar mecanismos y espacios concretos de participación ciudadana, lo que tiene sus bases en normas constitucionales, legales y en la jurisprudencia[40], pero con dificultades en la aplicación concreta.

---

39 Contienen el detalle de acciones de cada gestión de gobierno.

40 La jurisprudencia ha impuesto el criterio que la falta de participación de quienes puedan resultar afectados por las planeaciones o las normas, tienen acceso a las acciones expeditas de amparo, por la afectación del derecho colectivo que conjuntamente reclamen. Es de notar que en materia de planeamiento la modificación ambiental y a los hábitats urbanos, son justamente los objetivos de los planes y normas urbanas, por lo cual evitar la participación ciudadana resulta ser imposible. Uno de los fallos que pueden ser considerados es “Halabi, Ernesto c/ P.E.N. - ley 25.873 - dto. 563/04 s/ amparo ley 16.986” (24/2/2009). Dicho fallo la CSJN reconoce la amparabilidad judicial por derechos de incidencia colectiva, como ser los derechos del consumidor, al ambiente y a la participación ciudadana de los afectados.

5. EJECUCIÓN DEL PLANEAMIENTO

En Argentina, hay amplia variedad de sistemas de ejecución del planeamiento. La obra urbanizadora, de reforma o consolidación, puede llevarse a cabo por la administración pública, por los propietarios, titulares de derechos posesorios, terceros, ya sea de forma exclusiva o en sistemas mixtos. Las modalidades son muy variadas, como también los instrumentos de gestión urbanística utilizados. Desde una perspectiva de los objetivos que persiguen estos instrumentos, pueden clasificarse en instrumentos de adquisición de suelo, de promoción, de reparto de cargas y beneficios, y de acceso a la tierra por los sectores populares (Maldonado, 2010). A modo de ilustrar parte de esta variedad, se mencionan tres modalidades de urbanización haciendo mención a algunos instrumentos y sistemas de gestión.

La primera está vinculada a las urbanizaciones realizadas por sectores populares. Desde la concepción de estos autores, debe reconocerse, al habitante de estos barrios como primeros urbanizadores y creadores de espacios urbanos. Mientras que, en los países desarrollados, la ocupación viene necesariamente después que la urbanización, en Argentina, como en América Latina, la ocupación de terrenos por sectores vulnerables se realiza en suelos no dotados de infraestructura y no previstos en la planificación urbanística para ello. Así, la vivienda y el hábitat se produce de manera progresiva y con distintos sistemas de gestión. El Estado ha asumido el rol de impulsar procesos para completar o dotar de infraestructura urbana en estos espacios y de regularizar el dominio. En el caso de villas y asentamientos precarios, existen distintos instrumentos para lograr la regularización dominial. Uno de los instrumentos utilizados es la expropiación a favor de los actuales habitantes (expropiación a favor de terceros), cuya declaración de utilidad pública es realizada por los órganos legislativos de las provincias. En la práctica muchas de estas leyes de expropiación se vencen y son renovadas sucesivamente. También inician largos procesos de judicialización, donde el centro del debate se centra en el monto indemnizable. Si bien esta modalidad viene siendo utilizada hace muchos años, con la legislación nacional sobre Barrios Populares[41], se precisó que todos estos barrios relevados en el

---

41 Ver este aspecto en el siguiente punto.

país cuentan con una declaración de utilidad pública y están sujetos a expropiación[42]. Para dotar de infraestructura y mejorar las condiciones de habitabilidad en estos barrios, hay distintas modalidades. Algo interesante que aporta la legislación nacional es que se prevé que, al menos, el 25% de la ejecución de obras de infraestructura en los Barrios Populares deben ser adjudicadas a cooperativas de trabajo u otros grupos asociativos de la economía popular que estén formadas por los habitantes de los barrios populares (art. 12 Ley 27.453). La provincia de Buenos Aires, tiene una de las legislaciones provinciales[43] más reconocidas en tema de integración socio-urbana[44], contando así mismo con un importante apoyo de movimientos de base. La misma regula cómo deben realizarse estos procesos, garantizando la participación ciudadana y dotando de la infraestructura necesaria.

La segunda modalidad la constituyen los conjuntos inmobiliarios como lo son los barrios privados o countries. Sobre éstos hay ciertas reglas básicas que el Código Civil y Comercial reguló en el 2014, reconociéndolos como derechos reales (art. 1887). Pero, la localización de estas urbanizaciones privadas y sus elementos urbanísticos dependen de la legislación provincial o municipal. En el caso de la Provincia de Buenos Aires, por ejemplo, la regulación establece que los mismos deben estar en suelo complementario, estableciendo exigencias básicas a cargo del desarrollador según las tipologías de estas urbanizaciones privadas. Existen muchos problemas asociados a este tipo de urbanizaciones, ya sea por no cumplir con esas exigencias,

---

42 Ley 27453, artículo 2º— "Con el objeto de proceder a su integración urbana, declárase de utilidad pública y sujeta a expropiación, la totalidad de los bienes inmuebles en los que se asientan los Barrios Populares relevados en el RENABAP, cuya identificación se agrega como anexo, conforme lo establece el artículo 5º de la ley 21.499".

43 La Ley de Acceso Justo al Hábitat (Ley 14.449 de 2013) es complementaria del Decreto-Ley 8912/77 de ordenamiento territorial.

44 La ley define a la integración socio-urbana de villas y asentamientos precarios como "el conjunto de acciones que de forma progresiva, integral y participativa, incluyan, entre otras, la construcción, mejora y ampliación de las viviendas, del equipamiento social y de la infraestructura, el acceso a los servicios, el tratamiento de los espacios libres y públicos, la eliminación de barreras urbanas, cuando existieran, la mejora en la accesibilidad y conectividad, el saneamiento y mitigación ambiental, el redimensionamiento parcelario y la regularización dominial" (art. 27, a)

por su localización alternada en el suelo complementario sin continuidad de la mancha urbana, generándose "islas de urbanización" y especialmente en suelos con funciones ambientales estratégicas, como en zonas de humedales[45]. La ley de Ordenamiento Territorial de Jujuy (Ley 6099 2018), regula dos modalidades de urbanizaciones cerradas (conforme al Código Civil y Comercial de la Nación) y establece que los clubes de campo se localizan en las zonas rurales y los barrios privados o cerrados, en las áreas de transición (art. 39 y 44).

La tercera modalidad está dada por sistemas mixtos de gestión de suelo (público-privada) los que se instrumentan mediante convenios urbanísticos, que son aprobados por los órganos legislativos municipales[46]. La utilización de estos convenios ha crecido exponencialmente en las últimas décadas. Los mismos posibilitan un reparto de cargas y beneficios de la urbanización. Hay varios estudios sobre su utilización en la ciudad de Rosario (Cuenya y Pupareli, 2006), en localidades de la provincia de Buenos Aires (Antonio Conti et al., 2017) y en el municipio de Córdoba (Marengo, 2022), entre otros. Esta modalidad de gestión público-privada se utiliza no sólo en suelo urbano para su consolidación, sino también en suelos periféricos o de expansión urbana. En el caso de Córdoba se evidencia cómo esta herramienta de gestión de suelo es utilizada para ampliar la mancha urbana, con modelos que hacen prevalecer la extensión sobre la consolidación urbana (Marengo, 2022).

6. FINANCIACIÓN URBANA

La financiación de la transformación urbana puede estar a cargo del Estado o de los particulares, dependiendo de distintos supuestos y de la magnitud o tipologías de las obras.

La financiación a cargo de los particulares se realiza mediante dos mecanismos: a) cargas urbanísticas o b) tributos inmobiliarios, aun-

---

45 Al respecto ver Pintos y Narodowski, 2012.

46 Se tratan de contratos administrativos firmados por el Ejecutivo municipal y el desarrollador, en donde se detallan las prestaciones a cargo de ambas partes. Este contrato luego se somete a consideración de los órganos legislativos locales para su aprobación o rechazo.

que en la práctica esta distinción no aparece claramente[47]. Existen una gran variedad de instrumentos de financiación urbanística en Argentina. A fines de este trabajo se hacen mención de algunos de estos[48].

Las cargas urbanísticas están asociadas a procesos normativos-urbanísticos, siendo condicionantes para acceder a licencias de urbanización (Maldonado, en edición)[49]. La regulación de las cargas urbanísticas se encuentra en normas provinciales, ya sea en cuerpos únicos como las leyes de ordenamiento territoriales, o en normas dispersas, como las normas de fraccionamientos y loteos que se complementan con otras normas (ambientales, de aguas, etc.). También esta regulación puede ser local y encontrarse en ordenanzas de urbanizaciones y loteos, códigos urbanos. En caso de doble regulación, en general, la legislación provincial establece unos requisitos mínimos que pueden ser ampliados a nivel municipal. Esta legislación se concentra en describir qué tipo de infraestructura mínima se considera necesaria para aprobar la transformación urbana y cuál está a cargo de los desarrolladores.

A modo de ejemplo, la Ley de Ordenamiento Territorial, Uso y Fraccionamiento del suelo de la Provincia de Jujuy (Ley 6099 de 2018) regula los requisitos mínimos que deben respetarse para los fraccionamientos urbanos, que pueden ser ampliados, pero no disminuidos por los municipios (art. 23)[50]. Entre estos, regula las superficies destinadas a espacios circulatorios, verdes y a equipamientos comunitarios de uso público que los propietarios de las tierras deben donar al dominio provincial o municipal para su uso común en los loteos (arts. 27 a 31). Asimismo, establece cuáles son los servicios esenciales

---

47 En efecto, existen instrumentos que tienen forma de tributo, pero en esencia son cargas urbanísticas. Para conocer sus diferencias en términos conceptuales, ver Maldonado (en edición).

48 Para ampliar más ver Maldonado (2010) o sección sobre Argentina en OCDE & LILP (2022).

49 Esta definición no es legal, sino una definición doctrinaria. Al respecto ver definición conceptual en Maldonado (en edición).

50 El art. 23 de la Ley 6099 de la Provincia de Jujuy establece que "En todo Fraccionamiento de Suelo Urbano las normas municipales en vigencia no podrán establecer medidas inferiores a las que con carácter general se establecen en la presente Ley."

que deben completarse para la habilitación de áreas, zonas o fraccionamientos que originen la creación, ampliación o reestructuración de núcleos urbanos y zonas de usos específicos (art. 25). Respecto de esto exige, "agua potable corriente, red energía eléctrica domiciliaria, alumbrado público, cordón cuneta, tratamiento de estabilización o mejorado de vías; desagües pluviales, de corresponder, redes cloacales con nexo a redes troncales" para Zona Residencial, Residencial Extensiva, Comercial, Institucional y de Equipamiento. Para zonas industriales agrega a los servicios esenciales anteriores, "un sistema interno de tratamientos de efluentes industriales, aprobado por el organismo provincial competente en la materia, de corresponder".

A escala local, el Código Urbano de la Ciudad de Paraná (capital de la Provincia de Entre Ríos), describe los servicios de infraestructura esenciales que deben proyectarse y realizarse bajo la responsabilidad exclusiva del propietario en toda urbanización (art. 113 de la Ordenanza 8593). Entre estos se enumeran los siguientes: agua corriente, energía eléctrica domiciliaria, alumbrado público (Led), alcantarillado y pavimentación de calzadas, servicios de cloacas cuando sea factible conectar a redes existentes, arbolado, provisión de equipamientos compatibles con el sistema de recolección de residuos sólidos urbanos. Se destaca que, con relación a la carga urbanística de arbolado, se suma una obligación de tres años de conservar las especies plantadas, la que debe inscribirse en la escritura traslativa de dominio en caso de cambio de titularidad.

Otro de los mecanismos para financiar la transformación urbanística es la tributación inmobiliaria, que puede utilizarse para crear, ampliar o mantener espacios urbanos. Así es el caso de la utilización de la contribución por mejoras, un tributo local tradicionalmente utilizado en Argentina para financiar obras públicas como pavimentación y gas. El límite de lo financiado es el costo de la obra pública que es distribuido entre los beneficiarios de la misma (propietario) de acuerdo a elementos tributarios legalmente establecidos. Estos tributos son aprobados por ordenanzas locales, mayormente con la intervención del legislativo local, en base a los códigos tributarios o fiscales provinciales para cada una de las obras públicas que se pretenden financiar. Los contribuyentes pueden adelantar el pago de este tributo antes de la obra (con descuentos como incentivos), o pagarlo durante o después de la ejecución de la misma en cuotas.

Un caso interesante es la utilización de la contribución de mejoras para la ampliación de la red de subterráneos que se aplica en la Ciudad de Buenos Aires. Mediante Ley Nacional Nº 23.514 de 1987[51] se creó el "Fondo permanente para la ampliación de la red de subterráneos", para ser destinado exclusivamente a las inversiones que originen los proyectos, construcciones, instalaciones, material rodante, gastos financieros y demás erogaciones necesarias para la habilitación de nuevas líneas subterráneas o ampliación de las existentes. Entre los recursos que forman este fondo está la "contribución de mejoras a cargo de los propietarios de los inmuebles comprendidos dentro de la zona de influencia de cada línea o tramo de línea que se habilite" (art. 2, b. de la Ley 23.514). Esta contribución recae "sobre los inmuebles ubicados dentro de un radio de 400 metros de tránsito directo a la boca de acceso a cada línea o tramo de línea que se habilite" y están obligados a pagarla "quienes a la fecha de habilitación de cada línea o tramo fueran titulares de dominio o poseedores a título de dueños de los inmuebles alcanzados por la presente contribución" (art. 4 de la Ley 23.514). Este tributo se calcula prorrateando el costo total del tramo o línea que se habilite entre todos los inmuebles ubicados en la zona de influencia en función de la distancia de los mismos a la boca de acceso más próxima (art. 5) y tiene un tope, ya que nunca puede exceder el 15 por ciento del valor fiscal de la propiedad (art. 6). Esta contribución se abona a partir del 1° de enero del año siguiente a aquel en que se habiliten las respectivas líneas o tramos durante cinco años, o bien hasta que el costo total sea cubierto, si ello se produjera en un plazo menor (art. 7).

La financiación de la transformación urbana también puede ser asumida por el Estado. Ésta está asociada, por ejemplo, a procesos de re-urbanización de barrios populares, o a grandes obras de infraestructura cuyo beneficio excede al del polígono de una urbanización específica.

Los barrios populares son aquellos en los que viven al menos 8 familias agrupadas o contiguas, donde más de la mitad de la pobla-

---

51 Este aspecto es importante porque fue anterior a la reforma de la Constitución Nacional (1994) donde se le dió una categoría suis generis a la Ciudad Autónoma de Buenos Aires.

ción no cuenta con título de propiedad del suelo ni acceso regular a dos, o más, de los servicios básicos (red de agua corriente, red de energía eléctrica con medidor domiciliario y/o red cloacal)[52]. Actualmente han sido reconocidos 5.687 barrios populares en el país[53], donde habitan 1.168.000 familias. La legislación argentina viene consolidándose en los últimos años en la temática a escala nacional. Entre éstas se destaca la creación del Registro Nacional de Barrios Populares en Proceso de Integración Urbana (RENABAP) (Decreto Nacional 358/2017), la regulación de un régimen de regulación dominial para la integración urbana (Ley 27453/2018), reformada recientemente (Ley 27.694 de 2022). Como consecuencia de esta legislación y de las acciones realizadas en su marco, quienes habitan en los barrios populares incluidos en este registro no pueden ser desalojados[54] y pueden solicitar servicios como la conexión a la red de agua corriente, cloacas, energía eléctrica, gas natural o transporte (luego de contar con un Certificado de Vivienda Familiar). Asimismo, estos barrios populares están sujetos a un régimen de integración socio urbana que implica una mejora de la infraestructura y de regularización dominial que permite a los habitantes acceder a la propiedad individual. Para financiar las obras de infraestructura existe un Fondo específico[55], que se nutre con diversos recursos. Actualmente la principal fuente de financiamiento[56] proviene del Impuesto PAIS[57], un impuesto cobrado a particulares en relación

---

[52] Esta es una de las definiciones adoptadas para la aplicación de la regulación nacional de Barrios Populares. Ver: https://www.argentina.gob.ar/desarrollosocial/renabap

[53] El mapa de barrios populares puede consultarse aquí: https://www.argentina.gob.ar/desarrollosocial/renabap/mapa

[54] Esta garantía se extiende hasta el año 2032 con la nueva reforma.

[55] FONDO DE INTEGRACIÓN SOCIO URBANA" (el "FONDO" o "FISU") creado por Decreto 819/2019.

[56] Según el informe de Gestión de la Secretaría de Integración Socio Urbana del Gobierno Nacional (9/2022, pág. 27).

[57] El Impuesto Para una Argentina Inclusiva y Solidaria (PAÍS) fue creado por la Ley 27541 de 2019 (art. 35 y ss.), del total de lo recaudado, el 30% tiene como destinación específica el financiamiento de obras de vivienda social: "*Artículo 42.- El producido del impuesto establecido en el artículo 35 será distribuido por el Poder Ejecutivo nacional conforme a las siguientes prioridades: b) Financiamiento de obras de vivienda social: del fideicomiso Fondo de Integración Socio Urbana creado por la ley*

con la compra de moneda o servicios en moneda extranjera. Con respecto a los costos de la regularización dominial, los legítimos ocupantes de las viviendas deben pagar cuotas para poder regularizar el dominio sobre sus viviendas, no pudiendo éstas ser mayores al 20% del ingreso familiar (art. 7, inc. 5, Ley 27.453).

La legislación adolece de reglas claras que legitimen al Estado a compartir los costos de estas obras con particulares. Algunas legislaciones provinciales más recientes, incorporan esta preocupación, como la leyes de ordenamiento territorial y de usos del suelo de Jujuy (2018) y de la Rioja (2021) al consagrar expresamente el principio de reparto equitativo de cargas y beneficios del proceso de urbanización en los siguientes términos:

> "La ciudad como construcción colectiva: La ciudad es un espacio de construcción social derivado del esfuerzo colectivo, hecho que responsabiliza al Estado a distribuir equitativamente los costos y beneficios del proceso de urbanización entre los actores públicos y privados"[58].

7. DISCIPLINA URBANÍSTICA. SANCIONES URBANÍSTICAS DE NACIÓN A CABA

Tratándose de un país federal, con autonomías municipales, las sanciones más frecuentes son a nivel local y principalmente municipal. Pero el Estado Federal tiene como facultad excluyente dictar el Código Penal que es la única norma sancionatoria común; por lo cual para el resto de las sanciones no existen tipologías jurídicas de aplicación uniforme en todo el país.

O sea que los delitos son establecidos uniformemente por la Nación. Pero las provincias pueden establecer una categoría como de delitos menores a los que también se les aplican las garantías penales y pueden llegar a incluir hasta penas de prisión por uno o dos meses como máximo, sin perjuicio de multas e inhabilitaciones que son otras formas de sanción contravencional

---

27.453 y el decreto 819/2019, obras de infraestructura económica y fomento del turismo nacional: treinta por ciento (30%)."

58 Art. 6, inc. 1.a. de la Ley 6099 de la Provincia de Jujuy (2018) y art. 4, inc. b) de la Ley 10.393 de la Provincia de la Rioja (2021)

En cuanto a los municipios, los mismos solo pueden poner sanciones por infracciones. Éstas son consecuencia del incumplimiento de normas administrativas, juzgadas por el Ejecutivo municipal y que de modo alguno pueden tener penas privativas de la libertad.

Tratándose de un país con veinticuatro provincias y más de tres mil municipios, se ilustrará la temática a partir del régimen punitivo sólo en la de mayor dimensión urbana, que es la Ciudad Autónoma de Buenos Aires. Esta especificación se sintetiza en el siguiente cuadro.

Cuadro 1: Régimen punitivo relacionado con temáticas urbanas

Rama del Derecho y aplicaciones específicas		Tipología	Sanción	Ubicación normativa
Civil		Ruina	Reparación daños directos e indirectos	Art. 1273/4 CCC
		Vicios redhibitorios	Rescisión Contractual o indemnización	Art. 1051/5 CCC
Penal	a privados	Estrago (x derrumbe, incendio o inundación)	Doloso 3/10 años prisión	Art. 187/189 bis Cod. Penal
		Fraude	Culposo 1 mes a 1 año	Art. 173 incs. 8 y 9 Cod. Penal
			Ventas con título engañoso	Art. 174 Cod. Penal
			Obra ruinosa	
		Contaminación x Residuos peligrosos	Que cause Muerte o lesión	Arts. 55/8 Ley Nac. 24051

Rama del Derecho y aplicaciones específicas		Tipología	Sanción	Ubicación normativa
	a funcionarios	Abuso de Autoridad	Actos administrativos contrarios a la ley	Art. 248 Cod. Penal
			Procura beneficios para si o terceros	
			Uso de información del cargo	
		Negociación incompatible		Art. 265 Cod. Penal
		Enriquecimiento ilícito		Art. 268 Cod. Penal
Contravencional		Sustancias dañinas en lugares públicos	Multa o arresto	Art. 54 Ley 1472 Cod. Contravencional
		Afectar servicios públicos o señalética	Multa	Art. 57 CContrav.
		Violar clausura	Multa o trabajos comunitarios	Arts. 58/9 CContrav.
Infraccional		Destrucción/lesión/uso inapropiado del arbolado público	Multas	1.3.7/8 Ley 451 Cod. Faltas CABA
		Deterioros por obra a fincas linderas		2.1.10 Cod Faltas
		Falta de Permiso de Obra o datos falsos	Multa	2.2.1/2 Cod. Faltas CABA
		Obra clandestina	Multa y suspensión de firma	2.2.3 Cod. Faltas CABA
		Falta vivienda de encargado	Multa, clausura, suspensión firma	2.29/10 Cod. Faltas CABA
		Incumplir norma fachada	Multa	2.2.14 Cod. Faltas CABA
		Estética urbana	Multa	2.2.16 Cod. Faltas CABA
		Excavación clandestina	Multa	2.2.17 Cod. Faltas CABA

Rama del Derecho y aplicaciones específicas	Tipología	Sanción	Ubicación normativa
	Deterioro bienes catalogados con publicidad	Multa	3.1 Cod. Faltas CABA
	Alteración de paisaje con publicidad ilegal	Multa	3.1 Cod. Faltas CABA
	Falta de evaluación de impacto ambiental relevante	Clausura y Multa	10.1.1 Cod. Faltas CABA
	Falsedad de datos EIA	Multa	10.1.1 Cod. Faltas CABA
	Daños al patrimonio Cultural	Multa, suspensión de firma y trabajo comunitario +80hs	12 Cod. Faltas CABA

Fuente: Elaboración propia.

En materia penal hay tipificadas sanciones de cárcel y/o económicas y/o inhabilitación de títulos por fraude[59], por generar derrumbes, por generar incendios o por contaminación que pueda afectar la salud humana. Si bien el Código Penal es dictado por el nivel federal, su aplicación depende de los juzgados provinciales. En materia penal, salvo para el caso de la figura de fraude, para configurar un delito en el resto de las tipologías es necesaria la lesión parcial, temporal o la muerte de personas humanas, lo cual reduce mucho su campo de situaciones incluidas.

En el caso de la contaminación con residuos peligrosos, para configurar delito también se necesita de la lesión o muerte a personas humanas.

Además, hay tipos penales para los funcionarios públicos que hagan aprobaciones contrarias a las normas, que tengan intereses como aprobadores y aprobados o que se enriquezcan usando información que les provee su funcionariado público.

---

59 Por ejemplo, un loteo privado sin autorización estatal.

Se puede afirmar, que no existe en la República Argentina la tipificación de un delito urbanístico y tampoco existe una política criminal en la materia.

Ya descendiendo en la escala punitiva, está la materia contravencional que es exclusivamente provincial. Sus sanciones son de multas, inhabilitaciones, actividades comunitarias y teóricamente pueden involucrar una prisión de menos de quince días, pero solo la han aplicado a vendedores ambulantes y reventa de entradas en la vía pública.

En el caso puntualizado de la Ciudad de Buenos Aires, es una cuasi-provincia, y contiene en sí misma facultades provinciales y municipales. Por eso en este caso elegido, el código contravencional es de la ciudad.

Contravencionalmente, relacionadas con las cuestiones urbanas existen las figuras de: a) liberar sustancias dañinas en lugares públicos, b) afectar servicios públicos o señalética o c) violar clausura. Por ello se puede afirmar que en la materia urbanística no se han desarrollado este tipo de sanciones.

La materia infraccional es propiamente municipal. Sus sanciones son solo multas, inhabilitaciones municipales o realización de trabajo comunitario. Tienen excluida toda prisión o detención humana y son aplicadas por el Ejecutivo.

En el caso de la Ciudad de Buenos Aires, hay tipologías infraccionales por: a) hacer deterioros por obra a fincas linderas, b) construir con falta de permiso de obra o con datos falsos en su tramitación, c) realizar una obra clandestina, d) construir sin vivienda de encargado teniendo la obligación de hacerla, e) incumplir norma fachada y su mantenimiento, f) alterar la estética urbana obligatoria, g) demoler o excavar clandestinamente, h) deteriorar bienes catalogados con publicidad, h) alterar el paisaje protegido con publicidad ilegal, i) no tramitar la evaluación de impacto ambiental relevante, j) falsear datos de la Evaluación de Impacto Ambiental y k) hacer daños al patrimonio cultural. Como se puede ver, las sanciones infraccionales se encuentran generalmente focalizadas a problemas en la ejecución de las obras y de actividades que se desarrollan en la vía pública.

Asimismo, resulta llamativo la aplicación de la multa como la sanción masiva tanto en materia contravencional como infraccional. Los valores de las multas suelen establecerse en monto de pesos o de unidades retributivas actualizables anualmente. En pocos casos, estas multas son redimibles por horas de trabajos comunitarios.

Incorporar sanciones de imposición de beneficios a la sociedad es una oportunidad a desarrollar que supere el concepto de trabajar, por el concepto de implementar un beneficio a la sociedad que sea más duradero y beneficioso que las horas de trabajo que pueda aportar el contraventor o infractor.

Es de destacar que no existen sanciones de ningún tipo por incumplimientos de Planes de Ordenamiento Territorial. Incluso los que son sancionados como leyes u ordenanzas, en general tienen carácter programático y orientan el accionar público y privado. Pero los planes no contienen tipificaciones de las que se desprenden conductas prohibidas vinculadas a una sanción.

En cuanto a las obras en contradicción a los Códigos de Ordenamiento Territorial, solo se sancionan con multas por obras clandestinas o no cumpliendo los planos aprobados; pero la contradicción al Plan de Ordenamiento Territorial no constituye una contravención que pueda imponer sanciones de trabajos/beneficios comunitarios y que dejen un antecedente penal o contravencional.

Las demoliciones de las obras clandestinas o lo construido en exceso, solo se ordenan judicialmente desde la justicia contencioso-administrativa como un mandato de la sentencia judicial, siguiendo el principio jurídico que un acto ilícito no puede generar un acto lícito, pero la demolición no se encuentra tipificada como sanción, ni se habilita al Ejecutivo a realizarla compulsivamente en un terreno privado[60].

Es imprescindible que las Provincias y los Municipios de la República Argentina avancen en el desarrollo de sus capacidades punitivas tanto en materia contravencional como infraccional, y en variedad de sanciones que superen la recurrencia de las multas por la imposición de beneficios públicos a la sociedad.

---

60 Como se considera que las demoliciones afectan a la propiedad privada, debe ir un juez que la avale previamente, salvo el caso de peligro de derrumbe, en donde el Estado actúa por el derecho de emergencia pública.

8. CONCLUSIONES

Del panorama presentado en este capítulo se puede concluir que existe un proceso de reforma urbana en el país con dimensiones interrelacionadas en términos sociales, político-institucionales, jurídicos y académicos. Si bien hay avances jurídicos, la regulación urbanística-territorial continúa presentándose como segmentada o insuficiente. En las pocas jurisdicciones (Provincias y Ciudad Autónoma de Buenos Aires) que cuentan con marcos normativos sobre temas territoriales y urbanos, se ha avanzado en algunos aspectos. Uno de estos es la clasificación del suelo, aun cuando no se haya establecido un régimen jurídico de derechos y deberes asociados a cada clase de suelo. Otro, está relacionado con la regulación de los planes urbanos o territoriales y sus procedimientos con insuficiente regulación en cuanto a la intangibilidad de sus contenidos, plazos para su revisión y vinculación con la planificación económica. Algunas de estas regulaciones incorporan instrumentos de gestión y financiación urbana.

La disciplina urbanística demanda a las provincias y municipios el desarrollo de esta regulación, siendo una ocasión para la imposición de sanciones a los contraventores e infractores.

Habiendo o no marcos regulatorios urbanísticos, existen regulaciones y prácticas diseminadas en todo el país que evidencian la heterogeneidad de este proceso de reforma urbana, con actores claves en todos los niveles y de todos los sectores y con experiencias innovadoras e inspiradoras aún a nivel local.

De lo relevado, se constata un escenario de avance en el derecho urbanístico con una orientación social y, a su vez, la necesidad de un mayor desarrollo posible para implementar el Derecho a la Ciudad en la República Argentina.

Bibliografía

Conti, A. L., del Río, J. P., Andrade, G., Coletti, R., Delgado, A. O., Mariñelarena, P. I. M. y Gómez Costa, J. I. (2017, septiembre). Instrumentos de gestión territorial en el marco de los nuevos paradigmas internacionales y su aplicación en la Provincia de Buenos Aires. [Archivo PDF]. IV Congreso Internacional Científico y Tecnológico-CONCYT. Disponible en: https://digital.cic.gba.gob.ar/handle/11746/6859

Cuenya, B. y Puparelli, S. (2006). Grandes proyectos como herramientas de creación y captación de plusvalías urbanas. Proyecto Puerto Norte Rosario, Argentina. [Archivo PDF]. Medio Ambiente y Urbanización, 65(1), págs. 81-108. http://ceur-conicet.gov.ar/archivos/publicaciones/GPU_en_Medio_ Ambiente_y_Urbanizacion.pdf

Duarte, J., Baer, L., (2013). *Recuperación de plusvalías a través de la contribución por mejoras en Trenque Lauquen, provincia de Buenos Aires-Argentina.* Lincoln Institute of Land Policy. Working Paper: https://www.lincolninst.edu/publications/working-papers/recuperacion-plusvalias-traves-la-contribucion-por-mejoras-en-trenque

García Bellido, Javier y Betancor Rodríguez, Andrés (2001). Síntesis general de los estudios comparados de las legislaciones urbanísticas en algunos países occidentales, en Revista "Ciudad y Territorio. Estudios Territoriales", XXXIII (127), Ministerio de Vivienda, España.

Lobato, Sabrina (2021). Gobiernos locales y mercado de suelo: la contribución por mejoras como instrumento de recuperación de plusvalías urbanas y producción de suelo urbano. Revista Quid 16 N°15 —Jun.-Nov. 2021— (253-267). Disponible en: https://publicaciones.sociales.uba.ar/index.php/quid16/article/view/6454

Maldonado, Melinda Lis (2010). Reforma Urbana Argentina: reflexiones y recomendaciones a partir del derecho brasileño y colombiano. [Tesis de Especialización en Derecho Inmobiliario, Urbanístico y de la Construcción]. Universidad Nacional de Rosario, Argentina.

- (2013). Fundamentos del Derecho Urbanístico en Argentina, Brasil y Colombia. En Erba, Diego Alfonso (Ed.), Definición de políticas de suelo urbano en América Latina: teoría y práctica, págs. 95 a 104.
- (En edición). Soluciones basadas en la naturaleza apoyadas por instrumentos de planificación y financiación urbana. En Programa de las Naciones Unidas para el Medio Ambiente, Implementación de Soluciones basadas en la Naturaleza para la Adaptación al cambio climático en ciudades.

Maldonado, Melinda Lis, De la Sala, Safira, Alterman, Rachelle, Pérez Macías, Giovanni Andrés, Arazo Silva, Roberto. (2020). Políticas de Suelo, Derecho Urbanístico y Cambio Climático: Instrumentos urbanísticos-tributarios como medidas para enfrentar al Cambio Climático Etapa 2: estudios de casos. Draft Paper. Cambridge, MA: Lincoln Institute of Land Policy. En: https://www.lincolninst.edu/publications/working-papers/politicas-suelo-derecho-urbanistico-cambio-climatico-etapa-2

Marengo, M. C. (noviembre 2021-abril 2022). Los convenios urbanísticos y la extensión del crecimiento en clave de sustentabilidad urbana. AREA, 28(1), págs. 1-15. Disponible en: https://www.area.fadu.uba.ar/wp-content/uploads/AREA2801/2801_ marengo.pdf

Petrelli, Hernán (2020). El Derecho y la Gestión Urbana. Ed. Café de las Ciudades. Buenos Aires.

Pintos, Patricia y Narodowski, Patricio (2012). La privatopía sacrílega: Efectos del urbanismo privado en humedales de la cuenca baja del río Luján.

The Organisation for Economic Co-operation and Development & Lincoln Institute of Land Policy (2021). Global Compendium on Land Value Capture. https://www.oecd.org/finance/global-compendium-of-land-value-capture-policies-4f9559ee-en.htm#:~:text=The%20Global%20Compendium%20of%20Land%20Value%20Capture%2C%20a,their%20full%20potential%20as%20a%20sustainable%20revenue%20source.

Referencia documental

Gobierno de la Nación Argentina. Secretaría de Integración Socio Urbana (2022). Informe de Gestión primer semestre 2022. Septiembre 2022. Disponible en: https://www.argentina.gob.ar/sites/default/files/integracion_socio_urbana_de_barrios_populares_informe_primer_semestre_2022.pdf

Legislación citada

Concejo Deliberante de la Ciudad de Paraná (2005). Ordenanza Nº 8563/05. Nuevo Código Urbano de Paraná. Promulgación: 20/12/05. (Modificada por Ordenanza Nº 8601, Decretos Nº 1714/2010 y 918/2013 y Ordenanza Nº 9130, Nº 9430, Nº 9779, Nº 9921 Y Nº 10.010).

Concejo Deliberante de la Ciudad de Santa Fe (2021). Ordenanza Nº 12783. Código de Habitabilidad de Santa Fe.

Congreso de la Nación Argentina (1987). Ley Nº 23.514). Fondo permanente para la ampliación de la red de subterráneos. B.O. 10/07/1987.

Congreso de la Nación Argentina (2018). Ley Nº 27453. Régimen de Regularización Dominial para la Integración Socio Urbana. B.O. 29/10/2018.

Congreso de la Nación Argentina (2019). Ley Nº27.541. Ley de Solidaridad Social y Reactivación Productiva en el marco de la emergencia pública. B.O. 23/12/2019.

Congreso de la Nación Argentina (2022). Ley 27.694. Reforma del Régimen de Regularización Dominial para la Integración Socio Urbana. B.O. 28/10/2022.

Convención Constituyente de la Provincia de Río Negro (1988). Constitución de la Provincia de Río Negro. Sanción 3/06/1988.

Gobierno de la Provincia de Buenos Aires (1977). Decreto-Ley Nº 8912/77. Ley de Ordenamiento Territorial y Usos del Suelo de la Provincia de Buenos Aires. B.O. 24/10/1977

Gobierno de la Provincia de San Juan (2014). Ley 133-A. Crea la Dirección de Planeamiento y Desarrollo Urbano de la Provincia, dependiente de la Secretaría de Estado de Obras y Servicios Públicos. Fecha de consolidación: 19/11/2014.

Gobierno de la Provincia de Santa Fe (1967). Decreto Nº 7317/67. Decreto Reglamento tipo de Loteos y urbanizaciones para comunas y municipios de la Provincia de Santa Fe.

Legislatura de la Ciudad Autónoma de Buenos Aires. Ley 2930/2008. Plan Urbano Ambiental.

Legislatura de la Ciudad Autónoma de Buenos Aires. Ley 6099/2018. Código Urbanístico.

Legislatura de la Ciudad Autónoma de Buenos Aires. Ley 6100/2018. Código de Edificación.

Legislatura de la Provincia de Buenos Aires (2013). Ley Nº 14.449. Ley de Acceso Justo al Hábitat. B.O. 07/10/2013.

Legislatura de la Provincia de Córdoba (1991). Ley Nº 8110. Ley Orgánica Municipal. B.O. 15/11/1991.

Legislatura de la Provincia de Córdoba (2010). Ley Nº 9841, Regulación de los usos del Suelo y puesta en vigencia del "Plan Metropolitano de usos del Suelo - Sector Primera Etapa. B.O. 22.10.2010.

Legislatura de la Provincia de Entre Ríos (2011). Ley nº 10027. Ley Orgánica de los Municipios de Entre Ríos. Sancionada: 10/05/2011. Publicada: 11/05/2011

Legislatura de la Provincia de Jujuy (2018). Ley Nº 6099. Ordenamiento Territorial, Uso y Fraccionamiento del Suelo. B.O. 17/12/18.

Legislatura de la Provincia de La Rioja (2021). Ley Nº 10.393. Régimen Jurídico del Ordenamiento Territorial. B.O. 6/07/2021.

Legislatura de la Provincia de Mendoza (2009). Ley Nº 8051. Ley de Ordenamiento Territorial y Usos del Suelo de la Provincia de Mendoza. Sanción 05/05/2009. B.O. 22/05/2009.

Legislatura de la Provincia de Mendoza (2017). Ley Nº 8999. Plan Provincial de Ordenamiento Territorial de Mendoza. Sanción 23/08/2017. B.O. 31/08/2017

Poder Ejecutivo Nacional (2017). Decreto 358/2017. Registro Nacional de Barrios Populares en Proceso de Integración Urbana (RENABAP). B.O. 22/05/2017.

Poder Ejecutivo Nacional. Decreto 819/2019. Régimen de Regularización dominial para la integración socio urbana. B.O. 06/12/2019.

Poder Ejecutivo Nacional (2020). Resolución Nº19/2020. Ministerio de Desarrollo Territorial y Hábitat. Creación del Plan Nacional de Suelo Urbano. B.O. 14/05/2020.

Jurisprudencia

Corte Suprema de Justicia de la Nación (23/12/1986). Milton Enrique Juillerat c/Municipalidad de la Ciudad de Buenos Aires s/Recurso de Hecho.

Corte Suprema de Justicia de la Nación (24/2/2009). Halabi, Ernesto c/ P.E.N. - ley 25.873 - dto. 1563/04 s/ amparo ley 16.986.

El Derecho territorial y urbano en Brasil: una mirada panorámica

VICTOR CARVALHO PINTO
Coordinador del Núcleo Ciudad y Regulación del Laboratorio Arq. Futuro de Ciudades del Insper

1. CONTEXTO Y MARCO GENERAL

1.1. Breve historia de la legislación

Hasta la promulgación de la actual Constitución brasileña, en 1988, no existía una clara competencia de la Unión y de los estados para legislar sobre derecho urbanístico. Prácticamente toda la legislación era municipal y las únicas normas federales pertinentes se referían a derecho civil, registros públicos, expropiaciones, parcelación de tierras y regiones metropolitanas. La propia autonomía del derecho urbanístico era cuestionada y muchas veces se trataba la materia en el ámbito del derecho administrativo, como poder de policía sobre las edificaciones.

La Constitución Federal confirió a la Unión competencia para legislar sobre normas generales del derecho urbanístico, lo que llevó a la publicación del Estatuto de la Ciudad en 2001, del Estatuto de la Metrópoli en 2015 y de la Ley de Regularización de Suelos en 2017. Junto con el Decreto-Ley sobre Expropiaciones por Utilidad Pública, de 1941, y con la Ley de Parcelación de Tierras, de 1979, que sufrieran varias reformas después de la Constitución, estas leyes constituyen la legislación básica del derecho urbanístico en Brasil. El Estatuto de la Ciudad es la ley más importante, ya que establece las directrices, planes e instrumentos básicos de la política urbana.

Varias otras leyes sectoriales también condicionan el desarrollo urbano, como las relativas a movilidad urbana, accesibilidad para personas con movilidad reducida, vías férreas, saneamiento básico, telecomunicaciones, protección del patrimonio cultural, licenciamiento ambiental, unidades de conservación, recursos hídricos, condominio inmobiliario, libertad económica, concesiones y parcerías público-privadas.

La Constitución también autorizó los estados a legislar sobre derecho urbanístico, pero solo lo hicieron Santa Catarina, Paraná y Rio Grande do Sul.

Por determinación de la Constitución y del Estatuto de la Ciudad, los municipios elaboran sus planes maestros, los cuales se actualizan cada diez años. En muchos municipios existe una legislación urbanística tradicional, anterior a la Constitución, que suele mantenerse: ley de parcelación, ley de uso y ocupación del suelo (zonificación), código de obras y edificaciones y código de posturas. Cada municipio es libre, sin embargo, para dictar las leyes que estime convenientes.

Cabe mencionar que la interpretación de las leyes federales por parte de los municipios presenta muchas variaciones. Tanto el plan maestro como los instrumentos del Estatuto de la Ciudad son aplicados con gran autonomía, lo que se traduce en una intensa fragmentación del derecho urbanístico efectivamente practicado en el país.

1.2. Marco Constitucional

La Constitución actual, promulgada en 1988, define al país como una República Federativa. La federación brasileña comprende no sólo la Unión y 26 estados, sino también 5.570 municipios. La capital del país, Brasilia, está ubicada en el Distrito Federal, que reúne los poderes estatales y municipales. Todas las entidades de la Federación son autónomas y reciben sus competencias directamente de la Constitución. No hay, por tanto, subordinación de los municipios a los estados o a la Unión. El régimen de gobierno es presidencial y se aplica tanto a la Unión como a los estados y municipios.

La Constitución contiene varias disposiciones sobre política urbana.

Se reconoce el derecho urbanístico como rama autónoma del derecho, cuyas normas pueden ser editadas por todas las entidades de la Federación. La Unión es responsable de legislar sobre las "normas generales". Con base en esta competencia se mantuvo la anterior legislación sobre expropiaciones (1941) y sobre parcelación de suelos (1979) y se redactaron los Estatutos de la Ciudad (2001) y de la Metrópoli (2015) y la Ley de Regularización de Tierras (2017).

Compete a los estados "suplementar" las regulaciones federales. A falta de una ley federal sobre normas generales, los estados ejercen la plena competencia legislativa. La superveniencia de una ley federal sobre las normas generales suspende la eficacia de la ley estatal, en lo que le es contrario. Debido a la fuerte tradición municipalista existente en el país, sólo los estados de Rio Grande do Sul[1], Paraná[2] y Santa Catarina[3] ejercieron esta competencia.

Se otorgaron a los municipios facultades para "legislar sobre asuntos de interés local", "suplementar las normas federales y estatales" y "promover la organización territorial, mediante la planificación y el control de la parcelación, ocupación y uso del suelo urbano". En la práctica, los municipios actúan con gran autonomía, no solamente aplicando las leyes federales en la ordenación de sus territorios, pero también legislando abstractamente sobre derecho urbanístico. La propia interpretación de las normas federales difiere substancialmente de un municipio al otro.

Los Estados pueden establecer "regiones metropolitanas, aglomeraciones urbanas y microrregiones", en las que se pueden agrupar los municipios, para que se organicen, planifiquen o ejecuten de manera integrada las "funciones públicas de interés común". Fueron instituidas 81 regiones metropolitanas y tres aglomeraciones urbanas en el país, pero la mayor parte es inoperante y en muchos casos no existe un fenómeno subyacente de conurbación que justifique la creación de la región.

---

1 Ley 10.116/1994.

2 Ley 15.229/2006.

3 Ley 17.492/2018.

La función social de la propiedad y el derecho de propiedad son reconocidos constitucionalmente como derechos fundamentales y principios del orden económico. En la carta política se observa un capítulo específico sobre Política Urbana, dentro del Título del Orden Económico. Los objetivos de esa política son definidos como "ordenar el pleno desarrollo de las funciones sociales de la ciudad" y "garantizar el bienestar de sus habitantes". El plan maestro (en portugués *plano diretor*) se define como el "instrumento básico" de política urbana, a ser aprobado por ley municipal y de obligada elaboración para las ciudades de más de 20.000 habitantes. La función social de la propiedad urbana se define como el cumplimiento de los "requisitos fundamentales de ordenación de la ciudad" expresados en el plan maestro. Se prevé la "parcelación o edificación" obligatoria de "suelos urbanos baldíos, infrautilizados o en desuso", por medio de la tributación inmobiliaria progresiva y la expropiación con pago en títulos de deuda pública. La usucapión, o prescripción adquisitiva, permite a los ocupantes de áreas que no son de su propiedad la seguridad jurídica como propietarios en el caso de suelo urbano privado de hasta 250 m^2 ocupado durante más de 5 años sin oposición del propietario.

Otros capítulos de la Constitución tratan de temas relativos al desarrollo urbano, como la tributación, el medio ambiente y el patrimonio cultural.

1.3. Influencias y principios orientadores de la legislación

La legislación federal brasileña es una constelación de normas editadas en diferentes momentos. Además, las leyes se negocian durante años en el Congreso Nacional, con una reducida influencia del Poder Ejecutivo, lo que hace que incorporen diferentes visiones y adopten un lenguaje genérico, en la búsqueda de un consenso entre los parlamentarios.

Hecha esta reserva inicial, analizaremos los principios y actores involucrados en la elaboración de la Constitución Federal y del Estatuto de la Ciudad.

Ambos textos normativos tuvieron influencia del Proyecto de Ley 775, de 1983, elaborado por el Poder Ejecutivo, aún bajo el régimen militar. Este proyecto contenía los principales elementos que luego fueron incluidos en la Constitución y el Estatuto de la Ciudad, como la ordenación urbanística obligatoria, la tributación de los solares baldíos, los instrumentos de política de suelo y la regularización de los asentamientos informales. Este proyecto tuvo su origen en estudios iniciados a mediados de la década de 1970, en el ámbito de la Comisión de Regiones Metropolitanas y Política Urbana del gobierno federal y se inspiró principalmente en la legislación francesa[4].

Había, en ese momento, dos cuestionamientos sobre su constitucionalidad: la competencia de la Unión para legislar sobre derecho urbanístico y la posible vulneración del derecho de propiedad. Esto explica por qué la Constitución fue tan enfática en afirmar la competencia legislativa de la Unión y de los Estados y el principio de la función social de la propiedad.

El Capítulo sobre Política Urbana de la Constitución Federal resultó de la acción de tres actores: el Ministerio de Desarrollo Urbano, el Foro de Reforma Urbana[5] y la Cámara Brasileña de la Industria de la Construcción. El gobierno de entonces tenía una línea política de centro y proponía un texto muy similar al aprobado, centrado en la delimitación del derecho de propiedad por los planes urbanísticos. El Foro de Reforma Urbana defendía restricciones a los derechos de propiedad para frenar la especulación inmobiliaria y la segregación de la población de bajos ingresos, así como la regularización de los asentamientos informales. La Cámara de la Construcción Civil, que representa la iniciativa privada, defendía el urbanismo, con protección de derecho de propiedad.

Al asignar al plan maestro la definición de la función social de la propiedad, la Constitución, en cierta medida, contempla todas estas

---

4 También fueron relevantes la doctrina española y la experiencia norte americana de transferencia de derecho de construir para protección del patrimonio cultural.

5 El Foro Nacional de Reforma Urbana, creado en 1987, agrupa movimientos sociales, ONGs y asociaciones profesionales, instituciones de investigación con el propósito de luchar por el derecho a la ciudad, modificando el proceso de segregación social y espacial para construir ciudades justas, inclusivas y democráticas. Presentó la Enmienda Popular para la Reforma Urbana a la Asamblea Constituyente, que obtuvo 133.068 firmas.

visiones. Se incorporó la lucha contra la especulación inmobiliaria, representada por el suelo urbano ocioso, mediante el uso de la tributación y la expropiación, pero condicionada a previa planificación urbanística.

El Estatuto de la Ciudad tuvo influencia directa del PL 775, de 1983, y fue negociado con los mismos actores a lo largo del proceso legislativo. Así, se incorporaron principios e instrumentos relacionados con el derecho a la ciudad, la gestión democrática de la ciudad, la regularización de asentamientos informales y la separación entre el derecho a construir y el derecho a la propiedad. Otra influencia importante fueron las experiencias de política urbana municipal de la década de 1990, en las que se desarrollaron instrumentos posteriormente incorporados al Estatuto, como la concesión onerosa del derecho de edificar, la operación urbanística consorciada y la cesión del derecho de edificar.

El derecho a la ciudad fue definido como el "derecho al suelo urbano, la vivienda, el saneamiento ambiental, la infraestructura urbana, el transporte y los servicios públicos, el trabajo y el esparcimiento, para las generaciones presentes y futuras". En los años siguientes, la expresión "derecho a la ciudad" pasó a ser adoptada por los movimientos sociales, en sustitución a "reforma urbana", para sintetizar un programa político de democratización del acceso a los bienes colectivos y servicios urbanos.

La gestión democrática se definió como la participación de la población y las asociaciones en la formulación, ejecución y seguimiento de los planes, programas y proyectos. El Estatuto menciona varias formas de participación (órganos colegiados; debates, audiencias y consultas públicas; conferencias; iniciativa popular de proyectos de ley), pero no define qué instrumentos deben ser adoptados en la preparación de cada tipo de plano. El modelo más común es la existencia de un consejo de política urbana, compuesto por representantes de entidades de la sociedad y de órganos públicos, y la realización de audiencias públicas en preparación del plan maestro. Si bien no existe una regla procesal estricta sobre la participación, es común que surjan acusaciones de incumplimiento del principio por parte de segmentos de la sociedad o por parte del Ministerio Público, lo que ha derivado en muchos casos en la anulación o suspensión de la aprobación de planes por la Justicia.

La regularización y urbanización de las áreas ocupadas por la población de bajos ingresos, mediante normas específicas de urbanización, uso y ocupación del suelo, fue adoptada como lineamiento a incorporar en los planes maestros (siempre en observancia de las disposiciones ambientales). En 2009, fue aprobada una ley específica sobre regularización, sustituida por la actual Ley de Regularización de Suelos, de 2017[6]. La Regularización del Suelo Urbano (Reurb), que comprende medidas legales, urbanísticas, ambientales y sociales destinadas a incorporar los centros urbanos informales a la planificación territorial urbana y la titular sus ocupantes. La Ley permite al municipio renunciar al cumplimiento de las normas urbanísticas ordinarias, pero exige la elaboración de un proyecto urbanístico específico para cada asentamiento, que incluya medidas paliativas y compensatorias de los daños urbanísticos y ambientales, además de la reubicación de edificaciones ubicadas en áreas de riesgo o protección ambiental.

La separación entre el derecho a edificar y el derecho de propiedad no se estableció como principio de derecho positivo, pero inspiró dos institutos muy importantes en el país: la concesión onerosa del derecho de construir y la operación urbana en consorcio, que permiten a los propietarios de solares obtener derechos de edificación adicionales, más allá de un coeficiente de aprovechamiento básico, definido como inherente al derecho de propiedad.

Un hecho destacado es que no existe una directriz, plan o instituto legal específico en el Estatuto o en otras leyes federales sobre la regeneración o rehabilitación urbana. Prevalece una visión desarrollista, que se limita a controlar la expansión urbana y la verticalización.

2. CLASIFICACIÓN Y DESTINO DE LOS SUELOS

La Ley de Parcelación del Suelo Urbano, de 1979, menciona tres clases de suelo: urbano, de expansión urbana y de urbanización espe-

---

6 El Instituto Brasileño de Geografía y Estadística (IBGE) estima que había 5,13 millones de viviendas informales, en 13.151 "agrupaciones subnormales", distribuidas en 734 municipios, en 2019. Esto corresponde al 7,8% de las viviendas del país. Los estados con mayor proporción son Amazonas, con 34,59%, y Espírito Santo, con 26,10%. En algunos municipios, la informalidad supera el 50%.

cífica, que deben ser delimitadas por el plan maestro[7]. Por exclusión, se entiende que los terrenos no incluidos en ninguna de estas clases se clasifican como rústicos. La única regla, que rige para las tres clases de suelo, es que sólo en ellos se permite la urbanización, es decir, solo pueden ser parcelados y destinados a la edificación solares en suelo urbano, de expansión urbana y de urbanización específica.

Si bien la ley nada dice al respecto, la doctrina entiende que la zona urbana comprende las áreas ya parceladas y la zona de expansión urbana, las áreas aún no parceladas, pero autorizadas para hacerlo. Las de urbanización específica corresponden a núcleos urbanos aislados en áreas rurales. Juntas, las zonas urbanas y de expansión urbana forman el perímetro urbano. No hay un criterio legal para su delimitación, que es una decisión discrecional del municipio.

El Código Tributario, a su vez, prevé la imposición del Impuesto Predial y Territorial Urbano (IPTU) a los inmuebles ubicados en el casco urbano, definidos como los provistos de al menos dos de las siguientes cinco mejoras: pavimentación, canalización de aguas pluviales; abastecimiento de agua; alcantarillado sanitario; iluminación pública; y escuela o centro de salud.

2.1. *Eficacia de las clases y categorías de suelo*

La urbanización está prohibida en suelo rústico. La ley agraria trata la parcelación de la tierra rústica y establece una fracción mínima de parcelación distinta para cada región del país, que corresponde a la superficie mínima que debe tener una propiedad rural. Sin embargo, son comunes los desarrollos urbanísticos en áreas rurales que buscan eludir esa restricción, denominados "fincas de recreo", a través de la constitución de condominios de derecho civil[8]. Además, la Ley de Regularización de Suelos (2017) clasifica como urbanos los

7 Esta fue la primera ley federal de derecho urbanístico. Previa a la Constitución, fue objeto de diversas modificaciones y regula, junto con el Estatuto de la Ciudad, el proceso de expansión urbana.

8 Estos condominios no se consideran una forma de subdivisión del suelo urbano y por lo tanto no están sujetos a los requisitos de asignación de áreas públicas. Eso proceso resulta en una dispersión urbana de baja densidad y mala calidad, con altos costos de provisión de servicios públicos.

asentamientos con uso y características urbanas, aunque se encuentren en zona rural.

En áreas de expansión urbana, el Estatuto de la Ciudad exige, como condición previa para la urbanización, la aprobación por ley municipal de un proyecto de ampliación del perímetro urbano. Además, la Ley de Parcelación de Suelo Urbano prevé una etapa previa a la elaboración del proyecto de parcelación, en la cual el municipio emite lineamientos de urbanización, en los cuales se establece el diseño urbano básico a observar. Si se considera que la promulgación de esos lineamientos es un acto discrecional, es posible concluir que no hay un derecho a urbanizar inherente al derecho de propiedad. Corresponde al municipio evaluar, en cada caso concreto, si la parcelación es oportuna y conveniente y definir las cargas a que estará sujeta. Es común, sin embargo, la delimitación de extensas zonas de expansión urbana y la concesión de licencias para parcelación de fincas distantes, sin que exista proyecto de ampliación del perímetro urbano ni lineamientos de urbanización.

No existe una tipología nacional para zonificación del suelo urbano y de expansión urbana. Cada municipio es libre de establecer sus categorías de zonificación. La Ley de Parcelación del Suelo Urbano sólo prevé que la legislación municipal establezca para cada zona los usos permitidos, las superficies mínimas y máximas de los solares y los coeficientes máximos de utilización. La adopción de zonificación de baja densidad y exclusivamente residencial es común, lo que resulta en barrios sin vitalidad, peligrosos y en los cuales el automóvil particular es el principal medio de locomoción. Su densificación, que permitiría un mejor aprovechamiento de la infraestructura existente, con reducción de la presión por expansión horizontal, es, sin embargo, frecuentemente combatida por los moradores.

La clasificación y zonificación conforman el contenido urbanístico del derecho de propiedad.

2.2. Necesidad de indemnización

No existe el concepto de adquisición del derecho a construir como consecuencia del cumplimiento de las cargas urbanísticas. El derecho a edificar sobre el solar está definido y puede ser ampliado o reducido por el plan maestro, fijándose un coeficiente básico de utilización para cada zona. La reducción de la edificabilidad ha ocurrido en algunos municipios, para posteriormente instituir la concesión onerosa sobre la edificabilidad superior al coeficiente básico. Esas reducciones no son indemnizables, siempre y cuando no eliminen por completo la posibilidad de aprovechamiento económico del solar. En ese caso, se entiende que hubo una "expropiación indirecta", que debe ser indemnizada.

El Estatuto de la Ciudad admite, sin embargo, la posibilidad de transferencia del derecho de construir en casos de protección del patrimonio cultural o del medio ambiente, hipótesis en que podrá ser aprovechado en otro solar del mismo propietario o alienado a terceros. Esa transferencia no es considerada una indemnización, pero un fomento, pues el beneficiario es obligado a mantener el inmueble protegido en buen estado de conservación.

2.3. Captura de plusvalías

El Estatuto de la Ciudad prevé como principio la recuperación de las inversiones públicas que resulten de la valorización inmobiliaria. La Constitución menciona la posibilidad de utilizar la contribución de mejoras sobre propiedades contiguas a obras públicas que se valoricen, pero es raro su empleo.

Las obras públicas en el territorio urbano se financian generalmente con recursos del presupuesto público e implican la expropiación de terrenos. Aunque la legislación permite, desde 1941, la expropiación de predios colindantes, para su reventa, como forma de financiar el proyecto, en general no se expropia el entorno de las infraestructuras implantadas. También se acepta la expropiación urbanística, para reparcelación de terrenos, con posterior reventa o explotación económica de las unidades producidas.

Como fue ya mencionado, el Estatuto de la Ciudad prevé la posibilidad de implementar la concesión onerosa del potencial edificatorio que supere el coeficiente básico de aprovechamiento definido en el plan maestro o por los cambios de uso que supongan una valorización del inmueble (en portugués, *outorga onerosa do direito de construir*). Como regla general, estos recursos se destinan a un fondo de desarrollo urbano, que puede financiar obras en toda la ciudad. El criterio para calcular el monto cobrado es definido por ley municipal.

En el caso de operaciones urbanas en consorcio, se permite la emisión de certificados adicionales de construcción (CEPAC), vendidos por la municipalidad en subasta y negociables libremente en bolsa de valores. Los fondos recaudados están vinculados a la ejecución de obras públicas previstas en el plan de la operación. La emisión de CEPACs está regulada y supervisada por la Comisión de Valores Mobiliarios, una agencia federal a cargo de regular el mercado de capitales[9].

También es común observar la creación de exigencias, tasas y otras figuras asociadas a la noción de mitigación o compensación de impacto urbano, que se establecen como condición para la aprobación de proyectos de gran escala. Esas exigencias no están claramente previstas en la legislación federal y han sido creadas por normas municipales. Para frenar los abusos, en 2019 se incluyeron limitaciones a esta práctica en la Ley de Libertad Económica, que establece normas para proteger la iniciativa privada y el libre ejercicio de la actividad económica. La Ley prohíbe la exigencia de medidas que (i) ya estuvieran previstas antes de la solicitud de licencia; (ii) busquen compensar impactos no generados por el proyecto; (iii) beneficien áreas no impactadas por el proyecto; (iv) sean irrazonables o desproporcionadas.

2.4. Cargas urbanísticas

La urbanización ocurre por medio de la parcelación del suelo, por iniciativa del propietario de la finca, y está sujeta a cargas urbanísticas: destinación de suelo —que se transfiere al municipio— a la red vial, áreas libres de uso público y equipamiento comunitario (como escuelas, canchas deportivas y centros de salud); y la implantación de infraestructura básica de saneamiento (abastecimiento de

---

[9] Los municipios de São Paulo y Río de Janeiro realizaron operaciones exitosas. São Paulo es la principal referencia respecto a la concesión onerosa del derecho a construir.

agua, alcantarillado saneamiento, drenaje pluvial y manejo de residuos sólidos), electricidad y alumbrado público.

Además de esas cargas incidentes directamente sobre el terreno que se pretende urbanizar, hay situaciones en que las concesionarias de energía y saneamiento condicionan la prestación de los servicios a obras de ampliación de la capacidad general del sistema o de conexión entre la red existente y la que será implantada en la parcelación. Esa relación entre emprendedores y concesionarias es disciplinada por normas editadas por agencias reguladoras. En el caso de la energía eléctrica, por la Agencia Nacional de Energía Eléctrica (ANEEL). En el caso del saneamiento, por agencias locales[10].

2.5. Destinación de suelo para vivienda social

El Estatuto de la Ciudad dispone que el plan maestro delimite zonas especiales de interés social (ZEIS), destinadas a viviendas para la población de bajos ingresos. En muchos municipios, han sido delimitadas como ZEIS áreas con asentamientos informales, terrenos ociosos o edificios abandonados. El principal objetivo de esas zonas es evitar la gentrificación de áreas ya ocupadas por los pobres prohibiéndose, por ejemplo, la fusión de lotes.

No existe en la legislación federal una obligación de dotaciones para vivienda social en el proceso de parcelación del suelo.

Un desarrollo reciente ha sido la inclusión, en algunos planos maestros y leyes locales, de incentivos urbanísticos o tributarios para la producción de vivienda popular, especialmente en áreas centrales o próximas a redes ferroviarias de movilidad.

3. PLANIFICACIÓN

En cuanto a la planificación, la ley brasileña es muy deficiente. La ausencia de un principio de tipificación, con reserva de materias

---

10 La Agencia Nacional de Agua y Saneamiento Básico (ANA) está facultada para emitir "normas de referencia", que son lineamientos para las agencias locales. Su cumplimiento no es obligatorio, pero puede ser requerido como condición para acceder a los recursos federales.

para cada tipo de plan, redunda en una baja institucionalización del urbanismo, con decisiones mal fundamentadas, opacidad en la legislación vigente.

También existe una desconexión entre la planificación y la gestión, especialmente en lo que respecta a las obras públicas, que muchas veces van en contra del orden territorial establecido en los planes.

3.1. Naturaleza jurídica de los planes

No hay una clara distinción entre planes y leyes. Los planes urbanísticos son aprobados por leyes municipales, elaboradas por proceso legislativo ordinario. Aunque los proyectos de ley se originen en el ámbito del Poder Ejecutivo, y se elaboren mediante un procedimiento administrativo específico, con participación de la población, pueden ser alterados y modificados libremente por el Poder Legislativo. Con frecuencia, de este proceso resultan planes incoherentes y deficientes. De otro lado, como no hay una tipificación de los planes, leyes en general pueden crear nuevas reglas para partes del territorio, que se superponen a las de los planes. Algunos municipios, como Sao Paulo, Río de Janeiro y Porto Alegre, han aprobado leyes específicas para la regeneración de sus centros históricos, que no alteran directamente a los planos maestros, pero crean reglas adicionales, que deben aplicarse simultáneamente.

Se considera que los planes son vinculantes para los particulares y para la administración pública. Sin embargo, es común la realización de obras públicas no previstas en ningún plan y sin licenciamiento urbanístico.

3.2. Competencias

La Constitución menciona "planes nacionales y regionales de ordenación del territorio", pero no se ha reglamentado este dispositivo, por lo que en la práctica no se observa ningún plan de esta naturaleza aprobado en ámbito nacional o estatal. La legislación ambiental prevé la zonificación ecológico-económica (ZEE), que está regulada por un decreto federal y es elaborada por los gobiernos estatales. La ZEE ordena el territorio del estado o de una microrregión, con la preocupación principal de preservar áreas ambientalmente sensibles. En algunos caos, esa zonificación limita la regulación municipal, principalmente en lo que respecta a la expansión urbana.

El Estatuto de la Metrópoli prevé la elaboración de un plan de desarrollo urbano integrado (PDUI) para las regiones metropolitanas y las aglomeraciones urbanas, aprobado por la ley estatal. A pesar de eso, pocos planes han sido elaborados y apenas uno ha sido aprobado[11].

Todos los demás planes son de responsabilidad local. Como los municipios son autónomos, ni la Unión ni los estados precisan aprobar o pueden alterar estos planes. Los planes locales deben respetar normas de la Unión y de los estados en materia de urbanismo, prevención de desastres, patrimonio cultural y medio ambiente, pero esos entes no tienen poderes para fiscalizar esa obligación.

Lo que a veces ocurre es su anulación por el Poder Judicial, en acciones civiles públicas promovidas por el Ministerio Público, por incumplimiento del principio de gestión democrática de la ciudad o falta de fundamento técnico.

El activismo judicial en materia de política pública es alto en Brasil. En el caso del urbanismo, es común que se paralicen obras, públicas o privadas, incluso aún cuando ya hayan comenzado, que se anulen planes o se interrumpa su preparación y que se determine la regularización de asentamientos informales. En general, estas medidas se basan en principios generales de política urbanística o medioambiental, y no en una aplicación directa de los planes urbanísticos.

3.3. Tipos de planes

No existe en Brasil un sistema de gestión territorial con instrumentos de planificación tipificados. Algunos tipos de planes están previstos en ley federal, como por ejemplo el plan maestro y el PDUI. En general se establece una definición genérica de su contenido material, pero sin definición de contenido documental ni homogenización de conceptos, tipos de zonas o representación gráfica a observar

---

11 PDUI de la Gran Vitória en el Estado de Espírito Santo. Río de Janeiro y Belo Horizonte elaboraron el proyecto, pero no lograron su aprobación como Ley.

en la cartografía. Otros planes sólo se mencionan, sin definición de su contenido como el de operación urbana consorciada. No se detalla el procedimiento que se debe observar en la elaboración de cualquier plan.

Los municipios también son libres de crear nuevas categorías de planes o de aprobar leyes genéricas en materia urbanística. Por ello, es común en la legislación federal el empleo de la expresión "legislación municipal" para designar cualquier plan o norma aprobada por el municipio.

En la mayoría de los municipios, las normas de zonificación son vehiculadas por "leyes de uso y ocupación de suelo" (LUOS), que no están contempladas como un instrumento de ordenamiento territorial en ninguna ley federal o estatal. La LUOS, cuando existe, es el principal plan urbanístico en el municipio, pues es más detallada que el plan maestro y establece los índices y usos que califican efectivamente el territorio. A pesar de eso, no está sujeta al mismo escrutinio con relación a la participación ciudadana.

El Supremo Tribunal Federal reconoció, en 2015, que existe una jerarquía entre el plan maestro y las demás leyes urbanas municipales, pero no existe instrumento judicial o administrativo instituido para asegurar la compatibilidad entre el plan y las demás leyes[12]. En resumen, sería posible, por ejemplo, considerar nulos dispositivos de una LUOS o de otra ley municipal, por contrariedad al plan maestro. En la práctica, esto es casi imposible si el municipio adopta un plan maestro puramente estratégico, pues el juicio de conformidad entre índices urbanísticos y directrices generales es muy subjetivo.

Un desarrollo reciente en las prácticas municipales es el requisito de estudios de impacto en el vecindario (un instrumento previsto en el Estatuto de la Ciudad) o instrumentos similares para categorías crecientes de situaciones. Los resultados de tales estudios pueden indicar restricciones y medidas de mitigación de obligatoria observancia, además de la regulación constante de los planes urbanísticos.

Luego de estas consideraciones generales, presentamos a continuación los planes previstos en la legislación federal.

---

12 RE 607940.

Los planes y proyectos urbanos con contenido disciplinado en la ley federal son el plan de desarrollo urbano integrado (PDUI) para regiones metropolitanas, el plan maestro, el proyecto de ampliación del perímetro urbano, el plan de operación urbana consorciada, el proyecto de parcelación y el proyecto de regularización de suelos.

También se hace mención a "planes de urbanización, renovación urbana o parcelación o reparcelación de terrenos" en la legislación sobre expropiaciones, pero sin detallar su contenido.

El PDUI debe contener lineamientos para las funciones públicas de interés común, la articulación intersectorial y la regularización de suelos; macrozonificación y delimitación de áreas con restricciones a la urbanización o en riesgo de desastres naturales.

El plan maestro, definido por la Constitución como "instrumento básico de la política de desarrollo y expansión urbana", debe ser aprobado por ley municipal y actualizado a cada diez años. La omisión del alcalde en esa obligación es considerada una falta administrativa.

El Estatuto de la Ciudad define como contenido obligatorio del plan maestro la delimitación de las áreas sujetas a parcelación o edificación forzosa, derecho de tanteo, concesión onerosa del derecho de edificar o cambio de uso, operaciones urbanísticas en consorcio y transferencia del derecho de edificar. En el caso de municipios con áreas de riesgo, también se requiere que el plan contenga parámetros de parcelación, uso y ocupación del suelo, mapeo de áreas de riesgo, planificación de acciones preventivas, medidas de drenaje, lineamientos para la regularización de suelos, demarcación de zonas de especial interés social y áreas verdes.

En muchos municipios, los planes maestros agregan lineamientos genéricos a estos elementos, tratan de otras políticas sectoriales, regulan de manera abstracta los instrumentos de política urbana previstos en las leyes federales y crean otros instrumentos, dejando el establecimiento de la zonificación definitiva a la ley de uso y ocupación de suelo.

Para las zonas de expansión urbana, el Estatuto de la Ciudad prevé la elaboración de un proyecto de ampliación del perímetro urbano, con la delimitación de áreas con restricciones a la urbanización o sujetos a control especial; para implantación de infraestructura, red vial, equipamientos públicos, urbanos y sociales; parámetros de parcelación, uso y ocupación del suelo; demarcación de áreas especiales de interés social; lineamientos para la protección del patrimonio ambiental y cultural; y definición de mecanismos para asegurar la justa distribución de las cargas y beneficios de la urbanización y la recuperación de la plusvalía inmobiliaria.

El Estatuto de la Ciudad permite que el plan maestro delimite áreas para la aplicación de la operación urbana consorciada, definida como un "conjunto de intervenciones y medidas coordinadas por el poder público, con el objetivo de lograr transformaciones urbanas estructurales, mejoras sociales y ambientales". En estas áreas, los índices urbanos y normas de construcción pueden ser alterados y construcciones regularizadas. También se conceden incentivos para tecnologías que reduzcan los impactos ambientales y ahorren recursos naturales. La operación deberá ser aprobada por ley municipal, que contenga un plan con el siguiente contenido: programa básico de ocupación del área; programa de asistencia económica y social para la población afectada; objetivos de la operación; estudio de impacto en el vecindario; contraprestación exigida a los propietarios, usuarios e inversores; y naturaleza de los incentivos otorgados.

El proyecto de parcelación, que es la división de una finca, con apertura de nuevas vías de circulación y áreas públicas, debe contener, de acuerdo con la Ley de Parcelación del Suelo Urbano, la división de manzanas en solares; el sistema vial; las dimensiones lineales y angulares del proyecto; los perfiles longitudinales y transversales de las vías de circulación y plazas; marcas de alineación y nivelación; y líneas de drenaje de aguas pluviales. Los proyectos de parcelación pueden ir acompañados de restricciones urbanísticas convencionales, similares a normas de zonificación, complementarias a la legislación municipal.

La Ley de Regularización de Suelos prevé el proyecto de regularización de tierras urbanas, que debe contener: áreas ocupadas, red vial y unidades inmobiliarias existentes y proyectadas; unidades a regularizar; manzanas y su subdivisión en solares; áreas públicas, espacios abiertos y áreas destinadas a edificios públicos y equipamientos urbanos; usucapión de áreas; medidas para corregir las no conformidades urbanísticas y ambientales; y obras de infraestructura esenciales.

Tanto el proyecto de parcelación como el proyecto de regularización de suelo urbano se aprueban por acto administrativo en sede puramente ejecutiva, sin requerir de aprobación o participación del poder legislativo local.

También se mencionan, sin mayor detalle sobre su contenido, los planes de urbanización, renovación urbana, parcelación o reparcelación (Decreto-Ley de Expropiación) y los proyectos urbanísticos en torno a la infraestructura ferroviaria (Ley Ferroviaria). Por analogía, es posible considerar el régimen del proyecto de parcelación aplicable a dichos planes, ya que modifican el diseño urbano originalmente establecido de esta manera.

Es importante señalar, sin embargo, que la expropiación se admite independientemente de la existencia de planes o proyectos específicos o disposiciones en el plan maestro. El objetivo principal de los planes es regular las actividades de los particulares. No existe una regulación clara en cuanto a la sumisión de obras públicas al planeamiento urbanístico.

3.4. Relación entre planes territoriales y sectoriales

La legislación no define claramente una jerarquía entre planes urbanísticos y sectoriales. En algunos casos, la jurisprudencia es favorable a concesionarios de servicios federales, sujetos a obligaciones contractuales de expansión del servicio, en casos de implantación de equipamientos sin licencia urbanística[13].

Diversas leyes sectoriales prevén la coordinación con los planes territoriales, pero no hay mecanismos específicos para que esto ocurra.

En lo que respecta a conflictos entre la legislación ambiental y los planes urbanísticos, prevalece el entendimiento de que se debe aplicar la norma más restrictiva. Es posible, sin embargo, la regularización de núcleos urbanos informales, en áreas de protección ambiental condicionada a la elaboración de un estudio técnico que demuestre la mejora de las condiciones ambientales en relación a la situación anterior.

---

13 Un ejemplo es el despliegue de antenas para expandir la red de telefonía celular 5G.

Un problema grave es la desconexión entre la planificación territorial y las obras públicas. Es común que las obras de gran impacto urbanístico, como la ampliación de la red vial o de las vías férreas, se realicen por decisión exclusiva del órgano sectorial, sin licencia ni consulta con el órgano de planificación urbana.

4. INTERVENCIÓN PÚBLICO-PRIVADA EN LA EJECUCIÓN DEL PLANEAMIENTO

4.1. Responsabilidad por la urbanización

El urbanismo de la gran mayoría de las ciudades brasileñas se basa predominantemente en la iniciativa de los propietarios, aunque sujeta a la regulación establecida en los planes urbanos[14].

La urbanización se lleva a cabo mediante la parcelación del suelo, que es una decisión de los propietarios. El municipio delimita las zonas de expansión urbana, en las que es posible la parcelación, y establece las pautas de urbanización, que se observarán en la elaboración de los proyectos de parcelación. Si bien el Estatuto de la Ciudad exige la elaboración de un proyecto de ampliación del perímetro urbano como condición para la parcelación de terrenos, este requisito, como fue mencionado, rara vez se cumple.

La edificación en los solares también se realiza por iniciativa de los propietarios. Es común que muchos permanezcan baldíos durante muchos años después de concluida la parcelación.

La Constitución y el Estatuto de la Ciudad disciplinan la parcelación o edificación forzosa de áreas delimitadas por el plan maestro, mediante el aumento del impuesto predial y territorial urbano y la posterior expropiación de inmueble. Sin embargo, su aplicación presenta dificultades políticas y operacionales, con pocas experiencias locales. También se acepta la formación de un consorcio inmobilia-

---

14 Algunas ciudades, sin embargo, han sido proyectadas y urbanizadas por iniciativa pública. Entre esas, se destaca Brasília, de 1960, capital del país, inscripta por la Organización de las Naciones Unidas para la Educación, la Ciencia y la Cultura (UNESCO) en la Lista del Patrimonio Mundial por se tratar de un ejemplo único expresión de los principios urbanísticos del Movimiento Modernista.

rio, en el que el municipio ejecuta la obra y devuelve al propietario unidades de valor equivalentes a la propiedad original. El alcance de este instrumento se limita a cada propiedad considerada individualmente. A pesar de su gran potencial como instrumento para el cumplimiento de la función social de la propiedad, el consorcio inmobiliario aún no ha sido puesto en práctica por ningún municipio. No existe un sistema de reparcelación por iniciativa pública al que deban someterse todos los propietarios de una determinada superficie. Una medida de esta naturaleza podría tener lugar previa expropiación o por adhesión voluntaria de las propiedades necesarias, pero no hay experiencias en ese sentido.

La Ley Federal de Ferrocarriles de 2022 exige que la ejecución de nuevas líneas en zonas urbanas sea precedida de un proyecto urbanístico, que puede ser ejecutado por un fondo inmobiliario con posibilidad de adhesión voluntaria por parte de los propietarios de los inmuebles afectados. El fondo podrá expropiar a los propietarios no adherentes y promover la reparcelación de suelo, con el objetivo de minimizar los posibles impactos negativos, proporcionar un uso eficiente del suelo y maximizar los efectos positivos sobre la movilidad urbana.

Lo que se pretende es que los operadores ferroviarios, en alianza con los promotores inmobiliarios, promuevan la reurbanización del entorno de las líneas y estaciones, con el fin de promover su densificación y orientar la valorización inmobiliaria captada a la financiación del sistema de movilidad urbana.

4.2. Régimen jurídico de la edificación

No existe en la legislación federal una obligación de conservar los edificios existentes, excepto cuando estén catalogados como patrimonio cultural. Las leyes municipales se limitan a prever la interdicción de edificios en ruinas. Algunos municipios han adoptado recientemente leyes con incentivos a la reconversión y reciclaje de edificaciones, buscando promover la revitalización de áreas centrales. Esas leyes conceden incentivos tributarios y exoneran o flexibilizan el cumplimiento de algunas exigencias de accesibilidad, prevención de incendios y zonificación, reglas que, de otra manera serían obligatorias para da reforma de edificaciones.

5. DISCIPLINA URBANÍSTICA: CONTROL DEL CUMPLIMIENTO DE LA LEGALIDAD

5.1. Infracciones urbanísticas

Tanto la parcelación del suelo como la construcción de edificios y su uso para actividades no residenciales están sujetas a licencia urbanística municipal. Una vez realizada la obra, se verifica el cumplimiento del proyecto aprobado. En muchos municipios, sin embargo, no se requiere la licencia de obras y edificios públicos.

En algunos estados, ciertas categorías de parcelación están sujetas a la aprobación estatal. Paralelamente a la licencia urbanística, en muchos proyectos también es necesario la obtención de una licencia o consentimiento de los organismos responsables de las áreas ambiental, de protección del patrimonio cultural, de accesibilidad y de prevención de incendios.

La legislación federal estableció únicamente las reglas para la concesión de licencias de parcelación. El licenciamiento de las edificaciones es disciplinado localmente, en especial en los Códigos de Obras y Edificaciones.

El licenciamiento de uso de edificios también es disciplinado localmente. En general, se exige, para actividades no residenciales, una licencia de "ubicación y permiso de operación", pero la Ley de Libertad Económica estableció una exención para actividades de "bajo riesgo".

La represión administrativa de las infracciones urbanísticas es objeto exclusivo de las leyes municipales. Por regla general, se prevén medidas de interdicción de actividades, embargo de obras en curso y demolición de obras terminadas, además de multas.

En la mayor parte del país, el control de la legalidad urbanística es deficiente, lo que genera una irregularidad generalizada. Esta situación abarca áreas habitadas tanto por población con mayor capacidad económica como aquellas con menor capacidad económica.

En el caso de los asentamientos precarios, la alternativa jurídica creada son las políticas de regularización de suelo. La regularización de suelos está disciplinada por una ley federal de 2017, que contempla medidas legales, urbanísticas, ambientales y sociales destinadas a incorporar los centros urbanos informales a la planificación territorial urbana y a promover la titulación de sus ocupantes. La regularización de los núcleos urbanos informales consolidados depende de la aprobación de un proyecto urbano por parte de la municipalidad, que debe preservar en la medida de lo posible la ocupación existente, pero puede reubicar a algunos residentes, con el fin de eliminar riesgos de desastres, proteger áreas ambientalmente sensibles, ampliar o ensanchar el sistema vial y abrir espacios públicos. La responsabilidad por la elaboración del proyecto y ejecución de las obras de urbanización recae en la municipalidad en el caso de los asentamientos de bajos ingresos y en los vecinos en los demás casos.

En cuanto a la represión penal de los ilícitos urbanísticos, la Ley de Parcelación tipifica como delito la urbanización y el registro inmobiliario de urbanizaciones sin licencia, y la Ley de Delitos Ambientales define como "delitos contra la ordenación urbana" la destrucción de bienes protegidos y la construcción en suelo no edificable.

En cuanto a la conducta de los agentes públicos, el Estatuto de la Ciudad tipifica como falta administrativa la no elaboración o actualización del plan maestro, que puede resultar en pérdida del servicio civil, suspensión de los derechos políticos y pago de multa.

5.2. Competencias para vigilancia y disciplina

Tanto la vigilancia de la ocupación del suelo como la aplicación de medidas administrativas y sanciones son de competencia municipal.

Es común, sin embargo, que el Ministerio Público actúe directamente contra particulares, mediante recurso al Poder Judicial, para que este determine medidas de embargo, demolición o interdicción.

6. CONCLUSIÓN

A pesar de tener un capítulo sobre política urbana en su Constitución y una ley federal avanzada (El Estatuto de la Ciudad), el derecho urbanístico brasileño es predominantemente municipal. Hay muchos temas sin ninguna disciplina federal o estatal y las leyes existentes se aplican de manera diferente por cada municipio.

Son especialmente graves las deficiencias relacionadas con el sistema de planeamiento y la ausencia de una técnica de reparcelación que viabilice la iniciativa pública en la ejecución de las operaciones urbanísticas.

Se puede destacar como aspectos positivos la separación entre el derecho a construir y el derecho a la propiedad, materializados en instrumentos como la concesión onerosa del derecho a construir, las cédulas de edificabilidad adicional y la cesión del derecho a construir, bien como la existencia de un sistema específico de regularización de asentamientos informales que pondera los intereses de los ocupantes con las exigencias urbanísticas y ambientales.

Legislación citada

- Decreto-Ley sobre Expropiaciones por Utilidad Pública. Decreto-Ley 3.365/1941.
- Código Tributario Nacional. Ley 5.172/1966.
- Ley de Parcelación del Suelo Urbano. Ley 6.766/1979
- Ley de Delitos Ambientales. Ley 9.605/1998.
- Estatuto de la Ciudad. Ley 10.257/2001.
- Decreto de Zonificación Económico-Ecológica. Decreto 4.297/2002.
- Estatuto de la Metrópoli. Ley 13.089/2015.
- Ley de Regularización de Suelos. Ley 13.465/2017.
- Ley de Libertad Económica. Ley 13.874/2019.
- Ley de Ferrocarriles. Ley 14.273/2021.

Bibliografía

Apparecido Junior, José Antonio. (2017). *Direito urbanístico aplicado: os caminhos da eficiência jurídica nos projetos urbanísticos.* Curitiba: Juruá.

Pinto, Victor Carvalho. (2014). *Direito Urbanístico: Plano Diretor e Direito de Propriedade.* 4ª edição. São Paulo: Revista dos Tribunais.

Silva, José Afonso da. (2012). *Direito Urbanístico Brasileiro.* 7ª edição. São Paulo: Malheiros.

El Derecho territorial y urbano en Colombia

JUAN FELIPE PINILLA P.

1. CONTEXTO Y MARCO GENERAL

A pesar de lo relativamente novedoso en el contexto colombiano del llamado derecho urbano, las respuestas jurídicas locales a los problemas del ordenamiento de las ciudades han existido desde principios del siglo XX. Problemas relativos a los conflictos entre predios, sus servidumbres, retiros, aislamientos o la existencia de planos reguladores de las construcciones, dieron origen a las técnicas más tradicionales de la regulación urbanística vinculadas al poder de policía[1]. Estas primeras respuestas jurídicas a los conflictos y problemas del ordenamiento urbano siempre tuvieron como eje central de la intervención estatal con técnicas clásicas provenientes del derecho policivo, asociadas a la necesidad de contar con permisos o licencias para el levantamiento de construcciones.

Aparejado al rápido proceso de urbanización que experimentó Colombia a partir de mediados del siglo pasado, tales respuestas —típicamente desarticuladas y muy casuísticas— empezaron a mostrarse

---

1 También conocido en el contexto colombiano como "poder administrativo de policía" que implica tanto el ejercicio de regulación (mediante expedición de leyes, reglamentos o actos individuales de autoridades administrativas), como la aplicación efectiva de las medidas policivas respectivas (pudiendo acudir a la fuerza coercitiva para lograr su cumplimiento), por lo cual se ha sostenido que el poder de policía transita a lo largo de las amplísimas esferas de "lo policivo" y de "lo administrativo". Para mayor información sobre el uso del poder de policía en el contexto de la regulación urbanística puede consultarse: Barreto y Pinilla 2013.

insuficientes frente a la magnitud de los retos que se generan como parte del proceso de transformación del territorio en núcleos cada vez más densos de población, donde las necesidades de provisión de infraestructura y vivienda eran —y aún son— cada vez más apremiantes.

En tal contexto, las competencias municipales para afrontar las crecientes demandas de acción frente a los rápidos procesos de urbanización que se venían presentando, se mostraron débiles para enfrentar de forma completa tal dinámica. Es de esta manera, como en Colombia se inició con un importante debate en torno a la necesidad de renovar la forma de intervención de las autoridades públicas —y especialmente las locales o municipales— en los asuntos del desarrollo urbano.

Las respuestas jurídicas tradicionales no partían de un proceso de reconceptualización del papel central de la propiedad inmueble en la regulación sobre el uso y aprovechamiento del suelo. Por el contrario, el debate en torno a la renovación de la forma de intervención de las autoridades públicas al que se hace referencia, partió justamente de tal reconceptualización.

A partir de la década de 1960 empezó un duro esfuerzo para traducir y concretar el principio constitucional de la función social de la propiedad[2], y para llevar sus potencialidades al contexto de las tierras urbanas o periurbanas[3]. Este esfuerzo se tradujo en primer término, en el trámite de legislaciones de protección a los inquilinos y en la presentación de 17 proyectos de reforma urbana entre 1970 y 1989 que no fueron aprobados por el Congreso de la República. Finalmente, y después de tres años de debates parlamentarios, en 1989 fue aprobada la Ley de Reforma Urbana, que se constituye como el principal antecedente de la legislación sobre suelo urbano en Colombia. La aprobación de esta ley representó una gran conquista en

---

2 En Colombia desde 1936 se incluyo en la Constitución Política la definición de la propiedad como función social.

3 No hay que olvidar el contexto en que la preocupación por la función social de la propiedad surge: necesidades de redistribución y mayor explotación de la tierra rural, que para la década de los 30 concentraban las preocupaciones en torno al manejo y aprovechamiento del suelo.

el camino de dotar de un marco operativo de referencia a la cuestión de la gestión urbana, y especialmente de la gestión del suelo urbano.

La Ley 9ª fue expedida atendiendo al objetivo de servir de soporte a una política integral de desarrollo regional y urbano, vivienda y servicios públicos, inscrita en un enfoque de planeación del desarrollo económico y social, basada en la reforma del uso y tenencia de la tierra urbana y su régimen tributario, en la incorporación de tierras al desarrollo urbano para adelantar proyectos de vivienda social, y en la búsqueda de mecanismos que facilitaran la adquisición pública de tierras y la reserva de suelos bien localizados a través de bancos municipales de tierra.

Esta Ley fue objeto de un conjunto muy importante de demandas de constitucionalidad que cuestionaron duramente su alineación con la Constitución Política vigente en aquel momento —la Constitución de 1886—. Estas demandas representaron trasladar las discusiones y el debate que se había dado en el proceso legislativo a la Corte Suprema de Justicia. La jurisprudencia que se produjo con ocasión de estas demandas reconoció su constitucionalidad y contribuyó de forma muy importante a comprender y dimensionar los efectos que estaba llamada a cumplir esta legislación. No obstante, a pesar de la variedad de instrumentos incluidos en esta Ley y del respaldo judicial que recibió, no fue objeto de una aplicación sistemática por parte de los municipios colombianos.

Igualmente, poco tiempo después se expidió una nueva constitución política en el país, la Constitución Política de 1991, la cual tuvo presente algunos de los puntos del debate desarrollado durante el largo proceso de formulación de la Ley de Reforma Urbana.

El primero de ellos fue la afirmación de asimilar la propiedad a una función social, añadiéndole la consideración de que le es inherente una función ecológica. Así las cosas, la propiedad es reconocida desde la Constitución como una función social que implica obligaciones, elemento básico que contribuye a delinear el sistema urbanístico colombiano. El artículo 58 de la Carta introduce además derechos colectivos o intereses difusos, que constituyen otro de los elementos centrales del derecho urbanístico y ambiental: el primero, sobre el que se volverá más adelante, es el hecho de que en la fijación de la indemnización en los casos de expropiación, se consultarán los intereses de la comunidad y del afectado.

En esta misma línea, el capítulo de los derechos colectivos y del medio ambiente de la Constitución, establece el derecho al medio ambiente como un derecho colectivo, vincula al uso común el espacio público y establece el derecho de las entidades públicas (en tanto representantes de la colectividad) a participar en la plusvalía que genere su acción urbanística y regular la utilización del suelo y del espacio aéreo urbano en defensa del interés común[4].

Por su parte, la Ley 388 de 1997 se tramitó para ajustar las disposiciones de la Ley 9ª de 1989 a la recientemente promulgada Constitución Política de 1991, así como para hacer operativos algunos de sus instrumentos de gestión y de financiación que habían presentado problemas en la aplicación.

El postulado vigente de la política urbana en esa época, y que sirvió como base para la formulación de la Ley 388 de 1997 era la de: *"tanto mercado como sea posible, tanto Estado como sea necesario"*, la cual permitió fortalecer la presencia e intervención de los municipios en la gestión del suelo urbano y urbanizable. En este orden de ideas, es claro el avance que tuvo este nuevo cuerpo normativo en materia de articulación de instrumentos de planeación e instrumentos de gestión del suelo, y en la configuración de un régimen urbanístico que articula la propiedad privada con los objetivos del ordenamiento a partir del principio de reparto equitativo de cargas y beneficios.

Sobre este último punto, Molina (1997), expuso lo siguiente:

> *"Ante todo, la nueva ley proporciona fundamentos jurídicos más sólidos y precisos al derecho urbanístico, establece, con carácter obligatorio, el alcance de los planes de ordenamiento y de las normas urbanísticas correspondientes; por primera vez, vincula explícitamente la adopción de los planes y las normas a un conjunto de principios jurídicos de superior jerarquía, (la función social y ecológica de la propiedad, la prevalencia del interés general sobre el particular, la distribución equitativa de cargas y beneficios, la función pública del urbanismo, la participación democrática de la ciudadanía) que constituyen las fuentes de su legitimidad y deben reflejarse prácticamente en el contenido de los estatutos normativos, del mismo modo que los procedimientos que autoricen las actuaciones de*

---

4 Artículo 82 Constitución Política.

las autoridades locales. También facilita la identificación de mecanismos para el financiamiento del desarrollo urbano mediante la aplicación del principio de la distribución equitativa de los costos y beneficios derivados del tal desarrollo y el diseño de instrumentos más operativos para la captación de plusvalías resultantes de las acciones urbanísticas emanadas de los municipios"[5]

Una de las notas características que permite distinguir a unos sistemas urbanísticos de otros, está justamente relacionada con el tratamiento y enfoque otorgado a dicha relación problemática y compleja entre las facultades del propietario y los procesos de transformación del territorio (urbanización y construcción). Los avances en el tratamiento de la relación entre decisiones de ordenamiento y derecho de propiedad son uno de los ejes principales donde avanza la Ley 388 de 1997. Esta legislación claramente vincula el régimen de aprovechamientos y cargas de la propiedad inmueble a las decisiones de ordenamiento de las autoridades locales, las cuales se constituyen en dispositivos que determinan de tal forma la propiedad, que en últimas son la fuente para la configuración de un estatuto urbanístico de la propiedad del suelo.

La Ley 388 establece que el ordenamiento del territorio municipal y distrital comprende un conjunto de acciones político-administrativas y de planificación física concertadas, emprendidas por los municipios o distritos y áreas metropolitanas, en ejercicio de la función pública que les compete, dentro de los límites fijados por la Constitución y las leyes.

El ordenamiento del territorio tiene como finalidad disponer de instrumentos eficientes para orientar el desarrollo del territorio bajo la jurisdicción del municipio o distrito y regular la utilización, transformación y ocupación del espacio, de acuerdo con las estrategias de desarrollo socioeconómico y en armonía con el medio ambiente y las tradiciones históricas y culturales. Igualmente, tiene por objeto

---

5 Molina, Humberto. *De la reforma urbana a la Ley de Desarrollo Territorial: un nuevo marco para la planeación y el financiamiento del desarrollo urbano,* Revista Desarrollo Urbano en cifras, (3), Ministerio de Desarrollo Económico. Bogotá. 1997 págs. 249.

complementar la planificación económica y social[6] con la dimensión territorial, racionalizar las intervenciones sobre el territorio y orientar su desarrollo y aprovechamiento sostenible, mediante:

- La definición de las estrategias territoriales de uso, ocupación y manejo del suelo, en función de los objetivos económicos, sociales, urbanísticos y ambientales.
- El diseño y adopción de los instrumentos y procedimientos de gestión y actuación que permitan ejecutar actuaciones urbanas integrales y articular las actuaciones sectoriales que afectan la estructura del territorio municipal o distrital.
- La definición de los programas y proyectos que concretan estos propósitos.

Este marco regulador apuesta por vincular de manera más consistente las determinaciones sobre uso, ocupación y manejo del suelo —preocupaciones tradicionales de la planeación urbana— con instrumentos y procedimientos de gestión y actuación que faciliten su efectiva concreción y la articulación de las acciones sectoriales que

---

[6] La planificación del desarrollo a través de documentos y/o instrumentos normativos es una práctica común en los países latinoamericanos, que funciona como hoja de ruta para la concreción de políticas, programas y estrategias para guiar el desarrollo económico y social del país, su alcance y temporalidad varían caso a caso en la región, pero normalmente se asocian al periodo de gobierno y contienen ejes programáticos y líneas estratégicas que se encuentran articuladas con las políticas de inversión.
En el caso puntual de Colombia, la planificación económica y social se hace en dos niveles: de un lado, a través del Plan Nacional de Desarrollo (PND) se incluyen los objetivos nacionales y sectoriales a mediano y largo plazo, las estrategias y políticas que guiarán su acción, los medios e instrumentos para armonizar el Plan con los instrumentos de planeación de menor escala y su articulación con el Plan Plurianual de Inversiones donde se sustentan los principales proyectos de inversión de acuerdo con los objetivos y metas de la parte general del PND; de otro lado, en el nivel territorial, los municipios y departamentos cuentan con su propio Plan de Desarrollo, el cual direcciona las acciones del gobierno local durante los 4 años de gobierno, y que debe estar armonizado con el Presupuesto General de la Nación y el Plan Nacional de Desarrollo.
Fedesarrollo (2020). Planes Nacionales de Desarrollo en Colombia: Análisis estructural y recomendaciones de política. Bogotá. Colombia. Obtenido de: https://www.repository.fedesarrollo.org.co/bitstream/handle/11445/4043/Repor_Diciembre_2020_Mej%C3%ADa_Reina_Oviedo_y_Rivera.pdf?sequence=5&isAllowed=y

tradicionalmente despliegan los entes locales sobre sus respectivos territorios (provisión de equipamientos, servicios públicos, vías, recreación, entre otros), con estrategias de ordenamiento más comprensivas y en sintonía con objetivos no sólo urbanísticos, sino económicos, sociales y ambientales.

Así las cosas, unas de sus principales apuestas es dotar a las autoridades municipales de un repertorio amplio de instrumentos de intervención sobre el suelo, que contempla desde una regulación más articulada a tales objetivos de la ya clásica figura de la expropiación, pasando por mecanismos tributarios y no tributarios de recuperación de plusvalías, hasta instrumentos para la transferencia de potenciales constructivos, figuras de planeación-gestión basados en la gestión asociada de terrenos (técnica del reajuste de terrenos) e incluso entidades municipales de actuación directa sobre el territorio, como los llamados bancos de tierra apoyados en el derecho de preferencia.

Aunque el sistema urbanístico colombiano incluye un muy completo repertorio de instrumentos de gestión del suelo, su aplicación es aún incipiente. La aprobación de la primera generación de planes de ordenamiento territorial se hizo a principios de la primera década del presente siglo y era condición previa necesaria para avanzar en la implementación de tales instrumentos de gestión. Sin embargo, la aplicación de esos instrumentos ha sido lenta y en muchas ocasiones contenciosa.

2. CLASIFICACIÓN Y DESTINO DE LOS SUELOS

Como se ha afirmado a lo largo de este capítulo, la emergencia del derecho urbanístico en Colombia no puede ser comprendida sin una actualización de la institución de la propiedad que incorpore su evolución y actualice su estructura a las nuevas formas de entender la relación que se configura en torno a la propiedad del suelo entre sus propietarios y la Administración Pública. Así lo afirmó Medina de Lemus en su texto:

> *"De ahí que el tema capital del derecho urbanístico contemporáneo y la reorganización básica que aporta al derecho de propiedad es justamente la disociación o separación entre la propiedad del suelo y las decisiones urbanísticas que afectan a ese suelo y sus posibilidades edificatorias que*

han dejado de ser facultades de la propiedad del suelo para pasar a constituir el contenido de decisiones públicas, obra del imperium y no del dominium, consumándose una verdadera desfeudalización del urbanismo, hasta ahora cumplido desde la perspectiva dominical privada"[7]

Esta cita, aunque se produce en el marco de la legislación española, es muy ilustrativa de la transformación central que también se puede verificar en Colombia con los cambios que se han venido introduciendo en la propiedad y con su efectiva concreción en legislación especializada, con las leyes 9 de 1989 y 388 de 1997. Efectivamente tal legislación ha superado la noción de límites administrativos a la propiedad, y sobre la base de la cláusula constitucional sobre la función social de la propiedad, se ha construido una aproximación renovada del derecho urbano que se ubica en la más contemporánea noción de delimitación o configuración de la propiedad.

La configuración de la propiedad por los planes urbanísticos, en aplicación del marco de competencias reconocidas a las autoridades administrativas por las leyes mencionadas, supone la determinación concreta de las posibilidades de uso y aprovechamiento de la propiedad a través de determinaciones públicas de ordenamiento territorial, que terminan definiendo el contenido del derecho y no limitándolo o restringiéndolo. Esto también es afirmado por Medina de Lemus de la siguiente manera:

"Ante ello se pregunta el profesor García de Enterría ¿cómo hay que calificar esa acción pública tan extraordinariamente relevante sobre la propiedad privada?, ¿ante qué figura dogmática nos encontramos? Para resolver estos dilemas, el autor acude a la tradicional distinción alemana a partir de Gierke, entre Eigetumsbegrenzung o delimitación de la propiedad y Eigentumsbeschränkungen, o limitaciones de la propiedad. Delimitar es configurar los límites dentro de los cuales se produce el contenido del derecho. Limitar, por el contrario, es restringir, comprimir desde fuera, producir una ablación de las facultades que entran el ámbito de lo delimitado o definido previamente como propio de ese contenido normal.

Delimitar un derecho es inexcusable; limitarlo es una eventualidad que, además de producirse o no, afecta sólo algunos supuestos y no a

[7] Medina de Lemus, Manuel. La propiedad urbana y el aprovechamiento urbanístico. Colegio de Registradores de la Propiedad y Mercantiles de España— Centro de Estudio Registrales. Madrid 1995. Págs. 122 y 123.

todos dentro de la generalidad de las aplicaciones del tipo de derecho de que se trate"[8]

Esta reconceptualización de la propiedad, es decir su configuración o delimitación en palabras de la Corte Constitucional *"puede apuntar indistintamente a la supresión de ciertas facultades, a su ejercicio condicionado o, en ciertos casos, al obligado ejercicio de algunas obligaciones"*[9].

En este contexto, cobra singular importancia el hecho de que uno de los objetivos de la Ley 388 de 1997 sea justamente el de: *"garantizar que la utilización del suelo por parte de sus propietarios se ajuste a la función social de la propiedad y permita hacer efectivos los derechos constitucionales a la vivienda y a los servicios públicos domiciliarios, y velar por la creación y la defensa del espacio público, así como por la protección del medio ambiente y la prevención de desastres"* (Subraya fuera del texto)[10].

Lo anterior, implica que la función social legitima la definición de un conjunto de responsabilidades o deberes que son incorporadas a la propiedad inmueble en las normas urbanísticas y ambientales, y que son concretadas por las autoridades administrativas en los instrumentos de ordenamiento territorial, los cuales no limitan o restringen, como un elemento externo el derecho de propiedad, sino que configuran su alcance y contenido, delinean ese derecho, inclusive en lo que tiene que ver con su contenido económico o expresión patrimonial.

La clasificación del suelo es considerada por la Ley 388 de 1997, como una de las acciones urbanísticas[11] competencia de las autoridades municipales en desarrollo de la función pública del urbanismo. En este asunto, se evidencia la influencia que sobre la Ley 388 tiene el sistema urbanístico español. En efecto, dentro de este sistema se considera que una de las determinaciones más trascendentales que adoptan las autoridades públicas sobre el territorio para los aprovechamientos posibles de los propietarios del suelo, es la de la clasificación del suelo. Al respecto afirman Santos Diez y Castelao Rodríguez:

---

8 Ibid. Págs. 123.

9 Sentencia Corte Constitucional T-427/98 M.P. Alejandro Martínez Caballero.

10 Artículo 1 numeral 3. Ley 388 de 1997

11 Artículo 8. Ley 388 de 1997.

> *"(...) la clasificación del suelo es la división del territorio a planificar por el planeamiento general en compartimentos estanco —clases de suelo— a efectos de señalar las posibilidades de desarrollo urbanístico de los terrenos incluidos en cada uno de ellos y para la aplicación a cada uno de ellos de un régimen urbanístico diferente, establecido por la legislación (...) y concretado por el propio planeamiento".*

Igualmente, en el sistema colombiano se puede afirmar que la clasificación del suelo es uno de los elementos esenciales de la definición del régimen, contenido y alcance de la propiedad del suelo, consistente en la determinación contenida en los Planes de Ordenamiento Territorial que tienen por objeto definir la regulación de las actuaciones posibles que se podrán dar sobre el territorio, de los derechos urbanísticos que podrán ser asignados a los propietarios, y el consecuente régimen diferencial de deberes que se podrá exigir a dichos propietarios como consecuencia de las actuaciones que les están autorizadas.

En la Ley 388 se prevén tres tipos básicos de suelo: urbano, de expansión urbana y rural. En el interior de estas clases se puede establecer la categoría de suelo de protección, y en el interior de la clasificación de rural se puede establecer la clasificación de suelo suburbano.

Es así, como la clasificación del suelo se convierte en una de las definiciones más importantes de los POT, debido a las implicaciones sobre el régimen del derecho de propiedad. Esta clasificación guarda una estrecha relación con la posibilidad de aplicación de instrumentos de gestión del suelo, y en general, con la determinación del régimen de deberes y derechos que se podrá aplicar a los propietarios del suelo. En el régimen urbanístico colombiano, por vía de los POT y los instrumentos que los desarrollan, se configura el alcance y contenido del derecho de propiedad, es decir, se concreta su régimen de deberes y derechos. Por esta razón, la clasificación del suelo se constituye como la decisión que mayor incidencia tiene en dicha configuración, al determinar un régimen diferencial de actuaciones posibles y una serie de derechos y deberes que debe contribuir a la aplicación del principio de la distribución equitativa de cargas y beneficios.

Es justamente en este principio legal, donde se materializa uno de los principales cambios introducidos por la Ley 388 de 1997. Sobre este punto, es común encontrar en los análisis sobre gestión urbana que las decisiones de ordenamiento generan inequidades en el tratamiento de las potencialidades de aprovechamiento económico de las propiedades: mientras a unos propietarios por la lotería de la planeación les corresponden aprovechamientos urbanísticos más lucrativos (por ejemplo uso comercial), a otros les corresponden, en todo o en parte de su propiedad, usos urbanos no lucrativos o menos lucrativos (como por ejemplo uso para Vía, Zona Verde o VIS). La tensión constante que genera esta situación, lleva a la necesidad de establecer mecanismos que permitan compartir y repartir los mayores valores que generan este tipo de decisiones entre los diferentes actores involucrados, en particular, a los propietarios.

Este principio modifica en dos sentidos la concepción jurídica en torno al derecho de propiedad y su relación con las decisiones de ordenamiento territorial y urbanismo: i. Los beneficios otorgados por el Plan no son de propiedad exclusiva de los propietarios de unas porciones del territorio (los suelos con aprovechamientos lucrativos), sino que deben ser objeto de una distribución equitativa, es decir, tanto los suelos con aprovechamientos lucrativos como los destinados a soportes colectivos (vías, parques, equipamientos) debe ser tratados de la misma forma sin distinción por su destino urbanístico final y; ii. El mecanismo para financiar las infraestructuras públicas, es justamente el incremento en los precios del suelo generado por la edificabilidad (en usos e intensidades diversas) que va a ser asignada o autorizada de manera específica, y que, se insiste, no son de los propietarios cuyos terrenos quedan ubicados en aprovechamientos lucrativos, sino de todos los incluidos en un ámbito especifico de reparto de cargas y beneficios (plan parcial o unidad de actuación).

Por otro lado y en relación con el suelo destinado a vivienda de interés social, el artículo 8 de la Ley 388 de 1997 establece como una de las acciones urbanísticas que concretan la función pública del ordenamiento del territorio local la de: *"calificar y localizar terrenos para la construcción de viviendas de interés social"*. A partir de esta definición legal, los reglamentos de la Ley 388 de 1997, han establecido porcentajes mínimos obligatorio destinado a vivienda de interés social para cualquier desarrollo en suelo urbano o suelo de expansión urbana, a través de los Planes Parciales.

3. MARCO DE COMPETENCIAS PARA EL ORDENAMIENTO DEL TERRITORIO

De acuerdo con la Constitución Política de 1991, Colombia se define como un Estado Social de Derecho, organizado en forma de República unitaria con tres ramas del poder público y descentralizado en cuatro niveles territoriales. Siendo una república unitaria, las principales decisiones políticas sobre temas de interés nacional son tomadas en el nivel de gobierno más alto, sin embargo, esto no significa que no exista un grado de autonomía en el nivel territorial para manejar los temas locales.

De acuerdo con el artículo 286 de la Constitución Política, son entidades territoriales los departamentos, los municipios, los distritos y los territorios indígenas, los cuales gozan de las siguientes competencias:

> "**Art. 287** *(…)*
> • *Gobernarse por sus propias autoridades.*
> • *Ejercer las competencias que le correspondan.*
> • *Administrar los recursos y establecer los tributos necesarios para el cumplimiento de sus funciones.*
> • *Participar en las rentas nacionales"*

Respecto de los departamentos, el artículo 298 de la Constitución establece estas entidades ejercen funciones de coordinación y complementariedad de la acción municipal, y de intermediación entre la Nación y los municipios. Lo anterior, supuso en cambio en la organización político-administrativa que llevaba el país con la Constitución de 1886, donde los departamentos dejaron de ejercer una posición de subordinación jerárquica y el control de tutela respecto de los municipios, para priorizar la autonomía municipal[12].

12 Corte Constitucional. Sentencia C-138 de 2020. MP. Alejandro Linares.

En cuanto a las competencias asignadas a los municipios, el artículo 311 de la Constitución Política, determina que, al municipio como entidad fundamental de la división político-administrativa, le corresponde, entre otras, ordenar el desarrollo de su territorio. A su vez el artículo 313 de la Constitución determina las competencias de los Concejos Municipales y define entre estas:

> *"(...)*
> *7). Reglamentar los usos del suelo y dentro de los límites que fija la ley, vigilar y controlar las actividades relacionadas como la construcción y enajenación de inmuebles destinados a vivienda".*

Al respecto de esta facultad de los Concejos Municipales la Corte Constitucional ha manifestado con claridad[13]:

> *"En efecto, dicha disposición, si bien es cierto atribuye a los Concejos Municipales la reglamentación de los usos del suelo, además del control y vigilancia de las actividades relacionadas con la construcción, también lo es que impone a estos entes territoriales, el ejercicio de esta atribución de acuerdo con la ley; imposición que de suyo excluye la autonomía que la actora pretende atribuir a los Concejos Municipales, porque es la ley la encargada de fijar las pautas y criterios generales que deben enmarcar las decisiones que estos tomen, cuando se trate de ejercer la facultad que para reglamentar su propio suelo le atribuye la Constitución Política, con miras a ordenar la vida urbana de cada municipio en forma acorde con las circunstancias que la rodean, haciéndola de esta manera particular y específica".*

Como puede concluirse de lo anterior, la facultad de reglamentar los usos del suelo por parte de los municipios no supone una facultad autónoma. Por el contrario, resulta evidente que el ejercicio de tal atribución se debe hacer conforme a la ley, porque a ésta corresponde determinar las pautas y criterios generales que deben tener en cuenta tales autoridades locales en el ejercicio de sus competencias. En este sentido, resulta evidente entonces que tales pautas y criterios generales deben ser fijados por el Legislador.

No obstante, no se puede olvidar que, si bien es cierto que la Constitución facultó a los concejos municipales para reglamentar los usos del suelo en su territorio, no es menos cierto que el te-

---

13 Sentencia C-1043-00 M.P. Álvaro Tafur Galvis.

rritorio que compone el municipio es a la vez parte del territorio departamental, y a su turno, este territorio integra el territorio nacional, lo que implica la coexistencia de distintos intereses y competencias sobre el territorio[14]. Por este motivo y teniendo en cuenta que la reglamentación de los usos del suelo es pieza central de la descentralización, la distribución de competencias parte de reconocer tal trascendencia y se dirige en todo caso a salvaguardar las competencias municipales de posibles interferencias o injerencias del Gobierno Nacional[15].

Con relación a este punto la Corte Constitucional ha afirmado lo siguiente:

> *"Ahora bien, Colombia es una república unitaria, descentralizada y autonómica (CP art. 1°). Estos principios constitutivos del Estado colombiano tienen una gran significación, por cuanto implican, como esta Corporación ya lo ha reconocido en diversas sentencias, que las entidades territoriales tienen derechos y competencias propios que deben ser protegidos, dentro del marco de una república unitaria, de las interferencias de otras entidades y, en especial de la Nación. Esto, a su vez, se articula con la eficiencia de la administración y la protección de los mecanismos de participación ciudadana, puesto que la autonomía territorial permite un mayor acercamiento entre la persona y la administración pública. Al respecto, ha manifestado esta Corte:*
>
> *'La fuerza de la argumentación a favor de la autonomía regional, seccional y local radica en el nexo con el principio democrático y en el hecho incontrovertible de ser las autoridades locales las que mejor conocen las necesidades a satisfacer, las que están en contacto más íntimo con la comunidad y, sobre todo, las que tienen en últimas el interés, así sea político, de solucionar los problemas locales. Es el auto-interés operando, con tanta eficiencia como puede esperarse que lo haga el de cualquier actor económico en la economía de mercado. Cada Departamento o Municipio será el agente más idóneo para solucionar las necesidades y problemas de su respectivo nivel. Por esto el artículo 287 habla de la "gestión de sus intereses". Y esa es la razón por la cual se considera al municipio la piedra angular del edificio territorial del Estado (artículo 311 CP)*

---

14 Corte Constitucional. Sentencia C-138 de 2020. MP. Alejandro Linares.

15 Sentencia C-795-00 M.P. Eduardo Cifuentes Muñoz.

Los apartes anteriores muestran con nitidez la importancia que tiene para la organización del Estado guardar y preservar de intromisiones de la Nación las competencias otorgadas a los municipios, teniendo en cuenta principalmente, como lo afirma la Corte, el hecho incontrovertible de ser las autoridades locales las que mejor conocen las necesidades a satisfacer.

Claramente el Gobierno Nacional, so pretexto de reglamentar las leyes 9 de 1989 y 388 de 1997 no puede entonces abrogarse competencias atribuidas exclusivamente al legislador y a las administraciones municipales. De esta manera, la Corte Constitucional ha entrado a precisar el alcance de los principios de coordinación, concurrencia y subsidiariedad que deben guiar las actuaciones de los diferentes niveles territoriales[16], estableciendo los límites de las competencias del nivel central y departamental en materia de ordenamiento territorial, para darle una mayor prevalecía a las competencias de los municipios.

En sentencias C-795 de 2000, C-149 de 2010, C-123 de 2014, SU 095 de 2018 y C-138 de 2020, la Corte ha indicado que no es posible, incluso cuando exista interés nacional probado, que la Nación o el Departamento imponga a través de sus decisiones visiones sobre el desarrollo económico, social o espacial, sobre las decisiones que toma el municipio en su autonomía para regular los usos del suelo, sino que se debe propender por crear mecanismos e instancias de coordinación y concurrencia para la toma de decisiones sobre el territorio.

Al respecto, son muchas las tensiones que se generan en el territorio por la intromisión de la Nación en el uso del suelo, pero sin duda uno de los conflictos que más debates ha suscitado en los últimos años es el desarrollo de actividades de exploración y explotación de recursos naturales en el territorio, pues tenemos de un lado, que el Estado es el propietario del subsuelo y de los recursos naturales no renovables[17] y que las actividades de exploración y explotación de estos recursos son declaradas como de "*utilidad pública*"[18]; y de otro

---

16 Artículo 288 Constitución Política.

17 Artículo 332 Constitución Política

18 Artículo 13 Ley 685 de 2001.

lado se tiene que corresponde a los municipios la regulación de los usos del suelo[19].

Sobre esta consideración, la Corte Constitucional ha precisado que las actividades extractivas tienen fuertes impactos sobre el medio ambiente, la sostenibilidad del suelo y las fuentes hídricas, cambios en las dinámicas económicas, sociales y culturales de las poblaciones, entre otros aspectos que compete a los municipios resolver en su competencia para ordenar y planificar el territorio, por lo que no se les puede excluir de la decisión de si en su territorio se realizan actividades extractivas o no[20]. De esta manera, ni el Gobierno Nacional ni los municipios cuentan con competencias absolutas para determinar la localización de las actividades extractivas en el territorio, sino que en virtud del artículo 288 de la Constitución Política deben aplicar los principios de coordinación y concurrencia[21].

Ahora bien, la Ley 388 de 1997 de manera reiterada reconoce la autonomía municipal en materia de ordenamiento territorial y define la función pública del ordenamiento territorial como municipal. Al respecto, conviene resaltar que uno de los objetivos que plantea la Ley en su artículo 1 numeral 4, el cual establece lo siguiente:

> *"Promover la armoniosa concurrencia de la Nación, las entidades territoriales, las autoridades ambientales y las instancias y autoridades administrativas y de planificación, en el cumplimiento de las obligaciones constitucionales y legales que prescriben al Estado el ordenamiento del territorio, para lograr el mejoramiento de la calidad de vida de sus habitantes".*

En este sentido, para garantizar tal armoniosa concurrencia, el municipio ejerce su autonomía para ordenar el territorio por medio de dos acciones: i. Adoptando las decisiones administrativas y; ii. Desarrollando las actuaciones urbanísticas que les son propias relacionadas con la intervención en los usos del suelo, a excepción de los casos expresos en que la ley permite la participación de la Nación o de otros niveles supramunicipales. Sobre las competencias del ni-

---

19 Artículos 311 y 313 Constitución Política

20 Sentencia C-123 de 2014. MP. Alberto Rojas Ríos.

21 Ibid.

vel municipal, el artículo 311 de la Constitución Política establece lo siguiente:

> *"**Artículo 311.** Al municipio como entidad fundamental de la división político-administrativa del Estado le corresponde prestar los servicios públicos que determine la ley, construir las obras que demande el progreso local, ordenar el desarrollo de su territorio, promover la participación comunitaria, el mejoramiento social y cultural de sus habitantes y cumplir las demás funciones que le asignen la Constitución y las leyes"*

Ahora bien, para garantizar la distribución de las competencias y la interacción entre los distintos niveles de gobierno, la Constitución y la Ley 1454 de 2011 ha definido una serie de principios de la función pública, que deberán acompañar todas las actuaciones de las entidades territoriales y nacionales, los cuales se definen de la siguiente manera:

- **Coordinación:** Los distintos niveles de gobierno deben ejecutar sus competencias a través de mecanismos articulados y coherentes.
- **Concurrencia:** Los distintos niveles gobierno pueden tomar acciones sobre temas de interés común para alcanzar los objetivos definidos por la ley, pero siempre respetando la autonomía de las entidades territoriales.
- **Subsidiariedad:** El gobierno nacional y las autoridades territoriales apoyarán a aquellas autoridades con un menos desarrollo socioeconómico, cuando se pruebe que estas autoridades son incapaces de cumplir con sus funciones.

Igualmente, frente a las competencias otorgadas a cada uno de los niveles de gobierno la Ley 388 de 1997 y la Ley 1454 de 2011 establecieron lo siguiente:

Tabla 1. Competencias en el ordenamiento territorial

Nación	Departamentos	Municipios
• Define la política pública de planificación territorial sobre temas de interés nacional, en especial aquellos relacionados con las Áreas protegidas y Parques Naturales Nacionales. • Localiza los proyectos de infraestructura estratégicos para el país. • Define los lineamientos para los procesos de urbanización y el sistema de ciudades. • Define los lineamientos y las conficiones para garantizar la correcta distribución de los servicios públicos y la infraestructura social entre las regiones.	• Determina los lineamientos para la planificación del territorio departamental, en especial, aquellas áreas en proceso de conurbación. • Guía la localización de la infraestructura social del Departamento, con el fin de promover la igualdad en el progreso de los municipios. • Adopta Planes de Ordenamiento Departamental —POD—, con el fin de coordinar las políticas públicas y estrategias de ordenamiento territorial en el Departamento.	• Formula y adopta los Planes de Ordenamiento Territorial —POT—. • Regula los usos del suelo en las áreas urbanas, rurales y de expansión. • Optimiza el uso del suelo disponible y coordina sus planes locales con las políticas regionales y nacionales.

Fuente: Elaboración propia con base en la Ley 388 de 1997 y la Ley 1454 de 2011.

De acuerdo con la tabla anterior, es claro que, en el marco normativo colombiano, corresponde a los municipios la regulación de los usos del suelo, mientras que los niveles supramunicipales y nacional podrán dictar directrices y lineamientos de la política pública de ordenamiento territorial.

Teniendo en cuenta lo mencionado en líneas anteriores, las funciones de los diferentes niveles de gobierno se pueden organizar de la siguiente manera:

Ilustración 1. Estructura general del sistema de planificación territorial

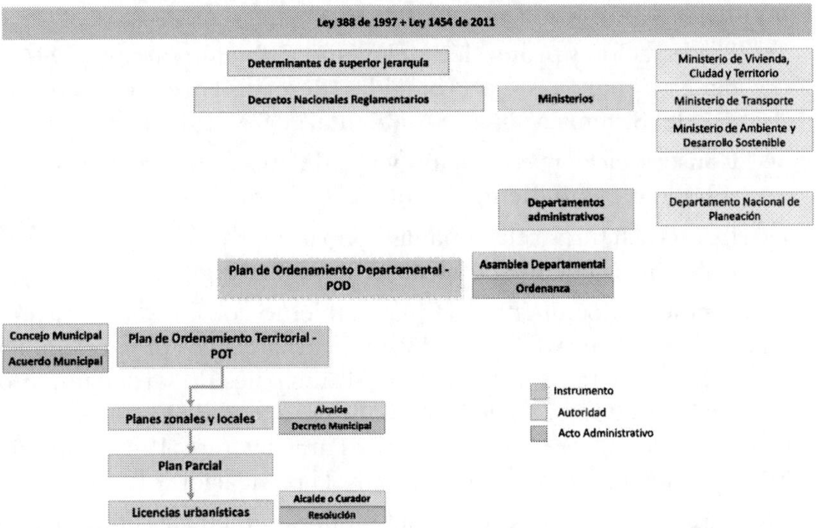

Ley 388 de 1997 + Ley 1454 de 2011
Determinantes de superior jerarquía
Decretos Nacionales Reglamentarios
Ministerios
Ministerio de Vivienda, Ciudad y Territorio
Ministerio de Transporte
Ministerio de Ambiente y Desarrollo Sostenible
Departamentos administrativos
Departamento Nacional de Planeación
Plan de Ordenamiento Departamental - POD
Asamblea Departamental
Ordenanza
Concejo Municipal
Acuerdo Municipal
Plan de Ordenamiento Territorial - POT
Planes zonales y locales
Alcalde
Decreto Municipal
Plan Parcial
Licencias urbanísticas
Alcalde o Curador
Resolución
Instrumento
Autoridad
Acto Administrativo

Fuente: Elaboración propia.

Ahora bien, como se explicó anteriormente el marco general del sistema de planificación urbano está definido por la Ley 388 de 1997, la cual establece los instrumentos y procedimientos para la planificación del territorio. De esta manera, el principal instrumento de planificación urbana y regulación de los usos de suelo es el *Plan de Ordenamiento Territorial,* el cual es adoptado por los Concejos Municipales. El POT, a su vez, constituye el marco jurídico para que el municipio adopte otros instrumentos que desarrollen sus disposiciones.

Al respecto, es importante señalar que el sistema de planificación urbana creada por las leyes 9 de 1989 y 388 de 1997 crean un mayor nivel de complejidad en la coordinación de los diferentes niveles de gobierno, e igualmente, la norma nacional ha establecido otra serie de normas que los municipios deben priorizar sobre sus propios intereses, al ser considerados como temas de interés general. Estas normas se denominan *determinantes de superior jerarquía*[22], los cuales

---

22 Son aquellas decisiones y/o directrices de obligatorio cumplimiento que se toman en otros sectores del nivel central de la administración del estado nacional

fueron establecidos en el artículo 10 de la Ley 388 de 1997 y se refieren entre otras cosas, a los siguientes temas:

- Preservación y protección del medio ambiente (áreas del Sistema Nacional de Áreas Protegidas, Reservas Forestales y entidades del Sistema Nacional Ambiental)
- Conservación, preservación y uso de áreas y propiedades consideradas como Bienes de Interés Cultural de la nación.
- Infraestructuras relacionadas con vías nacionales, puertos, aeropuertos, acueductos, alcantarillado y energía;

Los planes o documentos de planeamiento constituyen la institución más importante y la base del sistema urbanístico colombiano. La ley establece tres tipos: i. los Planes Municipales de Ordenamiento Territorial (art. 9 Ley 388 de 997), ii. El Programa de Ejecución (art. 18 Ley 388 de 1997) y; iii. los Planes Parciales (art. 19 Ley 388 de 1997), que son el punto de unión entre la planeación y la gestión.

En la práctica, algunas administraciones municipales utilizan otro tipo de instrumentos, como los Planes Maestros (referidos a los elementos de estructura, como los viales, los servicios públicos domiciliarios, espacio público) o Planes Zonales, para ciertas áreas de la ciudad en función de la escala y los procesos territoriales que en ellas se verifican. Pero estos planes se pueden considerar como desarrollos del POT, dado que, cuando fueron formulados los primeros instrumentos, la Ley asignó un plazo muy corto para hacerlo, y muchos municipios no se encontraban en la capacidad para cubrir todos los aspectos que requiere el ordenamiento del territorio, por lo que fue necesario diferir en el tiempo varios de estos temas.

Sobre este punto también es importante precisar que los procesos de planeación territorial y ambiental se ha dado en Colombia de manera independiente, aunque es clara la prevalencia de las disposiciones sobre la protección, conservación y aprovechamiento de los recursos naturales que hacen las autoridades ambientales, frente a las disposiciones de regulación de usos del suelo de los municipios.

---

sobre aspectos asociados al ordenamiento territorial y que, por su importancia estratégica, deben ser respetadas e incorporadas en los planes de ordenamiento territorial.

En este sentido, los procesos de ordenamiento territorial deben respetar e incorporar las directrices expedidos por las autoridades ambientales para la protección de ecosistemas estratégicos, el régimen del Sistema Nacional de Áreas Protegidas, así como deberán articularse con los instrumentos de planificación ambiental, como por ejemplo los POMCA que sean adoptados en su territorio, por cuanto constituyen normas de superior jerarquía respecto de los POT y deberían quedar explícitamente incluidos como parte de la estructuras del territorio.

En esta misma línea, como parte del proceso de formulación y adopción de los POT, una de las etapas más importante es la concertación ambiental con la autoridad ambiental con jurisdicción en el territorio[23]. Esta concertación constituye un elemento indispensable para la garantía del derecho de todas las personas a gozar de un ambiente sano y el adecuado manejo de los recursos naturales (Art. 79 Constitución Política), por las implicaciones que estas decisiones tienen sobre la conservación del medio ambiente, y que deberá surtirse antes de su presentación ante el Consejo Municipal.

No obstante, aún existen grandes retos para lograr una verdadera articulación entre los instrumentos de planificación territorial y ambiental que se derivan en tensiones y conflictos de uso del suelo, por lo tanto, es necesario crear mecanismos e instancias de coordinación para la gobernanza del territorio.

4. LOS INSTRUMENTOS PARA EL ORDENAMIENTO TERRITORIAL

La Ley 388 de 1997 establece que el ordenamiento del territorio municipal y distrital comprende un conjunto de acciones político-administrativas y de planificación física concertadas, emprendidas por los municipios o distritos y áreas metropolitanas, en ejercicio de la función pública que les compete, dentro de los límites fijados por la Constitución y las leyes. Igualmente, el ordenamiento del territorio tiene como finalidad disponer de instrumentos eficientes para

---

23 Artículo 24 Ley 388 de 1997.

orientar el desarrollo del territorio bajo la jurisdicción del municipio o distrito y regular la utilización, transformación y ocupación del espacio, de acuerdo con las estrategias de desarrollo socioeconómico y en armonía con el medio ambiente y las tradiciones históricas y culturales.

4.1. El Plan de Ordenamiento Territorial

Según el Artículo 9º de la Ley 388, el Plan de Ordenamiento Territorial, *"es el instrumento básico para desarrollar el proceso de ordenamiento del territorio municipal. Se define como el conjunto de objetivos, directrices, políticas, estrategias, metas, programas, actuaciones y normas adoptadas para orientar y administrar el desarrollo físico del territorio y la utilización del suelo"*.

La formulación de los planes de ordenamiento territorial es obligatoria para todos los municipios del país, aunque se presentan tres niveles:

1. Planes de ordenamiento territorial: elaborados y adoptados por las autoridades de los distritos y municipios con población superior a los 100.000 habitantes.
2. Planes básicos de ordenamiento territorial: elaborados y adoptados por las autoridades de los municipios con población entre 30.000 y 100.000 habitantes.
3. Esquemas de ordenamiento territorial: elaborados y adoptados por las autoridades de los municipios con población inferior a los 30.000 habitantes.

Al respecto, es importante mencionar que de acuerdo con el Ministerio de Vivienda, Ciudad y Territorio a corte de 2020, de los 1.103 municipios del país, 827 cuentan con un Esquema de Ordenamiento Territorial, 200 con Plan Básico de Ordenamiento Territorial y 83 con Plan de Ordenamiento Territorial, mientras que 3 municipios (El Charco, Mosquera y Santa Bárbara) no cuentan con ningún tipo de instrumento de planificación[24]. Frente al proceso de actualización

---

[24] Instituto de Estudios Urbanos (2020). El 88% de los municipios de Colombia tienen el POT desactualizado: Ministerio de Vivienda, Ciudad y Territorio. Universidad Nacional de Colombia. Obtenido de: http://ieu.unal.edu.co/medios/

de estos instrumentos, solo 134 municipios han avanzado con ese proceso, y otros 942 se encuentran habilitados para hacerlo. Lo anterior quiere decir que, cerca del 88% de los municipios de Colombia cuentan con un POT desactualizado[25].

Esta es una situación crítica por cuanto, si bien el Ministerio de Vivienda, el Departamento Nacional de Planeación y varios organismos multilaterales han brindado asistencia técnica a los municipios para que puedan adelantar la revisión y actualización de los POT, en muchos casos, los municipios no cuentan con las capacidades financieras, la información suficiente o voluntad política para avanzar con el proceso de actualización.

Ahora bien, el ordenamiento del territorio municipal y distrital tiene por objeto complementar la planificación económica y social con la dimensión territorial, racionalizar las intervenciones sobre el territorio y orientar su desarrollo y aprovechamiento sostenible, mediante:

- La definición de las estrategias territoriales de uso, ocupación y manejo del suelo, en función de los objetivos económicos, sociales, urbanísticos y ambientales.
- El diseño y adopción de los instrumentos y procedimientos de gestión y actuación que permitan ejecutar actuaciones urbanas integrales y articular las actuaciones sectoriales que afectan la estructura del territorio municipal o distrital.
- La definición de los programas y proyectos que concretan estos propósitos.

Como se puede observar en los artículos 12, 13 y 14 de la Ley 388 de 97, los contenidos de los planes de ordenamiento territorial pueden ser clasificados desde tres perspectivas:

- La *espacial,* por cuanto se prevé un componente general, uno urbano y uno rural.
- De *jerarquía* de sus disposiciones.

---

noticias-del-ieu/item/el-88-de-los-municipios-de-colombia-tienen-el-pot-desactualizado-ministerio-de-vivienda-ciudad-y-territorio

25 Ibid.

- Con una *dimensión temporal*, en términos del periodo de vigencia de las normas contenidas en el plan.

De acuerdo con la Ley todo POT tiene un componente general, uno urbano y uno rural. Además, contiene normas estructurales, generales y complementarias, y cada una de ellas tiene una vigencia particular.

La Ley 388 de 1997 establece el tipo de planes que son desarrollo y complemento de los Planes de Ordenamiento Territorial. Por una parte y para articular la planificación económica y social que concretan los planes de desarrollo municipal con la planificación territorial propia del POT, establece como mecanismo de articulación al programa de ejecución. Por otra parte y para vincular de forma explícita los mecanismos de gestión del suelo con la planificación de ámbitos o sectores específicos del suelo, estableció la figura de los Planes Parciales.

Con el fin de comprender la articulación de estos dos instrumentos con el POT, a continuación se ofrece una explicación detallada de cada uno de ellos:

4.2. El Programa de Ejecución

El Programa de Ejecución define —con carácter obligatorio— las actuaciones sobre el territorio previstas en el POT durante el periodo correspondiente a cada administración municipal (con duración de cuatro años). Señala, entre otras cosas, las prioridades, la programación de actividades, las entidades responsables y los recursos respectivos. Este documento constituye el punto de enlace con la planeación económica y social y la programación plurianual de inversiones públicas de cada municipio. En efecto, este documento responde a la necesidad de adecuar el ejercicio de la planeación territorial a los programas de gobierno. También cumple el papel de concretar la temporalidad del POT, o en otras palabras, de definir sus fases, ligadas a la disponibilidad de recursos públicos[26].

---

[26] De acuerdo con el artículo 11 de la Ley 388 de 1997, el POT cuenta con una vigencia de largo plazo de 12 años, correspondiente a 3 periodos de gobierno, con el propósito de brindar estabilidad jurídica a los administrados sobre el go-

El Programa de Ejecución sirve para programar para un periodo de cuatro años la inversión pública, de acuerdo con los lineamientos y las prioridades de cada administración municipal. También se utiliza para programar, a través de la figura del desarrollo prioritario, los terrenos o zonas que serán objeto de actuaciones urbanísticas orientadas por el Estado (a través de la urbanización, el redesarrollo, la construcción) en cada periodo y los programas que se desarrollarán, en particular, los programas de transporte y servicios públicos domiciliarios, la oferta de vivienda social y las zonas de mejoramiento integral.

4.3. El Plan Parcial

El Plan Parcial, concreta la manera cómo se llevarán a la práctica los objetivos y políticas de ordenamiento del territorio, así como la normativa urbanística específica para una determinada zona u operación. Actúa como instrumento de gestión, toda vez que determina las reglas de juego para la dotación de los elementos colectivos de soporte de la urbanización, identificando su factibilidad y las condiciones de su financiación a través del reparto equitativo entre los propietarios involucrados. Se constituye además en la base para los reajustes de tierra o integración inmobiliaria, a través de la figura de la Unidad de Actuación Urbanística.

Con este instrumento, se concreta la integración entre planeación y gestión, que, como se ha mencionado anteriormente, es una de las características centrales del sistema urbanístico colombiano. En este orden de ideas, el Plan Parcial, como instrumento principal de ejecución de lo planeado, se debe expedir en los siguientes casos:

- Para áreas determinadas del suelo urbano donde se plantea la ejecución de operaciones de renovación urbana.

---

ce de derechos que se adquieren por la regulación de los usos del suelo, evitando que con la llegada de un nuevo mandatario se cambie el enfoque territorial. En este sentido, los Planes de Desarrollo Municipal deben formularse teniendo en cuenta las disposiciones de los POT, por cuanto este último condiciona las intervenciones que se pueden hacer sobre el territorio, y en consecuencia, las políticas socioeconómicas que podrán ser definidas dentro del Plan de Desarrollo Municipal.

- Para las áreas clasificadas como de expansión urbana.
- Para las áreas que deban desarrollarse mediante unidades de actuación urbanística, macroproyectos u otras operaciones urbanas especiales.

En otras palabras, el POT puede definir todos aquellos casos en que se requiere la formulación de un Plan Parcial, y de manera directa, es el instrumento obligatorio para las intervenciones en suelo de expansión urbana y de suelo sujeto a operaciones especiales.

El contenido de un Plan Parcial es el siguiente:

- Delimitación y características del área de la operación urbana o de la unidad mínima de actuación urbanística (reajuste de tierras).
- Directrices urbanísticas específicas que orientan la correspondiente actuación u operación urbana, en aspectos tales como:
  i) Aprovechamiento del suelo.
  ii) Provisión de espacio público, vías y servicios públicos.
- Los estímulos a los propietarios e inversionistas para facilitar procesos de concertación, integración inmobiliaria o reajuste de tierras u otros mecanismos para garantizar el reparto equitativo de las cargas y los beneficios.
- Los programas y proyectos urbanísticos que específicamente caracterizan los propósitos de la operación y las prioridades de su desarrollo, todo ello de acuerdo con la escala y complejidad de la actuación o de la operación urbana contemplada.
- Las normas urbanísticas específicas para la correspondiente unidad de actuación.
- Las previsiones necesarias para complementar el planeamiento de las zonas determinadas, de acuerdo con la naturaleza, objetivo y directrices de la operación o actuación respectivas.
- La adopción de los instrumentos de manejo del suelo, captación de plusvalías, reparto de cargas y beneficios, procedimientos de gestión, evaluación financiera de las obras de urbanización y su programa de ejecución, junto con el programa de financiamiento.

En este orden de ideas, se puede afirmar que el Plan Parcial concreta el régimen urbanístico de la propiedad y regula la movilización de recursos ligados a los procesos de desarrollo urbano, definiendo derechos y obligaciones de los propietarios de tierra, de los agentes públicos, y posibilitando la vinculación de inversionistas distintos a los propietarios y de promotores, urbanizadores o constructores. El principal papel de este instrumento, es el de definir las condiciones de los reajustes de tierras y sentar las bases para los mecanismos de gestión asociada, de financiación del plan y de ejecución del mismo, es decir, que antes que un instrumento de planeamiento o normativo, es un instrumento de gestión.

5. EJECUCIÓN DEL PLANEAMIENTO Y FORMAS DE GESTIÓN

Tradicionalmente, en Colombia la iniciativa para la transformación del territorio se ha condicionado a la voluntad del propietario del suelo donde se van a realizar las actuaciones, y cuando es necesario reemplazarlo por renuencia, solo se considera la vía expropiatoria sujeta a la existencia de motivos de utilidad pública. Esta costumbre ha traído como consecuencia que la determinación de tiempos, oportunidades y lugares de dinamización de oferta del suelo quede a la decisión del propietario. La legislación sobre gestión del suelo urbano contiene mecanismos para romper con dicho esquema, y potenciar las alternativas o sistemas de actuación para dinamizar la oferta de suelo para las necesidades colectivas y públicas de suelo.

Con respecto a las formas de gestión o sistemas de actuación, la Ley 388 de 1997 en su artículo 36 contempla como actuaciones urbanísticas la parcelación, urbanización y edificación de inmuebles y define, de manera general que, cada una de estas actuaciones comprenden procedimientos de gestión y formas de ejecución que son orientadas por el componente urbano del plan de ordenamiento y deben quedar explícitamente reguladas por normas urbanísticas. Estas actuaciones podrán ser desarrolladas por propietarios individuales en forma aislada, por grupos de propietarios asociados voluntariamente o de manera obligatoria a través de unidades de actuación urbanística, directamente por entidades públicas o mediante formas mixtas de asociación entre el sector público y el sector privado.

5.1. Formas de gestión urbanística

La Ley 388 renueva el papel de la promoción pública de actuaciones urbanísticas, y dota de herramientas a las administraciones para superar la iniciativa particular como único mecanismo de gestión y actuación sobre el territorio. Prevé las siguientes modalidades de actuación urbanística:

- Por propietarios individuales de forma aislada
- Por grupos de propietarios asociados voluntariamente o de manera obligatoria a través de unidades de actuación urbanística
- Directamente por entidades públicas
- Mediante formas mixtas de asociación entre el sector público y el sector privado.

Pese a ello, la actuación urbanística de propietarios individuales de forma aislada sigue siendo la forma predominante de gestión del territorio, donde la Administración funge como actor pasivo y mera instancia de control y autorización que perpetúa las inequidades del desarrollo predio a predio, dejando de lado su función como orientador del desarrollo, y privilegia la agenda, los tiempos y elecciones del propietario de terrenos. Para revertir esta tendencia la Ley 388 de 1997 establece la posibilidad de que las actuaciones de urbanización o renovación de la ciudad se realicen a través de la gestión asociada forzosa de los propietarios de terrenos, con el fin de mejorar la calidad espacial de la ciudad y la distribución equitativa de las cargas y los beneficios del desarrollo urbano.

De conformidad con el inciso 2º del artículo 39 de la Ley 388 de 1997, se entiende como Unidad de Actuación Urbanística:

> *"El área conformada por uno o varios inmuebles, explícitamente delimitada en las normas que desarrollan el plan de ordenamiento que debe ser urbanizada o construida como una unidad de planeamiento con el objeto de promover el uso racional del suelo, garantizar el cumplimiento de las normas urbanísticas y facilitar la dotación con cargo a sus propietarios, de la infraestructura para el transporte, los servicios públicos domiciliarios y los equipamientos colectivos mediante reparto equitativo de las cargas y los beneficios"*

Las áreas sometidas a unidades de actuación urbanística y los criterios y procedimientos para su delimitación se deben definir en los Planes de Ordenamiento. El procedimiento administrativo para su delimitación y adopción definitiva está actualmente reglamentado por el Decreto Nacional 1077 de 2015.

El proyecto de delimitación se realiza por las autoridades competentes (las oficinas de planeación municipal), de oficio o por solicitud de los particulares interesados de conformidad con las previsiones del respectivo Plan Parcial[27]. En estos proyectos se concretarán los aspectos relacionados con la dotación de las infraestructuras y los equipamientos, las cesiones correspondientes, la subdivisión, si fuere el caso, en áreas de ejecución y las fases y prioridades de su desarrollo y se señalarán los sistemas e instrumentos de compensación para la distribución de las cargas y beneficios entre los partícipes. En los casos de renovación y redesarrollo, el plan parcial incluirá además las previsiones relacionadas con la habilitación y el mejoramiento de las infraestructuras, equipamientos y espacio público necesario para atender las nuevas densidades y usos del suelo asignados a la zona. (Art. 41 de la ley 388).

El proyecto de delimitación es puesto en conocimiento de los titulares de derechos reales sobre la superficie de la respectiva unidad de actuación urbanística y entre los vecinos, se tramitan las objeciones, se aceptan o no las modificaciones, y finalmente, se aprueba mediante decreto suscrito por el Alcalde Municipal. La delimitación así aprobada se inscribe en el registro de instrumentos públicos, en los folios reales de los terrenos que conforman la unidad, que en adelante no podrán ser objeto de licencias de urbanización o construcción por fuera de la unidad de actuación.

Para la ejecución de la respectiva unidad de actuación urbanística, es decir, la realización de las obras de urbanismo y la construcción de los ámbitos privados, se procederá una vez se definan las bases de la actuación y cuando se cuente con el voto favorable de los propie-

---

[27] Es importante advertir que de conformidad con la Ley 388, las unidades de actuación urbanística siempre deben estar amparadas en un Plan Parcial. De este modo los planes parciales pueden o no prever su ejecución a través de este mecanismo, pero en todo caso no pueden existir unidades de actuación que no provengan o estén incluidas en un Plan Parcial.

tarios que representen el cincuenta y uno por ciento (51%) del área comprometida.

En este momento la ley prevé tres alternativas:

- El reajuste de tierras
- La integración inmobiliaria
- La cooperación entre partícipes

De esta manera, siempre que se requiera la conformación de un nuevo globo de terreno distinto e independiente de los predios originales, indica la Ley 388, se produce un reajuste de tierras (para suelo sin desarrollar) o una integración inmobiliaria (en suelo urbano sujeto a procesos de renovación). En este caso se constituye una entidad gestora o un fideicomiso que será el que detentará la titularidad del globo de terreno resultante.

El documento que formaliza el reajuste de tierras contendrá las reglas para la valoración de las tierras e inmuebles aportados, las cuales deberán tener en cuenta la reglamentación urbanística vigente antes de la delimitación de la unidad, así como los criterios de valoración de los predios resultantes, los cuales se establecerán teniendo en cuenta la incidencia sobre el precio del suelo, de los usos y densidades previstos en el Plan Parcial.

Esta norma despoja de toda expectativa con respecto a la futura urbanización o el futuro desarrollo de alguna operación urbanística en cualquier tipo de suelo. De esta manera, el precio del suelo que se reconoce como aporte al reajuste o integración es el que tenía el suelo antes de la formulación del Plan Parcial, y el propietario partícipe tendrá derecho a que el suelo le sea remunerado a un precio que será el resultado del sistema de reparto, una vez asumidas la totalidad de las cargas urbanísticas y en función de los derechos urbanísticos que se aprueben de manera concreta, con base en la capacidad real del mercado de absorber los usos y la edificabilidad prevista. Ya no se trata de una norma general, sino de una previsión concreta ligada a un diseño específico en función de estándares de habitabilidad, tanto de densidades como de vías, infraestructuras, equipamientos, zonas verdes, etc, requeridos para la población futura.

Por otro lado, la cooperación entre partícipes establece la posibilidad de que se produzcan acuerdos entre los propietarios aportantes sin conformar un nuevo globo de terreno. Simplemente se delimitan los espacios públicos y privados, se traslada a la administración municipal el suelo para usos públicos, y los propietarios de los terrenos resultantes que serán objeto de edificación, los distribuyen entre sí, siempre y cuando se garantice la asunción de los costos de urbanismo, a la escala del respectivo plan parcial o unidad de actuación.

En general, tanto en el reajuste de tierras como en la integración inmobiliaria o la cooperación, las restituciones de los terrenos aportados se harán con los lotes de terreno resultantes a prorrata de los aportes, salvo cuando ello no fuere posible, caso en el cual se hará la correspondiente compensación económica.

La administración municipal juega un papel importante con relación a los propietarios renuentes, es decir, aquellos que no se vinculan voluntariamente y que no hacen parte del mencionado 51%. Se asegura su vinculación a los reajustes o integraciones inmobiliarias mediante procesos de enajenación voluntaria y expropiación o de venta en pública subasta, si se ha declarado previamente el desarrollo prioritario. La administración municipal puede entrar a formar parte de la asociación gestora de la actuación, o vender estos derechos a terceros. Incluso, si la administración no dispone de recursos en efectivo puede pagar las expropiaciones con los derechos de construir generados por la respectiva unidad de actuación. Así las cosas, se produce no sólo una recuperación de plusvalías a través de un mecanismo no tributario, en tanto se obtiene todo el suelo para elementos colectivos de soporte de la urbanización, sino que se regulan los precios para las adquisiciones públicas de tierra, que quedan vinculados no a la simple especulación propia de los desarrollos predio a predio sino al sistema de distribución equitativa de cargas y beneficios.

El mecanismo jurídico que suele ser utilizado en Colombia para la conformación de los reajustes o reparcelaciones y para concretar los mecanismos de equidistribución y compensación entre los propietarios es un contrato de fiducia mercantil, a través del cual se constituyen patrimonios autónomos con los terrenos aportados. Este mecanismo permite hacer operativo el sistema, sin recurrir necesariamente a la constitución de una entidad gestora. Estas fiducias pueden ser de administración, es decir, su papel se reduce a detentar la titularidad de los terrenos a través del patrimonio autónomo, expedir los títulos que representen los derechos de construir, asegurar las compensaciones entre los propietarios que aportan los terrenos, de acuerdo con las reglas del Plan Parcial y manejar los distintos dineros aportados por propietarios o terceros para la ejecución de obras públicas. Incluso, la orientación y control de la operación urbanística puede continuar en manos de la administración pública, a través de la entidad o las entidades autorizadas para este tipo de operaciones.

Dentro de la lógica de la gestión asociada, los planes parciales constituyen una alternativa para el desarrollo del suelo mediante la asociación de propietarios y constructores: el resultado debe ser el desarrollo urbanístico de un área determinada, con la respectiva infraestructura vial, de zonas verdes, equipamientos y de servicios públicos. Conforme a la legislación colombiana, los planes parciales no solo son de iniciativa privada, sino que adicionalmente, la ley faculta a los gobiernos locales para elaborar y proponer planes parciales como alternativa para responder a las necesidades de la ciudad.

La figura de los planes parciales, incorporada en la Ley 388 de 1997, intenta introducir una importante transformación en las prácticas de planificación y gestión del territorio, y pone de presente la importancia de la relación entre decisiones de planificación, reparto de cargas y beneficios y mecanismos de gestión del suelo. A pesar del papel fundamental en la transformación de las prácticas de ordenamiento que esta figura intenta introducir, su efectividad y utilidad han sido duramente cuestionadas, especialmente por la demora en su adopción y por la falta de uniformidad y certeza en los requisitos y condiciones exigidas para su formulación por parte de las autoridades locales de planeación.

Es importante advertir que dado que la figura de los planes parciales es obligatoria para la incorporación de suelos clasificados como de expansión urbana a través de su formulación se han puesto de manifiesto las importantes restricciones presupuestales de los gobiernos locales para financiar la construcción de las infraestructuras matrices (vías principales y redes de acueducto y alcantarillado principalmente) requeridas en estos ámbitos. Es innegable que detrás de las demoras en la viabilización de planes parciales se encuentra una incapacidad estructural de las administraciones municipales para determinar y comprometer fuentes de recursos para la urbanización. Esta incapacidad es particularmente dramática en el caso de la infraestructura vial que no cuenta con recursos destinados específicamente para tal fin, en oposición al sistema de tarifas de los servicios públicos que al menos, cuenta con porcentajes de destinación para la ampliación de redes. Esta situación ha puesto de presente la conveniencia de inscribir el debate en torno a esta figura en el marco más amplio de las fuentes de financiación de la urbanización de que disponen las autoridades locales, y su necesaria articulación con los instrumentos de financiación y gestión del suelo introducidos por la Ley 388 de 1997.

A pesar de tales resistencias y obstáculos, es innegable que la principal potencialidad de este instrumento de gestión asociada consiste justamente en ofrecer nuevas y más equitativas formas de adquisición pública de suelo y financiación de la infraestructura. A través de este instrumento, se puede garantizar que tanto el costo del suelo como las infraestructuras urbanas requeridas se financien y ejecuten con cargo a los aprovechamientos urbanísticos que se autorizan. Esta modalidad permite entonces que aún las porciones del suelo de propiedad privada que deban ser destinadas a usos públicos o a usos socialmente deseables (vivienda social por ejemplo) sean remuneradas a sus propietarios de forma equitativa y sin tener que recurrir a la adquisición pública vía expropiación.

6. LAS LICENCIAS URBANÍSTICAS Y EL CONTROL URBANO

Una de las técnicas más tradicionales con las que se ha reconocido la intervención de la administración en la órbita de las actividades de los particulares, es la de la licencia o autorización previa. Para el caso del desarrollo de obras de urbanización o construcción, ha sido tradicional en el sistema jurídico colombiano que se exija a los particulares la obtención previa de una autorización o licencia por parte de la administración municipal.

De conformidad con lo establecido por el Decreto Nacional 1077 de 2015 (artículo 2.2.6.1.1.) la licencia urbanística se define así:

> *"Para adelantar obras de construcción, ampliación, modificación, adecuación, reforzamiento estructural, restauración, reconstrucción, cerramiento y demolición de edificaciones, y de urbanización, parcelación, loteo o subdivisión de predios localizados en terrenos urbanos, de expansión urbana y rurales, se requiere de manera previa a su ejecución la obtención de la licencia urbanística correspondiente. Igualmente se requerirá*

licencia para la ocupación del espacio público con cualquier clase de amueblamiento o para la intervención del mismo salvo que la ocupación u obra se ejecute en cumplimiento de las funciones de las entidades públicas competentes.

La licencia urbanística es el acto administrativo de carácter particular y concreto, expedido por el curador urbano o la autoridad municipal o distrital competente, por medio del cual se autoriza específicamente a adelantar obras de urbanización y parcelación de predios, de construcción, ampliación, modificación, adecuación, reforzamiento estructural, restauración, reconstrucción, cerramiento y demolición de edificaciones, de intervención y ocupación del espacio público, y realizar el loteo o subdivisión de predios.

El otorgamiento de la licencia urbanística implica la adquisición de derechos de desarrollo y construcción en los términos y condiciones contenidos en el acto administrativo respectivo, así como la certificación del cumplimiento de las normas urbanísticas y sismorresistentes y demás reglamentaciones en que se fundamenta, y conlleva la autorización específica sobre uso y aprovechamiento del suelo en tanto esté vigente o cuando se haya ejecutado la obra siempre y cuando se hayan cumplido con todas las obligaciones establecidas en la misma".

A propósito de la figura de las licencias urbanísticas, Marta Lucía Ángel señala:

"La licencia es una declaración de voluntad emitida por la administración municipal a través de la oficina de planeación o la dependencia que haga sus veces o del curador urbano, según el caso, mediante la cual y previa constatación del cumplimiento de los requisitos exigidos, permite o autoriza el ejercicio del derecho de adelantar una actuación urbanística"[28].

Teniendo en cuenta las anteriores transcripciones, la licencia es un acto administrativo (declaración de voluntad emitida por la dependencia municipal competente), de carácter previo que permite realizar actividades sobre el suelo o las edificaciones, con el cumplimiento de las normas urbanísticas contenidas en el respectivo POT y los instrumentos que lo desarrollen.

---

28 ÁNGEL BERNAL, Marta Lucía. El Curador Urbano. Antecedentes, Gestión y Procedimientos, Licencias y Aspectos del Derecho Urbano, Medellín: Señal Editora, 2001, pág. 83.

Como lo anotábamos, la licencia es una de las técnicas administrativas más tradicionales de intervención y control sobre las actividades de los particulares. Ha sido tradicional que las actividades de urbanización y construcción en nuestro país hayan estado sujetas a la autorización previa de las autoridades de planeación. En el marco de tal tradición siempre se ha aceptado la doble función que cumplen las licencias, en relación tanto con el cumplimiento de normas de urbanismo como en relación con el alcance del derecho de propiedad. En tal sentido, el Consejo de Estado[29] ha afirmado que:

> *"Es evidente que la institución de las denominadas licencias o permisos de construcción tiene su fundamento en el principio constitucional según el cual la propiedad tiene una función social y por ello implica obligaciones.*
>
> *La necesidad de licencias en este campo tiene dos fines: el primero, general y abstracto, y consiste en que el Estado debe supervigilar el destino que las personas deben dar a la propiedad y las limitaciones que deben consagrarse para que puedan los entes estatales prestar servicios fundamentales como agua, luz, alcantarillado, carreteras, etc y garantizar la protección de la misma; y el segundo para garantizar en forma concreta ciertos derechos de los vecinos de los solicitantes de tales permisos. Por esa razón se estatuyen normas generales sobre construcciones, perímetros urbanos, zonas residenciales, comerciales e industriales, etc; así mismo (sic) los municipios dictan normas para determinadas urbanizaciones, sectores y vías".*

Como puede inferirse de lo anterior, la existencia de esta autorización para desarrollar actividades de urbanización y/o construcción tiene un doble objetivo. Por un lado, busca que el Estado pueda controlar y vigilar el destino y utilización que los propietarios hacen de su propiedad inmueble, y por otro lado, pretende que los vecinos —potenciales afectados con una autorización— puedan hacer valer sus derechos y por esta vía, puedan intervenir en el procedimiento administrativo de otorgamiento de una licencia[30].

---

29 Sección Primera de la Sala de lo Contencioso Administrativo. Sentencia del 26 de octubre de 1973. Magistrado Ponente: Alfonso Arango Henao.

30 Con respecto a la posibilidad de participación y objeción de los vecinos es importante mencionar que las normas que han regulado el procedimiento encaminado al otorgamiento de una licencia urbanística, siempre la han contemplado y la publicidad para su participación ha pasado desde por el deber de

Igualmente, y en lo que tiene que ver con la relación de estas autorizaciones con el derecho de propiedad se ha establecido, además de su relación con la verificación del cumplimiento de las condiciones y limitaciones impuestas por las normas urbanísticas en desarrollo de la función social de la propiedad, que este tipo de actos suponen el levantamiento de una prohibición. Es decir, que las actividades a las que se encuentran sujetas la previa obtención de una licencia, se encuentran prohibidas hasta que no se obtiene una autorización o permiso para llevarlas a cabo. A este respecto ha afirmado la Corte Constitucional[31]:

> *"La licencia o autorización administrativa es una acto que se agota con la verificación de la legalidad de la actividad proyectada. Sus efectos no son constitutivos del derecho de uso o goce de la propiedad, el cual se encuentra ya reconocido en las leyes civiles. No obstante, el otorgamiento de una licencia amplía las posibilidades de ejercicio del derecho, en cuanto que levanta la prohibición general cuyo levantamiento, en los términos de la ley y de los acuerdos, administra la autoridad local"* (Subrayado fuera de texto)

Por otro lado, de acuerdo con el artículo 2.2.6.1.1 del Decreto 1077 de 2015, las licencias urbanísticas son expedidas por los curadores urbanos. Esta figura fue creada mediante el artículo 50 del Decreto 2150 de 1995, y actualmente se encuentra consagrado en el artículo 9 de la Ley 810 de 2003, el cual establece lo siguiente:

> *"El curador urbano es un particular encargado de estudiar, tramitar y expedir licencias de urbanismo o de construcción, a petición del interesado en adelantar proyectos de urbanización o de edificación, en las zonas o áreas de la ciudad que la administración municipal le haya determinado como de su jurisdicción. La curaduría urbana implica el ejercicio de una función pública para verificación del cumplimiento de las normas urbanísticas y de edificación vigentes en el distrito o municipio, a través del otorgamiento de licencias de urbanización y construcción."* (Subrayado fuera del texto)

Teniendo en cuenta lo anterior, el curador urbano es un particular con funciones administrativas, cuya única función es la de dar

notificación personal hasta el aviso en el sitio de la intervención con el fin de dar a conocer la respectiva solicitud a los interesados y especialmente a los vecinos.

31 Sentencia T-475 de 1992, Magistrado Ponente Eduardo Cifuentes Muñoz.

fe pública acerca del cumplimiento de las normas urbanísticas en el proceso de estudio y trámite de las licencias urbanísticas. Igualmente, el curador expide las prórrogas y revalidaciones de las licencias, conceptos de uso y aprobación de planos de propiedad horizontal.

En este sentido, el ejercicio de la función de los curadores urbanos se da a partir de la verificación del cumplimiento de las normas urbanísticas y de edificación, y solamente en aquellos casos donde exista un vacío normativo, la facultad de interpretación está reservada exclusivamente para las autoridades de planeación municipales, las cuales emitirán conceptos que tendrán el carácter de doctrina para la interpretación de casos similares (Artículo 2.2.6.6.1.4 Decreto 1077 de 2015)

La naturaleza de los curadores urbanos se da a partir de las atribuciones consagradas en los artículos 123 y 210 de la Constitución Política, los cuales establecen la posibilidad de que los particulares puedan ejercer funciones administrativas cuando la Ley así lo determine. En este sentido, al ser servidores públicos, son sujetos a sanciones por violación al Código Único Disciplinario y delitos contra la administración pública, así como también son vigilados por la Superintendencia de Notariado y Registro, la Procuraduría General de la Nación, la Comisión de Veeduría de las Curadurías Urbanas, las Contralorías Municipales y el Consejo Municipal de Agricultura (Henao, 2019)[32].

Los curadores urbanos son designados por los alcaldes municipales o distritales para el desempeño de la función pública por el término de cinco (5) años, previo concurso de méritos, y cuando sean designados por primera vez, deberán presentar un estudio técnico que sustente la necesidad del servicio y la capacidad de sostenibilidad económica de las curadorías urbanas, el cual será estudiado y aprobado por parte del Ministerio de Vivienda, Ciudad y Territorio (Art. 2.2.6.6.2.2 y 2.2.6.6.2.3 del Decreto 1077 de 2015).

Teniendo en cuenta lo anterior, los curadores urbanos inciden de una manera importante en el desarrollo urbano, a través de la verificación completa del cumplimiento de todas las normas establecidas

---

[32] Henao, Gloria. (2019). Manual de Derecho Urbano. Universidad del Rosario. Pág. 204.

en los POT y las normas de sismo resistencia para la aprobación de proyectos, no obstante, no cuentan con funciones de control urbanístico ante un posible incumplimiento de lo aprobado en la licencia urbanística o por el desarrollo de proyectos sin autorización. Esta función está reservada para los inspectores de policía, como se verá a continuación.

Ahora bien, sobre el Control Urbano, este se define como: "una función que busca la protección de bienes jurídicamente tutelados al ordenamiento físico de las ciudades, al uso y tratamiento del suelo, al ambiente sano y los recursos naturales renovables, al espacio público y al patrimonio arquitectónico y cultural, derivados de la Constitución Política" (Henao, 2019)[33].

De acuerdo con el artículo 2.2.6.1.4.11 del Decreto 1077 de 2015, corresponde a los alcaldes municipales, por intermedio de los inspectores de policía y corregidores, ejercer la vigilancia y control que aseguren el cumplimiento de las normas contenidas en el POT y los instrumentos que lo desarrollan de acuerdo con lo establecido en el artículo 135 de la Ley 1801 de 2016 (Código Nacional de Seguridad y Convivencia Ciudadana).

En este sentido, el control urbano constituye una función indispensable en cabeza de la administración, para garantizar la adecuada planeación del territorio, por cuanto, hace exigible el cumplimiento de las normas contenidas en los POT y los instrumentos que lo desarrollan.

El carácter preventivo de este Código significó un cambio en el lenguaje respecto del control urbanístico, pasando de ser considerado como una *"infracción"* a tratarse como un *comportamiento contrario a la convivencia.* En este sentido, el artículo 135 de la Ley 1801 de 2016 estableció las conductas que son contrarias a *la protección y conservación del patrimonio cultural, a la integridad urbanística y al cuidado e integridad del espacio público,* y que deberían ser sancionadas a partir de la imposición de medidas correctivas, con el fin de disuadir, prevenir, superar, resarcir, procurar, educar y restablecer la convivencia (Henao, 2019)[34]

33 Ibid. Pág. 272.

34 Ibid. Pág. 273.

Dentro de las medidas correctivas que trajo este nuevo código, se encuentra la multa especial, la suspensión temporal o definitiva de la obra o actividad, demolición, mantenimiento o reconstrucción y reparación de los daños materiales a los muebles o inmuebles (parágrafo 7, artículo 135)

Ahora bien, como se expuso anteriormente, el control urbanístico recae sobre los inspectores de policía, que según el artículo 206 de la Ley 1801 de 2016, son autoridades que tienen la competencia para conocer sobre los comportamientos contrarios a la convivencia en materia urbanística y de espacio público consagradas en el artículo 135 de la misma ley. Igualmente, aplican las siguientes medidas correctivas o sanciones en el marco del procedimiento verbal abreviado, cuando se encuentren probadas la comisión de estas conductas:

> "(...) 5. Conocer, en única instancia, de la aplicación de las siguientes medidas correctivas:
>
> a) Reparación de daños materiales de muebles o inmuebles;
>
> 6. Conocer en primera instancia de la aplicación de las siguientes medidas correctivas:
>
> a) Suspensión de construcción o demolición;
>
> b) Demolición de obra;
>
> c) Construcción, cerramiento, reparación o mantenimiento de inmueble;
>
> d) Reparación de daños materiales por perturbación a la posesión y tenencia de inmuebles;
>
> e) Restitución y protección de bienes inmuebles, diferentes a los descritos en el numeral 17 del artículo 205:
>
> f) Restablecimiento del derecho de servidumbre y reparación de daños materiales;
>
> g) Remoción de bienes, en las infracciones urbanísticas;
>
> h) Multas;
>
> i) Suspensión definitiva de actividad."

En este sentido, el control urbano ejercido por los inspectores de policía sobre el incumplimiento de la norma urbana es un control posterior a la comisión de la conducta, a través de un proceso verbal abreviado. Este procedimiento se encuentra regulado en el artículo 223 de la Ley 1801 de 2016, así:

Ilustración 2. Procedimiento Verbal Abreviado

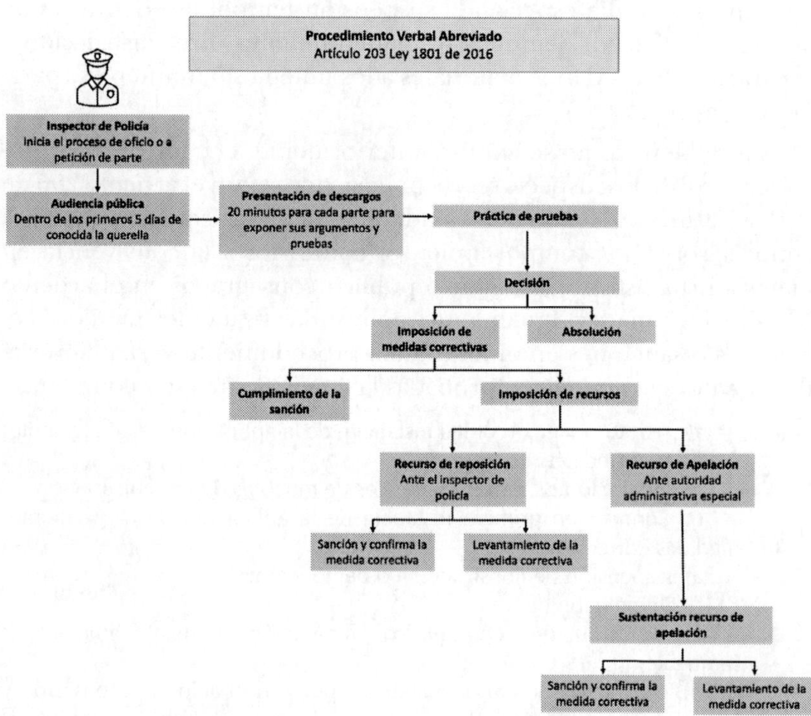

Fuente: Elaboración propia.

Teniendo en cuenta todo lo anterior, se puede establecer que el control urbano es un aspecto complementario a la labor de planificación del territorio que en el marco jurídico colombiano tiene una regulación específica con múltiples instancias y mecanismos para su efectiva implementación.

Bibliografía

Barreto Rozo, Antonio y Pinilla, Juan Felipe. El uso de la doctrina del poder de policía en los ámbitos estatal y urbano: Observaciones sobre Colorado al trasluz de los sistemas jurídicos de Colombia y Estados Unidos, en Malagón, Miguel (Coordinador) El derecho público y los veinte años de la Constitución de 1991. Editorial Temis. Bogotá 2013.

Bernal Angel, Marta Lucia. El Curador Urbano. Antecedentes, Gestión y Procedimientos, Licencias y Aspectos del Derecho Urbano, Medellín: Señal Editora, 2001, pág. 83.

Henao, Gloria. (2019). Manual de Derecho Urbano. Universidad del Rosario. Pág. 204.

Medina De Lemus, Manuel. La propiedad urbana y el aprovechamiento urbanístico. Colegio de Registradores de la Propiedad y Mercantiles de España - Centro de Estudio Registrales. Madrid 1995. Págs. 122 y 123.

Molina, Humberto. De la reforma urbana a la Ley de Desarrollo Territorial: un nuevo marco para la planeación y el financiamiento del desarrollo urbano, Revista Desarrollo Urbano en cifras, (3), Ministerio de Desarrollo Económico. Bogotá. 1997 págs. 249.

Jurisprudencia

Sentencia Corte Constitucional T-427/98 M.P. Alejandro Martínez Caballero.

Sentencia C-1043-00 M.P. Álvaro Tafur Galvis.

Sentencia C-795-00 M.P. Eduardo Cifuentes Muñoz.

Sentencia T-475 de 1992, Magistrado Ponente Eduardo Cifuentes Muñoz.

Sección Primera de la Sala de lo Contencioso Administrativo. Sentencia del 26 de octubre de 1973. Magistrado Ponente: Alfonso Arango Henao.

El Derecho territorial y urbano en Ecuador

MARTA LORA-TAMAYO VALLVÉ y **ARTURO MEJÍA GRANIZO**

1. CONTEXTO Y MARCO GENERAL

1.1. Breve historia de la legislación territorial y urbana: marco constitucional. El Buen Vivir como nuevo paradigma de desarrollo y sus consecuencias

Manosalvas[1] lleva a cabo una síntesis conceptual e histórica de la construcción del paradigma del Buen Vivir o Suma Kawsay en el Ecuador en la que tomando como antecedente inmediato la denominada en 2005 "*rebelión de los forajidos" o Revolución ciudadana* que articulaba de forma casi espontánea y a través de las redes sociales un movimiento que produjo "una articulación hasta cierto punto espon-

---

1 Manosalvas, M. *"Buen vivir o suma kawsay. En busca de nuevos referenciales para la acción públicas en Ecuador". Iconos. Revista de Ciencias Sociales. Núme 49, Wuito, mayo 2014, pp 101-121. FLACSO. ISSN 1390-1249.*

tánea sin una agenda o reivindicaciones específicas excepto la necesidad de expresar su hartazgo y disconformidad con la clase política y sus acciones"·, paralelamente, quizás no como consecuencia directa pero si, como una forma de atender, institucionalizar y apropiarse de estas reivindicaciones en 2006 Acosta[2] redactó durante el proceso electoral el denominado "Plan del Movimiento país 2007-2011" en el que se reclamaba la necesidad de una nueva Asamblea Constituyente y se introdujo una primera construcción del régimen del denominado Buen Vivir.

Es en enero de 2007 cuando se inicia el periodo presidencial de Rafael Correa, el nuevo Gobierno, indica Manosalvas a quien seguimos íntegramente en este punto puso en marcha un conjunto de medidas destinadas a potenciar el papel activo y dirigista del Estado desarrollando una Estrategia Nacional en la que el estado a través de sus ministerios y la consecución de políticas sectoriales de fuerte incidencia y base territorial retomara el protagonismo y la iniciativa públicas.

---

2 Vid, entre otros: Acosta, Alberto. 2012. "De las alternativas del desarrollo a las alternativas al desarrollo". En Construyendo el Buen Vivir. I Encuentro Internacional del Programa de Cooperación Universitaria e Investigación Científica, compilado por Alejandro Guillén García y Mauricio Phélan Casanova, 33-46. Cuenca: PYDLOS.
Acosta, Alberto. 2017. "Los Buenos convivires. Filosofías sin filósofos, prácticas sin teorías". Estudios Críticos del Desarrollo 7 (12): 153-192.
Cortez, David. 2014. "Genealogía del Sumak Kawsay y el Buen Vivir en Ecuador: un balance". En Post-crecimiento y Buen Vivir. Propuestas globales para la construcción de sociedades equitativas y sustentables, coordinado por Gustavo Endara, 317-354. Quito: Friedrich Ebert Stiftung Ecuador DES-ILDIS.
Peters, Stefan. 2014. "Post-crecimiento y Buen Vivir: ¿Discursos Políticos Alternativos o Alternativas Políticas?". En Post-crecimiento y Buen Vivir. Propuestas globales para la construcción de sociedades equitativas y sustentables, coordinado por Gustavo Endara, 125-163. Quito: Friedrich Ebert Stiftung Ecuador DES-ILDIS.
Pacheco Balanza, Diego. 2012. "Dimensiones Territoriales del Vivir Bien". En Transiciones hacia el Vivir Bien o la construcción de un nuevo proyecto político en el Estado Plurinacional de Bolivia, coordinado por Katu Arkonada, 105-125. Barcelona: Icaria Editorial.

Se crea en aquellos momentos una "coalición de actores" que bajo el paraguas del Plan Nacional de Desarrollo (PND) y partiendo del programa de gobierno diseñado para las elecciones de 2006, pretende implementar y elevar al ámbito de grandes objetivos nacionales las propuestas teóricas que parten de las formulaciones de la denominada teoría de las capacidades de SEN y que las tradujeran en documentos sectoriales de carácter técnico de futura implementación normativa a través de los técnicos y expertos de las SENPLADES (posteriormente veremos como se produjo este proceso en el ámbito concreto de la legislación de ordenamiento territorial, uso y gestión el suelo).

En noviembre de 2007 comienza el proceso constituyente que pretende constitucionalizar, elevar a rango de principios informadores de todo el ordenamiento jurídico ecuatoriano las bases del PND y en especial sus referencias al Buen Vivir como marco estructurante y telón de fondo de la acción pública que inicie un cambio de paradigma.

La Constitución ecuatoriana de 2008 introduce una nueva impronta, interpretación latinoamericana del estado del bienestar, que no se identifica plenamente con la construcción del estado social y democrático de derecho del constitucionalismo continental de mediados de los años cincuenta sino que partiendo de la inspiración conceptual que el concepto de Sumak Kawsay o Buen Vivir genera; interpreta, traduce e interpela desde el ordenamiento constitucional a la creación de un modelo de desarrollo basado en la interdependencia de los derechos, reconocidos y garantizados.

En efecto la Constitución Ecuatoriana entiende el "régimen del buen vivir" (Manosalvas, pág. 110) como un sistema de protección social basado en derechos y con ello plantea una forma de articulación alternativa entre la política, la economía, la cuestión social, la cultura, el medio ambiente. De forma que, y quizá éste sea el cambio esencial ese "estado de derechos no solo garantiza a sus ciudadanos los tradicionales derechos civiles y políticos, sino el conjunto de todos los derechos incluidos los económicos y sociales que aquí se denominan "derechos del buen vivir".

Fue René Ramírez, Secretario Nacional de Planificación, y uno de los redactores del Plan Nacional de Desarrollo, quien realiza una definición descriptiva del Buen Vivir; la idea implica "la satisfacción de las necesidades, una calidad de vida, amar y ser amado, paz y armonía con la naturaleza, protección de la cultura y de la biodiversidad (René Ramirez, 2010, 139). Para resumir su posición, Ramírez habla de "bioigualitarismo o de biosocialismo republicano", significando la combinación entre la preocupación de la justicia social, el respeto a la naturaleza y la organización política (citado por E. Gudynas, 2011, 9). Pedro Páez, economista, ex Ministro de Finanzas y miembro de la Comisión Stiglitz de las Naciones Unidas sobre la crisis financiera internacional, habla de "vivir en plenitud" (Pedro Páez, 2011, 7)

El Plan Nacional del Buen Vivir aprobado el 5 de noviembre del 2009, constituyó la carta de navegación del estado ecuatoriano, para el período 2009-2013, y fue prorrogado con posterioridad para el periodo 2013-2017[3]. Esta política delimitó claramente el nuevo paradigma de acumulación que consiste en salir del modelo primario ex-

---

3 Vega, F. *Kawsay en la Constitución y en PNBV 2013-2017 del Ecuador*
Programa Interdisciplinario de Población y Desarrollo Local Sustentable (PYDLOS) Universidad de Cuenca, Ecuador. VEGA realiza un análisis crítico comparativo del Plan nacional del Buen Vivir 2013-2017 denunciando su apropiación institucional y su falta de claridad en cuanto a los sujetos y actores legitimados para su implementación. Según el Plan "El Socialismo del Buen Vivir cuestiona el patrón de acumulación hegemónico, es decir, la forma neoliberal de producir, crecer y distribuir.
Proponemos la transición hacia una sociedad en la que la vida sea el bien supremo.
(...) El Socialismo del Buen Vivir implica una democracia profunda con participación popular permanente en la vida pública del país (...) La política democrática y la movilización permanente posibilitan alcanzar un nuevo nivel de convivencia social que respete las diversidades, las opciones y las creencias (...) El Socialismo del Buen Vivir se identifica con la consecución del bien común y la felicidad individual, alejados de la acumulación y el consumo excesivos (...) Es un espíritu vigoroso que impulsa el aprendizaje y la superación. Está presente en el amor, en la amistad, en la fraternidad, en la solidaridad y en la armonía con la Naturaleza".
Por ello Vega no duda en afirmar que al final se concluye con una declaración un tanto problemática que la que se deslinda el Buen Vivir de toda referencia histórica anterior y se constituye como actores del Buen Vivir a un "nosotros" que no se sabe quiénes son y a quiénes representan "los actuales ecuatorianos", aunque se puede intuir que se trata de los técnicos del SENPLADES como portavoces del proyecto político PAIS:

portador, y a través de un proceso de mediano y largo alcance llegar a una sociedad del bio-conocimiento y de servicios ecoturísticos y la incorporación a esta estrategia del diálogo de saberes, la información, la ciencia, la tecnología y la innovación como variables endógenas al sistema productivo[4].

El Plan Nacional del Buen Vivir es además el instrumento que visibiliza también la recuperación de la Planificación en el Ecuador y la intención de que el desarrollo tenga un enfoque territorial, es por esto que como parte integrante del plan se desarrolla la Estrategia Territorial Nacional que constituye también el nuevo modelo territorial para la consecución del Buen Vivir, como veremos a continuación.

Es en este contexto político e ideológico donde cómo veremos a continuación la plasmación concreta en el ámbito urbano del concepto del buen vivir permite asimismo constitucionalizar, de forma muy avanzada tres conceptos, a nuestro juicio básicos que articularán/vertebrarán el corpus normativo de intervención pública (y también privada) sobre la ciudad: el derecho a la ciudad, el principio de distribución equitativa de beneficios y cargas y la función social y ambiental de la propiedad. Ambos pueden ser entendidos como indica el preámbulo de la ley 8/2007 de Suelo y valoraciones de España como tres círculos concéntricos interrelacionados, integrados e interdependientes, como reza la Constitución ecuatoriana.

"Nuestra propuesta política no depende de nuestras maneras de ver el mundo, de una región, de un pueblo o de una nacionalidad. Los actuales ecuatorianos, hombres y mujeres, indígenas, cholos, afroecuatorianos, blancos, mestizos y montubios, construiremos el Socialismo del Buen Vivir. Esta es nuestra meta. Es la utopía que nos permite caminar. Podríamos errar, pero nunca perder de vista los principios que impulsan nuestra lucha"

4 Para profundizar más sobre el cambio de modelo de acumulación puede consultarse la sección 5 del Plan Nacional para el Buen Vivir: "Hacia un Nuevo Modo de Generación de Riqueza y Re-distribución para el Buen Vivir" en www.senplades.gob.ec.

2. PLANEACIÓN/PLANEAMIENTO. PLANEAMIENTO TERRITORIAL Y DE DESARROLLO COMO PREMISAS PREVIAS PARA LA IMPLEMENTACIÓN DE LOS PLANES DE USO Y GESTIÓN DEL SUELO

2.1. La recuperación de la planificación y del rol del Estado: la estrategia territorial nacional

La Carta Magna del Ecuador, recupera la planificación nacional como una competencia exclusiva del Estado Central[5], confiere además a los otros niveles de gobierno denominados Gobiernos Autónomos Descentralizados (GAD'S) la competencia y obligación de incorporar la planificación en sus jurisdicciones con el fin de propiciar la equidad social y territorial.

Con el fin de articular las relaciones de los gobiernos autónomos descentralizados entre si y de éstos con el Estado Central, la Constitución crea y regula la conformación del Sistema Nacional Descentralizado de Planificación Participativa que tiene como fin organizar la planificación para el desarrollo[6].

Los instrumentos de la planificación nacional se articulan desde la Constitución por los diferentes niveles de gobierno así: Los gobiernos regionales[7], distritales, provinciales, cantonales y pa-

---

5 Disposición que consta en el Artículo 261 de la Constitución, atribuye esta norma como competencias del Estado Central también otras que tienen dimensiones territoriales y de asignación de usos de suelo como por ejemplo: La delimitación de áreas naturales protegidas y los recursos naturales, Los recursos energéticos; minerales, hidrocarburos, hídricos, biodiversidad y recursos forestales.

6 El Sistema Nacional Descentralizado de Planificación Participativa está conformado por las siguientes entidades: el Consejo Nacional de Planificación, la Secretaria Técnica del Sistema, actualmente el rol de esta Secretaria la ejerce la Secretaria Nacional de Planificación y Desarrollo SENPLADES, los Consejos de Planificación de los Gobiernos Autónomos Descentralizados, los Consejos Sectoriales de Política Pública de la Función Ejecutiva, Los Consejos Nacionales de Igualdad y las instancias de participación definidas en la Constitución y la Ley (art. 21 del Código Orgánico de Planificación y Finanzas Públicas).

7 El plazo que establece la Constitución en su disposición transitoria primera para la conformación de regiones es de ocho años desde su vigencia es decir desde el

rroquiales[8] deberán desarrollar dos tipos de planes: Los Planes de Desarrollo y los Planes de Ordenamiento Territorial y articular el cumplimiento de sus metas al cumplimiento al Plan Nacional del Buen Vivir.

Uno de los desafíos planteados por el Estado tanto en la Constitución como en el Plan Nacional de Desarrollo fue buscar mecanismos y herramientas para lograr un sistema coherente e interdependiente en el que enlazar entre sí la planificación, al ordenamiento territorial y a las finanzas públicas para lo cual la Secretaria Nacional de Planificación y Desarrollo conjuntamente con el Ministerio de Finanzas comenzaron a trabajar en un proyecto de ley que reformara el estatuto legal existente y ensamblara este tipo de relaciones, como resultado el 22 de octubre del 2010 se publicó en el Registro Oficial el Código Orgánico de Planificación y Finanzas Públicas (COPFP).

El COPFP establece entre sus objetivos más importantes: la vinculación del Sistema de Finanzas Públicas al Sistema Nacional Descentralizado de Planificación Participativa; la articulación de la planificación nacional con la planificación de los gobiernos autónomos descentralizados; y la regulación de la gestión integrada de las finanzas públicas en los diferentes niveles de gobierno. Es importante hacer énfasis en que los presupuestos de los diferentes niveles de gobierno deben sujetarse a la planificación respectiva de cada uno de ellos.

Esta norma pese a no ser una ley que regula el ordenamiento territorial propiamente dicho incorpora ciertas dimensiones de la materia y dentro de los lineamientos del desarrollo que concentra, establece como obligación para la planificación del desarrollo, el *"promover el equilibrio territorial, en el marco de la unidad del Estado, que reconozca la función social y ambiental de la propiedad y garantice un reparto equitativo de las cargas y beneficios de las intervenciones públicas y privadas"*[9].

2008, hasta la fecha de este artículo no existen aún iniciativas formales para la conformación de alguna región.

8 La Constitución excluye a las Juntas Parroquiales de la obligación de tener el plan de ordenamiento territorial.

9 El artículo 2 del Código Orgánico de Planificación y Finanzas Públicas establece que para la aplicación de esta norma se incorporan 7 lineamientos para la

Los gobiernos autónomos descentralizados por mandato de la ley[10] debían pues, hasta el 31 de diciembre del 2011, formular los planes de desarrollo y ordenamiento territorial o adaptar los que tuvieran con la nueva visión de la planificación, esta estipulación constituye un primer punto crítico puesto que la información catastral, censal, geográfica, en la mayoría de territorios no está actualizada por lo que se estima que los planes que se entreguen hasta el plazo contemplado en la ley tendrán deficiencias en su construcción, incluso se podría afirmar que el plazo es insuficiente para que cerca de los 1200 gobiernos autónomos descentralizados logren presentar planes sólidos y bien desarrollados.

Como hemos anotado anteriormente el cambio de modelo del estado conlleva también un cambio en la visión territorial de la planificación, de esta forma y como componente del Plan Nacional del Buen Vivir se introduce una estrategia que contempla una visión territorial diferente de la planificación tradicional que pretende ser un modelamiento de desarrollo polinuclear que tiene por objeto acabar con el bicefalismo manifiesto en el país al tener a Quito y Guayaquil como los dos principales polos de desarrollo.

La Estrategia Territorial Nacional viene a constituirse como un primer intento de tener algo que podría asemejarse a un Plan de Ordenamiento Territorial Nacional[11] que establece una nueva forma de desarrollo a partir de la territorialización de las inversiones que como fin tiendan a lograr un territorio nacional más ordenado y equitativo.

La Estrategia Territorial Nacional pese a que debe convertirse en un insumo técnico sobre el cual se escriban los planes de ordenamiento territorial locales es un primer esfuerzo para visibilizar en el país las dimensiones económicas y sociales con un sentido de focalización

---

planificación del desarrollo y las finanzas públicas, esta norma además está relacionada y concordante con los artículos 274, 296, y 470 del Código Orgánico de Organización Territorial, Autonomías y Descentralización.

10 Disposición Transitoria Cuarta del Código Orgánico de Planificación y Finanzas Públicas.

11 La única ley de suelo española que previo la posible aprobación de un plan nacional de Ordenación del territorio y Uso del Suelo fue la ley de suelo de 1956, posteriormente esta idea cayó en desuso.

territorial, en este sentido esta estrategia está orientada a lograr una nueva configuración del territorio nacional a partir de desarrollos a través de nodos[12] de sustento local, nodos de vinculación regional, nodos de estructuración nacional y nodos de articulación internacional.

El siguiente gráfico de la Estrategia Territorial Nacional visualiza claramente cuál es el modelo de configuración deseado para el Buen Vivir.

Expresión gráfica de la Estrategia Territorial Nacional

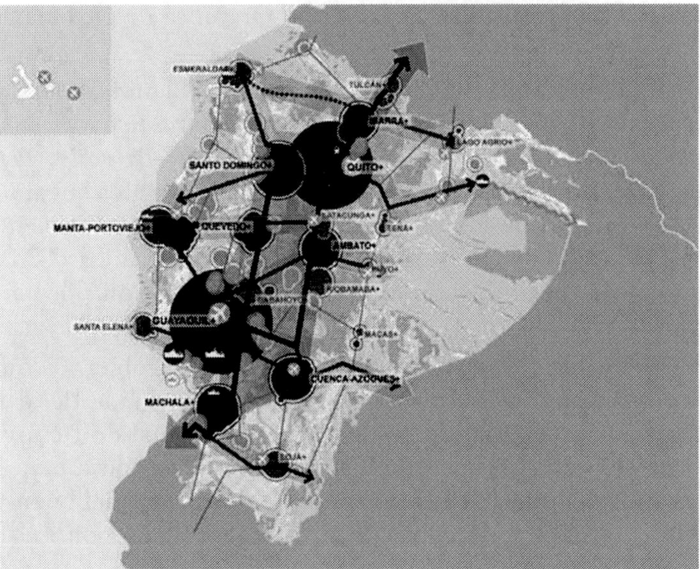

Fuente: SENPLADES, 2009.
Elaboración: SENPLADES

---

12 Los nodos tienen la siguiente lógica según la Estrategia Territorial del Plan Nacional de Desarrollo: de sustento, con 20.000 a 50.000 habitantes que se perfilan como centros de acopio y comercio zonal; de vinculación regional, con 200.000 a 500.000 habitantes, que se estructuran como centros de intercambio regional y un nivel de industrialización de primer orden; de estructuración nacional, con 500.000 a 1'000.000 habitantes, que se perfilan como centros de investigación, transferencia de tecnología y procesamiento industrial más avanzado, a la vez que una mayor diversificación productiva; de articulación internacional con 2'000.000 a 3'000.000 habitantes que por su escala estructuran un conjunto de servicios financieros, administrativos y de intercambios comerciales nacionales e internacionales.

2.2. Régimen competencial

2.2.1. El COOTAD y el COPFP

En cuanto al régimen institucional y las competencias de uso y ocupación de suelo están entendidas en la Constitución y actualmente la legislación ecuatoriana define el ordenamiento/ la organización territorial en el *Código Orgánico de Organización Territorial, Autonomía y Descentralización* (COOTAD) y el *Código Orgánico de Planificación y Finanzas Públicas* (COPFP) y en la Ley Orgánica de Ordenamiento Territorial Uso y Gestión de Suelo.

Adicionalmente, la Secretaría Nacional de Planificación y Desarrollo SENPLADES publicó en 2011 la *Guía de contenidos y procesos para la formulación de Planes de Desarrollo y Ordenamiento Territorial (PDOT)*[13] *de provincias, cantones y parroquias,* que si bien define los lineamientos para la redacción de los Planes de Desarrollo y Ordenamiento Territorial de los Gobiernos Autónomos Descentralizados (GAD), no cuenta con la fuerza legal que obligue a su adopción por parte de éstos.

El Art. 3 del COOTAD establece que "Los gobiernos autónomos descentralizados tienen la obligación compartida de articular sus planes de desarrollo territorial al Plan Nacional de Desarrollo y gestionar sus competencias de manera complementaria para hacer efectivos los derechos de la ciudadanía y el régimen del buen vivir y contribuir así al mejoramiento de los impactos de las políticas públicas promovidas por el estado ecuatoriano".

Los gobiernos autónomos descentralizados (regional, provincial, cantonal y parroquial) tienen que elaborar sus respectivos Planes de Ordenamiento Territorial (POT), pero es el gobierno municipal el que tiene la competencia exclusiva en el ejercicio del control sobre el uso y ocupación del suelo en el cantón (Art. 55 COOTAD). Esto se evidencia en el Art. 43 del COPFP donde se dice que *"Los planes de ordenamiento territorial regionales, provinciales y parroquiales se articularán entre sí, debiendo observar, de manera obligatoria, lo dispuesto en los planes de ordenamiento territorial cantonal y/o distrital respecto de la asignación y regulación del uso y ocupación del suelo".*

---

13 https://issuu.com/publisenplades/docs/gu_a_pdyot_25022011_v3

Según la legislación ecuatoriana vigente, el PDOT municipal es el instrumento guía del ordenamiento territorial. Entre los elementos que le competen exclusivamente al gobierno autónomo descentralizado municipal (Art. 55 COOTAD) hay componentes como la delimitación, regulación, autorización y control del uso de las playas de mar, riberas y lechos de ríos, lagos y lagunas. Ahora bien, estas competencias deberían corresponder a una escala de planificación mucho más amplia que la municipal. Este tipo de confusión entre el nivel territorial y el urbanístico-local hace que hoy en día no queden claros los límites de las competencias y atribuciones de los GAD en mérito al ordenamiento territorial. Si bien es cierto que la gestión del territorio cantonal le pertenece al municipio, hay que tener claro que muchas veces las dinámicas de crecimiento y ocupación del territorio responden a lógicas de escala superior (regional, nacional y a veces global).

Según lo dispuesto en el Art. 45 del COPFP, "el gobierno central podrá formular instrumentos de planificación territorial especial para los proyectos nacionales de carácter estratégico. Dichos instrumentos establecerán orientaciones generales que deberán ser consideradas en los procesos de planificación y ordenamiento territorial de los niveles de gobierno respectivos": ésta parece ser la única forma que existe actualmente en Ecuador para poder ejercer una planificación territorial a escala *supra municipal* con carácter vinculante. Pero sabemos muy bien que, aunque exista la posibilidad de generar instrumentos de planificación territorial desde el gobierno central para proyectos nacionales de carácter estratégico, esto no garantiza que exista un nivel de planificación territorial vinculante de carácter *supralocal*, condición indispensable para llevar a cabo un ordenamiento territorial coherente y racional. Además, no es lo mismo hablar de planificación estratégica que territorial.

Es a raíz de la confusión generada entre competencias exclusivas de los gobiernos municipales y la necesidad de colaboración y complementariedad entre los diferentes niveles de gobierno por lo que se hizo necesario que el proyecto de[14] Ley Orgánica de Ordenamiento Territorial Uso y Gestión de Suelo, fuera aprobado con celeridad

---

[14] Registro oficial No. 790 de 5 de julio de 2016.

con el fin de coordinarlos y articular mejor las competencias de uso y control del suelo.

Si bien tanto el COOTAD como el CÓDIGO DE PLANIFICACIÓN establecen entradas interesantes para un ordenamiento territorial estas normas siguen teniendo un asidero del Derecho Local y organizativo que constituyen insumos escasos e insuficientes para lograr los objetivos y metas que se propone cada nivel de gobierno.

Como resultado de esta falta de armonía entre las normas de organización y planificación económica y territorial y el Urbanismo y su vertiente normativa plasmada en el planeamiento y las ordenanzas locales, tenemos ciudades dispersas que contaban con distintos mecanismos jurídicos para regular el planeamiento urbanístico y con formas y modos de crecer que no favorecen la cohesión social ni las metas que persigue la Constitución, el Plan Nacional del Buen Vivir y la garantía del Derecho a la Ciudad.

Se hace hincapié en cómo y pese a la existencia de una norma nacional que era la derogada Ley Orgánica de Régimen Municipal[15] en los gobiernos locales, se establecían por medio de ordenanzas diferentes maneras de sanción de infracciones urbanísticas, y de emisión de autorizaciones municipales para la habilitación del suelo y de edificaciones, lo que terminó por concebir en el país una heterogeneidad en la aplicación de una misma normatividad. Las nuevas dinámicas de crecimiento de los territorios como las tecnologías de la información y de la comunicación han generado recientes necesidades en las ciudades; emplazamientos como las estaciones de radio base de telefonía móvil, de estaciones de transmisión de radio y televisión, la propagación de cablería desordenada y peligrosa, y otras actividades similares ejemplifican un sinnúmero de actividades que no han sido reglamentadas desde el Estado, siendo los gobiernos locales los que han tomado la iniciativa y han adoptado diversas formas de regulación que han generado un país con un corpus normativo local desigual, dispar y confusos.

Para abundar en la problemática que genera la ausencia de una regulación urbanística no nacional, cabe destacar que no existían mecanismos eficientes para garantizar la equidad en el reparto de

---

15 Suplemento del Registro Oficial No. 331 de 15 de octubre de 1971

los beneficios del urbanismo, todas las rentas que genera el mercado del suelo por intervenciones o decisiones públicas quedan en manos principalmente de los propietarios del suelo teniendo apenas en la legislación actual iniciativas tributarias de recuperación de plusvalías que son insignificantes si las comparamos con el nivel de ganancia que obtienen los dueños del suelo sin que realicen ningún tipo de inversión.

La falta de coherencia entre el Urbanismo y el Derecho se ha manifestado en reacciones sociales a las cuales ninguna de estas dos disciplinas ha logrado dar respuestas inmediatas de solución tal es el caso de la gran cantidad de informalidad en el mercado de suelo: fraccionamientos sin permisos municipales, invasiones violentas a suelos privados y estatales, delitos de estafa por procesos ilegales de habilitación de suelo, son entre otras situaciones que a diario soporta los habitantes de los asentamientos humanos informales que no encuentran respuestas por parte del Estado para reivindicar sus derechos lesionados.

2.2.2. Competencias estatales

"La planificación garantizará el ordenamiento territorial y será obligatoria en todos los gobiernos autónomos descentralizados"[16].

Esta disposición que consta en la constitución así como las demás relacionadas y que se desagregan en todo su texto resaltan el hecho de que son los gobiernos autónomos descentralizados (GAD) los que ostentan la competencia sobre el ordenamiento territorial, en contraposición ninguna norma de la Constitución establece expresamente cual es la competencia del Estado Central respecto del Ordenamiento Territorial, lo cual terminaría haciendo suponer que no existe la escala nacional para esta competencia.

Sin embargo y pesar de que no existe una norma expresa que manifieste la competencia de ordenamiento territorial del Estado Central, la propia carta magna confiere le potestades que tienen dimensiones territoriales e inclusive de asignación de usos de suelo a continuación es pertinente citar estas atribuciones:

---

16 Disposición contenida en el art. 241 de la Constitución.

- La defensa nacional, protección interna y orden público. (Art. 261 numeral 1), la definición de las franjas territoriales para la seguridad interna del Estado es competencia del Ejecutivo, estas franjas tienen una asignación de un uso de suelo que limita y restringe su ocupación incluso en muchos casos por actividades agrícolas.
- Las áreas naturales protegidas y los recursos naturales. (Art. 261 numeral 7). El Sistema Nacional de Áreas Protegidas, delimita georeferenciadamente las áreas de protección natural así mismo estable ce la forma de manejo de estos territorios, esta competencia es del Ejecutivo.
- El espectro radioeléctrico y el régimen general de comunicaciones y telecomunicaciones; puertos y aeropuertos. (Art. 261 numeral 10), la proyección y construcción de vías nacionales, y de los equipamientos citados son también de competencia del Ejecutivo.
- Los recursos energéticos; minerales, hidrocarburos, hídricos, biodiversidad y recursos forestales. (Art. 261 numeral 10). Para la construcción del plan minero para el Ecuador se deberá considerar una estrategia de zonificación en la cual el Ejecutivo debe definir las áreas permitidas, prohibidas y condicionadas para actividades mineras, igual relación se hace para el tema de hidrocarburos, estas decisiones sin duda establecen un orden de uso y ocupación del suelo.

Como podemos observar el Estado Central tiene la potestad de definir según sus competencias ya expresadas, las decisiones territoriales sobre estos temas, es claro que las planificaciones de los gobiernos autónomos descentralizados deben incorporar como referencia obligatoria estas disposiciones en sus respectivas planificaciones, no obstante sus competencias exclusivas como por ejemplo la competencia sobre la regulación y control sobre el uso y la ocupación del suelo urbano y rural que recae sobre los municipios.

Cuando se pensó en la construcción del Sistema Descentralizado de Planificación Participativa sin duda se asumió que uno de los retos a superar es encontrar los vínculos para establecer un régimen coherente y relacionar las planificación nacional con la de los gobiernos locales y aún más las relaciones de las decisiones territoriales de los propios gobiernos autónomos entre sí.

El énfasis principal en la competencia de ordenamiento territorial la tienen sin duda los gobiernos autónomos descentralizados cantonales y distritales quienes a través de sus respectivos municipios tienen la potestad de decidir y controlar el uso y la ocupación del suelo, por tanto la Constitución y el COOTAD, expresan esta competencia como exclusiva de los gobiernos distritales[17] y cantonales, pero como hemos analizado esta exclusividad debe cohonestarse con el principio de unidad del Estado y debe sujetarse a las decisiones que sobre el territorio toma el Ejecutivo respecto de sus competencias, lo que significa una concurrencia en la toma de estas decisiones[18].

Fig. 1/ Sistema de competencias en el Ecuador

Reparto Competencial	Gobierno Central	GAD Regionales	GAD Provinciales	GAD Municipales /Distritales	GAD Parroquiales Rurales
Planificación Nacional	Art. 261 Art. 10, COPFP				
Planificación del desarrollo	Art. 275	Art. 262	Art. 263	Art. 264	Art. 267
Defensa Nacional	Art. 261				

17 El único Distrito Metropolitano que existe en el Ecuador es Quito, gobierno que además debe aprobar un estatuto autonómico para el mejor manejo de sus competencias, esta es una condición que establece el COOTAD.

18 La Constitución establece en el Art. 415: "El Estado central y los gobiernos autónomos descentralizados adoptarán políticas integrales y participativas de ordenamiento territorial urbano y de uso del suelo, que permitan regular el crecimiento urbano, el manejo de la fauna urbana e incentiven el establecimiento de zonas verdes…", lo que también es una clara muestra de la concurrencia en la competencia de decisiones sobre el uso del suelo.
Información bibliográfica de este texto, conforme a NBR 6023:2002 da Associação Brasileira de Normas Técnicas (ABNT):
Mejía Granizo, Arturo. Planificación del desarrollo, ordenamiento territorial y gestión de suelo en Ecuador - "Nuevos paradigmas y Reforma Legal en Ecuador." Fórum de Direito Urbano e Ambiental.

Reparto Competencial	Gobierno Central	GAD Regionales	GAD Provinciales	GAD Municipales /Distritales	GAD Parroquiales Rurales
Zonas Desarrollo Económico Especial	Art. 10, COPFP				
Fomentar actividades productivas		Art. 262	Art. 263		Art. 267
Ordenamiento Territorial	Art. 26, COPFP; Art. 9 LOO— TUGS	Art. 262	Art. 263	Art. 264	Art. 267
Hábitat	Art. 375	Art. 375	Art. 375	Art. 375	Art. 375
Vivienda	Art. 261 y 375	Art. 375	Art. 375	Art. 375	Art. 375
Uso del suelo (Urbanismo)				Art. 264	
Patrimonio arquitectónico, cultural y natural				Art. 264	
Educación	Art. 261			Art. 264	Art. 267
Salud	Art. 261			Art. 264	Art. 267
Espacios públicos				Art. 264	Art. 267
Infraestructuras viarias	Art. 314	Infraestructura regional Art. 262	Infraestructura rural provincial Art. 263	Infraestructura urbana Art. 264	Infraestructura parroquial Art. 267
Puertos y Aeropuertos	Art. 261, 314 y 394				
Tránsito y Transporte público	Art. 394	Art. 262		Art. 264	
Comunicaciones y Telecomunicaciones	Art. 261 y 314				
Áreas naturales protegidas y recursos naturales	Art. 261				
Gestión del riesgo	Art. 261				

Reparto Competencial	Gobierno Central	GAD Regionales	GAD Provinciales	GAD Municipales /Distritales	GAD Parroquiales Rurales
Recursos forestales	Art. 261				
Recursos energéticos	Art. 261 y 314				
Recursos hídricos	Art. 261				
Planificación, gestión y aprovechamiento del agua	Art. 318				
Gestionar el ordenamiento de las cuencas hidrográficas		Art. 262			
Gestionar obras en cuencas y microcuencas			Art. 263		
Planificar y construir sistemas de riego	Art. 314		Art. 263		
Agua potable	Art. 314			Art. 264	
Saneamiento	Art. 314			Art. 264	
Depuración de vertidos				Art. 264	
Desechos sólidos				Art. 264	
Acceso y uso playas	Art. 375	Art. 375	Art. 375	Art. 264 y 375	Art. 375
Acceso y uso riberas de ríos, lagos y lagunas	Art. 375	Art. 375	Art. 375	Art. 264 y 376	Art. 375
Minería e hidrocarburos	Art. 261				
Materiales áridos y pétreos				Art. 264	
Control de incendios				Art. 264	

Reparto Competencial	Gobierno Central	GAD Regionales	GAD Provinciales	GAD Municipales /Distritales	GAD Parroquiales Rurales
Notas: – Los artículos citados son de la Constitución excepto los indicados como (COPFP) Código Orgánico de Planificación y Finanzas Públicas; (LOOTUGS) Ley Orgánica de Ordenamiento Territorial, Uso y Gestión de Suelo – Los artículos de la Constitución 314, 318, 375 y 394 no son competencias exclusivas, como tampoco el artículo 10 del COPFP.					

FUENTE: El ordenamiento territorial y el urbanismo en el Ecuador y su articulación competencial Autores: Manuel Benabent Fernández de Córdoba, Lorena Vivanco Cruz Localización: Ciudad y territorio: Estudios territoriales, ISSN 1133-4762, Nº 194, 2017, págs. 713-726

3. CLASIFICACIÓN Y DESTINO DE LOS SUELOS

3.1. Eficacia jurídica de las clases y categorías de suelo: Concepción estatutaria del derecho de propiedad vinculada al régimen de clasificación del suelo

La legislación española (leyes de 1956, 1976, 1992) establecía un sistema muy rígido de clasificación de suelo en el que los propietarios en cada clase de suelo ostentan una serie de derechos y deberes, no intercambiables y no indemnizables.

La tensión jurídico económica que late en la legislación española en este sentido se ve reflejada en los siguientes aspectos.

De una parte hasta 1998 sólo existía una categoría de suelo urbano y por tanto las administraciones públicas no podían exigir ni establecer procedimientos que permitieran la recuperación de plusvalías o sistemas de equidistribución de beneficios y cargas en esta clase de suelo. Se operaba solar a solar, lote a lote, salvo que se aprobaran Planes Especiales de Reforma interior en los que tradicionalmente se actuaba por expropiación. Es a partir de 1998 cuando se introduce la figura del suelo urbano no consolidado y en el que los deberes y cargas de los propietarios de suelo (y la valoración del mismo teóricamente) se asimilan con los de suelo urbanizable o de extensión, y es entonces cuando pueden articularse operaciones de equidistribución de beneficios y cargas delimitando unidades de actuación o polígonos en suelo urbano no consolidado. La legislación de 2007 y en especial la ley de reforma, rehabilitación y regeneración urbana de 2013 y el texto Refundido de la Ley de Suelo de 2015 (TRLSRU 2015) conducen este proceso, tímido en 1998, a su máxima potencialidad estableciendo las denominadas actuaciones (especiales) en el medio urbano en las que cabe una nueva exigibilidad y equidistribución en suelo urbano consolidado y no consolidado.

La LOOTUGS, al igual que la ley 388 colombiana no recogen a nuestro juicio un esquema tan rígido y cerrado, en el sentido de que no quepa interrelación ni equidistribución alguna entre clases de suelo diferentes y los derechos y los deberes de los propietarios también son diferentes.

De hecho el artículo 5.8. de la LOOTUGS al establecer los principios rectores y derechos orientadores del ordenamiento territorial y planeamiento del uso y gestión del suelo establece que en la distribución equitativa de las cargas y los beneficios se garantizará el justo reparto entre los diferentes actores implicados en los procesos urbanísticos, conforme con lo establecido en el planeamiento y en las normas que lo desarrollen, de modo que entiende la justa distribución entre actores, pero no delimita dónde operan esos actores, en qué clase de suelo.

En efecto ni la ley 388 ni la LOOTUGS establecen como ha sido tradicional en la normativa urbanística española hasta el año 2007 una serie, un listado de derechos y deberes de los propietarios en cada clase de suelo. La LOOTUGS lleva a cabo una definición físico-descriptiva de los suelos que el planeamiento debe clasificar como urbanos o rurales (arts. 16 a 19), establece e introduce la vinculación de la propiedad al planeamiento urbanístico (concepción estatutaria vinculada a la función social de la propiedad) en su artículo 39 *"el ordenamiento y el planeamiento urbanístico no confieren derechos de indemnización, sin perjuicio de lo establecido en la Constitución y la ley. El establecimiento de regulaciones que especifiquen los usos, la ocupación y la edificabilidad previstas en las herramientas de planeamiento y gestión de suelo no confieren derechos adquiridos a los particulares, la mera expectativa no constituye derecho"*.

Pero y en este sentido, la LOOTUGS muestra este tratamiento indistinto del suelo urbano (consolidado o no) y el suelo rural de expansión en su artículo 32 a 34 al definir el objeto de los Planes Parciales entendiendo *que llevarán a cabo la regulación urbanística y de gestión de suelo detallada para los polígonos de intervención territorial en suelo urbano y en suelo rural de expansión urbana.*

En este mismo sentido el artículo 44 de la LOOTUGS define la gestión de suelo como la acción y el efecto de administrarlo en función de lo establecido en los planes de uso y gestión de suelo y sus instrumentos complementarios, con el fin de permitir el acceso y aprovechamiento de sus pontencialidades de manera sostenible y sustentable, conforme con el principio de equidistribución equitativa de beneficios y cargas.

De nuevo la norma ecuatoriana generaliza a toda clase de suelo este principio operativo que el modelo urbanístico español sólo se dio para el suelo urbanizable (el equivalente al suelo rural de expansión), si bien puede que se entienda como un principio informador, un desiderátum de equidad e igualdad, un principio de justicia social más que una técnica urbanística concreta.

El tratamiento uniforme de ambas clases de suelo, desde la perspectiva de los derechos y deberes (que no se definen expresa e indistintamente) y a nivel de planeamiento de desarrollo es desde la perspectiva de la normativa urbanística inspiradora del modelo un avance muy sustancial, por cuanto la legislación española ha tardado más de 50 años en incorporar en el suelo urbano (consolidado y no consolidado) la lógica de actuación a través de planes parciales y equidistribución de beneficios y cargas.

La LOOTUGS establece una serie de obligaciones y derechos de los propietarios de suelo en una unidad de actuación urbanística (arts. 50 y 51) pero no establece en qué clase de suelo ha de estar esta unidad.

Es pues, muy interesante el modo en que se produce el trasplante la transferencia del concepto de equidistribución vinculada a la unidad de actuación pero no directamente vinculada al concepto de los derechos y deberes de los propietarios en cada clase de suelo.

De hecho y por esta razón desde el año 1998 (en el que se introduce la figura del suelo urbano no consolidado) hasta 2013, gran parte de la litigiosidad judicial en materia urbanística se basaba precisamente en la resistencia de los propietarios a los que el plan clasificaba su suelo como urbano no consolidado frente a los suelos urbanos consolidados, por la enorme diferencia, en cuanto a los deberes urbanísticos de unos y otros (en el suelo urbano consolidado se actuaba solar a solar y en el no consolidado había que equidistribuir y ceder un porcentaje de aprovechamiento a la administración).

La LOOTUGS establece la obligatoriedad de los Planes Parciales (art. 34) en suelo de expansión urbana y en caso de aplicación del reajuste de terrenos, integración inmobiliaria, y cooperación entre partícipes cuando se apliquen mecanismos de reparto equitativo de beneficios y cargas, así como en la modificación de usos de suelo y en la autorización de un mayor aprovechamiento de suelo.

Siendo pues esta lógica un enorme avance con respecto a la legislación española inspiradora del modelo, a mi juicio la LOOTUGS no es del todo clara, y parece contradictoria en cuanto a la obligatoriedad de los planes parciales en suelo urbano (consolidado o no consolidado).

A nuestro juicio, y teniendo en cuenta la cantidad de suelos vacantes y solares baldíos que existen en los suelos urbanos de las ciudades ecuatorianas, sería muy conveniente reforzar al máximo la obligatoriedad de actuar a través de planes parciales y unidades de ejecución en suelo urbano, amplificar/ extender la consideración del suelo urbano no consolidado (no sólo por la urbanización sino por la edificación de forma que permita actuar/generar unidades de ejecución equidistribuibles en estos ámbitos que son o deberían contribuir a compactar los centros/extensiones urbanas edificadas y urbanizadas de forma desigual y así generar dinámicas de cambio en cuanto a la inversión inmobiliaria, compactar y hacer más sostenibles las ciudades ya construidas.

El reforzamiento del concepto de suelo urbano no consolidado por la edificación y la obligatoriedad de actuar a través de unidades de ejecución en las que se produzca un reparto equitativo de beneficios y cargas, podrá contribuir, asimismo a evitar la especulación y la retención de solares en suelo urbano aportando una mayor dinamicidad y coherencia en el desarrollo o re-desarrollo del mismo.

Otro de los aspectos contradictorios que del análisis pormenorizado de la LOOTGUS se desprenden es el hecho de que a pesar del planteamiento equidistributivo generalizado que se hace en los preceptos señalados anteriormente, el artículo 7 in fine al establecer las implicaciones de la función social y ambiental de la propiedad lleva a cabo un doble juego que puede generar en un futuro una multitud de conflictos jurídicos y distorsiones en el planeamiento puesto que, por una parte establece que las implicaciones que enumera son aplicables tanto en la propiedad de suelo urbano y rural de expansión urbana para concluir estableciendo que la función social y ambiental de la propiedad en el suelo rural se establece en las leyes que regulan el suelo productivo, extractivo y de conservación. Puede ser esta una disposición que, a pesar de su aparente inocuidad, pues está claro que hace referencia a suelos que no ostentan vocación urbana alguna pueda generar incoherencias sobre todo porque debería haber especificado que no se incluía aquí el suelo rural de expansión.

Quizás resulte excesivo este hilar fino al que estamos sometiendo a la recién nacida legislación ecuatoriana, sin embargo a nuestro juicio, una de las claves y aportes positivos que los trasplantes jurídicos generan es que contamos con la trayectoria histórica de modelos y marcos jurídico-urbanísticos muy asentados que han ido ensayando y errando y permiten agudizar y ver el potencial, la dinamicidad y el desarrollo que ciertos preceptos de la ley pueden tener, a la vista de estas experiencias comparadas similares.

3.2. ¿Cuándo son indemnizables los cambios de ordenación?: Derecho a urbanizar y valoración de los terrenos

Tal y como se ha expuesto en la primera parte de esta obra la legislación urbanística española insistió desde su origen en 1956, y ya incluso en la ley de expropiación forzosa de 1879 en la imposibilidad de que a los efectos de valoración del suelo se computen las plusvalías no adquiridas por el planeamiento, sin que estas hayan sido efectivamente ejecutadas. Sin embargo pudimos destacar como a pesar de su enunciado formal la legislación dejaba resquicios, a modo de puertas traseras del sistema, a través de los cuales se terminaban computando estos plusvalores, entendiendo en el fondo que el derecho a urbanizar formaba parte de las prerrogativas del derecho de propiedad. No es hasta la ley de suelo de 2007 en el que el cambio de concepto de las clases a las situaciones de suelo intenta poner fin a esta práctica perniciosa e impeditiva de cualquier reforma de recuperación pública de las plusvalías generadas por el planeamiento urbanístico y por la reclasificación de los suelos. Sin embargo, y a pesar del ímprobo, tenaz y constante esfuerzo legislativo en este sentido el Tribunal Constitucional también ha dado al traste con el nuevo sistema "situacional" al declarar la nulidad de la modulación de la imposición de un factor de localización limitado al doble del valor del terreno y permitiendo modulaciones sin límite alguno, a la espera de que sean establecidas por la legislación autonómica correspondiente. Vuelta a la valoración del mercado pues, aunque el mercado en la actualidad tenga valoraciones incluso menores que las catastrales como consecuencia de la crisis económica y especialmente del sector inmobiliario.

La LOOTUGS parece haber recogido esta percepción, en dos sentidos:

Por una parte y aunque no hace referencia explícita al derecho a urbanizar (tal y como lo hacía la legislación urbanística española estatal hasta 1998, es decir las legislaciones de 1956, 1976 y 1992) especifica en su artículo 53 a quién corresponde la iniciativa de las unidades de ejecución, recogiendo la terminología de la legislación española de 1998 en la que el derecho a urbanizar intenta partir y romper la vinculación del derecho a urbanizar ligada al derecho de propiedad de los propietarios en suelo urbanizable y la hace depender del principio de libertad de empresa para dar cabida otros agentes/actores distintos a los propietarios del suelo, de forma que diera cabida así mismo al modelo establecido en la legislación valenciana de 1995 y al denominado agente urbanizador (actor público o privado que no tiene porqué ser el propietario de suelo)

De esta forma la LOOTUGS entiende que la iniciativa corresponde a los propietarios de suelo y/o a la administración pública o por una persona natural o jurídica pública o privada, mediante acuerdo con los propietarios de suelo incluidos en el ámbito de actuación.

Es pues una concepción similar a la de la legislación española de 1998, en el que la necesidad del acuerdo con el propietario o propietarios del suelo con carácter previo configura pues el derecho a urbanizar en Ecuador como una prerrogativa preferencial, o un derecho de adquisición preferente de los propietarios de suelo pero, no impide, y esta es la clave que la iniciativa provenga de otros sujetos, públicos o privados, obligando además a aquellos propietarios de suelo que no quieran adherirse a que sus predios sean enajenados forzosamente, pero ¿a qué valor? Y de nuevo resurge la problemática de los justiprecios y el avalúo comercial[19].

Por otra parte, la clave de cierre del sistema en el que no se computen las plusvalías no adquiridas debería ser la aplicación extensiva del artículo 66 (anuncio del proyecto) en la delimitación de las unidades de ejecución. Sin embargo, a nuestro juicio no es del todo claro que este precepto sea aplicable puesto que el artículo 66 hace referencia a que el anuncio del proyecto es el instrumento que permite el avalúo de los inmuebles dentro de la zona de influencia de obras públicas, al valor de la fecha del anuncio público de las respectivas obras, a fin de evitar el pago de un sobreprecio en caso de expropiaciones inmediatas o futuras. Si bien si utilizáramos un concepto amplio de obra pública, entendiendo el hecho de hacer ciudad como una obra pública compleja en la que se generan bienes públicos (calles, dotaciones) y bienes privados (solares resultantes) tal y como hace la Sentencia del Tribunal de Justicia de la Unión Europea en su sentencia 11/2001 del teatro de la Escala podríamos considerar que las obras de urbanización y la aprobación de una unidad de actuación le son aplicables estos criterios a efectos de enajenación forzosa de los predios de aquellos propietarios que no deseen participar en las obras de urbanización y en el reparto equitativo de beneficios y cargas.

El desarrollo reglamentario que de la LOOTUGS se haga detallando estos aspectos puede resultar decisivo para configurar el derecho a urbanizar de este modo, ajeno a las prerrogativas del derecho de propiedad y así poder lograr que este tipo de operaciones sean realmente factibles pues permitiría expropiar o enajenar forzosamente a valor inicial, sin cómputo de plusvalía alguno, los terrenos de los propietarios que no quieran contribuir a las cargas

---

19 Vid entre otras Sentencia del tribunal Constitucional de Ecuador de 13 de diciembre de 2017 SENTENCIA N.º 009-17-SCN-CC CASO N.º 0016-15-CN

de la obra urbanizadora y permitiría una dinamización, y por supuesto abaratamiento de costes, de la obra urbanizadora y edificatoria posterior.

Por otra parte es de enorme interés destacar como en la ciudad de Guayaquil[20], que fue una de las ciudades que más oposición ejerció contra el régimen de Correa y contra la aprobación de la LOOTUGS se ha comenzado a utilizar con enorme dinamicidad el sistema de anuncio de proyectos para evitar la especulación y apropiación de plusvalías generadas por los proyectos de obras públicas y su ejecución pero por los propietarios colindantes de los mismos. Es este un enorme avance en la recuperación de plusvalías mediante sistemas no fiscales más accesibles para administraciones con falta de medios técnicos y de personal para su implementación.

3.3. La plusvalía generada por la transformación urbana ¿Corresponde al propietario del suelo?: Derecho a edificar e instrumentos para la recuperación de plusvalías

Tal y como describimos en la primera parte de esta obra, la legislación urbanística española obedece a un modelo no fiscal de recupe-

---

20 Vid. ANEXOS I, II, III Y IV: DIRECCIÓN DE URBANISMO, AVALÚOS Y ORDENAMIENTO TERRITORIAL DUOT-PE-2017-06517 06 de abril del 2017 Archivo/Wilson /Users/mmontenegro/Downloads/ANUNCIO DEL PROYECTO AEROVIA.doc Arq. José Miguel Rubio Jaén DIRECTOR DE URBANISMO, AVALÚOS Y ORDENAMIENTO TERRITORIAL DELEGADO DEL ALCALDE DE GUAYAQUIL CONSIDERANDO QUE, la Ley Orgánica de Ordenamiento Territorial, Uso y Gestión del Suelo, publicada en el suplemento del Registro Oficial No 790 del 5 de julio de 2016 consagra en el artículo 60 como uno de los instrumentos para regular el mercado del suelo el "anuncio del proyecto"; QUE, el artículo 58 de la Ley Orgánica del Sistema Nacional de Contratación Pública, que regula el procedimiento para la declaratoria de utilidad pública, y cuyo texto es producto de la sustitución ordenada por el artículo 5 de la Ley Orgánica para la Eficiencia en la Contratación Pública, publicada en el segundo suplemento del Registro Oficial No 966 del 20 de marzo de 2017, dispone que: "A la declaratoria se adjuntará el certificado del registrador de la propiedad; el avalúo establecido por la dependencia de avalúos y catastros del respectivo Gobierno Autónomo Municipal o Metropolitano; la certificación presupuestaria acerca de la existencia y disponibilidad de los recursos necesarios para el efecto; y, el anuncio del proyecto en el caso de construcción de obras de conformidad con la ley que regula el uso del suelo."

ración de plusvalías basado en una evolución lenta, paulatina y muy exitosa del aumento de la exigencia de las cesiones a los propietarios del suelo en el seno de las unidades de ejecución en el momento de llevar a cabo la equidistribución de beneficios y cargas operadas y materializadas a través de las Juntas de Compensación cuya naturaleza jurídica mixta (ejerce potestades públicas por delegación y dirige el proceso de gestión y ejecución del planeamiento).

Es pues un modelo no fiscal (a diferencia de otros ejemplos continentales como el caso Francés) que recupera en especie los suelos urbanizados, las dotaciones y finalmente un porcentaje de aprovechamiento urbanístico (plusvalía) que repito no es entendido como un impuesto o una tasa sino como el colofón de un proceso de cesiones que culmina en la obligatoriedad de ceder a la administración un porcentaje del aprovechamiento, del beneficio de las operaciones urbanísticas y por lo tanto inserto en el procedimiento jurídico y económico de la equidistribución de beneficios y cargas en el seno, normalmente de las Juntas de Compensación.

El modelo ecuatoriano, sin embargo ha tomado referentes diferentes en este sentido, puesto que influido por la legislación colombiana, que al tiempo recibe influencia brasileña y francesa establece un sistema de recuperación de plusvalías añadido y entendido como medidas fiscales/tributarias así la concesión onerosa de derechos que opera en los caso de transformación de suelo rural a suelo rural de expansión urbana o suelo urbano; la modificación de usos del suelo, o la autorización de un mayor aprovechamiento del suelo y que se producirá de forma previa, a las concesión de los permisos y licencias, por lo que no aparece inserta en el procedimiento de reparcelación, si bien fijas (art. 73) en su forma de pago y destino la obligatoriedad de que estos recursos sean destinados para la ejecución de infraestructuras, construcción de viviendas adecuada y digna de interés social, equipamientos y sistemas públicos de soporte u otras actuaciones para la habilitación del suelo y la garantía del derecho a la ciudad.

Por otra parte y en cuanto al concepto y significación del derecho a edificar hemos observado algunas incongruencias, como también las tienen las legislaciones españolas y colombianas en su definición y apropiación pública o privada.

La LOOTUGS, en efecto afirma con gran contundencia y radicalidad, a mi juicio excesiva ahora veremos porqué, en su artículo 8 que el derecho a edificar es de carácter público y consiste en la capacidad de utilizar y construir en un suelo determinado de acuerdo con las normas urbanísticas y la edificabilidad asignada por el Gobierno Autónomo descentralizado municipal o metropolitano. Estableciendo que este se concede a través de la aprobación definitiva del permiso de construcción siempre que se hayan cumplido las obligaciones urbanísticas establecidas en el planeamiento urbanístico municipal o metropolitano, las normas nacionales sobre construcción y los estándares de prevención de riesgos naturales y antrópicos establecidos por el ente rector nacional.

¿Lo es realmente? Ciertamente no, en tanto en cuanto el artículo 26 al establecer la definición de edificabilidad básica como la capacidad de aprovechamiento constructivo atribuida al suelo por el GAD municipal o metropolitano que no requiere de una contraprestación por parte del propietario de dicho suelo, y a renglón seguido establece la posibilidad de que los GAD puedan otorgar de forma onerosa el aprovechamiento superior al básico a excepción de los casos obligatorios que se definan en la ley o en la normativa secundaria.

Por tanto el legislador ecuatoriano está reconociendo implícitamente que desde el momento en que el Plan establece un coeficiente de edificabilidad básica, éste pertenece al propietario de suelo, por lo que forma parte de las prerrogativas del derecho de propiedad la posibilidad de edificar conforme al coeficiente o edificabilidad básica.

El problema que surge en la diferente redacción de estos dos preceptos es el siguiente; y es el hecho de que si el Plan redujera la edificabilidad básica, en coherencia con la definición que de la misma hace el artículo 8, y si esta no hubiera sido materializada, no cabría indemnización alguna.

Sin embargo si consideramos que la edificabilidad básica forma parte del derecho de propiedad, del derecho a edificar una posible variación de las mismas en el plan si podría generar derechos indemnizatorios por su privación o disminución por considerarse una expropiación regulatoria, al modo de los *regulatory takings* norteamericanos

Por otra parte el artículo 26 al excluir de cualquier contraprestación al propietario de suelo en el caso de la edificabilidad básica, puede estar impidiendo la posibilidad de actuar a través de planes parciales y unidades de ejecución en suelo urbano, en el sentido de que el propietario puede solicitar su licencia de construcción/edificación sin necesidad de someterse a un proceso de reestructuración/reparcelación de beneficios y cargas que es el modo en que se venía actuando en suelo urbano antes de la aprobación de la LOOTUGS.

4. INTERVENCIÓN PÚBLICO/PRIVADA EN LA EJECUCIÓN DEL PLANEAMIENTO

4.1. ¿Cómo se delimitan los ámbitos de urbanización y se concretan las obras y operaciones necesarias?, ¿quién está legitimado para llevarla a cabo: los propietarios, la administración, terceros?, ¿qué instrumentos y técnicas se emplean?

El artículo 3.4 de la LOOTUGS establece como uno de sus principales objetivos el establecimiento de mecanismos que permitan disponer del suelo urbanizado necesario para garantizar el acceso de la población a una vivienda adecuada y digna, mediante la promoción de actuaciones coordinadas entre los poderes públicos, las organizaciones sociales y el sector privado.

La implementación de este desiserátum básico en toda legislación urbanística es una de las principales novedades de la LOOTUGS y en el que mayor esfuerzo pedagógico y de concienciación institucional se está llevando a cabo en los últimos años y en los que la Unidad de Actuación se configura como el ámbito de urbanización en el que se concretarán las aportaciones público privadas de cada una de las actuaciones y su iniciativa

En efecto el artículo 48 de la ley establece que la unidad de actuación es el Instrumento para la distribución equitativa de las cargas y los beneficios de forma que promueve el reparto equitativo de los beneficios derivados del planeamiento urbanístico y la gestión del suelo entre los actores públicos y privados involucrados en función de las cargas asumidas.

Las Unidades de actuación urbanística (art. 49) son definidas como las áreas de gestión del suelo determinadas mediante el plan de uso y gestión de suelo o un plan parcial que lo desarrolle, y serán conformadas por uno o varios inmuebles que deben ser transformados, urbanizados o construidos, bajo un único proceso de habilitación, con el objeto de promover el uso racional del suelo, garantizar el cumplimiento de las normas urbanísticas, y proveer las infraestructuras y equipamientos públicos.

Su delimitación responderá al interés general y asegurará la compensación equitativa de cargas y beneficios.

Las unidades de actuación urbanística determinarán la modalidad y las condiciones para asegurar la funcionalidad del diseño de los sistemas públicos de soporte tales como la vialidad, equipamientos, espacio público y áreas verdes; la implementación del reparto equitativo de cargas y beneficios mediante la gestión asociada de los propietarios de los predios a través de procesos de reajuste de terrenos, integración parcelaria o cooperación entre partícipes; y permitir la participación social en los beneficios producidos por la planificación urbanística mediante la concesión onerosa de derechos de uso y edificabilidad.

Por su parte el Artículo 50 establece las obligaciones de los propietarios de suelo de una unidad de actuación urbanística. Los propietarios de suelo vinculados a una unidad de actuación urbanística estarán obligados a realizar las siguientes acciones en proporción al aprovechamiento urbanístico que les corresponda, según el reparto equitativo de las cargas y los beneficios:

1. Ceder gratuitamente al Gobierno Autónomo Descentralizado municipal o metropolitano, el suelo destinado a espacio público, infraestructuras y equipamientos, de conformidad con los estándares urbanísticos definidos por la normativa aplicable y el planeamiento urbanístico en aplicación de lo dispuesto en lo relativo al porcentaje de área verde, comunitaria y vías en el Código Orgánico de Organización Territorial, Autonomía y Descentralización. El suelo así transferido no podrá desafectarse de su finalidad de uso público.

2. Financiar y ejecutar las obras de urbanización de conformidad con lo establecido por la ley y el planeamiento urbanístico.

3. Financiar los gastos derivados de los derrocamientos, reubicaciones, compensaciones, costos de planificación y gestión de la operación inmobiliaria, y demás acciones necesarias para viabilizar la intervención.

Por otra parte el Artículo 51 establece los derechos de los propietarios de suelo de una unidad de actuación urbanística. Los propietarios de suelo vinculados a una unidad de actuación urbanística tienen derecho a las siguientes acciones, de acuerdo con el reparto equitativo de las cargas y los beneficios:

1. Participar en los beneficios derivados del aprovechamiento urbanístico otorgado por el planeamiento, en proporción del valor del inmueble aportado.

2. Ser compensado por las cargas urbanísticas que no puedan ser distribuidas de forma equitativa al interior de la unidad de actuación urbanística

Las unidades de actuación urbanística (art. 52) podrán ser de iniciativa pública, privada o mixta, están sometidas a la aprobación del distrito o municipio que exigirá los siguientes instrumentos técnicos:

1. La identificación y aplicación de los instrumentos de gestión determinados en esta Ley.

2. Un proyecto de urbanización o renovación urbanística.

Estas (art. 53) podrán ser promovidas y gestionadas por:

1. Los propietarios del suelo incluido en la unidad de actuación.
2. La administración pública o por una persona natural o jurídica, pública o privada, mediante acuerdo con los propietarios del suelo incluidos en el ámbito de actuación.
3. Cuando sean varios los propietarios del suelo incluido en la unidad de actuación deben haber dado su conformidad a la iniciativa al menos los que sean titulares del cincuenta y uno por ciento (51%) de la superfi cie del ámbito. Los propietarios que no hayan dado su conformidad pueden adherirse a la iniciativa y participar en la gestión de la unidad de actuación y en la distribución de sus beneficios y sus cargas, caso contrario, los propietarios mayoritarios podrán solicitar al Gobierno Autónomo Descentralizado metropolitano o municipal proceda con la enajenación forzosa en subasta pública de los predios,

alícuotas o derechos y acciones cuyos propietarios no se adhieran a la actuación urbanística.

Para complementar este análisis sobre la ausencia de las sinergias entre estas disciplinas es necesario referenciar cómo se ha manejado la gestión de suelo en el Ecuador y haremos un breve análisis de las herramientas con la que cuentan principalmente los municipios para intervenir en la gestión de sus territorios.

Haciendo una mirada rápida podemos encontrar que se visibilizan tres herramientas principales que han sido ocupadas para intervenir en el suelo estas son:

La Integración parcelaria, que no es otra cosa que la decisión de uno o varios propietarios colindantes en juntar sus predios en uno solo de extensión mayor, esta figura ha sido propiciada generalmente por iniciativas privadas y basta la sola decisión de los propietarios plasmada en un acto público para que surta efecto.

En pocos casos en el país se ha tenido experiencias de reestructuración parcelaria que consiste en la integración de lotes y una consecuente nueva configuración físico espacial de estos, los municipios regulan esta iniciativa privada solo sometiendo la nueva estructura a la observancia de la zonificación permitida y por supuesto al cumplimiento del lote mínimo establecido, por tanto no existe ningún componente de reparto de cargas y beneficios en estas intervenciones.

Finalmente la herramienta para gestionar el suelo más usada es la expropiación y para hacerla efectiva se requiere por parte del Estado cuente con una declaratoria de Utilidad Pública[21], y de una certificación de disponibilidad de fondos del área a expropiar, esta figura ha tenido problemas en su aplicación y ha resultado ser un componente de gasto importante para el Estado puesto que no se ha regulado en la ley una metodología para establecer el precio de la expropiación y en caso de desacuerdo entre el estado y el propietario del suelo res-

21 Se consideran sectores estratégicos según la Constitución: la energía en todas sus formas, las telecomunicaciones, los recursos naturales no renovables, el transporte y la refinación de hidrocarburos, la biodiversidad y el patrimonio genético, el espectro radioeléctrico, el agua, y los demás que determine la ley.

pecto del valor[22], la decisión de la fijación del valor queda en poder de la función judicial, cabe recalcar que los jueces[23] entienden como el justo precio el valor actual de mercado que soporta un inmueble, sin que en estos cálculos se descuenten por ejemplo los plus valores que generan las intervenciones por obra pública o las decisiones por cambio de uso de suelo a expropiar[24].

La participación ciudadana, otro factor imprescindible en el ordenamiento territorial y en la gestión del suelo ha estado ausente en la toma de decisiones de la planificación territorial como en sus procesos deliberantes, curiosamente y pese a no ser un actor presente en la institucionalidad, la población y los urbanizadores legales, e ilegales son los actores preponderantes del crecimiento de nuestras ciudades, la falta de operatividad, un casi inexistente modelo de control urbano y un régimen sancionador insuficiente agravan la problemática, y de hecho podemos observar claramente como el incontrolable proceso de ocupación del suelo se ha manifestado últimamente en casi todas las ciudades del país siendo más problemáticas en Quito y Guayaquil por la elevada densidad demográfica en estas ocupaciones que generalmente están en el suelo rural de estas ciudades.

4.2. ¿A qué intervención administrativa está sujeta la edificación y su reforma o rehabilitación?

La LOOTGUS establece en su Artículo 78 que serán los GAD aquellos que establezcan las Condiciones de la habilitación del suelo para la edificación. De forma que serán desarrollados por los pro-

---

22 EL COOTAD establece en su art. 449 que del valor que se calcule como avaluó para la expropiación se descontarán las plusvalías que se hayan derivado de las intervenciones públicas efectuadas en los últimos cinco años, al momento no está regulado como o con que metodología se calculas esas rentas que genera el suelo.

23 Vid. 13 de diciembre de 2017
SENTENCIA N.º 009-17-SCN-CC
CASO N.º 0016-15-CN

24 El único Distrito Metropolitano que existe en el Ecuador es Quito, gobierno que además debe aprobar un estatuto autonómico para el mejor manejo de sus competencias, esta es una condición que establece el COOTAD.

pietarios, por entidades públicas, o mediante formas de asociación entre los sectores público, privado y/o los actores de la economía popular y solidaria, y se harán efectivos una vez que se haya emitido la correspondiente autorización por parte del Gobierno Autónomo Descentralizado municipal o metropolitano. Se establece asimismo el requisito de que la edificación solo será autorizada en aquellos suelos que hayan cumplido con los procedimientos y condiciones para su habilitación, establecidos en los planes de uso y gestión de suelo y en sus instrumentos complementarios.

Por otra parte (Artículo 79) los propietarios de suelo rural podrán continuar operando a través de permisos de edificación cuando tengan la superficie mínima exigida y bajo las limitaciones establecidas en el plan de uso y gestión de suelo o sus instrumentos urbanísticos complementarios. Por lo que sólo se autorizarán edificaciones que no atenten contra el destino del bien de conformidad con su clasificación de suelo.

En el suelo urbano, los propietarios edificarán sus lotes siempre que estos tengan la superficie mínima exigida, tengan atribuida edificabilidad por el plan de uso y gestión de suelo o sus instrumentos urbanísticos complementarios y se haya completado la urbanización o esta se complete simultáneamente con la edificación.

La facultad de edificar se ejercerá previa obtención de la autorización del gobierno municipal o metropolitano. La autorización de obras de edificación fijará un plazo máximo para terminarla, que será proporcional a la superficie, altura y complejidad de las obras y nunca inferior a tres años. Se extinguirá respecto de su titular cuando fenezca el plazo establecido en dicho permiso.

El plazo máximo para notificar la resolución no puede exceder de tres meses.

Durante la ejecución de las obras, la administración metropolitana o municipal debe inspeccionarlas para verificar el cumplimiento de las normas nacionales de construcción, la normativa urbanística y de la autorización otorgada.

5. DISCIPLINA URBANÍSTICA: CONTROL DEL CUMPLIMIENTO DE LA LEGALIDAD

5.1. *Qué administración o administraciones territoriales tienen competencias de vigilancia y disciplina?, ¿cómo se coordinan entre sí?*

La Ley Orgánica de Ordenamiento Territorial Uso y Gestión de Suelo, además de crear los estatutos jurídicos propios de las políticas de suelo, establece también ciertas instancias administrativas que están encargadas por una parte de la regulación nacional complementaria a esta ley y por otra de la capacidad de control a los gobiernos autónomos descentralizados en el cumplimiento de la norma. A partir de la capacidad de rectoría[25] del Estado Central la LOOTUGS crea una entidad encargada precisamente de la regulación secundaria y lo denomina: Consejo de Uso y Gestión de Suelo que es un espacio interministerial encargado de "emitir las regulaciones nacionales sobre el uso y la gestión de suelo", estas reglas técnicas se constituyen en parámetros, guías, requisitos, y estándares para la aplicación de los instrumentos de planeamiento y gestión. El Consejo Técnico cuya secretaría esta regentada por el Ministerio de Desarrollo Urbano y Vivienda ha generado hasta el momento 13 resoluciones que van desde la reglamentación de condiciones y requisitos para los Planes de Desarrollo y Ordenamiento Territorial, Planes de Uso y Gestión de Suelo y Planes complementarios hasta la funcionalización y operatividad administrativa del propio Consejo. En este interesante ejercicio normativo los esfuerzos del Consejo Técnico por brindar una homogeneidad en la construcción y operatividad de los instrumentos de ordena-

---

25 El artículo 16 del Código Orgánico de Organización Territorial, Autonomías y Descentralización describe a la rectoría como "...La rectoría es la capacidad para emitir políticas públicas que orientan las acciones para el logro de los objetivos y metas del desarrollo: así como para definir sistemas, áreas y proyectos estratégicos de interés público, en función de su importancia económica, social, política o ambiental. Será nacional y corresponderá al gobierno central en el ámbito de sus competencias exclusivas, sectores privativos y estratégicos. Los gobiernos autónomos descentralizados también ejercerán esta facultad en el ámbito de sus competencias exclusivas y en sus respectivos territorios, bajo el principio de unidad nacional..."

ción, están demostrando cruzar una línea muy delicada que podría caer en la excesiva sobrerregulación que incluso empieza a causar molestias y contradicciones de sus resoluciones con disposiciones legales que tienen supremacía de aplicación, y para ejemplo podemos mencionar el caso de lo establecido en la resolución 9[26] y lo dispuesto en el artículo 424 del Código de Organización Territorial, Autonomías y Descentralización que refieren a la obligación de cesión de áreas verdes en procesos de fraccionamiento que podrían ser exoneradas por la reglas del Consejo Técnico de Uso y Gestión de Suelo.

El cumplimiento tanto de los preceptos legales y así como de los estándares nacionales por parte de los Gobiernos Autónomos Descentralizados, esta vigilado por un ente nacional que no depende del ejecutivo y cuya naturaleza jurídica es la representación de la sociedad y de la participación ciudadana y se denomina Superintendencia de Ordenamiento Territorial (SOT)[27]

La Superintendencia de Ordenamiento Territorial "... será una entidad técnica de vigilancia y control, con capacidad sancionatoria, personería jurídica de derecho público y patrimonio propio, que funcionará de forma desconcentrada e independiente. Tendrá autonomía administrativa, económica y financiera. Formará parte de la Función de Transparencia y Control Social, y será dirigida, organizada y representada por la o el Superintendente[28]".

La Superintendencia de Ordenamiento Territorial empieza a operar a mediados del año 2017, el tiempo de desempeño legal del titular de la institución es de 5 años según la ley, no obstante a lo mencionado, desde la creación de la institución y pese a su corta vida

---

[26] Publicada en el Registro oficial Registro Oficial Edición Especial 1307 de 13-nov.-2020 Estado: Vigente

[27] La Superintendencia de Ordenamiento Territorial pertenece estatutariamente el Consejo de Participación Ciudadana y control Social (arts. 207-224) que es un poder del Estado que tiende a ser un órgano de representatividad de la sociedad civil, los miembros del Consejo son designados mediante sufragio y elección popular y estos a su vez tienen la facultad de nombrar al Superintendente de Ordenamiento Territorial entre otras autoridades de control.

[28] Art. 95 Ley de Ordenamiento Territorial Uso y Gestión de Suelo.

jurídica ha contado ya con 3 Superintendentes, dos de los cuales no han terminado sus períodos en los plazos legales previstos.

Una de las críticas constantes a la tarea de la Superintendencia es la supuesta intromisión de la institución en las actividades propias de los municipios que son los que estatutariamente tienen la competencia del control urbano. Respecto a este criterio es importante aclarar el las facultades del órgano de control nacional y diferenciarlo de las competencias propias del aparato municipal.

Las competencias municipales de control urbano están estipuladas desde la Constitución de la República del Ecuador en su art. 264[29], es decir nacen de la ley y esta reguladas para coordinación y funcionamiento con otros niveles de gobierno por El Sistema Nacional de Competencias y el Sistema Nacional Descentralizado de Planificación Participativa. La Superintendencia de Ordenamiento territorial por su parte no es un nivel de gobierno así como tampoco tiene adjudicadas por ley competencias, por tanto la misma carta magna del país lo que le confiere, son facultades y atribuciones de control y vigilancia a las actuaciones de las entidades publicas. En conclusión los municipios deben controlar el cumplimiento de los planes y de la norma urbanística en su jurisdicción mientras que la Superintendencia de Ordenamiento Territorial tiene como objetivo vigilar y controlar que las decisiones de los gobiernos autónomos descentralizados en este caso municipios estén apegados a la normativa nacional, no tiene capacidad de sanción a personas naturales por infracciones al uso y la ocupación del suelo o al régimen disciplinario de la ordenación territorial general del cantón.

Las actuaciones de la Superintendencia de Ordenamiento Territorial han enfrentado serios tropiezos desde su nacimiento como la falta de capacidad presupuestaria, ausencia de talento humano calificado, disputa con otros órganos de control principalmente con la Contraloría General del Estado hasta conflictos políticos los que ha desencadenado en una débil gestión que se ha centrado en el seguimiento de temas procedimentales en la construcción de planes mas

29 El art. 264 de la constitución atribuyen como competencia de los gobiernos municipales la siguiente: 2. Ejercer el control sobre el uso y ocupación del suelo en el cantón.

que en la presencia activa en territorio con la sanción a de infracciones urbanísticas de fondo.

La LOOTUGS en su Título VI establece un "RÉGIMEN SANCIONATORIO" que tiene dos dimensiones: el control y sanción a entidades públicas sujetas a control por parte de la Superintendencia de Ordenamiento Territorial, y las condiciones de la disciplina urbanística a las infracciones al uso y la ocupación de suelo por parte de los Gobiernos Autónomos Municipales.

5.2. ¿Qué consecuencias tiene la infracción de la legalidad urbanística? ¿Las demoliciones u otras medidas de restauración de la legalidad, se diferencian procedimental y/o sustantivamente de las sanciones?

La reforma legal del Ordenamiento Territorial en Ecuador propone algunos retos finales que desafían la capacidad estatal y local de respuesta a dos interrogantes: ¿Qué tan justiciables o exigibles son los preceptos legales que suponen el orden urbanístico? Y ¿Qué mecanismos existen para reivindicar los derechos humanos ligados a las políticas de suelo que han sido lesionados? Los esfuerzos de los nuevos marcos normativos nacionales han encaminado sus esfuerzos para tratar de homogeneizar el tratamiento procedimental de los procesos sancionadores así como también lograr que las sanciones tengan una característica de tipicidad legal.

El Código Orgánico Administrativo[30] del Ecuador instaura en su artículo 29 el Principio de Tipicidad que cita en lo pertinente: "Art. 29.- Principio de tipicidad. Son infracciones administrativas las acciones u omisiones previstas en la ley", es decir las sanciones deben provenir de las estipulaciones de leyes, no podrían entonces estar reguladas en ordenanzas o en normas locales municipales sino a partir de la propia derivación que permite la norma nacional.

---

[30] Publicada en el Registro Oficial No. 31 (segundo suplemento) de 7 de julio de 2017

El cuerpo legal citado con anterioridad se encarga también de reglar todo el proceso administrativo mediante el cual se debe sustanciar el juzgamiento de infracciones al régimen urbanístico[31]

En base al principio de tipicidad la Ley Orgánica de Ordenamiento Territorial Uso y Gestión de Suelo establece las infracciones y sanciones que los municipios deben conocer y resolver respecto de la responsabilidad de personas naturales o jurídicas que incurran en transgresiones al orden urbanístico y clasifica las infracciones en graves y leves son sanciones que pueden ir desde el 10% de un salario básico unificado[32] hasta 100 salarios básicos unificados.

La Ley también establece otro tipo de medidas no pecuniarias que tienen como remediar actuaciones en contra de la normativa vigente, estas son; la suspensión temporal o permanente de la actividad, obra o proyecto; el derrocamiento u otras medidas urgentes, a costa del infractor; y/o el decomiso del beneficio obtenida con la infracción[33].

Hay que recordar que ciertas instituciones jurídicas así como derechos ligados al territorio gozan de protecciones constitucionales que, en el caso de que sean lesionados pueden acudir a estos mecanismos.

La ley orgánica de garantías jurisdiccionales y control constitucional establece en su art. 6 y cito

> "Art. 6.- Finalidad de las garantías.- Las garantías jurisdiccionales tienen como finalidad la protección eficaz e inmediata de los derechos reconocidos en la Constitución y en los instrumentos internacionales de derechos humanos, la declaración de la violación de uno o varios derechos, así como la reparación integral de los daños causados por su violación.
>
> Las medidas cautelares tienen como finalidad prevenir, impedir o interrumpir la violación de un derecho.
>
> Salvo los casos en que esta ley dispone lo contrario, la acción de protección, el hábeas corpus, la acción de acceso a la información pública, el hábeas data, la acción por incumplimiento, la acción extraordinaria de protección y la acción extraordinaria de protección contra decisiones de la justicia indígena, se regulan de conformidad con este capítulo"

---

[31] Código Orgánico Administrativo Libro II Procedimiento Administrativo

[32] El salario básico unificado en Ecuador a la fecha de la publicación del presente artículo es de 450 dólares de los Estados Unidos de Norteamérica

[33] Disposición constante en el artículo 114 de la LOOTUGS

Artículo 91.- Atribuciones y Obligaciones de los Gobiernos Autónomos Descentralizados municipales y metropolitanos para el uso y la gestión del suelo. A los Gobiernos Autónomos Descentralizados municipales y metropolitanos, sin perjuicio de las competencias y facultades establecidas en la Constitución y la ley, les corresponden las siguientes atribuciones y obligaciones:

9. Contar con sistemas que permitan el control y seguimiento del cumplimiento de la normativa vigente, en el ámbito de sus competencias.

10. Imponer sanciones administrativas en caso de incumplimiento de las disposiciones de la presente Ley y sus ordenanzas por parte de personas naturales y jurídicas públicas y privadas.

Bibliografía

Acosta, A. 2012. "De las alternativas del desarrollo a las alternativas al desarrollo". En Construyendo el Buen Vivir. I Encuentro Internacional del Programa de Cooperacion Universitaria e Investigación Científica, compilado por Alejandro Guillén García y Mauricio Phélan Casanova, 33-46. Cuenca: PYDLOS. "Los Buenos convivires. Filosofías sin filósofos, prácticas sin teorías". Estudios Críticos del Desarrollo 7 (12): 153-192.

Benabent Fernández de Córdiba, M. y Vivanco Cruz, L. "El ordenamiento territorial y el urbanismo en el Ecuador y su articulación competencial" Ciudad y territorio: Estudios territoriales, ISSN 1133-4762, Nº 194, 2017, págs. 713-726

Correa Montoya, L. Algunas reflexiones y posibilidades del Derecho a la Ciudad en Colombia.

Cortez, D. 2014. "Genealogía del Sumak Kawsay y el Buen Vivir en Ecuador: un balance". En Post-crecimiento y Buen Vivir. Propuestas globales para la construcción de sociedades equitativas y sustentables, coordinado por Gustavo Endara, 317-354. Quito: Friedrich Ebert Stiftung Ecuador DES-ILDIS.

Fernandes, Edesio. "Updating the Declaration of the Rights of Citizens in Latin America: constructing the Right to the City in Brazil" International Pblic debates: urban Policies an the Right to he City. Paris, UNESCO, 2006

Maldonado Copello, M. M. (2002b). El significado jurídico del "Derecho a la ciudad". Cambridge. Disponible http://www.institutodeestudiosurbanos.info/dmdocuments/cendocieu/1_Docencia/Profesores/Maldonado_Maria_Mercedes/Ineditos/Significado_Juridico_DerechoMaldonado_Mercedes-2002.pdf

Manosalvas, M. "Buen vivir o suma kawsay. En busca de nuevos referenciales para la acción públicas en Ecuador". Iconos. Revista de Ciencias Sociales. Núme 49, Wuito, mayo 2014, págs. 101-121. FLACSO. ISSN 1390-1249.

Pacheco Balanza, D. 2012. "Dimensiones Territoriales del Vivir Bien". En Transiciones hacia el Vivir Bien o la construcción de un nuevo proyecto político en el Estado Plurinacional de Bolivia, coordinado por Katu Arkonada, 105-125. Barcelona: Icaria Editorial.

Peters, S. 2014. "Post-crecimiento y Buen Vivir: ¿Discursos Políticos Alternativos o Alternativas Políticas?". En Post-crecimiento y Buen Vivir. Propuestas globales para la construcción de sociedades equitativas y sustentables, coordinado por Gustavo Endara, 125-163. Quito: Friedrich Ebert Stiftung Ecuador DES-ILDIS.

www.alianzapais.com.ec/ipp Documento de análisis legislativo. "Ley Orgánica de Ordenamiento Territorial, Uso y gestión del Suelo: elementos fundamentales y rol de los GAD en el contexto posterremoto".

El Derecho territorial y urbano en Chile

ENRIQUE RAJEVIC MOSLER

Profesor de Derecho Administrativo, Universidad Alberto Hurtado (Chile). Máster en Política Territorial y Urbanística y Doctor en Derecho por la Universidad Carlos III de Madrid

1. CONTEXTO Y MARCO GENERAL

Chile experimentó una sustantiva migración de su población del campo a la ciudad durante la segunda mitad del siglo XX, especialmente dirigida a su capital. Mientras en 1930 solo el 49,4% de sus 4.287.445 habitantes vivía en áreas urbanas[1], el último censo de po-

---

1 Dirección General de Estadísticas (Chile), 1931: 56. En este censo se consideraba urbana a la población que habitaba pueblos de 1.000 habitantes o más.

blación y vivienda, de 2017, registra una población total de 17.574.003 personas que en un 87,8% habita áreas urbanas[2], en virtud de una acelerada migración del campo a la ciudad que llevó a que ya en 1982 se alcanzara un 82% de población urbana[3]. En consecuencia, se trata de un país marcadamente urbano, pero con inflexiones en sus 16 regiones, oscilando entre el 96,3% de la Región Metropolitana de Santiago y el 69,4% de la Región de Ñuble, agrupando la primera al 40,47% de la población total y la segunda, apenas al 2,73%. Pese a estas diferencias Chile es un Estado unitario con una Administración Pública *"funcional y territorialmente descentralizada, o desconcentrada en su caso, de conformidad a la ley"*, conforme al art. 3º de la Constitución Política de 1980. Lo anterior implica un marco normativo uniforme para todo el territorio (Ley/Reglamento), sin perjuicio que sea aplicado descentralizadamente por los 16 Gobiernos Regionales y por las 345 Municipalidades[4].

Conviene señalar que el derecho chileno ha reaccionado con tardanza ante los desafíos del desarrollo urbano. En las últimas décadas se advierte un mayor interés de la sociedad respecto de este último, que se ha traducido en la irrupción de organizaciones sociales dedicadas a temas urbanísticos, un mayor protagonismo de las autoridades municipales en la gestión urbana e importantes reformas legislativas, además de una mayor atención de la doctrina (aunque con escasas obras generales[5]). Esta mayor relevancia ha sido impulsada en el último tiempo por el incremento del déficit habitacional,

---

2 Instituto Nacional de Estadísticas (Chile), 2018:5 y 8. En este censo se entiende como entidad urbana "un asentamiento humano con continuidad y concentración de construcciones en un amanzanamiento regular con población mayor a 2.000 habitantes, o entre 1.001 y 2.000 habitantes, donde menos del 50% de la población que declara haber trabajado se dedica a actividades primarias". Instituto Nacional de Estadísticas (Chile), 2018b:6.

3 González L., 1987.

4 La división político administrativa de Chile considera 16 regiones, 56 provincias y 346 comunas. La provincia tiene poca relevancia, pero las regiones y las comunas cuentan con autoridades ejecutivas democráticamente elegidas (las regiones recién desde 2020) y algunas potestades normativas escasas, siendo recurrente el reclamo por mayores competencias administrativas y medios financieros.

5 Las existentes son las de Cordero Q., 2020; Figueroa, 2022; y Fernández y Holmes, 2012.

entre otras cosas por el aumento de la población inmigrante, el uso habitacional del suelo rural sin respetar las normas que lo rigen (visibilizado en relevantes proyectos inmobiliarios)[6] y una cada vez mayor preocupación por la sostenibilidad urbana ante el cambio climático.

1.1. Breve historia de la legislación territorial y urbana de Chile

La normativa urbanística chilena empieza a despuntar a fines del S. XIX en medio de leyes para ciudades específicas sobre alineaciones y ordenanzas constructivas, como las de Santiago (1874), Valparaíso (1876) o Concepción (1912). A estas se suma una legislación municipal genérica que recién vendría a potenciar sus instrumentos urbanísticos en la Ley de Municipalidades de 1891, que facultó a los municipios para, por ejemplo, fijar los límites urbanos y establecer las condiciones para autorizar la ocupación de nuevos barrios. Esta ley pasó a sofisticarse con la reforma que le introdujo la Ley N° 2.960, en 1915, al exigir la división de inmuebles con fines habitacionales ("loteos"), a previa aprobación municipal, de los respectivos planos que determinarían "la ubicación i dimensiones de las vías i plazas que se propongan formar", cediéndose esas superficies gratuitamente al dominio nacional de uso público vía escritura pública, suscrita con el Fisco, una vez aprobado el plano (antecedente directo de las cesiones gratuitas). Adicionalmente debían pavimentarse las calles, aceras, avenidas y plazas, instalarse el servicio de alumbrado público y dotar al barrio de "las instalaciones requeridas para los servicios de agua potable i desagües higiénicos"[7]. La Ley de Municipalidades de 1925 vendría a recoger estas normas y, además, a facultar a los municipios para reglamentar la línea y altura "de edificios u otras obras al

---

6 Rajevic M., Enrique, 2020.

7 También esta ley exigió que las construcciones en "nuevas poblaciones o barrios" cumpliesen con las "condiciones de seguridad, hijiene i apariencia exterior" de las viviendas obreras, y autorizó al Presidente de la República para fijar, "cada diez años, por medio de un decreto, los límites de la parte urbana de las ciudades capitales de provincia" (D.O. 23.01.1915).

costado de las vías públicas"[8]. Por último, también merece ser destacada la Ley Nº 1.838, de Habitaciones Obreras, de 1906[9].

Esta etapa será superada por lo que Cordero ha denominado un "Derecho urbanístico integrado"[10] a partir de la Ley Nº 4.563, de 1929[11]. La normativa es una reacción a la mortandad producida por el terremoto de Talca de 1 de diciembre de 1928 y autoriza al Presidente para dictar "ordenanzas generales" sobre condiciones constructivas ("...altura máxima y mínima, la naturaleza de sus materiales..."), condiciones de seguridad (para enfrentar derrumbes, incendios y terremotos), condiciones de salubridad e higiene y condiciones estéticas de las construcciones. Exige permiso municipal en localidades de más de 5.000 habitantes para "construir, reconstruir ... efectuar reparaciones o transformaciones de importancia", presentando un plano y, en algunos casos, cálculos de estabilidad, y crea el cargo de "Director de Obras Municipales". Agrega que en las ciudades de más de 20.000 habitantes debe elaborarse un anteproyecto de transformación de la ciudad que sancionará el Presidente de la República fijando "las líneas de edificación de la ciudad". Declara, por último, de utilidad pública a los terrenos necesarios para ejecutar planos, permitiendo emitir bonos municipales para indemnizar expropiaciones. Este es el inicio de las leyes propiamente urbanísticas en Chile dictadas por el Ejecutivo a través de decretos con fuerza de ley (en adelante, D.F.L.) en virtud de leyes delegatorias del Poder Legislativo, a saber[12]:

a) El D.F.L. Nº 345, de 1931, que aprueba la primera Ley General sobre Construcciones y Urbanización[13] y, conjuntamente, su re-

---

8 Art. 46 Nº 10 D.L. Nº 740, D.O. 15.12.925.

9 D.O. 20.02.1906. También incidieron en materia urbanística el Código Sanitario de 1918, ratificando la necesidad de permiso municipal para construir edificios y detallando las exigencias sanitarias sus sucesores de 1925 y 1931 (especialmente en materia de agua potable y alcantarillado), y la Ley Nº 3.849 (1921), sobre ejecución de instalaciones domiciliarias de alcantarillado.

10 Cordero, 2017:142 y ss.

11 D.O. 14.02.1929.

12 Semejantes a los Reales Decretos Legislativos que establece el artículo 85 de la Constitución española de 1978.

13 D.O. 30.05.1931.

glamento, denominado "Ordenanza General sobre Construcciones y Urbanización". El órgano público competente a nivel nacional en la materia es el Ministerio de Obras Públicas (no existe aún el Ministerio de Vivienda) y se mantienen los rasgos ya señalados, añadiéndose la fijación en un 40% de las cesiones gratuitas y la creación del llamado "Plan Regulador", fuera del cual no es posible urbanizar. Se establecen también normas de expropiación que serían cuestionadas por establecer como tope de la indemnización el avalúo vigente para el pago de contribuciones, aumentado en un 10%, y admitir su pago a plazo en bonos municipales de la indemnización, llevando a que la Corte Suprema las estimase inconstitucionales[14].

b) El D.F.L. N° 224, de 1953, o Ley General de Construcciones y Urbanización[15], que reduce las exigencias urbanísticas en la construcción de viviendas económicas (esto es, las de una superficie no superior a 140 m2) y crea los planes reguladores intercomunales. También procura perfeccionar las normas expropiatorias sin éxito, pues termina reincidiendo en las inconstitucionalidades anteriores. Este texto será refundido en dos oportunidades[16]. Bajo la vigencia de esta ley se crea el Ministerio "de la Vivienda y Urbanismo", en adelante MINVU, mediante la Ley N° 16.931[17], reformada en 1976 para pasar a ser Ministerio "de Vivienda y Urbanismo".

c) De allí viene la vigente Ley General de Urbanismo y Construcciones[18], en adelante LGUC, aprobada por el Decreto Supre-

---

14 Las sentencias al respecto son abundantes, p. ej., R.D.J. T. 42 (1945), 2ª parte, S. I., págs. 130 y ss.; T. 43 (1946), 2ª parte, S. I., págs. 179 y ss., p. 289 y ss., págs. 297 y ss.; T. 47 (1950), 2ª parte, S. I., págs. 197 y ss., 229 y ss, 431 y ss. También puede verse en López B., 1984: 87-90, esp. nota 88 de M. Fontecilla.

15 D.O. 05.08.1953.

16 Primero, el D.S. N° 1.050 (D.O. del 09.07.1960), fija el texto "definitivo" del D.F.L. N° 224, con una fisonomía que recuerda en muchas de sus normas a la legislación actualmente vigente. Tres años después el D.S. N° 880 (D.O. del 16.05.63) volverá a fijar el texto del D.F.L. N° 224, esta vez incluyendo las normas de la Ley N° 6.071, sobre propiedad horizontal. En lo demás seguirá a sus antecesoras con pocas modificaciones.

17 D.O. 16.12.1965.

18 D.O. 13.04.1976.

mo (en adelante, D.S.) Nº 458/1975, V. y U., dictado en virtud del Decreto Ley Nº 602/1974[19] y que pese a ser formalmente un D.S. se ha entendido que sustantivamente es un D.F.L., esto es, una norma de rango legal[20]. La LGUC estructura un sistema de planificación conforme la regionalización implantada en esa época, que el Decreto Ley Nº 1305/1975 aplicó al MINVU. Se trata de una ley que ha experimentado 53 modificaciones parciales, 10 en sus primeros 26 años (hasta 2000) y 43 en sus últimos 22 años. De este último grupo, 18 se publicaron entre 2001 y 2010 y 25 desde 2011 (la última, la Ley Nº 21.582[21]).

La perspectiva del ordenamiento territorial, en tanto, ha recibido un impulso menor. Si bien el D.F.L. Nº 224/1953 contempló planos regionales que abarcaban todo el territorio, los mismos no llegaron a dictarse. Algo parecido ocurrió con los Planes Regionales de Desarrollo Urbano que contenía la LGUC (apenas se aprobaron 4 en todo el país en cuarenta años de vigencia), lo que explica que en 2018 fueran reemplazados por los aún no estrenados Planes Regionales de Ordenamiento Territorial (PROT), que introdujo la Ley Nº 21.074[22] en la Ley Nº19.175, Orgánica Constitucional de Gobierno y Administración Regional, esto es fuera ya de la LGUC.

La LGUC mencionada debe complementarse con otros cuerpos legales, entre los que cabe destacar: a) la Ley Nº 19.300, de Bases del Medio Ambiente[23], que desde 1994 regula la evaluación de impacto ambiental de proyectos que se extiende a los inmobiliarios (cumpliéndose ciertos requisitos) y, desde 2010, la evaluación ambiental estratégica de los instrumentos de planificación territorial; b) La Ley Orgánica Constitucional de Municipalidades, especialmente porque

19 En Chile se ha denominado "Decretos Leyes" a las normas legales aprobadas por los Gobiernos de facto (en el siglo XX hubo tres periodos de este tipo, el último el iniciado en 1973). La doctrina y la jurisprudencia han entendido que siguen aplicándose al restaurarse el orden constitucional, en tanto no sean derogados o modificados por las vías regulares. No deben confundirse, por lo tanto, con los Reales Decretos-Leyes que establece el artículo 86 de la Constitución española de 1978.

20 Rajevic, 2000:542.

21 D.O. 14.12.2023.

22 D.O. 15.02.2018.

23 D.O. 09.03.1994.

detalla las competencias de las autoridades municipales; y c) El Decreto Ley Nº 3516/1980, que regula la división de los predios ubicados fuera de los límites urbanos[24].

1.2. Marco constitucional

La Constitución chilena, dictada en 1980, no tiene normas dirigidas específicamente a disciplinar al fenómeno urbano, de manera que es preciso acudir a normas de un sentido más general para construir un marco aplicable al desarrollo urbanístico y territorial. Pueden mencionarse las siguientes:

a) Un catálogo de derechos fundamentales que incluye el derecho de propiedad, limitable según la Constitución por su "función social" y que puede expropiarse si la ley lo autoriza por causa de utilidad pública o de interés nacional, indemnizando el "daño patrimonial efectivamente causado" que se determine provisionalmente, al contado y en forma previa a la toma de posesión material del bien expropiado (art. 19 Nº 24); el derecho a desarrollar cualquiera actividad económica respetando las normas legales que la regulen (art. 19 Nº 24); y el derecho a vivir en un medio ambiente libre de contaminación (art. 19 Nº 21). La Constitución no menciona expresamente el derecho a la vivienda, pero el inciso 2º de su art. 5º, al exigir a los órganos del Estado "respetar y promover" los derechos que emanan de "tratados internacionales ratificados por Chile y que se encuentren vigentes", permite sostener la aplicabilidad del derecho a una vivienda digna y adecuada[25];

b) El deber estatal de promover "el desarrollo equitativo y solidario entre las regiones, provincias y comunas del territorio nacional",

---

24 D.O. 01.12.1980.

25 En efecto, Chile ha ratificado la Declaración Universal de Derechos Humanos de 1948, que en su art. 25.1 reconoce que toda persona "tiene derecho a un nivel de vida adecuado que le asegure, así como a su familia… la vivienda"; también el Pacto Internacional sobre Derechos Económicos, Sociales y Culturales, de 1966, que en su art. 11.1 reconoce el "derecho de toda persona a un nivel de vida adecuado para sí y su familia, incluso… vivienda adecuados", y lo mismo la Convención Americana sobre Derechos Humanos, de 1969, que en su art. 26 se remite al art. 34 k) de la Carta OEA que declara como meta básica a la vivienda adecuada.

observando "como principio básico" en el gobierno y administración interior del Estado "la búsqueda de un desarrollo territorial armónico y equitativo" (arts. 3º y 115), algo que debiera impactar en el ordenamiento territorial y la planificación urbana en la línea de lo que plantea la noción de "justicia ambiental"[26].

c) Una autonomía municipal que a la fecha ha sido poco operativa, pero que podría limitar las competencias estatales (arts. 118, inc. 4º, a 122), y una habilitación para que ministerios y servicios públicos transfieran por vía administrativa a los gobiernos regionales competencias "en materias de ordenamiento territorial", entre otras (texto agregado en 2009 al art. 114 CPR). Conviene señalar que tanto la propuesta constitucional de 2022 como la de 2023, ambas rechazadas en sus respectivos plebiscitos, fortalecían las competencias locales y consagraban expresamente el derecho a la vivienda[27].

1.3. Principales "actores"/inspiradores de la ley vigente y principios que la orientan

No es sencillo identificar unos y otros dado que la cantidad de modificaciones experimentadas por la LGUC la transforman en una especie de mosaico que reúne piezas de épocas diversas e inspiración heterogénea. El texto original corresponde al inicio de la dictadura militar de 1973, sin que existan antecedentes que permitan recabar mayor información sobre su elaboración, tanto porque no se tienen respecto de los decretos supremos (que es la "forma" de esta norma) como porque es más difícil tener información de la historia de las normas al inicio de un periodo dictatorial, como ocurre en este caso. En las reformas posteriores podemos apuntar algunas líneas

---

26 Sobre el particular véase Hervé, 2010.

27 La propuesta constitucional de 2022 deriva del denominado "estallido social", que dio pie al procedimiento regulado en la Ley de Reforma Constitucional Nº 21.200, D.O. 23.12.2019, siendo rechazada en el plebiscito de 04.09.2022. Sus contenidos "urbanísticos" pueden verse en Vergara P., Francisco, et. al., 2022. El procedimiento de 2023 se basa en la Ley de Reforma Constitucional Nº 21.533, D.O. 17.01.2023, y se rechazó en el plebiscito del 17.12.2023. Su contenido puede verse en https://www.procesoconstitucional.cl/consejo-constitucional/propuesta-de-nueva-constitucion/."puede consultarse en https://www.procesoconstitucional.cl/wp-content/

que persiguen los siguientes objetivos no siempre convergentes: a) reducción del centralismo inicial para dar paso a un mayor espacio de decisiones locales y regionales (aún por completar); b) generación y ampliación de los espacios de participación ciudadana en el planeamiento; c) introducción de exigencias ambientales, como la evaluación ambiental de los proyectos inmobiliarios y de los instrumentos de planificación; d) promoción de la integración social; e) surgimiento de medidas de transparencia en el planeamiento y la gestión urbanística; f) facilitación del desarrollo de proyectos inmobiliarios; g) recuperación de plusvalías urbanísticas, mitigación de externalidades y generación de bienes públicos urbanos; h) sofisticación de los instrumentos de ordenamiento territorial y planificación urbanística; e i) regularización cíclica y excepcional de urbanizaciones o construcciones ilegales.

Esto hace que los actores que intervienen dependerán de la norma modificatoria en cuestión.

Sin duda desde la perspectiva del sector público el actor central es el MINVU, aunque dependiendo de la temática pueden intervenir otros ministerios, además de las Asociaciones de Municipalidades. Desde la perspectiva privada es recurrente la participación de los gremios de la construcción y del sector inmobiliario, especialmente la Cámara Chilena de la Construcción, sumándose con el tiempo diversos actores sociales, como las Universidades, el Colegio de Arquitectos de Chile o instituciones como la Fundación Techo Chile.

Hay que destacar que desde 2014 existe una Política Nacional de Desarrollo Urbano (sucesora de las políticas de 1979 y 1983) que dio origen a una comisión asesora presidencial denominada actualmente Consejo Nacional de Desarrollo Territorial, conformada por actores públicos y privados, que también se ha transformado en un actor relevante dado que su rol es apoyar la implementación de dicha política y proponer reformas y perfeccionamientos legales[28]. Desde la Ley Nº 21.074, de 2018, esta Política debe ser elaborada por una

---

[28] La política y el consejo fueron aprobados por el D.S. Nº 78/2013, MINVU, publicado en el D.O. de 04.03.2014. Originalmente se trataba de un "Consejo Nacional de Desarrollo Urbano", pero a través del D.S. Nº 10/2023, MINVU, cambio su denominación y se amplió a 49 integrantes (D.O. de 12.09.2023).

Comisión Interministerial de Ciudad, Vivienda y Territorio, que integran 12 Ministros/as y que preside el/la titular del MINVU, al igual que las Políticas de Desarrollo Rural y Ordenamiento Territorial.

La misma heterogeneidad apuntada más arriba dificulta hablar de los principios de la LGUC. Como ha señalado Vaquer, la LGUC corresponde a un periodo en que "las leyes urbanísticas eran menos principialistas y más tecnicistas"[29], estilo que en general ha conservado. No obstante, pueden apuntarse algunos principios, en buena parte derivados de sus últimas modificaciones (y varios inspirados en la legislación española especialmente la Ley 8/2007, de 28 de mayo de suelo):

a) Los principios aplicables a la planificación urbana desde la Ley Nº 21.078, de 2018: transparencia, congruencia con la realidad y con los estudios técnicos existentes, además de "sustentabilidad, cohesión territorial y eficiencia energética, procurando que el suelo se ocupe de manera eficiente y combine los usos en un contexto urbano seguro, saludable, accesible universalmente e integrado socialmente" (art. 28 decies LGUC). Destaco que:

i. La "integración e inclusión social y urbana" aparece a nivel legal con la Ley Nº 20.741, de 2014, que habilitó al reglamento[30] para otorgar, a través del MINVU, beneficios de normas urbanísticas a proyectos que "inducen o colaboran a mejorar los niveles de integración social urbana", directriz reforzada por las Leyes Nº 20.958, de 2016 (nuevos arts. 176, 177, 183 y 184 LGUC), y Nº 21.450, de 2022, en esta última de modo más ambicioso a través de reformas a la LGUC (arts. 27, 34, 41, 183 y 184), la Ley Nº 16.391, que creó el MINVU (numerales 15 y 17 del art. 2) y el Decreto Ley Nº 1.305/1975, que reestructuró y regionalizó el MINVU (art. 12 p), y de una nueva "Ley sobre Gestión de Suelo para la Integración Social y Urbana y Plan de Emergencia

---

29 Vaquer, 2017.

30 Aprobado por el D.S. Nº 56/2018, MINVU, como una modificación de la OGUC (D.O. 10.07.2019).

Habitacional" que aprueba su artículo cuarto con vigencia hasta 2025[31];

ii. La "integración/cohesión/inclusión" se complementa con el "acceso equitativo a bienes y servicios públicos urbanos relevantes" que la Ley Nº 21.450, de 2022, introduce en la LGUC (arts. 34 y 41) y en la Ley Nº 16.391 (numeral 17 del art. 2), con antecedentes en el sistema de aportes al espacio público (2016) —al señalarse que los planes de inversiones en infraestructura de movilidad y espacio público (PIIMEP) debían incluir proyectos, obras y medidas que mejorasen las "condiciones de conectividad, accesibilidad, operación y movilidad, así como la calidad de sus espacios públicos"— (nuevos arts. 176 y 177 LGUC) y en los estándares urbanísticos mínimos para instrumentos de planificación urbana comunal (art. 28 quáter) que introdujo la Ley Nº 21.078, de 2018, pues persiguen "garantizar el acceso equitativo a los bienes públicos urbanos" (si bien en su mayoría no son aplicables por ausencia de reglamentación);

iii. La "sustentabilidad" aparece en 1994 con la exigencia de evaluación de impacto ambiental de planes urbanísticos, proyectos industriales o inmobiliarios y proyectos de desarrollo urbano o turístico, en la Ley Nº 19.300, que luego muta a una evaluación ambiental estratégica tratándose de los instrumentos de ordenamiento territorial y de planificación urbanística (Ley Nº 20.417, de 2010[32]). También es mencionada en las Leyes Nº 20.958, de 2016 (los PIIMEP deben incluir proyectos, obras y medidas que mejoren las condiciones de sustentabilidad urbanas), Nº 21.074, de 2018 (los PROTs orientan "la utilización del territorio de la región para lograr su desarrollo sustentable"), y 21.078, de 2018 (que además del art. 28 decies agregó como uno de los objetivos que podían justificar incentivos en los ins-

---

31 Se trata de una figura curiosa (una ley aprobada por un artículo de otra ley) que consta de 23 artículos.

32 D.O. 26.01.2010.

trumentos de planificación territorial la promoción de la "sustentabilidad urbana" en los arts. 183 y 184); y

iv. La "transparencia" se proyecta en el acceso a las circulares de la División de Desarrollo Urbano (modificación del art. 4º de la LGUC derivada de la Ley Nº 19.472, de 1996[33]), a los permisos y sus antecedentes completos (inciso final del art. 116 LGUG, agregado por la Ley Nº 19.878, de 2003[34]) y a la disponibilidad *on line* de los informes de mitigación vial. También incluye las rendiciones circunstanciadas de cuentas anuales municipales sobre los aportes al espacio público recaudados (arts. 174 y 181, respectivamente, ambos agregados por la Ley Nº 20.958, de 2016). Varias de las innovaciones de la Ley Nº 21.078, de 2018, algunas con manifestaciones más tempranas que se perfeccionaron, son: la publicidad de los planes vigentes y de los anteproyectos de planes, unidos a los procesos de participación en su elaboración (arts. 28 septies y 28 octies LGUC), la existencia de observatorios del mercado del suelo urbano, de los instrumentos de planificación territorial y de los permisos (art. 28 undecies) y la exigencia de señalar expresamente "las motivaciones y los objetivos específicos" que se persigue al ejercer la potestad planificadora en cada caso, especialmente "cuando se realicen cambios" en el curso del procedimiento (art. 28 decies a).

b) El carácter de "función pública" de la planificación urbanística, "cuyo objetivo es organizar y definir el uso del suelo y las demás normas urbanísticas de acuerdo con el interés general", establecido también por la Ley Nº 21.078, de 2018, en el art. 28 decies LGUC. Si bien no se establece explícitamente como un principio sirve de idea directriz y vertebradora al menos para la planificación; y

c) Los principios aplicables a los sistemas de mitigaciones y aportes al espacio público: universalidad, proporcionalidad y pre-

33 D.O. 16.09.1996.

34 D.O. 31.05.2003.

dictibilidad (art. 168 LGUC, agregado por la Ley Nº 20.958, de 2016).

2. CLASIFICACIÓN Y DESTINO DE LOS SUELOS

Los instrumentos que establecen o definen la clasificación y destino del suelo son, básicamente, los planes reguladores comunales (nivel municipal) y los planes reguladores intercomunales (nivel intermunicipal).

2.1. *Eficacia jurídica de las clases y categorías de suelo: ¿alteran el contenido de la propiedad y el valor del suelo o son meramente programáticas?*

El art. 52 LGUC define "límites urbanos" como "la línea imaginaria que delimita las áreas urbanas y de extensión urbana que conforman los centros poblados, diferenciándolos del resto del área comunal", norma precisada por la OGUC al definir "límite de extensión urbana", como otra línea imaginaria que "determina la superficie máxima destinada al crecimiento urbano proyectado por el plan regulador intercomunal" (art. 1.1.2.), y "área rural" como el "territorio ubicado fuera del límite urbano" (art. 1.1.2.). El límite urbano es una de las normas propias del nivel de planificación comunal (art. 2.1.10. Nº 3 a); el de extensión urbana, en tanto, del nivel de planificación intercomunal (art. 2.1.7., inc. 3º Nº 1).

Podría decirse que existe un área urbana "consolidada" y otra "de extensión", esto es, una que ya tiene urbanización ejecutada y edificaciones, que el plan regula con completitud, y otra que aún no experimenta ese proceso y, por lo mismo, tiene una regulación menos detallada que se irá completando en la medida que se ejecuten permisos en ella. Sin embargo, en el plano legal no hay mayores diferencias entre una y otra[35].

---

35 Aunque el art. 41, inc. 4º, LGUC, indica que el Plan Regulador Comunal determinará *"prioridades en la urbanización de terrenos para la expansión de la ciudad"* no existen herramientas concretas que las hagan operativas.

El área rural, en cambio, está sujeta a un sistema de autorizaciones discrecionales caso a caso que regula el art. 55 LGUC.

La clasificación del suelo en estas categorías, y las asignaciones de usos de suelo determinados en los planes urbanísticos, aunque no se hayan materializado a través de la obtención de los permisos y su materialización física, suelen ser considerados por la jurisprudencia como atributos que se integran al derecho de propiedad y que, por lo mismo, debieran ser considerados al determinar el valor del suelo en una expropiación[36], con algunas excepciones[37]. Digo la jurisprudencia porque no existen normas legales de valoración del suelo que establezcan reglas precisas, como ocurre en el caso español. Con todo, la existencia desde 2018 de un impuesto a los incrementos de valor por ampliaciones de los límites urbanos[38] implica que el propio legislador ha admitido que la sola transformación normativa de un terreno rural en urbano, implica un aumento en su valor, aunque la exigencia se produce únicamente al momento de la enajenación.

2.2. ¿Cuándo son indemnizables los cambios de ordenación (nuevo uso, reducción de edificabilidad, etc.)?

No existe normas relativas a este tópico en la legislación chilena[39], a diferencia de los supuestos indemnizatorios que establece la legislación española junto a plazos para la ejecución de los planes[40].

---

36 Un ejemplo en la sentencia de reemplazo de la Corte Suprema Rol Nº 8423-2018, de 06.05.2019, o las sentencias de rechazo de la misma corte roles Nº 6312-2018, de 27.11.2018, Nº 2431-2018, de 22.10.2018, y Nº 33750-2019, de 24.03.2021.

37 Sentencia de la Corte Suprema Rol Nº 3147/2008, de 14.07.2010. En este caso se afirma que "…es improcedente que la expropiada pretenda obtener un pago en los términos alegados en su demanda, porque reposan en meras especulaciones acerca del valor del bien involucrado en la expropiación o en una mayor plusvalía inexistente desde que un inmueble para los efectos de la indemnización por un proceso expropiatorio, debe tasarse por su valor comercial o de mercado al tiempo de la confiscación (sic) y no por su valor pretérito o por lo que podría llegar a ser en el futuro" (c. 4º).

38 Véase infra apartado 2.3.e).

39 Sobre la situación en general sobre este tema véase Rajevic, 2012.

40 Véase el art. 48 del Real Decreto Legislativo 7/2015, de 30 de octubre, por el que se aprueba el texto refundido de la Ley de Suelo y Rehabilitación Urbana

Desde 2018 el art. 28 sexies LGUC exige que los instrumentos de planificación territorial se actualicen "periódicamente en un plazo no mayor a diez años, conforme a las normas que disponga la Ordenanza General", pero ello no equivale a una garantía de intangibilidad durante ese plazo, o al menos no se ha entendido así, sino que procura evitar la obsolescencia de estos instrumentos.

Hay, en consecuencia, una amplia habilitación para el *ius variandi* de la planificación urbanística. Por cierto, los terrenos que producto de un nuevo plan o de su modificación tengan edificaciones que no concuerden con la nueva normativa se entienden "congelados" en virtud del art. 62 LGUC, lo que significa que pueden seguir usándose con algunas limitaciones de manera de posibilitar el progreso urbano con la amortización de la inversión realizada. La Ley N° 19.744, de 2001[41], flexibilizó de manera importante tales limitaciones al admitir: a) otorgar patente municipal[42] a nuevos/as propietarios/as o arrendatario/as para el uso disconforme con el plan vigente (algo reservado previamente solo al/la propietario/a original) y b) aumentar el volumen constructivo en los usos permitidos, para mitigar impactos ambientales y en mejoramientos en la calidad de la arquitectura, las estructuras y las instalaciones.

Un ámbito en que este tema se ha problematizado es el de las declaratorias de utilidad pública de los terrenos destinados por los planes urbanísticos a circulaciones, plazas y parques, incluidos sus ensanches (art. 59 LGUC). Al quedar sujetos a expropiación el valor de estas propiedades se reduce significativamente. Sin embargo, el debate no se ha centrado en la eventual indemnización por la reducción de edificabilidad sino en el plazo en que se producirá la expro-

---

española, de 2015 (BOE núm. 261, de 31.10.2015).

41 D.O. 10.08.2001.

42 Esta patente es el permiso municipal necesario para ejercer "toda profesión, oficio, industria, comercio, arte o cualquier otra actividad lucrativa secundaria o terciaria" en un local fijo y que implica el pago de un impuesto a beneficio local, conforme dispone el D.S. N° 2.385/1996, M. del Interior, que fija el texto refundido y sistematizado del D.L. N° 3.063/1979, sobre Rentas Municipales (D.O. 30.051996).

piación. Este debate ha evolucionado así[43]: a) Indefinición de plazos tolerada por la jurisprudencia; b) Caducidad de las declaratorias en 5 o 10 años, a partir de la Ley N° 19.939, de 2004[44], diferido en su vigencia por la Ley N° 20.331, de 2009, contemplando una asignación de normas urbanísticas posterior a la caducidad por parte de la Municipalidad; y c) Retorno a la afectación indefinida pero con un estatuto de derechos del propietario sujeto a ella reforzado (nuevo artículo 59 bis y modificación del art. 99 LGUC) en virtud de la Ley N° 20.791, de 2014[45]. Con todo, la jurisprudencia del Tribunal Constitucional ha empezado a manifestar una orientación crítica respecto de este último sistema[46].

2.3. La plusvalía generada por la transformación urbana, ¿corresponde al propietario o se distribuye de algún modo?

La plusvalía que se genera en estros casos corresponde al propietario del suelo salvo respecto de los siguientes deberes que le exigen compartir con la comunidad parte de las plusvalías:

a) Asumir las cargas asociadas a esa transformación que comentamos en el siguiente apartado (2.4.);

b) Ceder suelo para circulación, áreas verdes, desarrollo de actividades deportivas y recreacionales y equipamiento, con el límite del 44% de la superficie total del terreno original. En los proyectos que conlleven crecimiento urbano por densifica-

---

43 Puede verse esta evolución en Cordero, 2015, y Soto, 2015. También en Rajevic, 2012:263-266.

44 D.O. 13.02.20040

45 D.O. 29.10.2014.

46 Véase la sentencia del Tribunal Constitucional Rol 9031-2020, de 11.03.2021. En este caso se declara inconstitucional la norma transitoria de la Ley N° 20.791, de 2014, que restauró las declaratorias que habían caducado en virtud de la legislación precedente, dado que en el inmueble afectado en el caso concreto "no existe una situación que implique cumplimiento de la función social del dominio… puesto que no hay proyecto alguno que destine el bien raíz a un beneficio comunitario", pues así lo informo el municipio respectivo. Aunque sea un pronunciamiento de efecto relativo se trata de un razonamiento que anticipa un escrutinio más exigente para este tipo de afectaciones.

ción[47] este deber puede cumplirse directamente o efectuando un aporte en dinero equivalente al avalúo fiscal del suelo, ajustándose a la densidad, y el destino del proyecto en la forma que disponga la OGUC[48], para financiar con los recursos obtenidos las obras correspondientes a los PIIMEP, pagar las expropiaciones necesarias para esas obras y los demás fines que señala el art. 180 LGUC;

c) Realizar obras que exceden de las cargas necesarias para desarrollar el proyecto a cambio de mejoramientos en las normas urbanísticas (más altura, más constructibilidad, etc.) que ayudan a compensar esas inversiones (en otras palabras, hay un correlativo incremento en la plusvalía que entrega el plan[49]), todo ello conforme lo prevea el respectivo plan urbanístico[50].

---

47 Es el "proceso que incrementa la intensidad de ocupación del suelo, sea como consecuencia del aumento de sus habitantes, ocupantes o edificación" (art, 169 LGUC).

48 47 La alternativa de aportar en metálico al densificar proviene de Ley Nº 20.958, de 2016, entrando en vigencia recién el 17.11.2020 debido al retraso de un reglamento asociado y luego una postergación derivada del Covid19. El artículo 2.2.5. Bis OGUC, agregado por el D.S. Nº 14, MINVU (D.O. 22.02.2018), contiene la tabla especial para calcular la superficie a ceder en los casos de densificación:

PROYECTOS	PORCENTAJE DE CESIÓN
Con densidad de ocupación de hasta 8.000 personas por hectárea.	% = Densidad de ocupación * 11 / 2.000
Con densidad de ocupación sobre 8.000 personas por hectárea.	44%

Véase a este respecto Rajevic, 2019:319-321.

49 Se trata de un sistema semejante al de la Ley Nº 20.741, de 2014 (supra apartado 1.3.a.i).

50 Así, por ejemplo, tratándose de planes reguladores comunales estos incentivos pueden estar "condicionados al desarrollo de proyectos de viviendas de interés público, de espacios públicos o de espacios privados abiertos al uso o tránsito público; al mejoramiento de los espacios públicos ya existentes; a la materialización, reparación o mejoramiento de equipamientos públicos; a la instalación o incorporación de obras de arte en el espacio público; a la incorporación de equipamiento y obras que aporten al cuidado ambiental y a la eficiencia energética; a la incorporación de viviendas de interés público o usos de suelo en los proyectos o al cumplimiento de otras condiciones que induzcan o colaboren en

Este mecanismo está regulado en los arts. 183 a 184 bis de la LGUC, introducidos por la Ley Nº 20.958, de 2016[51]. Con todo, existen manifestaciones previas[52] que la reforma de 2016 validó ante el rechazo de este sistema por la Contraloría General de la República a partir de 2009 (con el argumento de que no estaba expresamente autorizado por la LGUC);

d) Pagar el impuesto territorial, fórmula muy limitada en el caso chileno porque: (i) los avalúos fiscales sobre la base de los cuales se calcula este tributo están por regla general muy por debajo del valor de mercado de las propiedades; (ii) la cantidad de propiedades exentas de este tributo es muy elevada (el 77% de las propiedades habitacionales relativamente alto atendido lo anterior, otras exenciones especiales y una baja disposición política a cobrar contribuciones)[53]; y (iii) la Ley Nº 17.235, sobre Impuesto Territorial, considera como bienes raíces agrícolas a aquellos destinados "preferentemente a la producción agropecuaria o forestal, o que económicamente sea susceptible de dichas producciones en forma predominante". Así, propiedades dentro del límite urbano pueden ser calificadas "agrícolas" por el Servicio de Impuestos Internos (la agencia tributaria chilena), siendo tasadas como tales y pagando un menor tributo independientemente de lo que digan las normas urbanísticas que les resulten aplicables[54]; y

---

el mejoramiento de los niveles de integración social y sustentabilidad urbana" (art. 184 LGUC).

51 Y modificados por las Leyes Nº 21.078, de 2018, y Nº 21.450, de 2022.

52 Puede verse, por ejemplo, la experiencia de la comuna de Providencia en Schlack, 2015:22-27 y 37.

53 Cifra de abril de 2022. Cfr. https://www.sii.cl/noticias/2022/130422noti01rp.htm (consultado el 11.12.2022 a las 20:00 hrs.).

54 Véase el art. 1º, inciso 2º a) del texto refundido, coordinado, sistematizado y actualizado de la Ley Nº 17.235, sobre impuesto territorial, fijado por el D.F.L. Nº1/1998, del M. de Hacienda (D.O. 16.12.1998). Las tasas del impuesto de los bienes raíces agrícolas son de 1% del avalúo al año, las de los bienes raíces no agrícolas de 1,4% y las de los bienes raíces no agrícolas destinados a la habitación son de 1,2% hasta cierto monto y de 1,4% en la parte que exceda de aquel (art. 7º). Las normas de tasación están en el art. 5º.

e) Pagar el impuesto del 10% al incremento de valor experimentado por una propiedad en virtud de estar incluida en la ampliación del límite urbano en el proceso de modificación de un plan regulador, una vez que aquella sea enajenada, de acuerdo con lo dispuesto en la *Ley sobre Incrementos de Valor por Ampliaciones de los Límites Urbanos* aprobada por el artículo cuarto de la Ley Nº 21.078, de 2018, y que se mantiene transcurridos 18 años desde la publicación de la ampliación del límite urbano. Un 37,5% ingresa al Municipio respectivo y el resto se incorpora a un Fondo Común Municipal para redistribuirse entre las distintas Municipalidades del país. Se trata de una figura nueva pero limitada, pues en la actualidad los incrementos de plusvalía tienen más que ver con los cambios normativos que incrementan la densificación y la constructibilidad dentro de los límites urbanos, que con la extensión de estos últimos.

Hay que señalar que este panorama no es extraño atendido que históricamente Chile carece de una tradición en materia de recuperación de plusvalías urbanísticas y solo cuenta con ejemplos puntuales de contribuciones especiales o de valorización, con relativo éxito[55].

2.4. ¿Quién sufraga las cargas asociadas a esa transformación (obras públicas, equipamientos urbanos, etc.)?

El propietario debe hacerse cargo del costo de la urbanización y las cesiones gratuitas de terreno, conforme los artículos 70 y 134 LGUC y los estándares regulados en la OGUC, en un sistema concebido para actuaciones asistemáticas.

Las obras que se exigen para urbanizar un terreno son "el pavimento de las calles y pasajes, las plantaciones y obras de ornato, las instalaciones sanitarias y energéticas, con sus obras de alimentación y desagües de aguas servidas y de aguas lluvias, y las obras de defensa y de servicio de terreno" (art. 134, inciso 1°, LGUC). Es posible exigirse incluso fuera del terreno que se urbaniza "cuando se trate de

---

55 Por ejemplo, la apertura de la avenida y parque Bustamante y de la avenida Bulnes en la primera mitad del S. XX. Véase Cáceres y Sabatini (2001).

proyectos desvinculados de la vialidad existente, para los efectos de su adecuada inserción urbana, o su conectividad cuando se trate de proyectos en el área rural" que estén debidamente autorizados (art. 134, inciso 3°, LGUC)[56].

Las cesiones gratuitas y obligatorias de terreno son "para circulación, áreas verdes, desarrollo de actividades deportivas y recreacionales y para equipamiento", hasta por un máximo "del 44% de la superficie total del terreno original", en la forma que regule la OGUC y "proporcionalmente en relación con la intensidad de utilización del suelo" (art. 70 LGUC), cuya fórmula precisa está en el 2.2.5. OGUC[57].

Por otra parte, tratándose de proyectos que ocasionen impactos relevantes sobre la movilidad local el propietario deberá mitigarlos conforme el sistema regulado por los arts. 168 a 174 de la LGUC, introducidos por la Ley N° 20.958, de 2016, y su reglamento, ejecutando las medidas que determine la autoridad sobre la base de un informe de mitigación de impacto vial tramitado en una plataforma electrónica[58]. Este sistema recién entró a regir el 18/11/2021 (su vi-

---

56 Los estándares concretos están en los arts. 2.2.4. bis, 2.2.10. y 3.2.1. a 3.2.11. de la OGUC.

57 La Tabla N° 1 del artículo 2.2.5. dispone lo siguiente:

TABLA 1. CALCULO DEL PORCENTAJE A CEDER

Densidad (hab/há)	% A Ceder		
	Áreas Verdes, Deporte y Recreación	Equipamiento	Circulaciones
hasta 70	0,1 x densidad	0,03 x densidad - 0,1	Hasta 30% en todos los tramos de densidad
sobre 70	0,003 x densidad + 6,79 con un máximo de 10%	0,002 x densidad + 1,86 con un máximo de 4%	

58 La Ley exige ejecutar "medidas relacionadas con la gestión e infraestructura del transporte público y privado y los modos no motorizados, y sus servicios conexos, en el entendido que esto incluye soluciones como las siguientes: pistas exclusivas para buses, terminales, paraderos, semaforización, señalización, habilitación de ciclovías y mejoramientos o adecuaciones a la vialidad" (art. 170, inc. 1°, LGUC).

gencia se vio diferida primero por la tardanza en la tramitación del reglamento y luego por la Ley Nº 21.284, de 2020[59]).

Tratándose de equipamientos y de sistemas generales no existe una obligación de parte de los propietarios dado que la legislación chilena se basa en una ejecución asistemática del plan, esto es, proyecto a proyecto. Solo se han implementado sistemas que llevan a que los financien privados sobre la lógica del incentivo descrita en el apartado anterior[60]. Por lo anterior, quien debe hacerse cargo de ejecutarlos es el sector público, tarea para la cual se contará con los aportes al espacio público captados a través de la Ley N 20.958, de 2016[61].

---

59 D.O. 12.11.2020. El "Reglamento sobre mitigación de impactos al sistema de movilidad local derivados de proyectos de crecimiento urbano" fue aprobado por el D.S. Nº 30/2017, M. de Transportes
y Telecomunicaciones. Tras dos años de extensa tramitación (en Chile existe un control preventivo de legalidad de los reglamentos a cargo de un organismo constitucional autónomo, la Contraloría General de la República) recién fue publicado en el D.O. de 17.05.2019, fecha a partir de la cual se contabilizaban 18 meses para la vigencia de la Ley. Antes que ello ocurriera la Ley Nº 21.284 postergó el plazo a noviembre de 2021 fundándose en los efectos de la pandemia del COVID 19 sobre las mediciones de tráfico.

60 Así ha operado la llamada planificación condicionada que contempla zonas con un bajo aprovechamiento urbanístico, semejante al rural, pero que permiten intensificar el uso del suelo con el fin de desarrollar grandes proyectos si se presentan proyectos que cumplan ciertos requisitos, entre ellos: a) una extensa superficie predial mínima continua (50 a 300 ha, según el caso); b) destinación de superficies a densidades de viviendas sociales y actividades productivas y/o de servicios; c) suficiencia de equipamiento de acuerdo a estándares establecidos en el plan; y d) factibilidad del sistema de transporte y la capacidad vial, también de acuerdo a los estándares del instrumento. Todo lo anterior debe acreditarse a través de un Estudio de Impacto Urbano. Puede verse a este respecto las "Zonas Urbanizables de Desarrollo Urbano Condicionado" introducidas en 1997 al Plan Regulador Metropolitano de Santiago de Chile (Resolución Nº 20/1994, del Gobierno Regional Metropolitano, D.O. 04.11.1994), especialmente los arts. 3.1.1.1., 3.6, 4.7. y 5.3.1. También los "Proyectos Urbanos con desarrollo condicionado" del art. 8.3.2.4., agregados en 2003, y las "Zonas Urbanizables Condicionadas" y "Zonas Urbanizables de Reconversión Condicionada", de los arts. 3.3.7., 4.9 y 11º Transitorio, agregadas en 2013. Otra fórmula en esta línea es la de la Corporación de Desarrollo Vial de Lo Barnechea, que ha operado desde 1994 captando aportes viales para desarrollar proyectos viales que financiaban los propietarios que se veían financiados por ellos.

61 Supra apartado 2.3.b).

2.5. *¿Existe previsiones expresas sobre destinación de suelo para vivienda social, ya sea al momento de establecer la ordenación del suelo o ejecutar el planeamiento en proyectos urbanísticos?*

No se considera que la vivienda social pueda representar una especie de uso de suelo, que exija destinar esas superficies a esa tipología específica. Lo que la Ley exige es que los instrumentos de planificación territorial contemplen criterios de integración e inclusión social y urbana, especialmente en virtud de las modificaciones que introdujo la Ley Nº 21.450, sobre Integración Social en la Planificación Urbana, Gestión de Suelo y Plan de Emergencia Habitacional[62], pero no que destinen directamente suelo a "viviendas de interés público", que en palabras de dicha ley son las destinadas a beneficiarios de los programas habitacionales del Estado (art. 27, incisos 3º y 4º, LGUC). Se pide que los planes reguladores contemplen normas urbanísticas u otras exigencias o disposiciones que resguarden o incentiven su construcción, habilitación o reconstrucción, de manera de "enfrentar, de manera efectiva y oportuna, el déficit habitacional existente" (art. 27, inciso 6º, LGUC). Sin embargo, pueden reportarse las siguientes experiencias:

a) La existencia de zonas con "desarrollo condicionado" en algunos planes reguladores, en las que uno de los requisitos para desarrollarlas ha sido que un porcentaje del total de viviendas que allí se emplacen puedan adquirirse mediante los programas públicos de subsidio habitacional[63].
b) Los mecanismos de incentivo normativo previstos en los arts. 27, 34, 45, inciso 2º Nº 5, 183 y 184 de la LGUC, que permiten que los planes reguladores consideren zonas en que se admitirá una mayor altura, densidad y/o constructibilidad (entre otras normas) para aquellos proyectos habitacionales que contemplen determinados porcentajes de viviendas de interés pú-

---

62 D.O. 27.05.2022.

63 Un ejemplo en el art. 8.3.2.4 de la Ordenanza del Plan Regulador Metropolitano de Santiago de Chile, añadido por la Resolución Nº 107/2003 del Gobierno Regional Metropolitano (D.O. 11.12.2003). Puede verse a este respecto Rajevic M., 2011:506-511.

blico, quedando estas últimas sujetas al régimen de protección del art. 184 bis LGUC.

3. PLANEACIÓN/PLANEAMIENTO

La LGUC usa la expresión "instrumentos de planificación territorial" (o IPT, en lo sucesivo) para referirse a los planes urbanísticos (p. ej., arts. 4º, 15, 20, 21, etc.). La OGUC define a los IPT como el "vocablo referido genérica e indistintamente al Plan Regulador Intercomunal o Metropolitano, al Plan Regulador Comunal, al Plan Seccional y al Límite Urbano" (art. 1.1.2.). Estos son, entonces, los planes urbanísticos en el sistema chileno.

3.1. Naturaleza jurídica: ¿son norma?, ¿tienen efectos vinculantes para las Administraciones y/o para los particulares?

Los IPT regulan la utilización del suelo desde la perspectiva del desarrollo urbano no a modo de una concreción abstracta y general de la Ley, como ocurre con los reglamentos presidenciales que se dictan en virtud del art. 32 Nº 6 de la Constitución, sino que como particularización o aplicación de la Ley en un espacio o territorio concreto y singular. De allí que las disposiciones de la LGUC y la OGUC prevalezcan sobre los IPT. Esto no quita que los IPT tengan también una naturaleza reglamentaria y vinculen a la Administración Pública y los particulares. Como dispone el artículo 57 de la LGUC, "el uso del suelo urbano en las áreas urbanas se regirá por lo dispuesto en los Planes Reguladores, y las construcciones que se levanten en los terrenos serán concordantes con dicho propósito".

Cabe señalar que tratándose el ordenamiento territorial la situación es un poco diferente. Esta materia está regulada en el artículo 17 a) de la Ley Nº 19.175, Orgánica Constitucional sobre Gobierno y Administración Regional, o LOCGAR, en el texto fijado por el D.F.L. Nº 1-19.175 (D.O. 08.11.2005). Dicha norma establece que el PROT "orienta la utilización del territorio de la región" para agregar después que "será de cumplimiento obligatorio para los ministerios y servicios públicos que operen en la región", lo que da a entender que no sería vinculante para los particulares. Sin embargo, a renglón seguido la norma declara su carácter vinculante tratándose de las "condiciones de localización para la disposición de los distintos tipos de residuos y sus sistemas de tratamientos y condiciones para la localización de las infraestructuras y actividades productivas en zonas no comprendidas en la planificación urbanística, junto con la identificación de las áreas para su localización preferente". Agrega que "El incumplimiento de las condiciones provocará la caducidad de las autorizaciones respectivas, sin perjuicio de las demás consecuencias que se establezcan". Al no haberse reglamentado esta norma, sin embargo (y pese al tiempo transcurrido desde su dictación), no es factible elaborar y aprobar un PROT, de manera que no hay experiencia en esta materia.

3.2. *Competencias: ¿a qué nivel territorial de administración están atribuidas?*

a) La planificación comunal está en principio entregada a las Municipalidades o el nivel comunal, que deben remitir el proyecto de plan regulador o de modificación aprobado, con todos sus antecedentes, a la secretaría regional ministerial de Vivienda y Urbanismo (SEREMI MINVU, en lo sucesivo) respectiva, que revisará el proyecto y emitirá un informe sobre su conformidad con la LGUC, la OGUC y el Plan Regulador Intercomunal, de haber uno aplicable. Si el informe es positivo el plan se promulgará por un decreto alcaldicio. Si es negativo, la Municipalidad puede corregirlo o insistir ante el Gobierno Regional o GORE, en lo sucesivo; de no haber un Plan Regulador Intercomunal el informe se enviará al GORE que deberá aprobar o rechazar el Plan. En todos estos últimos casos el plan regulador comunal será promulgado por resolución del/la Gobernador/a Regional (art. 43 LGUC).

b) Tratándose de los planes intercomunales la competencia está entregada al nivel regional representado por los Gobiernos Regionales, desde 2021 encabezados por una autoridad democráticamente electa denominada "Gobernador/a Regional". Sin embargo, la elaboración del instrumento compete a las SEREMIS MINVU (art. 36 LGUC), que no dependen del de/la Gobernador/a Regional, sino que de los/as Delegados/as

Presidenciales Regionales y del/la Ministro/a MINVU. Se trata de una fórmula extraña, paliada mediante la transferencia desde las SEREMIS a las GORES, por 5 años, de la fase de elaboración del Anteproyecto de Plan Regulador Intercomunal, o de sus modificaciones, según corresponda, y luego por 10 años de la elaboración o modificación del plan regulador intercomunal o metropolitano a 8 GORES[64].

Otra competencia de nivel regional es la de elaborar y aprobar los PROTs (art. 17 a) LOCGAR) esto es, el instrumento de ordenamiento territorial a nivel regional. Sin embargo, esto debe relativizarse porque el Consejo Regional solo puede dar aprobación al PROT "previo informe favorable de los ministros de las secretarías que conforman la comisión establecida en el párrafo quinto del literal a) del artículo 17" (art. 36 c) LOCGAR), esto es, los 12 Ministros/as de Estado que integran el COMICIVYT, de manera que hay un verdadero derecho de veto del nivel central.

c) El nivel central, por último, tiene atribuida las competencias que ya señalamos de intervenir, a través de las SEREMIS MINVU (que son un organismo de la Administración central desconcentrado territorialmente en las regiones), en la elaboración y aprobación de los planes reguladores comunales e intercomunales, y a través de los/as Ministros/as del COMICIVYT en la aprobación de los PROTs. Adicionalmente, y en forma excepcional, puede aprobar directamente —por decreto supremo presidencial— planes reguladores o sus modificaciones, por ejemplo: (i) para viabilizar casos especiales de proyectos de los Servicios Regionales o Metropolitano de Vivienda y Urbanización, conforme autoriza el art. 50 LGUC; o (ii) para superar las dificultades generadas por un sismo o catástrofe o para implementar un plan de reconstrucción, según lo previsto en el art. 27 de la Ley Nº 16.282, de Sismos y Catástrofes, a solicitud del municipio y con un mínimo procedimiento

64 Transferencia realizada a través de los D.S. Nº 237/2020 (D.O. 13.07.2021) y Nº 61/2023 (D.O. 30.11.2023), ambos del M. del Interior y la Seguridad Pública.

(que contempla participación ciudadana a partir de la Ley Nº 20.582, de 2012).

3.3. Tipos de planes territoriales y urbanos y relación/vinculación entre ellos

El sistema de planificación contempla los siguientes instrumentos de ordenamiento territorial:

a) Planes Regionales de Ordenamiento Territorial (PROT), que orientan "la utilización del territorio de la región para lograr su desarrollo sustentable a través de lineamientos estratégicos y una macro zonificación de dicho territorio" (art. 17 a) LOCGAR). Todavía no entra en vigencia la potestad para aprobarlos dado que el artículo 2º transitorio de la Ley Nº 21.074, de 2018, la condicionó a la vigencia de la Política Nacional de Ordenamiento Territorial (producida el 05.07.2021)[65] y del reglamento sobre Ordenamiento Territorial, actualmente en trámite de toma de razón en la Contraloría General de la República[66].

b) Otros instrumentos de ordenamiento territorial, como la Zonificación del Uso del Borde Costero (ZUBC) o las Zonas de Interés Turístico (ZOIT)[67].

Los instrumentos de planificación territorial o propiamente urbanística son los siguientes:

a) Planes Reguladores Intercomunales (PRI) que regulan "el desarrollo físico de áreas urbanas y rurales de diversas comunas

---

65 D.S. 469/2019, M. del Interior y Seguridad Pública, que aprueba la Política Nacional de Ordenamiento Territorial (D.O. 05.07.2021).

66 El inciso quinto del nuevo literal a) del artículo 17 LOCGAR exige dictar un reglamento sobre los procedimientos para elaborar, evaluar y actualizar los planes regionales de ordenamiento territorial, incluidos los referidos a la consulta pública, los contenidos mínimos que deberán contemplar y los tipos de condiciones que podrán establecer. El Reglamento fue aprobado por el D.S. Nº 243/2022, del M. del Interior y Seguridad Pública, y está en toma de razón desde el 02.09.2022 (cfr. https://www.contraloria.cl/web/cgr/tramitacion-de-reglamentos).

67 Véase Precht, Reyes y Salamanca, 2016

que, por sus relaciones, se integran en una unidad urbana" (art. 34, inc. 1, LGUC).

b) Planes Reguladores Comunales (PRC), que promueven "el desarrollo armónico del territorio comunal, en especial de sus centros poblados, en concordancia con las metas regionales de desarrollo social, económico, cultural y medioambiental y que incorpora disposiciones que resguardan y promueven la integración social y el acceso equitativo a bienes y servicios públicos urbanos" (art. 41, inc. 1°, LGUC);

c) Planes seccionales, que son los que planifican una parcialidad del territorio urbano de una comuna que carecen de PRC (art. 46 LGUC);

d) Límites urbanos y normas urbanísticas supletorias para territorios sin planificación comunal o seccional. El límite urbano es la "...línea imaginaria que delimita las áreas urbanas y de extensión urbana que conforman los centros poblados, diferenciándolos del resto del área comunal..." (art. 52 LGUC). Normalmente está incluido en el PRC o intercomunal (art. 54 LGUC) pero, por excepción, funciona como un instrumento de planeación territorial autónomo, una especie de Plan Regulador con sólo una zona de usos de suelo, la urbana, que se presenta en casi 50 comunas de Chile. El artículo 28 quinquies, de 2018, estableció normas urbanísticas supletorias (altura, densidad, agrupamiento, etc.) a las que deberán sujetarse las construcciones que se levanten en zonas urbanas sin planificación comunal o seccional, como ocurre en estos casos.

e) Planos de Detalle. Se trata de instrumentos subordinados a los planes reguladores comunales, seccionales o intercomunales (por lo que no pueden modificarlos) con dos objetivos, cada cual con su propio procedimiento: (i) fijar con exactitud los trazados y anchos de los espacios declarados de utilidad pública (art. 28 bis, agregado por la Ley N° 20.791, de 2014); y (ii) fijar con exactitud el diseño y características de los espacios públicos, los límites de las distintas zonas o áreas del plan y, en el caso de los IPT comunales y seccionales, el agrupamiento de edificios y las características arquitectónicas de los proyectos a realizarse en ciertos sectores (art. 28 ter, agregado por la Ley Nº 20.958, de 2016).

La relación entre los PROTs y los demás instrumentos se determinará con más precisión en el reglamento pendiente de tramitar, si bien debe advertirse que la ley señala que "no podrá regular... áreas que estén sometidas a planificación urbanística" (art. 17 a), inc. 3º, LOCGAR), lo que parece anticipar que esta última lo desplaza. De modo semejante, la misma norma declara que los PROT deben limitarse a reconocer la zonificación del borde costero de la región, que se aprueba por D.S. del Ministerio de Defensa (art. 17 a), inc. final, LOCGAR).

En el caso de los planes urbanísticos la Ley Nº 20.791, de 2014, dio rango legal a algo que la OGUC, y antes la jurisprudencia contralora, ya había reconocido: la existencia de ámbitos competenciales diferenciados en estos instrumentos según su nivel territorial. El art. 28, inc 2º, LGUC, pasó a disponer que cada uno de estos instrumentos "tendrá un ámbito de competencia propio en atención al área geográfica que abarca y a las materias que puede regular, en el cual prevalecerá sobre los demás". El inciso 3º establece, a continuación, tres reglas para ordenar este sistema normativo:

- Competencia: las normas aplicables a cada área geográfica deben quedar establecidas en el instrumento aplicable a ella, de modo que un tema comunal debe quedar regulado en el Plan Regulador Comunal y no en el intercomunal (art. 28, inc. 2º, LGUC, y arts. 2.1.1., inc. 1º, 2.1.7. y 2.1.10. OGUC);
- Jerarquía: la clásica relación en cascada de los planes en que el de nivel geográfico superior prevalece sobre el inferior, si bien esto debe entenderse dentro del respectivo ámbito de competencia por lo que no debiesen producirse conflictos (arts. 29, 33, 37, 38 y 46 LGUC y art. 2.1.1., inc. 2º, OGUC); y
- Supletoriedad: los instrumentos "podrán establecer, sólo para territorios no planificados, disposiciones transitorias con carácter supletorio sobre las materias propias del otro nivel, sea éste superior o inferior, las que quedarán sin efecto al momento de entrar en vigencia el instrumento de planificación territorial que contenga las normas correspondientes a ese ámbito de competencia. Estas disposiciones transitorias no serán im-

perativas para el nuevo instrumento" (arts. 28, inc. 3°, LGUC, y 2.1.3. OGUC).

3.4. *Relación de los planes territoriales y urbanos con la planificación económica (planes de desarrollo o planes sectoriales —turísticos, de vivienda, etc.—), de infraestructuras y ambiental: ¿cómo se coordinan?, ¿cuál prevalece en caso de conflicto?*

No hay una tradición de planificaciones sectoriales que pudiesen oponerse a los IPT por lo que hay que revisar caso a caso. Un ejemplo también introducido por la Ley N° 21.074, de 2018, son los planes maestros de transporte urbano metropolitano (PMTUM) y sus modificaciones, propuesto por la Secretaría Regional Ministerial de Transportes y Telecomunicaciones al Gobierno Regional en las áreas metropolitanas. La Ley no describe las consecuencias específicas que tendrían estos planes maestros, ni sobre los particulares ni sobre los organismos públicos (especialmente las municipalidades), por lo que su carácter sería solo orientativo. Sin embargo, el Gobernador y las SEREMIS deben velar "por la debida coordinación y correspondencia" que tengan con el plan regulador intercomunal (PRI) y el plan intercomunal de inversiones en infraestructura de movilidad y espacio público (PIIIMEP), así como las modificaciones de ambos, y a la inversa. Para resguardar lo anterior se exige elaborar un informe del Departamento de Áreas Metropolitanas sobre la consistencia del PMTUM con los otros dos. La redacción de la norma es confusa, porque pareciera dar a entender que este informe es sólo exigible cuando se elabora una propuesta de nuevo PRI o PIIIMEP, o una modificación de los existentes, pero no cuando se trate de un nuevo PMTUM o de su modificación, lo que daría una suerte de predominancia a este último (los demás se ajustan a él y no al revés)[68]. Desde la perspectiva ambiental conviene reiterar que desde 2010 los instrumentos de planificación territorial deben ser sometidos a evaluación

---

[68] Con todo, este punto puede relativizarse atendido que la misma Ley encarga al departamento de áreas metropolitanas coordinar todos los planes mencionados "emitiendo un informe respecto a dicha materia" (art. 104 ter, inciso 2° b), LOCGAR).

ambiental estratégica, procedimiento que contribuye a coordinar las visiones intersectoriales (arts. 7° bis y ss. Ley N° 19.300, de 1994)[69].

4. INTERVENCIÓN PÚBLICO/PRIVADA EN LA EJECUCIÓN DEL PLANEAMIENTO

4.1. ¿Cómo se delimitan los ámbitos de urbanización y se concretan las obras y operaciones necesarias?, ¿quién está legitimado para llevarla a cabo: los propietarios, la administración, terceros?, ¿qué instrumentos y técnicas se emplean?

En el sistema chileno no se delimitan ámbitos de urbanización: la unidad de referencia es cada propiedad del suelo incluido en el límite urbano en una lógica esencialmente asistemática. No hay tampoco instrumentos de iniciativa particular, como en el modelo español. Esta ausencia ha provocado una subdotación de bienes públicos urbanos en las zonas de menor plusvalía, pues la urbanización atiende al proyecto y no al conjunto, si bien existen algunos instrumentos que procuran evitar que los costos generales sean internalizados por un solo particular, como los aportes reembolsables en materia sanitaria o eléctrica.

En materia de circulaciones y movilidad la Ley N° 20.958, de 2016, trata de paliar este problema exigiendo que los proyectos que generen alteraciones sobre el sistema de movilidad dentro del área de influencia las mitiguen "para que sus estándares de servicio tengan un nivel semejante al existente, de acuerdo a las características de la zona" (art. 171, inciso 3°, LGUC). Esto hace que, al menos, el impacto deba abordarse al margen de lo que autorice construir el IPT. Se crearon, además, planes comunales e intercomunales de inversiones en infraestructura de movilidad y espacio público (arts. 176 y 177), asociados a los IPT, y un sistema de "aportes urbanos reembolsables", aplicable a desarrolladores que propongan obras de dichos planes cuyo costo exceda del que correspondería al proyecto, y siempre que haya acuerdo municipal,

---

69 Supra apartado 1.3., a.iii).

pues quien reembolsaría la diferencia a plazo es la propia Municipalidad (arts. 185 y 186).

Excepcionalmente, algunos IPT han establecido que los desarrolladores deban asumir mayores estándares de equipamiento y urbanización al incorporar nuevos suelos al área urbanizable a través de lo que se ha dado en llamar "planificación condicionada", desde las "Zonas Urbanizables de Desarrollo Urbano Condicionado" introducidas en 1997 al Plan Regulador Metropolitano de Santiago de Chile como ya hemos comentado. En todos estos casos se asume un dueño único de un lote de suelo, de entre 50 y 300 hectáreas según el caso, magnitud necesaria para absorber todas las inversiones necesarias dentro de los márgenes de rentabilidad del proyecto.

4.2. ¿A qué intervención administrativa está sujeta la edificación y su reforma o rehabilitación?

A la obtención de permisos que otorgan las Municipalidades a través de sus Direcciones de Obras Municipales (DOM), que luego de la ejecución de las obras deben ser recepcionadas por ellas mismas para que aquellas puedan ser utilizadas. El art. 116 LGUC prescribe que "La construcción, reconstrucción, reparación, alteración, ampliación y demolición de edificios (y obras de urbanización de cualquier naturaleza), sean urbanas o rurales, requerirán permiso de la Dirección de Obras Municipales, a petición del propietario, con las excepciones que señale la Ordenanza General", lo que reglamentan los arts. 1.4.1., 3.1.1. al 3.1.9. y 5.1.1. y ss. OGUC, entre otros[70].

Las DOM sólo son obligatorios en las comunas con 100.000 habitantes. En caso que no exista esta unidad municipal los permisos serán otorgados por la SEREMI MINVU (art. 11 LGUC).

La LGUC contempla la posible intervención de "Revisores Independientes de obras de edificación", profesionales independientes inscritos un Registro que lleva el MINVU[71] y que aparecen en la Ley N° 19.472, de 1996, luego precisada por la Ley N° 20.071, que creó

---

70 Véase Cordero, 2021, y Rajevic, 2007.

71 Deben ser arquitectos/as, ingenieros/as civiles, ingenieros/as constructores/as o constructores/as civiles.

un Registro que administra el MINVU y que reglamenta el D.S. Nº 223/2005, MINVU. Estos revisores deben "verificar que los proyectos de edificación y las obras cumplan con las disposiciones legales y reglamentarias" (art. 116 bis, inc. 2º, LGUC, Ley 20.016) e informar las solicitudes de permisos y recepciones. Desde la Ley 20.016 su contratación es facultativa salvo que la OGUC la exija, lo que ocurre en los "edificios de uso público" (art. 1.4.16.)[72]. Existen dos incentivos para su contratación:

- Rebaja en 30% de derechos municipales (art. 116 bis B) LGUC) y
- Reducción de los plazos a la mitad (art. 118 LGUC).

También existen Revisores de cálculo estructural, que son terceros independientes de quien realizó el proyecto que están inscritos en un Registro para revisar proyectos de cálculo estructural (art. 116 bis A) LGUC). Deben ser ingenieros civiles o arquitectos o personas jurídicas que los tengan entre sus socios o directores. El Registro está regulado en la Ley Nº 20.703, de 2013. Es obligatorio contratar uno de estos revisores si se construye un edificio de uso público y las demás edificaciones que determina el art. 5.1.25. OGUC[73].

Cabe señalar que las potestades de los/as Directores de Obras Municipales son desconcentradas, lo que impide el control jerárquico del/l Alcalde/sa. En cambio se contempla una instancia de reclamación administrativa ante la SEREMI MINVU (art. 118 LGUC).

5. DISCIPLINA URBANÍSTICA: CONTROL DEL CUMPLIMIENTO DE LA LEGALIDAD

5.1. ¿Qué consecuencias tiene la infracción de la legalidad urbanística? ¿Las demoliciones u otras medidas de restauración de la

---

[72] Aquellos con destino de equipamiento cuya carga de ocupación total sea superior a 100 personas (la carga de ocupación equivale a la relación del número máximo de personas por m^2 de lo construido), art. 1.1.2. OGUC.

[73] Sobre estos revisores véase Rajevic, 2013.

legalidad, se diferencian procedimental y/o sustantivamente de las sanciones?

Las medidas de restauración de legalidad principales que contempla la LGUC son la paralización de obras y la demolición. La paralización puede ser ordenada por el/la Directora/a de Obras Municipales, mediante resolución fundada, "comprobado que una obra se estuviere ejecutando sin el permiso correspondiente o en disconformidad con él, o con ausencia de supervisión técnica, o que ello implique un riesgo no cubierto" (art. 146 LGUC). La demolición puede ser decretada por el/la Alcalde/sa, a petición del/la Directora/a de Obras, tratándose de obras que se ejecuten en disconformidad con las disposiciones de la LGUC, la OGUC o la Ordenanza Local Respectiva, o que amenacen ruina, entre otros casos (art. 148 LGUC). También el/la SEREMI MINVU puede, fundadamente, ordenar la paralización y la demolición total o parcial de las obras "que se ejecuten en contravención a los planes reguladores o sin haber obtenido el correspondiente permiso municipal, con el sólo informe del Director de Obras Municipales respectivo" (art. 157 LGUC). En todos estos casos existen recursos administrativos y/o jurisdiccionales para quienes sean afectados por estas medidas.

La LGUC contempla sanciones para las infracciones a las disposiciones de la LGUC, la OGUC y los IPT, pero que no se aplican a través de un sistema sancionatorio administrativo. El art. 20 LGUC exige que aquellas sean conocidas por el Juez de Policía Local respectivo, quien puede aplicar una multa a beneficio municipal no inferior a un 0,5% ni superior al 20% del presupuesto de la obra (calculado conforme los arts. 126 y 127 LGUC). En caso de no existir presupuesto el juez puede ordenar la tasación o aplicar una multa entre 1 y 100 UTM (64,4 a 6.439 euros, aproximadamente, a enero de 2024)[74]. Dicha multa es sin perjuicio de la paralización o demo-

74 Hay que apuntar que las sentencias del TC Roles N° 3099-16 y 8278-20 han declarado inconstitucional esta norma por carecer de criterios para fijar la cuantía exacta la sanción: "su texto no establece un marco de justicia y racionalidad que permita al Juez de Policía Local abandonar la mera intuición y ajustar la sanción en medida con la infracción... no especifica límites dentro de los cuales la multa pueda aplicarse en relación a precisas conductas, de carácter más o

lición y hay acción pública para perseguirla, prescribiendo con la recepción de la obra.

También debe mencionarse que la Superintendencia del Medio Ambiente (en adelante SMA), creada en 2010, está facultada para ejercer la potestad sancionadora respecto de algunas infracciones en que pueden incurrir proyectos inmobiliarios. Son infracciones el incumplir "las condiciones, normas y medidas establecidas en las resoluciones de calificación ambiental" y ejecutar proyectos y desarrollar actividades "para los que la ley exige Resolución de Calificación Ambiental, sin contar con ella" (literales a) y b) del art. 35 de la Ley Orgánica de la Superintendencia del Medio Ambiente[75]). En estos casos existe una clasificación de infracciones gravísimas, graves y leves que habilitan a diversas sanciones (art. 39) y con circunstancias agravantes y atenuantes (art. 40).

El abanico de sanciones por infracción ambiental es más amplio y robusto que el de la LGUC en materia urbanística, reflejando la evolución experimentada en materia de sanciones administrativas desde 1976 a 2010. Contempla las siguientes: "a) Amonestación por escrito; b) Multa de una a diez mil unidades tributarias anuales [hasta 8.072.724 de euros]; c) Clausura temporal o definitiva. d) Revocación de la Resolución de Calificación Ambiental". Hay, también, medidas provisionales que pueden adoptarse para "evitar daño inminente al medio ambiente o a la salud de las personas" (art. 48), como la clausura o la detención del funcionamiento, si bien algunas (como las mencionadas) requieren de previa autorización judicial.

5.2. *¿Qué administración o administraciones territoriales tienen competencias de vigilancia y disciplina?, ¿cómo se coordinan entre sí?*

Las anteriormente mencionadas, esto es, Municipalidades (nivel comunal) y SEREMIS (nivel central desconcentrado territorialmen-

menos graves. A lo que se añade la inexistencia de otros criterios o parámetros de graduación…".

[75] Aprobada por el artículo segundo de la Ley N° 20.417, que crea el Ministerio, el Servicio de Evaluación Ambiental y la Superintendencia del Medio Ambiente (D.O. 26.01.2010).

te). La SMA es un órgano funcionalmente descentralizado que se relaciona con la Presidencia a través del Ministerio de Medio Ambiente. Por último, cabe destacar que en los últimos meses ha ganado protagonismo el Servicio Agrícola y Ganadero, otro servicio funcionalmente descentralizado que se relaciona con la Presidencia a través del Ministerio de Agricultura, y que tiene competencias para verificar el cumplimiento de la normativa en materia de subdivisiones de predios rurales.

No existen, hasta donde sabemos, mecanismos de coordinación formal entre estos organismos, si bien las SEREMIS MINVU tienen una relación relativamente fluida con las DOM, y comparten diversos espacios decisionales con el SAG y la SMA, lo que puede favorecer mecanismos de coordinación informales.

6. CONCLUSIÓN

A 93 años de la ley sobre Construcciones y Urbanización, el derecho urbanístico chileno ha ido decantando un conjunto de técnicas e instrumentos para hacerse cargo del crecimiento urbano que se encuentran asentadas, y han contribuido a contar con altos índices de urbanización en las ciudades chilenas.

Sin embargo, y aunque el marco legal se ha ido actualizando, subsisten problemas relevantes que en este resumen apenas pueden apuntarse y que requieren de urgentes ajustes. Entre ellos se encuentran, por ejemplo, la segregación socioespacial, el uso habitacional del suelo rural, la demora en el otorgamiento de permisos, la crónica lentitud de los procesos de planificación urbanística y el resurgimiento del déficit habitacional[76].

76 Como planteé hace más de una década, "el desafío es construir ciudades sostenibles, a la medida de sus habitantes y sus aspiraciones y, ojalá, bellas y eficientes. No es fácil arribar a esta meta, pero alcanzarla es uno de los requisitos para alcanzar un desarrollo humano satisfactorio" (Rajevic, 2010: 70).

Bibliografía

Cáceres, Gonzalo y Sabatini, Francisco (2001): "Santiago de Chile: la recuperación de plusvalías puesta en perspectiva histórica", en Smolka, Martim y Furtado, Fernanda (ed.). Recuperación de plusvalías en América Latina. Alternativas para el desarrollo urbano. Santiago de Chile: Eurelibros, pág. 121-148.

Cordero Q., Eduardo (2021): "El permiso de construcción desde la perspectiva del Derecho administrativo general. Análisis de sus principales problemas a nivel jurisprudencial", en Revista de Derecho Administrativo Económico (Chile), n. 33, pág. 33-70.

– (2020) Estudios sobre Propiedad y Derecho urbanístico. Valencia: Tirant lo Blanch.

– (2017): "La formación del Derecho urbanístico chileno a partir del siglo XIX: de la legislación urbanística al Derecho urbanístico integrado", en Revista de derecho (Valdivia) vol. 30 nº 1, pág. 127-152.

– (2015): "Declaración de utilidad pública y planes reguladores: Un problema sobre el contenido y las facultades del derecho de propiedad sobre el suelo", en Revista de Derecho de la Pontificia Universidad Católica de Valparaíso n. 44, pág. 309-335.

Dirección General de Estadísticas, Chile (1931): *Resultados del X Censo de la Población efectuado el 27 de noviembre de 1930.* Santiago de Chile, Imprenta Universo, 298 p.

Fernández R., José y Holmes S., Felipe (2012): Derecho Urbanístico Chileno, 3º ed. Santiago: Jurídica de Chile.

Figueroa V., Juan Eduardo (2022): Urbanismo y Construcción, 3ª ed. Santiago: DER Ediciones.

González L., José (1987): "Variación de la Población Urbana en Chile, según Categoría de las Entidades: 1970-1982", en Revista de Geografía Norte Grande Nº 14, págs. 55-60.

Hervé E., Dominique (2010): "Noción y elementos de la justicia ambiental: directrices para su aplicación en la planificación territorial y en la evaluación ambiental estratégica", en Revista de derecho (Valdivia), vol. 23 nº 1, pág. 9-36.

Instituto Nacional de Estadísticas, Chile (2018): *Síntesis resultados Censo 2017,* 26 p.

– (2018b): *Urbano/Rural: Contexto de los resultados,* 19 p.

López B., Enrique (1984): *Jurisprudencia Constitucional (1950-1979).* Santiago de Chile: Ed. Jurídica de Chile.

Precht R., Alejandra, Reyes P., Sonia y Salamanca G., Carola (2016): *El Ordenamiento Territorial en Chile.* Santiago, Ediciones UC, 196 p.

Rajevic M., Enrique (2020): "La frágil regulación del suelo rural a cuatro décadas de su liberalización", en Revista AUS 28, UACH, pág. 54-60.

- (2019): "Formación del dominio público urbanístico terrestre en el Derecho chileno (con apuntes del sistema español)", en Arancibia, Jaime y Ponce, Patricio (coords.): El Dominio Público Actas de las XV Jornadas Nacionales de Derecho Administrativo (2018). Valencia: Tirant lo Blanch, pág. 309-324.
- (2013): "La privatización de las funciones públicas en el urbanismo y la vivienda", en VV.AA. Actas de las VIII Jornadas de Derecho Administrativo Chileno. Santiago: ThomsonReuters-La Ley, pág. 221-256.
- (2012): "Falta de servicio y responsabilidad de la Administración Pública chilena por actos urbanísticos", en Letelier W., Raúl (coord.) La falta de servicio. Santiago: Legal Publishing, pág. 251-278.
- (2011): "Cohesión social e intervención administrativa en el territorio urbano (con especial referencia a España y Chile)", tesis doctoral de la Universidad Carlos III de Madrid, España.
- (2009): "El paulatino pero insuficiente desarrollo del Derecho urbanístico en Chile: en tránsito de la adolescencia a la madurez", en Fórum de Direito Urbano e Ambiental Nº 54, Brasil, pág. 61-70.
- (2007): "El permiso de construcción como acto administrativo", en VV.AA. *Acto y Procedimiento Administrativo.* Segundas Jornadas Chilenas de Derecho Administrativo. Valparaíso: Ediciones Universitarias de Valparaíso, pág. 183-208.
- (2000): "Derecho y Legislación Urbanística en Chile", en Revista de Derecho Administrativo Económico (Chile), Vol II, Nº 2, pág. 527-548.

Schlack, Elke (2015) El espacio público en la Nueva Providencia de Germán Bannen, en Schlack, Elke (ed.) POPS - el uso público del espacio urbano. Santiago: ARQ Ediciones, pág. 3-37.

Soto D., Pablo (2015): "El poder de la Administración del Estado para planificar las ciudades. Reposición de las declaratorias de utilidad pública en la Ley General de Urbanismo y Construcciones", en Anuario de Derecho Público Nº 1, pág. 370-404.

Vaquer C., Marcos (2017) "Influencias y confluencias de la Ley de Suelo española en la legislación urbanística y de ordenamiento territorial de Latinoamérica", en Práctica Urbanística Nº 146, Wolters Kluwer.

Vergara P., Francisco, et. al. (2022): Espacios Constitucionales, Ediciones Academia Espacial de la Facultad de Arquitectura, Animación, Diseño y Construcción de la Universidad de Las Américas, 2022.

El Derecho territorial y urbano en México

ANTONIO AZUELA y **CARLOS HERRERA**

1. CONTEXTO Y MARCO GENERAL

1.1. Breve historia de la legislación territorial y urbana del país

En México suele decirse que en 1976 se institucionalizó la planeación urbana, con la expedición de la Ley General de Asentamientos Humanos (en adelante LGAH) y unas reformas a la Constitución Política de los Estados Unidos Mexicanos (en adelante CPEUM). Por ello, la LGAH será el centro de nuestro análisis. Pero es preciso hacer dos aclaraciones: primero, ya existían importantes antecedentes legislativos y, segundo, desde su expedición, la LGAH y sus sucesoras ha tenido que coexistir de manera problemática con legislaciones de otros temas, sobre todo el agrario y el ambiental.

El primer intento de crear un sistema moderno de planeación territorial se dio en 1930[1]. La Ley sobre Planeación General de la Repú-

---

1 Una reconstrucción histórica completa del urbanismo en lo que hoy es la república mexicana tendría que considerar los intentos de la era borbónica para poner orden en la Ciudad de México, las leyes de indias como la manifestación más célebre del urbanismo renacentista en el mundo novohispano y el ordena-

blica de ese año revelaba claramente esa intención, aunque pronto cayó en el olvido. Dado que México es un estado federal, las legislaciones de los estados contienen muchos de los elementos del régimen de la planeación. Así, la Ley de Planificación y Zonificación del Distrito y Territorios Federales, de 1933, fue la primera que configuró al "Plano regulador" como la pieza central de un nuevo régimen. Aunque no era explícito que ese plan tuviese efectos vinculantes, en la práctica orientó muchas de las decisiones que dieron a la Ciudad de México su actual estructura. Para 1960, en todos los estados de la república había una ley de planificación y muchas ciudades contaban con un plano regulador, aunque el estatuto jurídico de este no estaba claro.

Esa legislación se dirigía sobre todo a las áreas de expansión de las ciudades[2], con énfasis en el trazo de nuevas vialidades en las periferias, aunque también se preveía la "apertura" de avenidas en zonas ya construidas, que con argumentos higienistas dieron paso a vialidades que transformaron el tejido urbano. En muchas ocasiones, las obras se financiaron mediante la aplicación de "impuestos de plusvalía", cuya constitucionalidad fue sistemáticamente avalada por la jurisprudencia. Aunque, como se verá más adelante, esto ha cambiado recientemente con una oleada de jurisprudencia de corte ultraliberal, puede decirse que a lo largo del siglo veinte la legislación de la materia no era solamente urbanística sino también tributaria.

Otro rasgo notable del régimen urbanístico entre la década de 1930 y la de 1960 fue la zonificación. Cuando apareció la LGAH ya existía un gremio con experiencia en el desarrollo de planos reguladores, que fueron cambiando de nombre, pero cuyo contenido principal era el mismo: la asignación de usos del suelo tanto para las áreas ya urbanizadas como para las de la futura expansión.

Gracias al trabajo historiográfico de autores como Adrián Gorelik, podemos comprender el significado de la aprobación de la Ley General de Asentamientos Humanos en 1976. A primera vista, lo único

---

miento de las ciudades prehispánicas, todo lo cual queda fuera del ámbito de este libro.

2 Sobre el urbanismo mexicano de la primera mitad del siglo en México, véase Escudero, 2018; Valenzuela Aguilera, 2014; y Sánchez-Ruiz, 2008.

que destaca en ella es su nombre, inspirado por la Conferencia de las Naciones Unidas sobre los Asentamientos Humanos celebrada en Vancouver ese mismo año, así como por el activismo tercermundista del presidente Luis Echeverría. Más interesante aún es que las ideas que inspiraron a la ley fueron las del paradigma de "la ciudad latinoamericana", una construcción social sobre la que, durante varias décadas, una red trasnacional de intelectuales latinoamericanos y norteamericanos discutieron el fenómeno de la urbanización a partir de las corrientes más relevantes del pensamiento social en el mundo, desde la escuela de Chicago hasta la economía política de la urbanización, pasando por la teoría de la dependencia (Gorelik, 2022).

Para la década de 1970, el paradigma de la ciudad latinoamericana había llegado a sus límites, sobre todo por la pérdida de la esperanza que trajo consigo el golpe de estado en Chile. No obstante, en México continuaron los debates en torno a la urbanización, en parte debido al exilio de muchos intelectuales provocado por las dictaduras del Cono Sur. En ese contexto, la iniciativa de la LGAH aparecía como algo más que un simple instrumento jurídico para ordenar el desarrollo urbano, ya que estaba impregnada por la retórica de transformación social propia del debate latinoamericano. Al mismo tiempo, si la reforma agraria había marcado las décadas siguientes a la Revolución Mexicana, esta iniciativa parecía anunciar una "reforma urbana" de un calado similar. Lo cierto era que la nueva ley creaba un sistema de planeación como el de cualquier otro país capitalista, pero gracias a su retórica fue vista por los sectores conservadores de la opinión pública como una amenaza inaceptable a la propiedad privada. Lejos de tratar de tranquilizar a esos sectores, el presidente Echeverría fustigó la crítica como "profascista y plutocrática". El debate era parte de una crisis política hacia el final de la administración, que pronto fue superada por un nuevo pacto entre el gobierno y los empresarios en la administración siguiente.

Las innovaciones de la LGAH, cuya evolución posterior se examina a lo largo del presente capítulo, se pueden resumir en cuatro aspectos: la reiteración de que el derecho de propiedad está sujeto al interés público a través de los instrumentos previstos en la ley; un sistema de planes que cubría las diversas escalas de la gestión del desarrollo urbano; un sistema de distribución de competencias basado en la "concurrencia" de los tres órdenes de gobierno (federación, estados y municipios) y un régimen especial para las conurbaciones.

A fines de 1976 se creó la Secretaría de Asentamientos Humanos y Obras Públicas (SAHOP), que impulsó la elaboración y aprobación de planes de "desarrollo urbano de centros de población" en más de cien ciudades. Más allá de la polémica que había suscitado la ley, en la práctica se consolidaba un estilo de planeación que combinaba las técnicas tradicionales (estudios socio económicos y territoriales, zonificación, sobre todo), con la retórica de la LGAH. En casi todos los estados se expidió una ley de "desarrollo urbano" (solo en uno de ellos se expidió una con el nombre de asentamientos humanos). Con el tiempo, han sido esas leyes las que han regulado los contenidos de los planes, los procesos para su discusión y aprobación, así como los mecanismos de control del desarrollo urbano.

Lo más importante del desarrollo legislativo posterior a 1976 no fueron las reformas a la LGAH, o las nuevas versiones de la misma, que culminaron con una Ley General de Asentamientos Humanos, Ordenamiento Territorial y Desarrollo Urbano (en adelante LGAHOTDU) en 2016[3], sino la coexistencia de esa ley con regímenes jurídicos de otras materias, que han debilitado al sistema de planeación de los asentamientos humanos. La más importante de ellas es la legislación agraria, que regula la forma de propiedad campesina predominante en el país (el ejido, que se explica más abajo) y que al estar presente en las periferias urbanas condiciona fuertemente los procesos económicos y jurídicos de incorporación del suelo al desarrollo urbano. Por razones que se explican más abajo, el uso (jurídicamente fraudulento, pero socialmente eficaz) de la legislación agraria ha limitado la capacidad de los equipos de planeación para imponer un orden como el que aspira la legislación urbanística.

Por otra parte, en 1983 se expidió una Ley de Planeación[4] que, en principio, regula una materia distinta de la de la LGAH, ya que se refiere a la planeación del desarrollo económico y social, con figuras jurídicas muy distintas de las urbanísticas. A pesar de que, técnicamente, es posible hacer una diferenciación de ambos sistemas por

3 Diario Oficial de la Federación, 28 de noviembre de 2016.

4 Diario Oficial de la Federación, 5 de enero de 1983.

procedimientos y materias, su coexistencia supone una sobrecarga para las autoridades, sobre todo para los municipios que carecen de los recursos necesarios para sostener procesos de planeación.

Finalmente, la legislación ambiental de 1987[5] trajo consigo dos nuevas figuras jurídicas relevantes para la gestión territorial: la primera es la evaluación del impacto ambiental, que centraliza en el gobierno federal la aprobación de más de mil proyectos cada año, con lo que el control del desarrollo ya no queda solamente en manos de las autoridades municipales. La segunda es el ordenamiento ecológico del territorio, que dio lugar a un instrumento de planeación distinto de los planes creados por la LGAH y que se aprueba en forma separada. Eso ha producido una división artificial entre la planeación de lo rural y lo urbano, como si fueran mundos que existieran por separado.

Como ha quedado dicho, en 2016 la LGAH fue sustituida por la Ley General de Asentamientos Humanos, Ordenamiento Territorial y Desarrollo Urbano (LGAHOTDU). El simple título de esta nueva pieza legislativa da una idea de la indecisión conceptual que priva en los procesos legislativos mexicanos en estos tiempos. Ante la dificultad para adoptar una clara definición sobre la materia de la ley, se adoptan tres conceptos diferentes, de manera que parece dirigirse a un objeto que admite varias denominaciones. Más allá del nombre de la ley, el gremio de la planeación parece muy complacido con su advenimiento, sobre todo porque adopta la jerga de la cumbre de Quito, sin reparar en que su contenido normativo no trae consigo cambios fundamentales en el sentido y el alcance de la planeación de las ciudades.

Así por ejemplo, la ley incluye el concepto de "derecho a la ciudad", sin que ello signifique una modificación efectiva de dispositivos jurídicos concretos. Al mismo tiempo, inexplicablemente omite el principio de la distribución equitativa de las cargas y los beneficios del desarrollo urbano (que era parte de la LGAH desde 1976) e incluye entre sus principios al derecho de propiedad. Otros problemas de la nueva ley se señalarán a lo largo de las páginas que siguen.

---

5 Ley General del Equilibrio Ecológico y la Protección al Ambiente. Diario Oficial de la Federación, 8 de enero de 1988.

1.2. Marco constitucional

El marco constitucional del urbanismo en México está conformado por cuatro tipos de disposiciones: las relativas a la propiedad de la tierra, el sistema de facultades concurrentes entre órdenes de gobierno, las atribuciones del municipio y las que establecen ciertos derechos fundamentales. En el breve recuento que se ofrece a continuación se tratará de ilustrar la forma en que se ha transitado de una posición predominantemente estatista a otra que pone el acento en los derechos de las personas.

A principios de 1976 se introdujeron al texto constitucional tres reformas y adiciones, para dar fundamento a la LGAH[6]. La primera de ellas se insertó en el artículo 27, que se refiere a la propiedad. Fue en ese artículo donde el congreso constituyente de 1917 fijó las bases de la reforma agraria y del control estatal sobre los recursos naturales, por lo que se considera uno de los pilares del constitucionalismo social derivado de la Revolución Mexicana[7]. Ahí se establece la denominada "propiedad originaria" de la Nación en los siguientes términos:

> "La propiedad de las tierras y aguas comprendidas dentro de los límites del territorio nacional, corresponde originariamente a la Nación, la cual ha tenido y tiene el derecho de transmitir el dominio de ellas a los particulares, constituyendo la propiedad privada."

Aunque la jurisprudencia ha hecho un uso muy escaso y esporádico de esta doctrina, el corolario de la misma no sería otro que el de conferir a la propiedad privada carácter subordinado respecto de la propiedad originaria de la Nación. Es así como, para los redactores de la Carta (Molina Enríquez, 1922)[8], se justifican el poder expropiatorio y dos atribuciones estatales: la de "regular, en beneficio social, el aprovechamiento de los elementos naturales susceptibles de apropiación", y la de "imponer a la propiedad privada las modalidades que dicte el interés público". No es este el lugar para hacerse cargo

---

6 Publicadas en el Diario Oficial el 6 de enero de 1976.

7 Los otros fueron el artículo 123, que estableció los derechos de los trabajadores, y el tercero, que dispuso la enseñanza laica, pública y gratuita.

8 Sobre el pensamiento de Molina Enríquez, véase también Díaz y Díaz, 2014.

de la extravagancia de esa tesis[9]; baste con decir que tanto la doctrina como la jurisprudencia mexicana han encontrado en esas atribuciones algo equivalente a la de la función social de la propiedad.

En la reforma de 1976 se insertó en el artículo 27 la disposición según la cual

> "...se dictarán las medidas necesarias para ordenar los asentamientos humanos y establecer adecuadas provisiones, usos, reservas y destinos de aguas y bosques, a efecto de ejecutar obras públicas y de planear y regular la fundación, conservación, mejoramiento y crecimiento de los centros de población".

Fue así como el fenómeno de la urbanización se incorporaba al programa del estado post revolucionario, a pesar de que la legitimidad del régimen mostraba ya signos de decaimiento.

La segunda de las reformas de 1976 se refiere al sistema de distribución de competencias. Como parte del centralismo propio del México post revolucionario, durante décadas había prevalecido la interpretación de que solo el gobierno federal, único representante de "la Nación", podía imponer limitaciones a la propiedad privada. Con ello se impedía a los gobiernos locales la aprobación de instrumentos de planeación con efectos vinculantes. La solución fue adoptar un sistema de "facultades concurrentes", mediante una fracción nueva al artículo 73, que otorga al Congreso de la Unión la facultad de

> "...expedir las leyes que establezcan la concurrencia del Gobierno Federal, de los Estados y de los Municipios, en el ámbito de sus respectivas competencias, en materia de asentamientos humanos, con objeto de cumplir con los fines previstos en el párrafo tercero del artículo 27 de esta Constitución".

La tercera reforma afectaba al artículo 115 y se refería a las legislaciones que, en cada estado, establecerían los diferentes componentes del régimen de la planeación urbana a lo largo del país. En ese entonces, se dejó en libertad a cada una de las legislaturas de los estados

---

[9] Esa doctrina parte del reconocimiento de las bulas del papa Alejandro VI de 1493, como fundamento último de los derechos de la nación mexicana sobre su territorio, lo que contrasta con la abierta hostilidad del estado mexicano hacia la iglesia católica. Para un análisis del pensamiento de quien logó imponer esa tesis en el congreso constituyente véase Kourí, 2009, y la bibliografía ahí citada.

para definir la distribución de competencias entre los gobiernos de los estados y los municipios. Sin embargo, unos años después, como parte de una política de descentralización, se introdujo una serie de reformas a dicho artículo[10], que especificaron como propias de los municipios la atribución de aprobar los planes de desarrollo urbano y, en general, la regulación de los usos del suelo. Era una forma muy peculiar de descentralizar en la que el centro (o sea el gobierno federal) no perdía atribuciones, pero sí se reducían las de los gobiernos de los estados en favor de los municipios.

Las reformas hasta aquí descritas correspondían a la voluntad de fortalecer las competencias estatales para la planeación de las ciudades y del territorio en general. La evolución constitucional de los últimos años, en cambio, tiende al fortalecimiento de los derechos de las personas. En particular, conviene mencionar al derecho a la vivienda, al derecho a un ambiente sano y al derecho al agua (la idea del derecho a la ciudad no ha llegado a la CPEUM, aunque sí a la de la Ciudad de México)[11]. De manera más genérica, en 2011 se produjo una reforma que dio un giro radical en materia de derechos. Además de que se fortaleció la remisión al derecho internacional como fuente de derechos, se modificó la definición misma de los derechos fundamentales. Si, en un talante positivista, la carta de 1917 "otorgaba" esos derechos a las personas, ahora simplemente los "reconoce". Es temprano para hacer un balance del impacto del nuevo "lenguaje de los derechos" en la práctica urbanística, pero hay suficientes indicios para afirmar que las condiciones culturales en las que se da la práctica jurídica presentan rasgos, y sobre todo actores, nuevos.

1.3. Principales actores de la legislación

La pregunta sobre los actores que influyen en la conformación del derecho urbanístico se puede abordar de muchas maneras. Una aproximación sociológica bien podría combinar el uso de los conceptos de campo social (en el sentido de Pierre Bourdieu) y de esfera pública (en el sentido de Jurgen Habermas). A pesar del riesgo de

---

10 Diario Oficial de la Federación, 3 de enero de 1983.

11 Constitución Política de la Ciudad de México, Diario Oficial de la Federación, 5 de febrero de 2016.

caer en cierto eclecticismo en el plano teórico, esa estrategia permitiría hacer visible una constelación de actores que participan, desde diferentes posiciones (con sus respectivos intereses) y predisposiciones (con sus respectivas ideas) en un debate público sobre las reglas que deben regir la conformación del espacio urbano. Ante la imposibilidad de ofrecer aquí un recuento completo de esa constelación, se sugiere que sus componentes principales son los siguientes. En primer lugar, puede reconocerse a una profesión, conocida como "la planificación" y conformada por personas con una formación especializada que se ganan la vida elaborando planes de desarrollo urbano y otros instrumentos. En un país con 101 ciudades con más de cien mil habitantes, que alojan en total unos 83 millones de personas (Sedatu, 2018)[12], el mercado laboral está asegurado. Existen unas cuantas organizaciones gremiales, pero su presencia en la esfera pública pasa inadvertida. Acaso su principal fracaso sea el de no haber contagiado a nadie el entusiasmo por un futuro urbano. Y acaso no sea un rasgo exclusivamente mexicano que el urbanismo como utopía parezca cosa del pasado.

Un segundo grupo es el de las organizaciones de vecinos, cuya presencia pública se ha incrementado notablemente desde los años ochenta. Desde entonces han obtenido importantes triunfos en los procesos de planeación y, en la Ciudad de México, han logrado mantener densidades bajas y usos exclusivamente residenciales en las áreas de clase media y alta. Usando los mecanismos jurídicos de participación social, han jugado un papel ambivalente: por un lado, han desplegado estrategias tipo NIMBY que profundizan la segregación socio-espacial[13] y, por el otro, han desplegado un lenguaje de derechos y han denunciado la corrupción asociada a grandes proyectos inmobiliarios, que en los últimos años se convirtió en el hecho público más importante de la agenda urbana.

---

12 La población total del país ronda los 126 millones de habitantes.

13 En la Ciudad de México apareció y se consolidó una modalidad notable de "urbanismo a domicilio": los "programas parciales de desarrollo urbano" que regulan los usos del suelo en barrios específicos. Así, 40 de los 48 programas existentes cubren las zonas más afluentes de la ciudad y establecen los usos solicitados por los vecinos (González Malagón, 2019). Los ocho restantes sí se refieren a barrios populares, pero resultan excepcionales en una ciudad con casi mil quinientos barrios.

El tercer grupo es el de los promotores inmobiliarios, muchos de ellos (aunque ciertamente no todos) efectivamente responsables de abusos urbanísticos unas veces en flagrante violación a las normas y otras veces utilizando los vacíos legales. En el espacio público se habla de ellos como “el cártel inmobiliario”. Su desprestigio ha contagiado a los planificadores, ya que casi siempre es uno de ellos quien “opera” la normatividad para que los proyectos sean aprobados.

El último grupo es el de los servidores públicos responsables de la administración urbana. Como no se ha logrado consolidar lo que llamamos un “servicio profesional de carrera”, hay una circulación constante entre la consultoría privada y el servicio público. Por lo dicho antes, no es extraño que carezcan de credibilidad frente al público. Cada que un funcionario trata de explicar una iniciativa, alguien de la “sociedad civil” le recuerda la historia de su participación en el sector privado.

El tablero que acabamos de describir es sin duda incompleto y ofrece una imagen simplificada de un mundo social que en la realidad es mucho más complejo. Sin embargo, sirve para entender que la normativa urbanística en México vive una profunda crisis de legitimidad. Si, en las sociedades modernas, la esfera pública es el espacio social donde se construye la legitimidad del derecho con argumentos (más o menos) racionales, en el caso de México ha sido imposible construir un consenso en torno a cuál sería el mejor régimen urbanístico. Ese espacio está saturado por la desconfianza, el desprecio e incluso la ira, frente a todo lo que huela a urbanismo.

De hecho, la génesis de la Ley de 2016 no revela un protagonismo notable de organizaciones representantes de alguno de los grupos sociales señalados. El proceso fue resultado de más de una década de discusiones entre diputados y senadores interesados en el tema, que no lograba que el proyecto avanzara ni, sobre todo, que atrajera la atención de la opinión pública. Todo indica que fue la cercanía de la Cumbre de Quito lo que sirvió de estímulo para que el Gobierno Federal finalmente apoyara la iniciativa. El asunto no suscitó el menor interés en los medios de comunicación.

2. CLASIFICACIÓN Y DESTINO DE LOS SUELOS

2.1. Eficacia jurídica de las categorías de suelo

En el orden jurídico mexicano existen varias maneras de clasificar el suelo y no está en duda que todas ellas tienen efectos vinculantes, que consisten sobre todo en restringir el alcance de los derechos de propiedad en lo que se refiere al aprovechamiento del suelo. Sin embargo, la complejidad del conjunto de normas que inciden sobre la clasificación del suelo es tal, que se convierte en un factor que reduce la eficacia del conjunto de esas normas.

En el campo del urbanismo, la forma más importante de clasificación del suelo ha sido la que estableció la Ley General de Asentamientos Humanos (LGAH) en su versión de 1976 y que establece tres "componentes" de los centros urbanos que conforman lo que hoy se conoce como la zonificación primaria. Los "centros de población" se definían como:

> "Las áreas urbanas ocupadas por las instalaciones necesarias para su vida normal; las que se reserven para su expansión futura; [y] las constituidas por los elementos naturales que cumplen una función de preservación de las condiciones ecológicas de dichos centros…"[14]

La importancia de esta clasificación radica en que ha sido el criterio adoptado por prácticamente todos los planes que se han elaborado desde entonces. Sin embargo, conviene hacer notar que, en la versión más reciente de la legislación sobre asentamientos humanos, se dio un intento por modificar esa clasificación, eliminando el tercer elemento, o sea el del suelo no urbanizable por razones ambientales. La Ley General de Asentamientos Humanos, Ordenamiento Territorial y Desarrollo Urbano (LGAHOTDU) de 2016[15], en su artículo tercero, define a los centros de población como "… las áreas constituidas por las zonas urbanizadas y las que se reserven para su expansión". Con ello quedarían excluidas las zonas no urbanizables por razones ambientales o de riesgo.

---

14 Artículo 2, fracción II.

15 D.O.F 28 de noviembre de 2016.

Resulta sorprendente, sin embargo, que en otra disposición de la misma ley se contradice la nueva clasificación, al definir a la zonificación primaria como:

> "...la determinación de las áreas que integran y delimitan un centro de población; comprendiendo las Áreas Urbanizadas y Áreas Urbanizables, incluyendo las reservas de crecimiento, las áreas no urbanizables y las áreas naturales protegidas, así como la red de vialidades primarias"[16].

O sea que, de acuerdo con esta disposición, las áreas no urbanizables siguen formando parte de un centro de población. En los hechos, lo anterior no resulta tan grave, ya que las legislaciones de los estados bien pueden adoptar un sistema u otro y serán ellas las que en definitiva señalen el modo en que los planes clasifican el suelo. Valga la referencia para hacer notar la falta de técnica legislativa que, de manera creciente, está presente en la legislación mexicana.

En todo caso, lo que podemos retener hasta ahora es que el método más importante para clasificar el suelo en el urbanismo mexicano es la definición de los "componentes" de los centros de población. Y, sobre todo, el hecho de que la clasificación de un suelo como "no urbanizable" no ha sido objeto de controversias que hayan desembocado en alguna actividad jurisprudencial. Como se verá más adelante, es verdad que en otros campos la defensa del derecho de propiedad ante el urbanismo ha puesto en jaque a algunas figuras jurídicas, pero ello no ha ocurrido en el caso de la prohibición de urbanizar por razones ambientales.

Un buen ejemplo de lo que ocurre en la realidad sobre este tema es la propia Ciudad de México. El territorio de la capital cuenta con una enorme zona rural que, desde los años ochenta, ha sido clasificada como "suelo de conservación". Esa clasificación no ha impedido la proliferación de asentamientos irregulares (Aguilar, 2008, Wigle, 2014), que son tolerados, pero no oficialmente autorizados y donde los actores principales son los campesinos propietarios de la tierra. El capital inmobiliario del llamado sector formal rara vez incursiona en el suelo de conservación, ya que es muy difícil obtener una licencia

---

16 Fracción XXXIX del artículo tercero.

en esos territorios. En ese contexto, no sorprende que la prohibición de urbanizar no haya sido puesta en duda en los tribunales.

Una segunda forma de clasificación del suelo proviene de la legislación ambiental, que guarda una relación problemática con la urbanística ya que prevé al "ordenamiento ecológico del territorio", como una figura de planeación desvinculada de los instrumentos previstos en la legislación sobre asentamientos humanos.

En 1996 se introdujeron reformas importantes a la principal pieza legislativa del derecho ambiental mexicano, la Ley General del Equilibrio Ecológico y la Protección al Ambiente (en adelante LGEEPA). Como parte de los debates que la reforma suscitó, numerosas organizaciones ambientalistas se opusieron a la formación de un sistema integrado de planeación territorial que disolvería la fragmentación entre planes urbanos y planes ecológicos. Desde entonces, existe una situación que es particularmente grave a nivel local. Para cada municipio se prevé un "programa de ordenamiento ecológico local del territorio" que clasifica y regula el uso del suelo en las áreas rurales. Por otro lado, programas de desarrollo urbano rigen solo al interior de los centros de población[17]. Lo absurdo de esta situación es que da por supuesta la existencia de un límite entre lo urbano y lo rural, cuando uno de los retos de cualquier ejercicio de clasificación del suelo es, precisamente, hacerse cargo de las muchas formas que adquiere esa frontera, que además está en constante movimiento. El asunto ha sido motivo de numerosos análisis (Sánchez Salazar, Bocco y Casado, 2013; Semarnat, 2007) y no han faltado iniciativas para resolverlo. Las más importantes han sido las reformas emprendidas por separado en tres estados (Guanajuato, Jalisco y Quintana Roo), así como en la Ciudad de México, que han adoptado diferentes estrategias para crear un régimen integrado de ordenamiento territorial. En la agenda legislativa del urbanismo este es uno de los temas más relevantes, aunque es difícil predecir si se darán pasos sólidos en esa dirección en el plano nacional.

Existen otras formas de clasificar el suelo, por razones patrimoniales (en zonas arqueológicas e históricas) o ambientales (en áreas naturales protegidas), entre otras. Los problemas jurídicos que esas

---

17 Artículo 20 bis 4 de la LGEEPA.

clasificaciones han suscitado no se refieren tanto a las restricciones a la propiedad que ellas importan, sino a conflictos de competencia. Así, es interesante evocar una controversia constitucional surgida en 2008, entre el municipio de Tulúm, en la costa del Caribe, y la autoridad ambiental federal, en la que la Suprema Corte de Justicia de la Nación resolvió que, en un parque nacional (de competencia federal), el gobierno municipal no puede ejercer sus atribuciones de regulación del uso del suelo, sino que debe respetar los usos establecidos en la declaratoria federal correspondiente[18].

Por otra parte, la legislación en materia de monumentos y zonas arqueológicos, artísticos e históricos es de carácter federal e impone restricciones que resultan cruciales en los centros urbanos tratándose de estructuras del período colonial. Aunque en ocasiones ello desemboca en conflictos con las autoridades municipales, el principal problema radica en la inflexibilidad de unas reglas que dificultan la puesta en valor de construcciones deterioradas en los centros históricos.

2.2. *¿Son indemnizables los cambios de ordenación?*

La modificación de los usos de un predio, que típicamente ocurre a través de un cambio en la zonificación, no es una hipótesis que esté expresamente prevista en la legislación. Tampoco existe jurisprudencia sobre esta cuestión. Entonces parecería lógico sostener que, en México, las autoridades pueden, por ejemplo, reducir la edificabilidad de un predio sin que se genere derecho a una indemnización. Para apoyar esa interpretación se podría incluso recurrir al texto constitucional sobre la preeminencia del interés público sobre el de los propietarios y a la inflamada retórica que de ahí se puede derivar. Sin embargo, para cualquier observador local sería sospechosa una respuesta así, sobre todo porque las respuestas de los tribunales a los conflictos por usos del suelo, se han inclinado a beneficiar a los propietarios privados.

En los primeros años en los que se generalizó la expedición de planes de desarrollo urbano como instrumentos indiscutiblemente

---

18 Controversia Constitucional 72/2008.

vinculantes, es decir a partir de 1976, era poco frecuente que se modificara la zonificación en perjuicio de los propietarios. Fue solo con las subsecuentes revisiones de los planes que comenzaron a aparecer cambios en el uso del suelo que podían tener un impacto significativo en el alcance del derecho de propiedad. Es decir, lo que en la jurisprudencia norteamericana se conoce como "expropiaciones regulatorias".

Es difícil dar una idea de lo que ocurre en la práctica. No solo no existen estudios que reporten de manera sistemática el modo en que los tribunales han resuelto este tipo de conflictos. Ni siquiera se tiene una idea clara de las estrategias de los propietarios. Así, por un lado, hay indicios de que cuando se han promovido juicios de amparo[19] contra cambios de zonificación que reducen las posibilidades de aprovechamiento de los predios (y ha habido casos en los que se ha decretado como "área verde" una zona que previamente tenía autorizado un uso habitacional), los jueces federales han tendido a favorecer a los propietarios, ordenando a las autoridades a aplicar las normas anteriormente vigentes.

Por otro lado, también hay indicios de que muchos promotores inmobiliarios no siempre acuden a la justicia federal y más bien tratan de llegar a un arreglo con las autoridades, habida cuenta de que la discrecionalidad administrativa es tan amplia, que el hecho de tener determinado uso del suelo no garantiza la posibilidad de desarrollar los proyectos deseados. Un caso emblemático, en este sentido, es el del célebre "Bando 2". En 2001, pocos días después de tomar posesión como jefe de gobierno en la Ciudad de México, Andrés Manuel López Obrador dio a conocer su decisión de dar preferencia a proyectos ubicados en las cuatro demarcaciones centrales de la ciudad, con el argumento de que, en las otras 12, no se contaba con la infraestructura hidráulica necesaria para garantizar la viabilidad de los nuevos proyectos.

---

19 El juicio de amparo es, desde mediados del siglo diecinueve, el principal mecanismo de protección de los derechos con que cuentan las personas en México. Se promueve ante el Poder Judicial de la Federación y puede llegar hasta la Suprema Corte de Justicia de la Nación.

Esa decisión ha dado lugar a interminables debates sobre su impacto en la ciudad (Delgadillo, 2007, González, 2008, Zamorano, 2005). Lo que no se pone en duda es que carecía de todo fundamento legal, ya que equivalía a reducir los derechos de aprovechamiento que los planes daban a los predios en gran parte de la ciudad, sin haber llevado a cabo el procedimiento correspondiente a una modificación de la zonificación vigente. Sin embargo, todo indica que no sobrevino una "oleada de amparos", como muchos pensaban, ya que los promotores inmobiliarios prefirieron negociar condiciones favorables en las demarcaciones centrales.

No hay evidencias empíricas suficientemente sólidas para conocer el alcance de las tendencias señaladas. Lo que sí podemos asegurar es que no existe un debate público ni, mucho menos, análisis jurídicos profundos, sobre esta cuestión. Acaso una explicación de esta ausencia es que han sido más frecuentes los casos opuestos, es decir, aquéllos donde los cambios de uso del suelo consisten más bien en incrementos de edificabilidad, que han dado lugar a los conflictos que se mencionaron en la introducción de este capítulo.

2.3. La plusvalía generada por la transformación urbana

A pesar de que la historia de la recuperación de plusvalías en México está por escribirse, es posible señalar algunos hechos relevantes. La Ley de Planificación y Zonificación del Distrito y Territorios Federales de 1933, que como ha quedado dicho fue la primera en establecer un régimen de planeación urbana en México, tenía un fuerte énfasis en el financiamiento de las vialidades mediante el cobro de un "impuesto por acrecentamiento de valor y mejoría específica de la propiedad, producidos con la realización de obras públicas", acaso inspirado en las ideas de Henry George. No existen estudios que indiquen cuántas o cuáles de las avenidas que se trazaron en la ciudad en las décadas siguientes fueron financiadas por la imposición de ese impuesto, pero hay dos indicios que nos hacen pensar que la cuestión no fue enteramente trivial. Por un lado, hay al menos 26 tesis jurisprudenciales a través de las cuales la Suprema Corte o Tribunales de Circuito confirmaron la validez de ese impuesto entre 1940 y 1975, lo que significa que hubo una actividad litigiosa, presumiblemente promovida por los propietarios afectados.

Por otra parte, Carlos Lazo, uno de los más influyentes urbanistas de mediados de siglo, escribía, a fines de los años cuarenta:

> "...se cree, por lo que se hace, que planificar es localizar una calle obturada y estrecha, tener una influencia y realizar una obra aislada o aún inoportuna o innecesaria financiándola con la decantada "Plus valía" a costillas de los vecinos" (Lazo, 1950)[20]

Ante esos indicios, podemos decir que, si el río sonaba, algo de agua debía llevar, aunque falta una investigación historiográfica profunda para tener una idea de las dimensiones del asunto. Lo que sí podemos asegurar es que, para la década de 1980, ese tipo de impuesto se había dejado de cobrar en prácticamente todo el país, dado que desde entonces las principales fuentes de financiamiento de los gobiernos locales han sido las transferencias del gobierno nacional hacia los locales.

Hoy en día, la palabra "plusvalía" se ha convertido en un tabú, debido al rechazo que han generado los intentos recientes por establecer sistemas para la recuperación del incremento de valor producido por las obras de infraestructura o la reclasificación del suelo. Baste con evocar el episodio ocurrido durante los debates de la nueva Constitución Política de la Ciudad de México, que a partir de 2016 dejó de ser el Distrito Federal para convertirse en una "ciudad autónoma" con su propia constitución, aprobada en febrero de 2017. Como parte de la iniciativa, se incluía una serie de disposiciones para recuperar las plusvalías, lo que suscitó una intensa campaña que presentaba a la idea como algo cercano al comunismo. La impericia en el manejo político del tema, junto con la generalizada (y errónea) creencia de que se trataba de un impuesto más, llevó al gobierno de la ciudad a solicitar a la asamblea constituyente que retirase las cláusulas respectivas (Azuela, 2018).

A pesar de lo anterior, es interesante hacer notar que, de manera silenciosa, en varias de las grandes ciudades se han establecido sistemas de venta de derechos de desarrollo, donde los gobiernos

---

[20] En el Fondo Documental Carlos Lazo, que se conserva en el Archivo General de la Nación hay numerosas evidencias de la inconformidad de los propietarios colindantes con vialidades (frecuentemente vecinos de barrios populares) que consideraban injusto el cobro de dicho impuesto.

municipales están obteniendo ingresos importantes. Tales son los casos del municipio de Zapopan en 2019, que es parte de la zona metropolitana de Guadalajara, la segunda ciudad del país, y de Ciudad Juárez, que a fines de 2021 logró modificar su Ley de Ingresos y está vendiendo edificabilidad adicional[21].

2.4. Las cargas urbanísticas

Se ha señalado que existen mecanismos para que los desarrolladores cubran los costos asociados con la transformación contribuyendo en los casos de fraccionamientos[22] con la donación de terrenos para la construcción del equipamiento urbano necesario para el nuevo desarrollo urbano (Gómez del Campo, 2016). A pesar de que dichas donaciones nunca fueron suficientes para satisfacer las necesidades sociales que suscita la formación de nuevos espacios urbanos, en años recientes algunos desarrolladores han empezado a cuestionar esta obligación. La imposición de cargas urbanísticas ha sido uno de los temas que ha generado más controversias en años recientes. Debido a que esto se encuentra regulado a nivel estatal no se puede ofrecer una respuesta definitiva, pero el análisis de la jurisprudencia nos permite identificar que en varias entidades federativas desarrolladores inmobiliarios han cuestionado esta obligación.

Lo sorprendente es que uno de los cuestionamientos más importantes al sistema que permite a los estados imponer cargas a los desarrolladores vino del Gobierno Federal, que en 2006 interpuso una acción de inconstitucionalidad cuestionando varios preceptos del Código Urbano del Estado de Aguascalientes, que establecían la obligación de desarrolladores urbanos de donar un porcentaje de la tierra a desarrollar para proveer de infraestructura y equipamiento básico a los nuevos desarrollos urbanos[23]. En ese caso la Suprema Corte estableció que esa obligación constituía un ingreso fiscal y, en

---

[21] Ley de Ingresos para el ejercicio fiscal 2022 del Municipio de Juárez. Anexo al Periódico Oficial del Estado Libre y Soberano de Chihuahua, 29 de diciembre de 2021.

[22] Sobre el fraccionamiento como figura jurídica, véase la sección 4 más abajo.

[23] Acción de Inconstitucionalidad 35/2006. Suprema Corte de Justicia de la Nación. 15-01-2007

particular, que eran una contraprestación a cambio del otorgamiento de la licencia correspondiente. Siguiendo ese cuestionable criterio, varios tribunales han determinado que las cargas son inconstitucionales porque violan el principio de proporcionalidad de los tributos, ya que su monto es muy superior al costo administrativo que supone el procesamiento de la licencia (Gómez del Campo, 2014).

En general, los tribunales no han establecido de manera definitiva quién debe asumir las cargas urbanísticas, por lo que en diferentes estados la discusión con respecto al alcance de las obligaciones que pueden imponer los estados se mantiene vigente[24].

---

24 OBRAS DE URBANIZACIÓN EN EL ESTADO DE SINALOA. LA OBLIGACIÓN A CARGO DEL FRACCIONADOR DE CONSTRUIRLAS A SU COSTA Y DE ENTREGARLAS AL MUNICIPIO U ORGANISMO DESCENTRALIZADO CORRESPONDIENTE, CONSTITUYE UNA DONACIÓN. Contradicción de tesis 139/2018. Entre las sustentadas por el Tribunal Colegiado del Vigésimo Tercer Circuito, los Tribunales Colegiados Vigésimo, Décimo Octavo y Décimo Primero, todos en Materia Administrativa del Primer Circuito y el Cuarto Tribunal Colegiado de Circuito del Centro Auxiliar de la Quinta Región, con residencia en Los Mochis, Sinaloa. 12 de junio de 2019.
DERECHOS. EL ARTÍCULO 74 DEL REGLAMENTO DE LA LEY DE DESARROLLO URBANO DEL DISTRITO FEDERAL QUE PREVÉ UNA CONTRAPRESTACIÓN DE ESA NATURALEZA, PARA EL OTORGAMIENTO DE LA MANIFESTACIÓN DE TERMINACIÓN DE OBRA Y AUTORIZACIÓN DE OCUPACIÓN DE USO, TRANSGREDE LOS PRINCIPIOS TRIBUTARIOS DE EQUIDAD Y PROPORCIONALIDAD. PLENO EN MATERIA ADMINISTRATIVA DEL PRIMER CIRCUITO. Contradicción de tesis 11/2014. Entre las sustentadas por los Tribunales Colegiados Segundo y Décimo Primero, ambos en Materia Administrativa del Primer Circuito. 24 de noviembre de 2014.
DERECHOS POR LA SUPERVISIÓN DE OBRAS DE URBANIZACIÓN EN FRACCIONAMIENTOS. EL ARTÍCULO 10, FRACCIÓN I, INCISO B), DE LA LEY DE INGRESOS DEL ESTADO DE AGUASCALIENTES PARA EL EJERCICIO FISCAL DEL AÑO 2010, AL ESTABLECER LA CUOTA RELATIVA CON BASE EN EL PRESUPUESTO TOTAL DE AQUÉLLAS, VIOLA LOS PRINCIPIOS DE PROPORCIONALIDAD Y EQUIDAD TRIBUTARIA. PRIMER TRIBUNAL COLEGIADO DEL TRIGÉSIMO CIRCUITO. Amparo en revisión 351/2010. Inmobiliaria Punta Maya, S.A. de C.V. 10 de febrero de 2011.
ASENTAMIENTOS HUMANOS Y DESARROLLO URBANO PARA EL ESTADO DE NAYARIT. EL ARTÍCULO 151, FRACCIÓN XII, PRIMER INCISO A), DE LA LEY RELATIVA, QUE ESTABLECE LA OBLIGACIÓN A CARGO DE LOS FRACCIONADORES DE TERRENOS DE EDIFICAR UN JARDÍN DE NIÑOS DE TRES AULAS POR CADA TRESCIENTAS VIVIENDAS PREVISTAS, NO VIOLA LA GARANTÍA DE SEGURIDAD JURÍDICA. TRIBUNAL COLE-

3. RÉGIMEN DE LA PLANEACIÓN

3.1. Naturaleza jurídica

Como hemos establecido, es muy claro que los planes de desarrollo urbano son normas jurídicas administrativas. La jurisprudencia las ha definido como actos administrativos de carácter general[25]. Son vinculantes en cuanto a su contenido gracias a las atribuciones del estado para "regular el aprovechamiento de los elementos naturales susceptibles de apropiación" y de "imponer modalidades a la propiedad privada", que han quedado señaladas más arriba. La ley claramente establece la obligatoriedad de los planes de desarrollo urbano. Esto es particularmente cierto en relación con la planeación municipal.

La obligatoriedad de los planes municipales se encuentra claramente establecida en el artículo 47 de la Ley General de Asentamientos Humanos, Ordenamiento Territorial y Desarrollo Urbano (LGAHOTDU) para los propietarios del suelo, con una referencia explícita al artículo 27 de la Constitución.

La Suprema Corte ha reafirmado esto en años recientes al aprobar una tesis de jurisprudencia que claramente establece la obligatoriedad de los planes de desarrollo urbano municipal en el otorgamiento de permisos de construcción[26].

GIADO DEL VIGÉSIMO CUARTO CIRCUITO. Amparo en revisión 476/2007. Diseño y Edificaciones de Colima, S.A. de C.V. 4 de junio de 2007.

25 ASENTAMIENTOS HUMANOS. EL PROGRAMA DELEGACIONAL DE DESARROLLO URBANO PARA CUAJIMALPA DE MORELOS, VERSIÓN 1997, NO ES UNA REGLA GENERAL, ABSTRACTA E IMPERSONAL SEMEJANTE A UNA LEY, SINO UN ACTO ADMINISTRATIVO CON EFECTOS GENERALES QUE DEBE CUMPLIR CON LA GARANTÍA DE FUNDAMENTACIÓN Y MOTIVACIÓN. CUARTO TRIBUNAL COLEGIADO EN MATERIA ADMINISTRATIVA DEL PRIMER CIRCUITO. Amparo en revisión 135/2003. Josefina Barroso Chávez. 8 de octubre de 2003. Unanimidad de votos. Ponente: Jean Claude Tron Petit. Secretaria: Alma Margarita Flores Rodríguez.

26 ASENTAMIENTOS HUMANOS Y DESARROLLO URBANO MUNICIPAL. LOS PLANES MUNICIPALES DE DESARROLLO URBANO SON DE OBSERVANCIA OBLIGATORIA AL OTORGAR PERMISOS DE CONSTRUCCIÓN. Amparo directo 20/2015. Uni-Gas, S.A. de C.V. 6 de julio de 2016.

Desde un punto de vista abstracto, la obligatoriedad de los planes es indudable en materia de zonificación, la cual se establece en los planes de desarrollo urbano municipales. La Suprema Corte también ha reconocido su obligatoriedad y la posibilidad de limitar la propiedad. La Suprema Corte ha reconocido la constitucionalidad de las limitaciones a la propiedad impuestas por la zonificación, a partir del concepto de modalidades a la propiedad privada[27].

El principal problema al que se enfrenta el sistema de planeación en México es el paso de la consideración abstracta que establece la obligatoriedad de los planes urbanos a la exigibilidad y cumplimiento. Esto se debe en gran parte a que la mayoría de los municipios en México no tienen la capacidad económica y financiera para emprender acciones legales efectivas frente a las desviaciones del plan.

3.2. Competencias

Siguiendo con el panorama general del derecho urbanístico en México no podemos dejar de analizar los ordenamientos en los cuales se encuentran previstos los principales instrumentos de planeación del territorio. Es por ello que en primer término haremos una breve descripción de los principales contenidos de la LGAHOTDU y de la Ley General de Equilibrio Ecológico y Protección al Ambiente (LGEEPA).

Para entender la LGAHOTDU ese necesario hacer referencia a la manera en la que la Constitución distribuye competencias en materia de asentamientos humanos y desarrollo urbano y las atribuciones que otorga al Congreso de la Unión. Como se indicó en el primer apartado, el artículo 73 de la Constitución atribuye al Congreso la facultad de expedir leyes que establezcan la concurrencia en materia

---

27 DESARROLLO URBANO DEL DISTRITO FEDERAL. LA LEY EXPEDIDA POR LA ASAMBLEA DE REPRESENTANTES DEL DISTRITO FEDERAL NO VIOLA EL ARTÍCULO 27 CONSTITUCIONAL AL IMPONER MODALIDADES A LA PROPIEDAD PRIVADA. Amparo en revisión 1661/98. Fernando Tremari Gálvez. 19 de mayo del año 2000. Unanimidad de cuatro votos. Ausente: Sergio Salvador Aguirre Anguiano. Ponente: Mariano Azuela Güitrón. Secretaria: María Estela Ferrer Mac Gregor Poisot.

de asentamientos humanos y materia ambiental entre los tres órdenes de gobierno.

El resultado es la LGAHOTDU, la cual cumple principalmente con tres funciones. Por un lado, establece la distribución de competencias entre los distintos órdenes de gobierno[28], por el otro establece los distintos instrumentos de planeamiento territorial dentro del país y finalmente establece el procedimiento para la aprobación del Programa Nacional de Desarrollo Urbano y Ordenación Territorial. Contiene también algunas disposiciones con respecto al manejo de zonas metropolitanas, pero al ser disposiciones de carácter voluntario principalmente no son muy eficaces. A continuación, vamos a analizar la distribución de competencias prevista en dicha ley.

3.2.1. Ámbito competencial de la Federación

Las competencias asignadas a la Federación por esta ley son muy limitadas. Como habíamos adelantado, aparte de la facultad del Congreso de la Unión para expedir una ley general, el Gobierno Federal tiene competencias de planeación territorial muy débiles y tienen un carácter fundamentalmente indicativo y no vinculante. Tiene facultades para coordinar, para proponer, para formular recomendaciones, para promover, para asesorar, pero no tiene facultades imperativas sobre la materia. Incluso el Programa Nacional de Ordenamiento Territorial y Desarrollo Urbano se debe tomar como un instrumento que contiene disposiciones de carácter orientativo. Establece lineamientos generales que permiten un amplio margen de discreción en su aplicación por parte de estados y municipios ya que no tiene mecanismos obligatorios en materia de planeación territorial.

3.2.2. Ámbito competencial de los estados

Dentro de las facultades atribuidas a las Entidades Federativas, existen dos que debemos resaltar especialmente. En primer lugar, la facultad de legislar en la materia respetando las facultades con-

---

28 Aunque en este sentido la Constitución otorga directamente a los municipios la facultad de aprobar los programas de desarrollo urbano dentro del municipio, sujetándose a las leyes correspondientes.

currentes distribuidas mediante la LGAHOTDU. Esto quiere decir que los estados tienen la facultad de legislar de manera sustantiva en materia de desarrollo urbano, no solo para coordinar u orientar. De una manera muy sucinta, puede decirse que las leyes de los estados suelen establecer los contenidos de cada uno de los planes, los procedimientos para su discusión y aprobación, los mecanismos mediante los cuales las autoridades de los estados pueden incidir en los procesos de planeación, que son en principio competencia de los municipios, así como disposiciones sobre las acciones urbanísticas y los procedimientos para la expedición de licencias y constancias en materia de urbanismo.

Por otra parte, los estados tienen la facultad de formular y aprobar el Programa Estatal de Ordenamiento Territorial y Desarrollo Urbano. En este punto hay que decir que a través de este instrumento no se pueden imponer modalidades a la propiedad[29] ya que eso constituiría una facultad exclusiva de los municipios de acuerdo con lo establecido en la Constitución, la cual les otorga la facultad de decidir por lo que respecta a su zonificación.

Finalmente, los estados también tienen la facultad para autorizar la fundación de nuevos centros de población lo cual es una competencia muy importante, aunque en la práctica es muy poco utilizada.

3.2.3. Ámbito competencial de los municipios

La LGAHOTDU desarrolla para los municipios las facultades que le otorga directamente la Constitución en su artículo 115. La ley confirma que las principales competencias en materia de desarrollo urbano corresponden a los municipios. Son ellos los que regulan los usos de suelo y por lo tanto los que acaban estableciendo de manera concreta el modelo territorial que será plasmado a través de la planeación.

---

29 Recuérdese que el artículo 27 constitucional utiliza el concepto de "modalidades" para referirse a restricciones generales impuestas a los derechos de los propietarios.

3.3. Tipos de planes territoriales y urbanos y relación/vinculación entre ellos

Como se señaló antes, en el sistema de planeación territorial está una de las mayores debilidades del régimen mexicano, ya que existen dos sistemas para ordenar el territorio, el de la LGAHOTDU y el de la LGEEPA. La primera prevé la existencia de los siguientes instrumentos de planeación:

- Estrategia Nacional de Ordenamiento Territorial;
- Programa Nacional de Ordenamiento Territorial y Desarrollo Urbano;
- Programas estatales de ordenamiento territorial y desarrollo urbano;
- Programas o Planes de desarrollo urbano municipal;
- Planes o programas de centros de población;

Hay que decir que la anterior clasificación no es limitativa toda vez que en el municipio pueden existir otro tipo de planes con distinta denominación que también se refieren al ordenamiento territorial de los asentamientos humanos. Hay que recordar que cada estado cuenta con su propia legislación en materia de ordenamiento territorial por lo que la denominación precisa de los instrumentos o de los tipos de planes puede variar de uno a otro.

La LGEEPA nos interesa en lo que respecta a la regulación del ordenamiento ecológico del territorio. Es por ello que solo analizaremos la distribución de competencias en esta materia. Así, en su artículo 19 BIS, dispone la formulación de cuatro tipos de programas, a saber:

- Ordenamiento General del Territorio;
- Ordenamientos ecológicos regionales del territorio;
- Ordenamientos ecológicos locales del territorio, y
- Ordenamientos marinos.

Es importante señalar que estos programas de ordenamiento ecológico del territorio (en lo sucesivo, POET) no tienen jerarquía entre ellos; sin embargo, los tres están estrechamente relacionados, toda vez que debe haber congruencia y correlación entre sí.

3.4. Relación de los planes territoriales y urbanos con la planificación económica (planes de desarrollo o planes sectoriales —turísticos, de vivienda, etc.—), de infraestructuras y ambiental: ¿cómo se coordinan?, ¿cuál prevalece en caso de conflicto?

La legislación establece de manera indicativa la obligación de establecer mecanismos de coordinación, sin embargo, no se prevé cómo se deben ejecutar estos mecanismos en la práctica y ese continúa siendo uno de los principales problemas a los que se enfrenta el sistema de planificación.

La fuente de incertidumbre jurídica más importante en esta materia es la confusión que ha generado la fragmentación de dos vertientes jurídicas de la planeación territorial. Por un lado, la planeación urbana que se ha institucionalizado a partir de la LGAHOTDU, y por el otro el Ordenamiento Ecológico del Territorio. Como ya hemos señalado esto se ha reconocido y han existido algunas iniciativas, principalmente a nivel estatal que han intentado solucionar este problema integrando de forma efectiva ambos sistemas de planeación.

En relación con el conflicto entre planeación ambiental y planeación urbana, una posible explicación es la rivalidad existente entre el campo urbano y ambiental en México. Se trata de diferentes campos sociales con sus propias instituciones, leyes y lógicas. Algunos actores sociales relevantes del campo ambiental perciben a los procesos de urbanización como algo que por definición afecta negativamente al medio ambiente. Sin embargo, al enfrentar los dilemas ambientales del proceso de urbanización no tiene porqué asumirse necesariamente esa percepción.

De hecho, al abordar el tema de la vinculación entre OET y planeación urbana se pueden adoptar dos posturas distintas, que conducen a resultados normativos también diferentes y que, en la medida en que los instrumentos de planeación sean acatados, afectarán la generación de oferta de suelo para el desarrollo urbano. Una primera postura consiste en aceptar la rivalidad entre el campo ambiental y el urbano, como por desgracia ha ocurrido en el pasado tanto en los procesos legislativos federales como en los de algunos estados. La consecuencia de esta postura, en el terreno normativo, es que los instrumentos de planeación urbana tienen que avanzar “a costa de” los instrumentos de la planeación ambiental. Cada hectárea que se designa como terreno urbanizable es vista como una pérdida para el campo ambiental. En la medida en que esa postura ha predominado en México en los últimos años, se ha producido una fragmentación institucional que no existe en ninguna de las democracias occidentales, en las que los instrumentos que nacieron como propios de la planeación urbana son los que se utilizan como instrumentos para la protección ambiental[30]. Hasta ahora, esta fragmentación solo puede resolverse a nivel estatal ya que, a nivel nacional, no se ha dado una solución clara.

Finalmente, conviene mencionar que, además de los sistemas de planeación que se han descrito, existe un régimen para la planeación del desarrollo concebido de una manera general. El llamado "Sistema nacional de planeación democrática" fue creado por la Ley de Planeación de 1983 que se mencionó al principio y que también prevé su propio sistema de planes (el Plan Nacional de Desarrollo, programas regionales y sectoriales). Naturalmente, tanto esa ley como la LGAHOTDU y la LGEEPA disponen que los instrumentos de planeación de cada una de ellas deben guardar coherencia entre sí; disposición cuya relevancia se ve disminuida por el bajo nivel de cumplimiento de casi todos ellos.

4. INTERVENCIÓN PÚBLICO/PRIVADA EN LA EJECUCIÓN DEL PLANEAMIENTO

4.1. Los ámbitos de urbanización. Las obras y operaciones necesarias

La ejecución del urbanismo ha sufrido mutaciones importantes en el derecho urbanístico mexicano. La tendencia general que se observa ha sido la de un protagonismo cada vez más destacado de la iniciativa privada, concomitante con una retracción de las iniciativas promovidas desde la administración pública.

---

30 Tanto la regulación de los usos del suelo en los Estados Unidos de América como la evaluación del impacto ambiental en la Unión Europea, utilizan los mecanismos jurídico-administrativos tradicionales del derecho urbanístico para fines de protección ambiental.

En el régimen que toma plena forma en 1976 con la primera LGAH, eran dos las formas de ejecución de los planes. Por un lado, estaban los proyectos emprendidos directamente por la administración, como los que desde mediados de siglo se denominaban "obras de planificación", consistentes en la creación o prolongación de vialidades que iban estructurando el espacio urbano conforme las ciudades crecían. Ese catálogo se amplió en 1976 con la idea de "planes parciales", que incluía cualquier proyecto urbano a cargo de la administración, de los cuales muy pocos se llevaron a cabo.

Por otro lado, las acciones urbanísticas emprendidas por la iniciativa privada no eran vistas tanto como una forma de llevar a la práctica los planes, sino como actividades económicas que deberían ser supervisadas por la administración y que tenían, eso sí, que cumplir con las previsiones de los mismos. Las dos figuras jurídicas más relevantes eran la licencia de fraccionamiento y la licencia de construcción.

El fraccionamiento fue la forma más generalizada que adoptó la expansión urbana hasta las últimas décadas del siglo veinte. Solía definirse como "la división de un terreno en dos o más lotes o manzanas que requieran del trazo de una o más vías públicas"[31]. Así, salvo los conjuntos habitacionales promovidos por los sistemas públicos de vivienda, el paisaje urbano mexicano creado por medios legales, consistía en barrios habitacionales (en México llamados "colonias"), donde predomina la vivienda unifamiliar, y se cuenta con al menos un pequeño parque público y algunos equipamientos. En la medida en que las ciudades fueron contando con un plan director (también llamado plan de desarrollo urbano de centros de población), las licencias de fraccionamientos tenían que considerar las previsiones del mismo. A partir de la "recepción" del fraccionamiento, la autoridad municipal se hacía cargo del mantenimiento de la infraestructura y el equipamiento que debían ser construidos por el fraccionador. Esas obras, así como las áreas verdes, han sido las cargas urbanísticas más importantes impuestas a los desarrolladores urbanos.

---

31 Ley de Asentamientos Humanos del Estado de Hidalgo, Periódico Oficial, 17 de septiembre de 2007.

En la actualidad la LGAHOTDU establece en términos generales que la legislación estatal establecerá la obligación de las autoridades municipales cumplan con la normatividad urbanística. La legislación estatal puede crear diferentes mecanismos, pero históricamente, la licencia de construcción ha sido el mecanismo de control administrativo por excelencia de la actividad edilicia. Sin embargo, es difícil considerar a dicha licencia como un medio de ejecución del urbanismo, ya que su referente normativo no está en el plan, sino en un reglamento de construcciones que regula cualquier obra independientemente de su ubicación.

Una vez más, dado que se trata de una república federal, en cada estado las figuras jurídicas han evolucionado a ritmos distintos. Sin embargo, es posible indicar una tendencia general, que es la de crear instrumentos de planeación cuya ejecución corre a cargo de promotores que han asegurado la propiedad de la tierra y que cuentan con la capacidad para emprender "desarrollos" urbanos de una escala equivalente a la de un barrio[32].

Para ello, una figura jurídica que se utiliza con cada vez mayor frecuencia, en las regiones donde los mercados inmobiliarios se han vuelto más sofisticados, es la de los "polígonos de actuación". Las definiciones que ofrecen las leyes de ella suelen ser sumamente pobres, pero se trata casi siempre de otorgar a los promotores la posibilidad de "jugar con" los usos y los coeficientes de ocupación originalmente señalados en el plan para llevar a cabo un proyecto. El manejo opaco de estas figuras ha resultado en escándalos de corrupción y, en el caso de la Ciudad de México, a la expresión "cártel inmobiliario" que ha marcado toda una época en la historia de la gestión urbana. En todo caso, lo interesante es que esas figuras jurídicas constituyen verdaderos ejercicios de planeación, que en otros países de la región se denominarían "planes parciales", y que la ley permite que sean propuestos y llevados a cabo por inversionistas privados.

Lo que sí se ha convertido en una tendencia prácticamente universal es el uso de la figura "conjunto urbano" para reemplazar al fraccionamiento. Así, los nuevos espacios habitacionales ya no gene-

---

32 Entrecomillamos la palabra desarrollo ya que, si bien forma parte de lenguaje coloquial y, sobre todo, comercial, rara vez se incorpora al lenguaje jurídico.

ran nuevas vías públicas. Como se trata de ofrecer seguridad a las familias frente al incremento de la criminalidad, los nuevos barrios suelen ser cerrados. En lugar de calles hay "circulaciones internas" y se utiliza la figura jurídica del condominio para vender los lotes o las viviendas. Es así como, el nuevo paisaje habitacional consiste en una acumulación de conjuntos cerrados y los únicos espacios auténticamente públicos son las vialidades para la circulación en automóvil y, si acaso, en autobús.

4.2. ¿A qué intervención administrativa está sujeta la edificación y su reforma o rehabilitación?

Al mismo tiempo, el carácter de la intervención administrativa ha venido cambiando de sentido. Si, tradicionalmente, la administración revisaba los proyectos y discutía abiertamente las características del proyecto con el promotor, desde los años noventa, en virtud de la llamada mejora regulatoria, se han creado procedimientos en los que la autoridad se limita a entregar una constancia o una certificación del uso del suelo de lo que, de acuerdo con la zonificación prevista en el plan aplicable, puede hacerse dentro de un predio. Aunque es bien sabido que los promotores negocian los proyectos con las autoridades (cosa que no necesariamente implica actos de corrupción), lo que queda en el expediente es una "constancia de zonificación" que describe en forma hipotética lo que de acuerdo con el plan puede construirse en la ubicación correspondiente, y que casualmente coincide con lo que el promotor se propone realizar.

5. DISCIPLINA URBANÍSTICA: CONTROL DEL CUMPLIMIENTO DE LA NORMATIVA

Si se mira solo la legislación, es posible identificar un sistema de control del desarrollo urbano que incluye la posibilidad de imponer sanciones a quienes infringen la normativa urbanística. La clausura y la suspensión de obras son los principales procedimientos al alcance de la administración para atajar el desarrollo de proyectos iniciados sin autorización o en exceso de las condiciones autorizadas[33]. Como en el conjunto del derecho administrativo mexicano del siglo veinte, era frecuente que la legislación urbanística no cuidara los principios del debido proceso y que habilitara a la administración para actuar de manera arbitraria. Por ello, quienes infringían la normativa urbanística y tenían acceso a abogados competentes con frecuencia lograban contrarrestar las medidas de seguridad y las sanciones mediante el juicio de amparo, que constituye el principal mecanismo de defensa jurídica de los gobernados frente a actos de autoridad. Dos refranes de uso frecuente entre los constructores dan una idea del panorama: "a lo hecho, pecho" y "más vale pedir perdón que pedir permiso".

Si miramos más allá de los textos legales, el incumplimiento de la normativa urbanística tiene que verse en el contexto más amplio de la dicotomía entre ciudad legal y ciudad ilegal que ha dominado el imaginario urbanístico de América Latina. Se calcula que al menos sesenta por ciento de la expansión urbana en México consiste en lo que se denomina oficialmente "asentamientos humanos irregulares" —colonias populares, en el lenguaje común. La relación entre el orden jurídico y la también llamada "urbanización informal" es de una complejidad de la que sería imposible dar cuenta aquí (Varley, 1985, Azuela, 1989, Connolly, 1990, Salazar, 2012, Duhau, 2014). Lo que sí puede hacerse es un recuento de las tres formas más recurrentes que ha adoptado el incumplimiento urbanístico, así como de las prácticas jurídicas ha suscitado.

Una primera modalidad de la urbanización irregular es la de los "fraccionamientos clandestinos". Desde la década de 1930 los gobiernos tuvieron que enfrentar la práctica de propietarios de suelo en la periferia urbana que vendían lotes sin autorización y, sobre todo, sin los servicios y el equipamiento previsto por la legislación en materia de fraccionamientos (de Antuñano, 2020). La gestión de los conflictos sociales derivados de esas prácticas fue uno de los grandes temas de los gobiernos locales durante décadas. A principios de los años setenta eran tan frecuentes los escándalos públicos sobre ese tipo de

[33] Las leyes suelen prever también la imposición de multas, pero ellas nunca han tenido importancia en la práctica.

urbanización, que en muchos estados de la república se reformó la legislación penal para incluir una modalidad del delito fraude que era precisamente el que comete el "fraccionador clandestino" —o sea la venta de lotes para vivienda sin la correspondiente licencia de fraccionamiento. Aunque no hay estudios que exploren el efecto de esa política[34], suele decirse que, en el Estado de México, donde se encuentra la mayor parte de la población de la Zona Metropolitana del Valle de México, durante los años ochenta se instauraron muchos procesos penales contra fraccionadores, lo que habría tenido el efecto de reducir (aunque no eliminar) la incidencia de ese tipo de irregularidad urbanística. No obstante, la interrogante sigue abierta en espera de una investigación seria.

La segunda forma de infracción de la normativa es la urbanización de tierras pertenecientes a los ejidos, es decir, a los sujetos jurídicos colectivos beneficiados con la reforma agraria a partir de los años veinte del siglo pasado. Conviene tener presentes dos datos fundamentales: primero, que la llamada propiedad ejidal era, hasta 1992, inalienable, por lo que las ventas eran declaradas inexistentes por la legislación agraria; segundo, que la reforma agraria modificó radicalmente la estructura de propiedad del país: todavía hoy 53 por ciento del territorio nacional es propiedad de unos treinta mil ejidos. Por ello, no debe sorprender que gran parte de las tierras sobre las que han crecido las ciudades sean o hayan sido ejidales. Lo más notable del fenómeno es el valor simbólico de esta modalidad de propiedad. Sus titulares encarnan al campesinado que está en el centro de la ideología de la Revolución Mexicana, lo que impregna a la urbanización de esas tierras de un significado totalmente distinto a que tiene la urbanización irregular de otros países de la región, así como de tierras de propiedad privada en el propio país. Entre otras cosas, cuesta trabajo caracterizar a estos propietarios con la idea de la función social de la propiedad. Más que responsables de sus actos, en el imaginario colectivo ellos son titulares de una "deuda histórica" que pesa sobre la sociedad en su conjunto, lo que crea condiciones para una política permisiva frente a la urbanización de sus tierras.

---

34 Para la Ciudad de México, puede verse Perló, en prensa.

Desde mediados del siglo pasado, la demanda de suelo barato por parte de los pobres urbanos encontró una respuesta en las tierras de los ejidos. Para los ejidatarios (es decir, las personas que conforman el ejido y que suelen gozar de derechos sobre parcelas individuales) la venta de lotes era una opción lógica. Esas ventas estaban prohibidas por la legislación agraria, pero eran toleradas por las autoridades como parte de un régimen político que evitaba la represión de la urbanización popular y al mismo tiempo aseguraba la lealtad política del "sector agrario". Hacían lo mismo que los "fraccionadores clandestinos" pero no eran vistos de la misma manera.

La urbanización de los ejidos se institucionalizó con el funcionamiento de la Comisión para la Regularización de la Tenencia de la Tierra (Corett) que, entre 1973 y 1998, tramitó el cambio de régimen de miles de asentamientos a lo largo del país y entregó títulos de propiedad a más de dos millones de familias (Salazar, 2012)[35]. Aunque este tipo de regularización suscitó acalorados debates en el campo del urbanismo, es probable que su permanencia durante décadas haya contribuido a reducir los conflictos provocados por los fraccionamientos clandestinos de propietarios individuales. En todo caso, el carácter "benigno" de esa política contrasta radicalmente con las políticas de erradicación o de indiferencia frente a la urbanización popular que han prevalecido en muchos otros países de la región (de Antuñano, 2018).

Las reformas de corte neoliberal que se introdujeron al régimen agrario en 1992 eliminaron la inalienabilidad y dieron a los ejidos otras opciones para incorporar sus tierras al desarrollo urbano. Una de ellas fue la de ampliar sus poblados, en principio rurales, mediante la conversión de tierras de uso común en "solares urbanos". Esa atribución se ha utilizado para vender tierras a especuladores en las periferias urbanas, haciéndolos pasar por ejidatarios, lo que representa un monumental fraude a la ley que incluso ha sido reconocido oficialmente (ENOT, 2021:65). La otra es la proliferación de proyec-

35 La regularización consistía en la expropiación de las tierras ocupadas (porque era la única manera de sanear la "inexistencia" de las ventas) y la mediación entre colonos (ocupantes) y ejidatarios, para que los primeros hicieran un pago suficiente para cubrir la indemnización para los segundos, con valores que se ubicaban entre los del suelo urbano y los de la tierra agrícola.

tos de vivienda social en tierras ejidales alejadas de las áreas urbanas y de los equipamientos más indispensables. Esos proyectos representan uno de los grandes fracasos del urbanismo mexicano; pero eso sí, todos dentro de la ley.

Lo dicho hasta aquí debe llevarnos a superar la dicotomía entre las prácticas ilegales de unos individuos y las prácticas gubernamentales para corregirlas. La regularización de la tenencia de la tierra ha sido una práctica jurídica que contribuye a la conformación de un orden urbano de enormes dimensiones (el de la colonia popular, en México) a pesar de que, en el origen, la urbanización se haya iniciado contraviniendo una norma jurídica.

Recientemente, ha adquirido una notoriedad muy importante la inconformidad social por proyectos que son vistos como violatorios de las normas urbanísticas. Se trata de una práctica social muy diferente. No solamente produce espacios urbanos distintos a la colonia popular (son centros comerciales o torres de oficinas), sino que además sus responsables son promotores inmobiliarios que operan en el llamado sector formal de la economía y que, como se indicaba más arriba, conforma el llamado cártel inmobiliario en la Ciudad de México. En muchos casos, efectivamente se trata de proyectos que infringen abiertamente la normativa y cuya existencia solo se puede explicar por la corrupción que ha prevalecido en todos los niveles de la administración. En otros casos, se aprovechan las oportunidades que la propia ley proporciona para llevar a cabo proyectos que son repudiados por los vecinos. En el caso de la Ciudad de México, la Ley de Desarrollo Urbano de 2010[36] incluye una serie de figuras jurídicas (los polígonos de actuación y la transferencia de derechos de desarrollo, entre otros), por medio de las cuales se podían modificar los usos del suelo originalmente establecidos en los instrumentos de planeación, sin necesidad de someterlos a una consulta pública (González Malagón, 2019). Es muy difícil para los vecinos entender que ese es un procedimiento previsto en la ley.

El gobierno de la ciudad ha revisado numerosos proyectos aprobados en el gobierno anterior y reporta haber suspendido casi cincuenta de esos proyectos. Sin embargo, la lucha contra la corrup-

---

[36] Publicada el 15 de julio de ese año en la Gaceta Oficial del Distrito Federal.

ción inmobiliaria no comenzó ahí. Desde hace por lo menos diez años, la Procuraduría Ambiental y del Ordenamiento Territorial, un órgano semi-autónomo encargado de vigilar el cumplimiento de la ley, desplegó estrategias para combatir la corrupción a partir de dos mecanismos jurídicos. Por un lado, emprendió los denominados "juicios de lesividad", que son procedimientos frente al Tribunal de Justicia Administrativa tendientes a dejar sin efectos autorizaciones cuya nulidad podía acreditarse. Por el otro, se utilizó una estrategia sumamente ingeniosa, consistente en el "resguardo de folios", que no es otra cosa que la intervención en el Registro Público de la Propiedad, a efecto de impedir la realización de cualquier contrato de compraventa sobre viviendas u oficinas en edificios construidos en infracción de la normativa urbanística.

Finalmente, vale la pena mencionar que, gracias a la ampliación del concepto de "interés legítimo", los vecinos afectados por obras y actividades realizadas fuera de la ley, cada vez obtienen más triunfos en sede judicial para impedir su edificación y, en algunos casos, incluso ordenar su demolición.

Con el recuento anterior, apenas se da una idea del panorama del (in)cumplimiento de la normativa urbanística. Sirva, al menos, para dejar claro que, detrás de la idea del incumplimiento se esconde un mundo tan heterogéneo, que es preciso renunciar a las simplificaciones que circulan internacionalmente bajo la etiqueta de la "informalidad urbana".

Bibliografía

Aguilar, A. G. (2008) Peri-urbanization, Illegal Settlements and Environmental Impact in Mexico City, *Cities*, Vol. 25: 133-145.

Azuela, A. (1989) *La ciudad, la propiedad privada y el derecho.* México: El Colegio de México.

– (coordinador) (2018) *Ciudad de México: inercias urbanísticas y proceso constitucional.* México: CIDE.

Connolly, P. (1990) Dos décadas de sector informal, en *Sociológica,* año 5 núm. 12, págs. 75-94.

de Antuñano, E. (2020). From the "Horseshoe of Slums" to Colonias Proletarias: The Transformation of Mexico City's "Housing Problem", 1930-1960. *Comparativ,* 30(1/2), 111-127.

Delgadillo-Polanco, V. M. (2008). Repoblamiento y recuperación del centro histórico de la ciudad de México, una acción pública híbrida, 2001-2006. *Economía, sociedad y territorio, 8*(28), 817-845.

Díaz y Díaz, M. (2014) *Ensayos sobre la propiedad.* México: Instituto de Investigaciones Jurídicas, UNAM.

Duahu, E (2014) The Informal City. An Enduring Slum or a Progressive Habitat? en Brodwin Fischer, Bryan McCann y Javier Auyero (editors) (2014) *Cities from Scratch. Poverty and informality in Urban Latin America.* Durham y Londres: Duke University Press.

Escudero, A. (2018). *Una ciudad noble y lógica. Las propuestas de Carlos Contreras Elizondo para la Ciudad de México.* Ciudad de México: UNAM/Universidad de Aguascalientes.

Gómez del Campo Gerardo (2016) El debate sobre las cargas urbanísticas, disposiciones que si importan. En Antonio Azuela (coordinador) *La ciudad y sus reglas. Sobre la huella del derecho en el orden urbano.* México: Instituto de Investigaciones Sociales/ Procuraduría Ambiental y del Ordenamiento del Territorio de la Ciudad de México.

González Malagón, L. (2919) Tres décadas de planes y excepciones. En Antonio Azuela (coordinador) *Ciudad de México: inercias urbanísticas y proceso constitucional.* México: CIDE.

González, S. (2007), Políticas de redensificación y su impacto sobre la estructura urbana, en Sergio Tamayo (Coordinador), *Los desafíos del Bando 2. Evaluación multidimensional de las políticas habitacionales del Distrito Federal 2000-2006.* México: Gobierno del Distrito Federal / Universidad Autónoma de la Ciudad de México / Instituto de Vivienda.

Gorelik, A. (2022). *La ciudad latinoamericana. Una figura de la imaginación social del siglo XX.* Buenos Aires: Siglo Veintiuno Editores.

Kourí, E. (coordinador) (2009) *En busca de Molina Enríquez. Cien años de Los grandes problemas nacionales.* México: El Colegio de México / Centro Katz, The University of Chicago.

Lazo, C (1950) *Programa de gobierno.* México, edición del autor.

Molina Enríquez, A. (1922) Postulados generales de la Constitución de Querétaro, que sirven de base al Artículo 27, en Boletín de la Secretaría de Gobernación. México.

Perló, M. (en prensa). *Uruchurtu, el regente de hierro.* México: Instituto de Investigaciones Sociales, UNAM.

Salazar, C. (coordinadora) (2012) *I-Regular. Suelo y mercado en América Latina.* México: El Colegio de México.

Sánchez Ruiz, G. 2008 *Planeación moderna de ciudades.* Ciudad de México, UAM-Azcapotzalco / Trillas.

Sánchez Salazar, M. T. Gerardo Bocco y Jose María Casado (Coordinadores) (2013) *La política de ordenamiento territorial en México: de la teoría a la práctica.* México, UNAM.

Sedatu. (2018). *Sistema urbano nacional.* México: Secretaría de Desarrollo Agrario, Territorial y Urbano / Secretaría de Gobernación.

Semarnat (2007). *El ordenamiento ecológico del territorio en México. Génesis y perspectivas.* México, Secretaría de Medio Ambiente y Recursos Naturales.

Valenzuela Aguilera, A. (2014.) *Urbanistas y visionarios. La planeación de la Ciudad de México en la primera mitad del siglo XX.* Ciudad de México: Miguel Ángel Porrúa / Universidad Autónoma del Estado de Morelos.

Varley, A. (1985). Urbanization and agrarian law: the case of Mexico City. *Bulletin of Latin American Research, 4*(1), 1-16.

Wigle, J. (2014). The 'Graying'of 'Green'Zones: Spatial Governance and Irregular Settlement in Xochimilco, Mexico City. *International Journal of Urban and Regional Research, 38*(2), 573-589.

Zamorano, L. (2005), *El rechazo ciudadano contra las políticas de redensificación. ¿Qué ha faltado en las políticas del DF?,* 5º Seminario Internacional de Suelo Urbano. Redensificación de la ciudad central a debate. México.

Fuentes

Constitución Política de los Estados Unidos Mexicanos, Diario Oficial de la Federación 5 de febrero de 1917.

ENOT (2021). *Estrategia Nacional de Ordenamiento Territorial.* México: Secretaría de Desarrollo Agrario, Territorial y Urbano. Diario Oficial de la Federación, 9 de abril de 2021.

Ley General de Asentamientos Humanos. Diario Oficial de la Federación, 6 DE MAYO DE 1976.

Ley General de Asentamientos Humanos, Ordenamiento Territorial y
Desarrollo Urbano, Diario Oficial de la Federación 28 de noviembre de 2016.

Ley General del Equilibrio Ecológico y la Protección Al Ambiente, Diario Oficial de la Federación 28 de enero de 1988.

El Derecho territorial y urbano en Uruguay

CARLOS CASTRO CASAS

Doctor en Derecho y Ciencias Sociales - Magister en Ordenamiento Territorial y Desarrollo Urbano. Prof. Agregado de Arquitectura Legal - Universidad de la República - Facultad de Arquitectura. Prof. Titular de Derecho Ambiental y Ordenamiento Territorial - Facultad de Derecho - Universidad CLAEH.

1. CONTEXTO Y MARCO GENERAL

Uruguay cuenta con un territorio de 176.215 km2 considerando solo la superficie terrestre y 318.413 km2 si se incluyen los lagos, islas, aguas jurisdiccionales limítrofes con países vecinos y el área de mar territorial[1].

---

1 https://www.ine.gub.uy/documents/10181/18006/definiciones+para+web.pdf/896410b7-f7c2-40f0-b5c3-4d7b7326f51c (visitado 19/09/2022).

El último censo realizado data de 2011 donde había 3.286.314 habitantes. Las estimaciones de UNFPA[2] para 2022 colocan ese número en unos 3.500.000. Se estima que en 2021 el 96% de su población residía en áreas urbanas[3]. Los resultados preliminares del Censo 2023 indican una tasa de crecimiento en el período 2011-2023 de apenas un 1%, confirmando que no se llegará al crecimiento poblacional que UNFPA pronosticaba para 2022. También ha podido establecerse que, si no fuera por la inmigración recibida en ese lapso, la tasa hubiera resultado negativa.

Cerca del 40% de la población del país habita en su capital Montevideo, que apenas representa el 0,5% del territorio nacional. Si se cuenta su área metropolitana, que abarca cerca del 1,5% del territorio nacional, el porcentaje de población sube al 60%. Según estimaciones, el 65% del PBI nacional se concentra en esa área[4]. El sistema urbano no presenta ciudades intermedias, siendo la población de la ciudad que sigue a Montevideo en número, menor a los 100.000 habitantes.

El Programa de Naciones Unidas para el Desarrollo (PNUD) ubicó al país en el puesto 58 del índice de desarrollo humano 2021[5], distanciándose tres puestos de la posición 55 del año anterior.

Las grandes cuentas nacionales están asociadas a la producción agropecuaria, fundamentalmente la ganadera, lo que constituye su producto fuerte, pero a la vez revela una vulnerabilidad por la escasa diversificación de actividades económicas. En los últimos tiempos la exportación de soja y arroz ha ido adquiriendo importancia, lo mismo que la producción forestal a partir de 1987, impulsada por una ley que la promueve, a lo que se ha sumado, la radicación de dos industrias pasteras de gran porte y una tercera que determinará la reactivación del transporte ferroviario en un importante

---

2 https://www.unfpa.org/es/data/world-population/UY (visitado 4/10/2022).

3 https://datos.bancomundial.org/indicator/SP.URB.TOTL.IN.ZS?locations=UY (visitado 27/10/2022).

4 https://www.caf.com/es/temas/o/observatorio-de-movilidad-urbana/ciudades/montevideo/ (visitado 4/10/2022).

5 Human Development Report 2020/2021 UNDP, 272: https://hdr.undp.org/system/files/documents/global-report-document/hdr2021-22pdf_1.pdf. (visitado 4/10/2022).

tramo de la red[6]. También el turismo, cuya cantidad de visitantes anuales arrojaba antes de la pandemia un número que superaba su población.

En el tema ambiental se ha destacado por su temprana adhesión a los instrumentos internacionales: entre otros, ratificó en 1994 la Convención Marco de Naciones Unidas sobre Cambio Climático, el Protocolo de Kioto en 2000 y el Acuerdo de París en 2016, dando puntual cumplimiento a su Comunicación Nacional e Informe Bienal. También tuvo activa participación en la elaboración del Acuerdo Regional sobre el Acceso a la Información, la Participación Pública y el Acceso a la Justicia en Asuntos Ambientales en América Latina y el Caribe de 2018, el cual aprobó en el año 2019. Sus bosques —la mayoría productivos— capturan un importante volumen de CO2. Bajo su subsuelo se encuentra parte del acuífero Guaraní, que comparte con sus vecinos. En su horizonte se encuentra mejorar su sistema de manejo de residuos, universalizar el sistema de saneamiento adecuado y mejorar su desempeño en relación a la liberación de metano como GEI que genera su ganadería de gran escala. Recientemente ha emitido —con gran éxito de colocación— su primer bono verde, atado al cumplimiento de metas en reducción de gases y el mantenimiento de áreas de bosque nativo. En los últimos 15 años ha venido descarbonizando su matriz energética[7], culminando la primera etapa de su transformación con un 97% de fuente renovable a 2020. Actualmente trabaja en la segunda etapa, la cual incluye ampliar la descarbonización al resto del sector energético, apuntando al desarrollo de una economía del hidrógeno tanto para el mercado local como para la exportación[8].

---

6 El servicio de transporte de pasajeros por ferrocarril fue suprimido en 1987, permaneciendo sólo algunas pocas frecuencias de carga, luego de décadas de ineficiente gestión estatal que determinó una red vial en ruinas y un parque de maquinaria obsoleto.

7 Alguno de los hitos relevantes fueron el Proyecto de Eficiencia Energética - Uruguay (2005-2011) por contrato entre el MIEM y el Banco Mundial - Fondo para el Medio Ambiente Mundial (GEF), Política Energética 2005 - 2030, acuerdos multipartidarios en 2010, Lineamientos de Estrategia Energética 2006, leyes en 2009 sobre Promoción de la Energía Solar Térmica y Uso Eficiente de la Energía.

8 https://www.gub.uy/ministerio-industria-energia-mineria/comunicacion/noticias/hoja-ruta-hidrogeno-verde-uruguay (visitado 25/10/2022).

En el ámbito regional, forma parte del vacilante Mercosur, originado en el Tratado de Asunción de 1991, cuyo horizonte ha sido una unión del estilo europeo, pero que hasta ahora ha avanzado con tropiezos y muy lentamente. Después de la crisis económica que tuvo su epicentro en 2002, Uruguay desancló en gran medida su dependencia de la región (sobre todo de Argentina) y en los años siguientes fue generando importantes vínculos extra regionales[9]. Necesitado de destinos seguros para sus exportaciones, actualmente se encuentra entre un demorado TLC Mercosur-UE y su proyecto en solitario de un impredecible TLC con China, cuyo avance le genera rispideces con sus vecinos del Mercosur.

1.1. Breve historia de la legislación territorial y urbana del país

Lo que hoy es el territorio de Uruguay, no despertó el interés de los primeros colonizadores llegados al Río de la Plata a principios del siglo XVI, considerándosele "tierra sin ningún provecho" (Caetano y Rilla, 2005:19). Recién en 1624 se funda Santo Domingo de Soriano como reducción indígena al margen del Río Negro cerca de su desembocadura en el Río Uruguay[10]. Posteriormente en 1680, Manuel Lobo funda Colonia del Sacramento como avanzada portuguesa en la costa del Río de La Plata, frente a Buenos Aires. Pasarán más de 40 años para la fundación de San Felipe y Santiago de Montevideo, entre 1723 y 1730, como ciudad fortificada con finalidad defensiva y no como ciudad puerto a pesar de su privilegiada situación para ello.

---

9 Según la agencia oficial Uruguay XXI, China fue nuevamente el principal socio comercial de Uruguay en 2021, representando el 28% de las exportaciones de bienes. En segundo lugar se ubicó Brasil (16%), seguido por la Unión Europea (14%), Argentina (5%), Estados Unidos (5%), y Egipto (4%). Entre los productos exportados se destacan en cuanto a volúmenes y precios: carne bovina, energía eléctrica, celulosa, madera, subproductos cárnicos, soja y concentrados de bebidas.

10 Los grupos indígenas que habitaban el territorio a la llegada del colonizador europeo eran tribus nómades, cazadoras y recolectoras. Luego de sobrevivir durante la época colonial y según la versión que se tome, fueron invisibilizados por una paulatina integración social o a partir de una masacre planificada y gestada desde 1831 con características de genocidio; se trata de un tema no resuelto aún en la sociedad uruguaya.

El ingreso de ganado vacuno a estas tierras por Hernandarias, que se produjo entre los años 1611 y 1617 (Caetano y Rilla, 2005:20), con una rápida reproducción gracias a la bondad de sus pasturas naturales, originó con el pasaje de los años un producto clave que reunió las características de lo que Douglas North (1955) denomina base común de exportación, con una "cohesión aglutinante" en torno a la producción ganadera, lo que luego tendría incidencia en la formación de sus sistemas y subsistemas de ciudades, en la vialidad, el tendido del riel del ferrocarril, etc. etc.

En 1830 Uruguay aprueba su primera Constitución como nación soberana luego de su declaratoria de independencia del Reino de España en 1825. Su texto dispuso que las normas vigentes hasta ese momento siguieran rigiendo, en la medida que no contradijeran la propia Constitución[11], lo que incluyó las previsiones territoriales y urbanas de las Leyes de Indias. Este cuerpo normativo, formado por el conjunto de disposiciones que la Corona española fue dictando desde el descubrimiento del nuevo mundo para gobernar sus territorios de ultramar, rigió entonces no solo durante el período colonial sino también durante varias décadas de país independiente.

Es que a los pocos años de obtenida la independencia y aprobada su primera Constitución en 1830, los orientales se enfrascaron en una guerra civil (a la que se llamó Guerra Grande) que paralizó el incipiente país entre 1839 y 1851. Durante ese período Montevideo permaneció sitiada, con dos gobiernos paralelos que disputaban legitimidad, uno intramuros y el otro a escasos kilómetros en el campamento sitiador del Cerrito. Después de terminada esa guerra, y a pesar de otros diversos episodios beligerantes internos, el país se encaminó promediando la segunda mitad del S XIX a generar una serie de grandes infraestructuras, como la red de alcantarillado de Montevideo, la de suministro de agua potable por cañería y el tendido del riel para el ferrocarril; todo ello impulsado por recursos originados en una pujante sociedad agropecuaria, la inmigración y la apetencia de las empresas inglesas.

---

[11] Artículo 148. Se declaran en su fuerza y vigor las leyes que hasta aquí han regido en todas las materias y puntos que directa o indirectamente no se opongan a esta Constitución, ni a los Decretos y Leyes que expida el Cuerpo Legislativo.

Las Leyes de Indias sobre fundación de centros poblados rigieron hasta 1877 en que se aprobó el Reglamento para el trazado de pueblos y colonias (Álvarez Lenzi, 1971:26), complementado luego desde 1879 con la vigencia del Reglamento de Construcciones elaborado por la Dirección General de Obras Públicas (IHA, 1976:17). En cuanto a su aplicación práctica, dichos hitos normativos han sido relativizados, en tanto "la fundación legal muchas veces se produce muchos años después de la fundación real, y a veces ni siquiera se produce nunca" (Álvarez Lenzi, 1971:46).

Por ese entonces se fueron aprobando las codificaciones legislativas por materia, siguiendo la tendencia de los nuevos estados sudamericanos: el Código de Comercio (1865), el Código Rural (1875) —promotor y facilitador del alambrado perimetral de los campos— y el Código Civil (1868), en particular este último con un concepto de propiedad muy influenciado por el Código Napoleón de 1804 y sus ideas liberales llevadas al campo del derecho.

> "El amparo de la propiedad privada —y éste, por ser un desarrollo burgués el que se tenía en vista, lo exigía— sólo podía lograrse a través del Estado moderno, forma política que el Uruguay conocía en su superestructura jurídica pero no en sus realidades políticas y sociales. Seguridad y orden, pero también fomento de la construcción de caminos, puentes y ferrocarriles, incluso universalización de la educación, por lo menos primaria, todo ello constituía una base mínima de la cual partir para transformar el país primitivo del estanciero caudillo en el país moderno del estanciero empresario. la modernización de la sociedad y economía estaba supeditada a la modernización del Estado" (Barrán, 1968:25)

En 1885 se eleva al rango de ley nacional la exigencia de tramitar un permiso para construir en los centros poblados[12].

El comienzo del siglo XX encuentra un país con agenda de derechos vanguardista impulsada por las ideas de José Batlle y Ordóñez. En el año 1912 se aprueba la ley de expropiaciones[13], vigente al día de hoy luego de algunas actualizaciones. Dicho cuerpo legal reglamenta la disposición constitucional que garantiza una previa y justa compensación y la declaración por ley de una necesidad o utili-

---

12 Ley No. 1816 de 8/07/1885.

13 Ley No. 3.958 de 28/03/1912.

dad pública. En esa década se nacionaliza el paquete accionario y se amplía la carta orgánica del Banco Hipotecario del Uruguay, privilegiando la oferta de crédito para vivienda obrera (Aristondo, 2005).

La Ley de Vivienda Social[14], más conocida como Ley Serrato por su impulsor, adopta en 1921 un abordaje propio de un emergente estado de bienestar social (Magri, 2015).

La ley de enajenación de inmuebles a plazos de 1931 dota de un relevante estatuto protector al adquirente de las parcelas para construir vivienda, que por esos años se ofertaban en abundancia producto de la multiplicación de los fraccionamientos de tierra.

Paralelamente, las leyes de arrendamiento tuvieron desde esa década una impronta protectora del inquilino y reguladora del mercado de alquileres, tendencia que se mantuvo hasta 1974 donde se libera parte del sector.

En 1946 la Ley de Centros Poblados[15] busca imponer cierto rigor técnico-urbanístico en la subdivisión de suelos tendiente a la formación de centros poblados, sin mucho éxito en cuanto su aplicación (sólo el Departamento de Montevideo desarrolló normativa interna para su aplicación). Esta ley significó un cambio de mirada en relación a la operativa sobre el suelo con vistas a su fraccionamiento para habitar. Se reconoce que su vigencia no ha impedido la aprobación de subdivisiones de tierras que dieron origen a diversos centros poblados, generados sin cumplir sus presupuestos y al margen de las tramitaciones. El mismo año la Ley de Propiedad Horizontal[16] habilita diferentes unidades de dominio en el mismo padrón, sea en la misma planta o en elevación, generando una nueva dinámica en la industria de la construcción destinada a vivienda.

En el año 1968 se aprueba la Ley Nacional de Vivienda[17], la cual declara de interés general el establecimiento de una política planificada de vivienda y expresa que toda familia, cualesquiera sean sus recursos económicos, debe poder acceder a una vivienda adecuada que cumpla el nivel mínimo habitacional definido en la ley; también,

---

14 Ley No. 7.395 de 13/07/1921.

15 Ley Nº 10.723 de 21/04/1946.

16 Ley Nº 10.751 de 25/06/1946.

17 Ley Nº 13.728 de 17/12/1968.

que es función del Estado crear las condiciones que permitan el cumplimiento efectivo de ese derecho. Crea un fondo de vivienda, otorga los cometidos institucionales a la promoción de la vivienda, define categorías y estándares para la vivienda de interés social y proporciona un marco regulador a las cooperativas de vivienda como herramienta de producción y gestión. A partir de la misma, se da un importante impulso a la organización de cooperativas que tendrán una gravitación definitiva en la producción de viviendas de interés social hasta el día de hoy.

En 1971 se aprueba la Ley de creación de la Comisión del Patrimonio Histórico, Artístico y Cultural de la Nación, dando lugar a la figura de protección “monumento histórico”[18].

Por ese entonces, Álvarez Lenzi (1971, 26), sostenía que las únicas normas que habían asumido directamente los aspectos urbanísticos en la historia del Uruguay, habían sido las Leyes de Indias, el Reglamento de 1877 y la Ley de Centros Poblados de 1946.

En el año 1974 durante el período dictatorial (1973-1985) se aprobó la Ley de arrendamientos[19] que liberaliza el mercado de alquileres para inmuebles con permiso de construcción posterior a 1968, acelerando el fenómeno de la expulsión hacia las periferias de las ciudades. También en ese período se aprobó el Código de Aguas[20] y la llamada ley de suelos y aguas superficiales destinados a usos agropecuarios[21].

Finalizada la dictadura y reinstaladas las instituciones democráticas representativas, los temas ambientales y territoriales fueron pasando a formar parte de la agenda política y de gestión de gobierno en sus distintas escalas.

En el año 1987 se aprueba la Ley Forestal, como marco regulador de la explotación maderera, implantando un sistema de zonas de prioridad forestal donde los productores se ve beneficiados por

---

18 Ley Nº 14.040 de 20/10/1971.

19 Decreto Ley Nº 14.219 de 4/07/1974.

20 Decreto Ley Nº 14.859 de 15/12/1978.

21 Decreto Ley Nº 15.239 de 23/12/1981.

importantes franquicias tributarias, adoptando asimismo normas de protección del bosque nativo[22].

Es en 1990 durante el Gobierno del Partido Nacional cuando el término ordenamiento territorial adquiere carta de ciudadanía en la institucionalidad uruguaya, con la creación del Ministerio de Vivienda, Ordenamiento Territorial y Medio Ambiente (MVOTMA)[23].

También ese año el Frente Amplio asume la Intendencia de Montevideo; desde allí impulsa un plan de descentralización departamental, para llevar las unidades de gestión municipales a los barrios, inaugurando los centros comunales zonales (CCZ).

En 1994 se aprueba la Ley de Evaluación de Impacto Ambiental[24].

El Gobierno Departamental de Colonia aprueba su Decreto de Ordenamiento Territorial en 1997[25], como forma de anticiparse a la situación que generaría el anunciado puente que le uniría con Buenos Aires.

Ese mismo año 1997, empieza a regir una reforma constitucional votada el año anterior, por la cual se declara de interés general la protección del medio ambiente. El texto votado dispone a su vez que el Estado impulsará políticas de descentralización de modo de promover el desarrollo regional y el bienestar general, que en el presupuesto del Poder Ejecutivo debe preverse el porcentaje que sobre el monto total de recursos corresponderá a los Gobiernos Departamentales. También institucionaliza el Congreso de Intendentes, actualiza disposiciones sobre autoridades locales y mandata a la ley para definir materia departamental y materia municipal y crea una Comisión Sectorial integrada por delegados del Congreso de Intendentes y de los Ministerios competentes, con el objetivo de proponer planes de descentralización.

En 1998 el Gobierno Departamental de Montevideo aprueba el Plan de Ordenamiento Territorial (POT-Montevideo)[26], con alcance

---

22 Ley Nº 15.939 de 28/12/1987.

23 Ley Nº 16.112 de 30/05/1990.

24 Ley Nº 16.466 de 19/01/1994 y su Reglamento Decreto Nº 349/005 de 21/09/2005.

25 Decreto Junta Departamental de Colonia de 07/11/1997.

26 Decreto Junta Departamental de Montevideo Nº 28.242 de 16/09/1998.

departamental, pero con una gran incidencia que desbordó su ámbito de acción, en el sentido de constituir una pieza jurídico-territorial de trascendencia, que daba cuenta en el país de una forma novedosa de tratar el territorio, desde la planificación y la participación ciudadana.

En el 2000 se crea el Sistema Nacional de Áreas Protegidas (SNAP)[27] y se aprueba la Ley General de Protección del Ambiente[28].

En el año 2004 se da una nueva reforma de la Constitución, a través de la cual se declara el acceso al agua potable y el acceso al saneamiento como derechos humanos fundamentales, disponiendo que la política nacional de agua y saneamiento deberá estar basada, entre otros aspectos, en "el ordenamiento del territorio", lo que ha sido considerado como un reconocimiento constitucional a la disciplina territorial.

Finalmente, en el año 2008 se da aprobación a la Ley de Ordenamiento Territorial y Desarrollo Sostenible (LOTDS) como Ley Nº 18.308 de 18/06/2008, seguida de varias leyes que complementaron o ajustaron aspectos puntuales de su texto en los años siguientes[29]. En el año posterior al de su aprobación se emiten tres decretos reglamentarios tendientes a facilitar su aplicación[30].

En el año 2009 se legisla sobre una serie de tópicos con marcada incidencia territorial: se aprueba la regulación del uso y manejo adecuado de los suelos y de las aguas a los titulares de explotaciones agropecuarias[31], se declara de interés nacional la investigación, el desarrollo y la formación en el uso de la energía solar térmica[32], se

---

27 Ley Nº 17.234 de 22/02/2000 y Decreto reglamentario Nº 52/005 de 16/02/2005.

28 Ley Nº 17.283 de 28/11/2000.

29 Leyes Nos. 18.367 de 10/10/2008, 18.719 de 27/12/2010 (arts. 610), 18.834 de 4/11/2012 (arts. 224, 225), 18.996 de 7/11/2012 (arts. 234, 235), 19.044 de 28/12/2013, 19.149 de 24/10/2013 (arts. 279, 280, 282 a 284, 286 a 288, 290, 291), y 19.355 de 19/12/2015.

30 Decretos Nos. 221/009 de 11/05/2009, 400/009 de 26/08/2009 y 523/009 de 16/11/2009.

31 Ley Nº 18.564 de 11/09/2009.

32 Ley Nº 18.585 de 18/09/2009 y Decreto reglamentario Nº 451/011 de 19/12/2011.

regula el uso eficiente de la energía[33] y se aprueba la Ley de Política Nacional de Aguas[34].

En materia de saneamiento, en el año 2011 se declara de interés general y obligatoria la conexión a las redes públicas existentes en el país o que se construyan en el futuro[35].

En 2013 se regula la minería de gran porte[36] y se crea el Observatorio Ambiental Nacional (OAN) en el ámbito de la Dirección Nacional de Medio Ambiente[37].

En el año 2014 se aprueba la ley sobre descentralización y participación ciudadana[38].

En 2017 se aprueban las Directrices Nacionales de Ordenamiento Territorial y Desarrollo Sostenible[39] y ese mismo año la ley de riego con destino agrario[40]. También el Poder Ejecutivo emite un decreto[41] por el cual da aprobación al Plan Nacional de Aguas.

En 2018 se presenta y aprueba la Estrategia Nacional de Acceso al Suelo Urbano (ENASU)[42], en una experiencia impulsada y liderada por la Dirección Nacional de Ordenamiento Territorial (DINOT) y la Dirección Nacional de Vivienda, tendiente a optimizar el acceso al suelo necesario para la ejecución de las políticas de vivienda y hábitat. Desarrolladas con una amplia participación de representantes de agencias estatales nacionales y departamentales vinculadas a las temáticas territoriales y la academia, centraron su trabajo en base a tres ejes programáticos: 1. Optimización y sustentabilidad en el uso del suelo urbano; 2. Adquisición pública de suelo urbano y 3. Gestión del suelo urbano público. A partir de ello, se definieron componen-

---

33 Ley Nº 18.597 de 21/09/2009.

34 Ley Nº 18.610 de 2/10/2009.

35 Ley Nº 18.840 de 23/11/2011.

36 Ley Nº 19.126 de 11/09/2013.

37 Ley Nº 19.147 de 18/10/2013.

38 Ley Nº 19.272 de 18/09/2014.

39 Ley Nº 19.525 de 18/08/2017.

40 Ley Nº 19.553 de 27/10/2017.

41 Decreto Nº 205/017 de 31/07/2017.

42 Decreto Nº 421/018 de 17/12/2018.

tes de cada uno y se establecieron diecinueve líneas de trabajo para ser desarrolladas.

En 2019, se aprueba una regulación de ordenamiento territorial y desarrollo Sostenible del Espacio Costero del Océano Atlántico y del Rio de la Plata[43], conocida como "directrices costeras". A las pocas semanas, se da aprobación al Plan Nacional Ambiental para el Desarrollo Sostenible, señalándolo como una reglamentación de la Ley de Protección del Medio Ambiente[44].

Ese mismo año se declara de interés nacional la promoción y desarrollo de parques industriales y parques científico— tecnológicos[45].

A principios de 2020, se aprueba el Plan Nacional de Saneamiento[46] y en el mismo mes a las pocas semanas el decreto reglamentario de las Directrices Nacionales de Ordenamiento Territorial y Desarrollo Sostenible[47], lo que representó las últimas actuaciones del gobierno saliente.

Ya en el período actual de gobierno nacional comenzado en marzo de 2020, a través de una ley de urgente consideración[48], se creó el Ministerio de Ambiente (MA) como resultado de la escisión del MVOTMA creado en 1990, manteniendo la competencia de ordenamiento territorial en el anterior que pasa a llamarse de "Ministerio de Vivienda y Ordenamiento Territorial" (MVOT). A su vez, a través de la ley de presupuesto del actual período 2020-2024[49] se establecen una serie de situaciones donde se habilita el cambio de categoría de suelo sin seguir los procedimientos garantistas establecidos en la LOTDS, lo que ha despertado inquietud en ciertos ámbitos técnicos relacionados con el ordenamiento del territorio.

En el mes de diciembre de 2022, fue dado a conocer un proyecto de ley presentado por el Gobierno en ejercicio que propone cambios

---

43 Ley Nº 19.772 de 17/07/2019.

44 Decreto Nº 222/019 de 05/08/2019.

45 Ley Nº 19.784 de 23/08/2019.

46 Decreto Nº 14/020 de 13/01/2020.

47 Decreto Nº 30/020 de 27/01/2020.

48 Ley Nº 19.889 de 9/07/2020 arts. 291 y ss.

49 Ley Nº 19.924 de 18/12/2020 arts. 451 y ss.

en la LOTDS. Se trata de una propuesta originada en la DINOT del MVOT.

A grandes rasgos, las principales modificaciones planteadas según la presentación que se hace de ellas en la exposición de motivos, se relacionan con el proceso de elaboración de los instrumentos, aspectos generales o vinculados al ordenamiento territorial nacional, aspectos vinculados al ordenamiento territorial departamental, depuración de la normativa de ordenamiento territorial y una actualización de aspectos terminológicos.

La técnica legislativa propuesta implica derogar la LOTDS aprobada en 2008 y sustituirla por una nueva ley, cuyo nombre tiene un pequeño pero significativo cambio.

A su vez integra a su texto las disposiciones de la ley de Centros Poblados de 1946, la cual también se deroga, se flexibiliza el proceso de cambio de categoría de suelo, admitiéndolo en sectores que no cuenten con APT a través de un PAI y en los sectores que cuenten con APT se eliminan tramitaciones, todo ello con el propósito de agilizar sus procesos. Se jerarquiza el rol facilitador de la DINOT en la coordinación e intercambio, interinstitucional, en los procesos de elaboración de los IOTs. En otro orden, se limita la cesión al dominio público de la franja de 150m a partir de la línea superior de la ribera, a los casos en que haya urbanización o fraccionamiento con fines urbanísticos.

En forma previa se efectuó una ronda de consultas a un amplio espectro de actores públicos y privados relevantes, que dieron su opinión sobre la propuesta del Gobierno. Si bien existen consensos sobre la necesidad de actualizar parte de sus contenidos, se plantearon dudas sobre algunas de las modificaciones propuestas, las cuales tendrán su expresión en la discusión parlamentaria que se avecina a su respecto. Cuando este trabajo se encontraba en etapa de finalización, el Gobierno optó por incluir en su "Proyecto de Rendición de Cuentas y Balance de Ejecución Presupuestal Ejercicio 2022", un paquete de reformas a la LOTDS extraído del proyecto de ley dado a conocer en diciembre de 2022. Se incluyeron allí varios de los contenidos del proyecto, aunque parte de ellos fueron quedando descartados a medida que avanzaba su tratamiento parlamentario en las comisiones de las cámaras legislativas; en la oposición y en los ámbitos técnicos —al margen de la conveniencia de alguno de los cambios propuestos— primaba la idea de que una comisión parlamentaria que opera con plazos perentorios para aprobar normas sobre cuentas presupuestales, no era el ámbito apropiado para el tratamiento y discusión de temáticas de la complejidad de una ley territorial.

No obstante, el proyecto de rendición de cuentas finalmente aprobado como Ley No. 20.212 de 7/11/2023 (publicado en el Diario Oficial el 17/11/2023) incluyó una parte de las propuestas de modificación a la LOTDS, las cuales se mencionan en las páginas siguientes al relevar las temáticas que las implican en este trabajo. Importa señalar que las disposiciones de la ley empezarán a regir a partir del 1/01/2024.

1.2. Marco constitucional

Luego de la primera Constitución aprobada en 1830, se sucedieron reformas en los años 1918, 1934, 1942, 1952, y 1967 que es la que rige actualmente, aunque con breves —pero importantes— reformas sobre todo en 1997 y 2004.

La República Oriental del Uruguay, cuya toponimia hace referencia a su situación geográfica al este del Río Uruguay, es de acuerdo con el art. 1 de la Constitución "la asociación política de todos los habitantes comprendidos dentro de su territorio". La soberanía radica en la nación, a la que compete darse sus leyes (art. 2).

La Nación adopta la forma de gobierno democrática republicana (art. 82) con separación de los poderes que ejercen las funciones estatales (ejecutiva, legislativa y judicial).

El Poder Ejecutivo lo ejerce un Presidente y su gabinete de Ministros, el Poder Legislativo la Asamblea General (reunión de Cámaras de Senadores y Representantes), el Poder Judicial en cuyo vértice se encuentra la Suprema Corte de Justicia ejerce la función jurisdiccional a través de una red de juzgados y tribunales de distinto grado, jerarquía y materia esparcida por todo el territorio.

El Gobierno y la Administración de cada uno de los 19 Departamentos en que se divide el territorio son ejercidos por una Junta Departamental y un Intendente (nivel sub-nacional). También podrá haber autoridades locales en toda población que reúna las condiciones que fije la ley (art. 262). La ley aprobada a ese respecto, es la N° 19.272 del 18 de setiembre de 2014, denominada "Ley de descentralización y participación ciudadana", la cual dispuso en su art. 1 la existencia de una autoridad local que se denominará Municipio, en toda población de más de dos mil habitantes, configurando un tercer nivel de gobierno y de administración. Su circunscripción territorial deberá conformar una unidad, con personalidad social y cultural, con intereses comunes que justifiquen la existencia de estructuras políticas representativas y que faciliten la participación ciudadana. Hay situaciones donde a pesar de no llegarse a esa población, la Junta Departamental a iniciativa del Intendente respectivo o de un 15% de residentes inscriptos, puede crear un Municipio. En el marco de dichas competencias, la Junta Departamental —a propuesta del Intendente— define en su departamento la nómina de las localidades que cumplan con las condiciones establecidas para la creación de Municipios, su denominación y sus respectivos límites territoriales. Existen previsiones a su vez para el reconocimiento de las Juntas Locales que venían actuando como autoridades locales hasta ese momento y también la ley proporciona una definición de la materia departamental y la materia municipal. Los Municipios estarán integrados por cinco miembros (un alcalde que lo preside y cinco concejales) y sus cargos serán de carácter electivo.

Según el art. 85 numeral 9, compete a la Asamblea General crear nuevos departamentos con mayoría de 2/3 de los componentes de cada Cámara.

En resumen a partir de dicha composición orgánica y funcional, Uruguay puede caracterizarse como un país centralizado con un Poder Ejecutivo que ejerce las competencias que le son propias en todo el territorio, emitiendo como actos jurídicos típicos los decretos y resoluciones; hay una función legislativa nacional ejercida por la Asamblea General, que se expresa a través de leyes y un Poder Judicial a cargo de la Suprema Corte de Justicia y tribunales.

Y en el nivel sub-nacional, el territorio se compone de 19 departamentos, a cargo de cada uno de los cuales se encuentra un gobierno departamental, ejercido por la Junta Departamental (legislativo que emite decretos departamentales), el Intendente (ejecutivo) y los municipios como autoridades locales que conforman un tercer nivel de gobierno.

En relación con la función social de la propiedad, la Constitución no la establece a texto expreso, pero habilita que el derecho de propiedad sea limitado a través de leyes de interés general (art. 7)[50]. En base a ello, la historia de la legislación uruguaya presenta diversas manifestaciones donde el interés colectivo expresado en ese interés general ha primado sobre el individual, generando a lo largo del siglo pasado y lo que va del presente, un estatuto legal de la propiedad que trasciende el interés individual del titular, con atención en los intereses colectivos de la sociedad. Para Correa Freitas (1997:38) esta disposición del art. 7 consagra los derechos secundarios a la protección en el goce, dado que los derechos primarios como son el derecho a la vida, al honor, a la libertad, a la seguridad, al trabajo y a la propiedad, son preexistentes y anteriores a la Constitución, limitándose el constituyente a reconocer la protección en el goce de estos derechos.

Se dispone asimismo, que nadie podrá ser privado de su propiedad, a no ser que medien razones de necesidad o utilidad públicas declaradas por ley y mediante justa y previa compensación (art. 32).

En cuanto al derecho a la vivienda, el art. 45 expresa que todo habitante tiene derecho a gozar de una vivienda decorosa y que la ley propenderá a asegurar la vivienda higiénica y económica, facilitando su adquisición y estimulando la inversión privada para su producción.

A su vez, deben mencionarse su art. 47 luego de las reformas ya mencionadas con vigencia en los años 1997 y 2004, fundamentalmente en lo que atañe a la declaración de interés general de la protección del ambiente en el caso de la primera, y la declaración de el acceso al agua potable y el acceso al saneamiento como derechos humanos fundamentales y la referencia al ordenamiento del territorio, en el caso de la segunda.

---

50 Ello asegura constitucionalidad a ciertas leyes susceptibles de representar un menoscabo patrimonial para los habitantes, como ser, la que crea un tributo o la que dispone una disminución en las facultades de uso de una parcela.

1.3. Principales "actores"/inspiradores de la ley vigente y principios que la orientan

En la década de 1950 el sector académico y político relacionado con el urbanismo recibe la influencia del sacerdote dominico francés Louis-Joseph Lebret[51], quien participó de una serie de eventos donde presentó sus ideas sobre la Economía Humana y Urbanismo, calando fuertemente en diversos actores locales. A partir de esa influencia es que, impulsado por Juan Pablo Terra, se funda en 1957 el Centro Latinoamericano de Economía Humana (hoy Universidad CLAEH), poniendo énfasis en el concepto de desarrollo local, que luego tendrá decisiva participación como refugio del libre pensamiento y producción en ciencias sociales durante la dictadura. Las ideas de Lebret, sirvieron de inspiración a una parte de la agenda de la Comisión de Inversiones para el Desarrollo (CIDE), que funcionó en los primeros años de la década del 60, en cuyo ámbito se generaron los lineamientos que luego darían lugar, entre otros, a propuestas de planeamiento territorial y vivienda. También inspiraron proyectos de ley presentados más adelante, como el de creación de un ministerio de vivienda y urbanismo, acondicionamiento territorial, y el propio Plan Nacional de Vivienda que luego tuvo aprobación como ley nacional en 1968 (Garcé, 2002, 101).

La salida del periodo dictatorial operada en 1985 luego de 12 años de gobierno autoritario, coincidió con la toma de conciencia sobre la crisis ambiental y la necesidad de planificar el territorio de manera sostenible, abonada en el medio uruguayo, entre otros por:

- la internalización del paradigma en los técnicos de la Universidad, en función de las construcciones teóricas que se venían desarrollando a escala planetaria por esos tiempos;

---

51 En la conferencia dada en la Facultad de Arquitectura, finalizaba diciendo "ustedes pueden hacer del Uruguay el más bello éxito urbanístico del mundo. Todo está por hacer, con excepción de la capital, que evidentemente ha tomado proporciones gigantescas y que presenta ya muy graves problemas. Fuera de Montevideo tienen ustedes un gran espacio para el hombre y para que el hombre alcance su elevación como tal" (ITU, 1957).

- vinculado con lo anterior, la prédica del urbanismo defensivo del **Grupo de Estudios Urbanos** liderado por **Mariano Arana** y otros urbanistas —que trataba de evitar la sustitución especulativa de edificios con valor histórico cultural— y que tuvo gran importancia en los últimos años de la dictadura, inspirando luego la creación de las comisiones especiales de patrimonio por áreas en Montevideo;
- la vulnerabilidad de ciertos sectores de suelo amenazados como los humedales del este[52];
- la creación en 1990 durante el gobierno del Partido Nacional (1990-1995) de un ministerio que abarcara en su materia el "ordenamiento territorial".

La asunción del Frente Amplio en la Intendencia de Montevideo ese mismo año 1990, con la presencia de un equipo de técnicos focalizados en el urbanismo, inaugura una forma de abordaje del territorio, con preocupación por las temáticas sociales implicadas. Parte de ese equipo técnico sería el que con el trabajo decisivo del jurista Dr. Patricio Rodé, la colaboración de la Facultad de Arquitectura y la Junta de Andalucía, elaborarían el Plan Montevideo años más tarde.

En otro orden, el proyecto del puente Colonia-Buenos Aires impulsado en los primeros años de los 90, determinó una serie de estudios territoriales elaborados a nivel de la DINOT, para anticiparse a lo que según su primer director Arq. Francisco Villegas, tendría los efectos de un tsunami. En esa experiencia, se combinaron conocimientos técnicos de la geografía, la economía y la geopolítica, generando una modelización prospectiva, aplicando el factor puente a la matriz, identificando áreas territoriales de impactos diferenciados tales como la cabecera del puente, la microrregión de Colonia, el área suroeste del país, el conjunto del sur uruguayo, el país en su conjunto y los territorios limítrofes (Ligrone: 2013).

---

[52] la vigencia de la Convención de Ramsar para Uruguay desde setiembre de 1984 https://www.ramsar.org/wetland/uruguay) hace caer la cuenta sobre la importancia de los humedales y el surgimiento de la ONG PROBIDES a partir del convenio entre el PNUD, la Intendencia de Rocha, la Universidad de la República y el MVOTMA

Por ese entonces existía cooperación francesa en temas de *aménagement du territoire*, como lo remarcan Gorosito y Ligrone (2009: 11).

En el año 1994 la DINOT elaboró un anteproyecto de ley de "ordenamiento y desarrollo territorial" (Gorosito y Ligrone, 2009: 5). Años más tarde, en el 2000, se remite al Parlamento un proyecto de ley que llevó el mismo nombre. La Cámara de Senadores lo trata durante un dilatado período en la Comisión de Vivienda y Ordenamiento Territorial, recibiendo el asesoramiento de una comisión de técnicos, dado lo novedosa que resultaba la temática para los legisladores. En ese seno, se recibieron proyectos alternativos, el último de ellos en el año 2004 presentado por el Arq. Federico Bervegillo, el cual quedó por el camino con igual suerte que los anteriores.

En 2005, con la asunción del Frente Amplio al gobierno nacional, se empieza a trabajar en un nuevo proyecto. Se parte de un documento político de principios de 2005, organizado en ejes temáticos, que luego se fue moldeando en instancias de consulta, hasta llegar a una fundamentación de las propuestas, con la visión y objetivos políticos de la fuerza de gobierno respecto del territorio[53].

En el mes de julio de ese año, el MVOTMA realiza un convenio de asesoramiento con la Universidad de la República (UdelaR) que da como resultado el trabajo de la Cátedra de Arquitectura Legal y del Instituto de Teoría y Urbanismo de la Facultad de Arquitectura, cuyo resultado puede verse en el informe producido y la propuesta de un texto proyecto de ley[54]. A ello se le suma más adelante la cooperación del equipo técnico español integrado por el Arq. Manuel González Fustigueira y el abogado Sebastián Olmedo[55], los cuales finalizan el proyecto conjuntamente con referentes técnicos y políticos del

53 Documento MVOTMA "Bases documento base para la discusión de la ley de ordenamiento y desarrollo territorial sostenible" de mayo 2006.

54 Este aporte fue producto de un Convenio de asesoramiento entre el MVOTMA y la UDELAR, que se resume en el trabajo Cátedra de Arquitectura Legal - Instituto de Teoría de la Arquitectura y Urbanismo (ITU), "Estudios preliminares para un proyecto de ley de ordenación del territorio" de marzo de 2006.

55 En pág. 3 de la exposición de motivos se expresa: "A esta acumulación se suma el asesoramiento sobre las ideas y legislación que se está utilizando en Europa, aportado por la cooperación de la Junta de Andalucía, a partir del Protocolo suscrito el 21 de marzo de 2006 con la Consejería de Obras Públicas y Transportes de dicha Junta."

MVOTMA. Una vez presentado al Poder Legislativo, su articulado se discutió durante meses en la Comisión de Vivienda y Ordenamiento Territorial de la Cámara de Senadores, donde fueron escuchadas opiniones de diversos referentes de la academia, gestores territoriales, agencias públicas y organizaciones de la sociedad civil. Entre los calificados invitados que desfilaron por la Comisión, hubo posturas críticas hacia ciertos contenidos que se veían con potencialidad de afectar el derecho de propiedad y la autonomía de los gobiernos departamentales, argumentos que fueron tomados en parte por los legisladores de la oposición para negar apoyo al proyecto, aunque en la Comisión se estuvo de acuerdo con buena parte de su articulado.

Finalmente, el Proyecto fue aprobado con los votos del oficialismo en ambas Cámaras (Senado el 18/12/2007, Representantes el 21/05/2008) y promulgado por el Poder Ejecutivo el 18/06/2008 como Ley Nº 18.308 Ordenamiento Territorial y Desarrollo Sostenible (LOTDS)[56].

2. PLANEACIÓN/PLANEAMIENTO

2.1. Naturaleza jurídica: ¿son norma?, ¿tienen efectos vinculantes para las Administraciones y/o para los particulares?

El art. 2 de la LOTDS declara los instrumentos de ordenamiento territorial de orden público y obligatorios, con determinaciones vinculantes para los planes, proyectos y actuaciones de las instituciones públicas, entes y servicios del Estado y de los particulares.

La disposición del artículo siguiente, sobre concepto y finalidad del ordenamiento territorial, expresa que este se ejerce a través de un sistema integrado de directrices, programas, planes y actuaciones de las instituciones del Estado con competencia a fin de organizar el uso del territorio. Dicho menú de instrumentos y actuaciones se ve plasmado en normas jurídicas de distinta jerarquía, con alcance departamental y nacional.

---

56 El seguimiento del trámite puede verse en https://parlamento.gub.uy/documentosyleyes/ficha-asunto/30735.

La disposición del art. 27 de la LOTDS prevé entre los efectos de la entrada en vigor de un IOT, entre otros, la vinculación de los terrenos, instalaciones y edificaciones al destino definido por el instrumento y al régimen jurídico del suelo que les sea de aplicación (literal a), la obligatoriedad del cumplimiento de sus determinaciones de carácter vinculante para todas las personas, públicas y privadas (literal d) y la obligatoriedad de sus determinaciones a los efectos de la aplicación por la Administración de los medios de ejecución forzosa frente a los incumplimientos (literal e).

2.2. Competencias: ¿a qué nivel territorial de administración están atribuidas?

Puede hablarse de competencias directas en materia de ordenamiento territorial, destinadas a ciertos órganos que elaboran los IOTs, y otras que sin pretender tener por objeto el ordenar el territorio, generan condicionamientos o alteraciones a las decisiones que sí son propias de OT. Ello es reconocido ya desde el art. 1 de la ley cuando se expresa que el marco regulador del OTyDS que establece, es sin perjuicio de las demás normas aplicables y de las regulaciones que establezcan el Poder Ejecutivo y los gobiernos departamentales.

Como se expresaba en ocasión de cumplirse los 10 años de la LOTDS (Castro Casas, 2018a: 95) la materia definida en el art. 4 de la ley, no tiene órgano competencial exclusivo asignado. A pesar de ello, se observa un evidente predominio del ámbito departamental para el ejercicio de las competencias que derivan de operar en la materia listada, con base en:

- la disposición del artículo 14 de la Ley, que otorga amplísimas competencias a los gobiernos departamentales (GG DD) para establecer y aplicar regulaciones territoriales sobre: usos, fraccionamientos, urbanización, edificación, demolición, conservación, protección del suelo y policía territorial, en todo el territorio departamental;
- los agregados a la Ley Orgánica Municipal (ley n.º 9.515 de 28 de octubre de 1935) por parte del art. 83 numeral 4 de la LOTDS, en el sentido de ampliar la competencia de la Junta

Departamental (para dictar reglas para la edificación) y del intendente (para la actividad administrativa del ordenamiento territorial), en todo el territorio del departamento;

- la inclusión de la descentralización de la actividad de OT como principio rector del ordenamiento territorial (artículo 5 literal c LOTDS);
- la expresión "competencia exclusiva" es utilizada cuatro veces en la LOTDS siempre para referirse a competencias de los GGDD, entre ellas, la que les otorga la competencia para clasificar suelo (categorización).

Pero si bien el sistema que pretende implantar la LOTDS da prevalencia al nivel departamental en el planeamiento, también asigna importantes competencias al nivel nacional, como ser la que atribuye competencia al Poder Ejecutivo en la elaboración de las Directrices Nacionales de OT y DS, las que luego deberán ser sometidas al Poder Legislativo para su aprobación (art. 10). También para los Programas de OTyDS, los cuales son elaborados por la DINOT (art. 11).

Otra competencia asignada al nivel nacional incluye la aprobación del informe ambiental estratégico (a cargo del MA) y de correspondencia (a cargo del MVOT), en el marco de los procesos de elaboración de los IOTs del ámbito departamental (art. 25 inc. final). También se asigna al nivel nacional competencias en materia de control y disciplina urbanística (arts. 68 inc. 2, 70, 71), participación social (art. 73), coordinación interinstitucional (art. 74 y ss.), inventario (art. 78) y cooperación (art. 81), entre otras.

En relación con los Municipios, en 2018 se decía —en afirmaciones que pueden considerarse vigentes aún— que salvo la mención relativa a la participación de las autoridades locales en los Planes Locales (artículo 17, LOTDS), los municipios carecen actualmente de competencia directa en materia de ordenamiento territorial. No obstante, ello, la extensión de su materia ha quedado abierta a temáticas que propongan adjudicarles por acuerdo entre el Poder Ejecutivo y el Gobierno Departamental, o este por sí mismo (art. 7, literales 9 y 13, ley Nº 19.272 de 18 de setiembre de 2014), así como a las atribuciones que considere otorgarle el intendente (art. 12, num. 9). La tendencia descentralizadora hace inexorable el traslado de competencias territoriales a este nivel de gobierno, pero ello debe ir acompañado de su fortalecimiento institucional (Castro Casas, 2018a: 93).

2.3. *Tipos de planes territoriales y urbanos y relación/vinculación entre ellos*

El Título III de la LOTDS, denominado "instrumentos de planificación territorial", dispone en su art. 8 que la planificación y ejecución se ejercerá a través de los siguientes instrumentos de Ordenamiento Territorial y Desarrollo Sostenible:

a) En el ámbito nacional: Directrices Nacionales y Programas Nacionales.

b) En el ámbito regional: Estrategias Regionales.

c) En el ámbito departamental: Directrices Departamentales, Ordenanzas Departamentales, Planes Locales.

d) En el ámbito interdepartamental: Planes Interdepartamentales.

e) Instrumentos especiales.

Se expresa asimismo que dichos instrumentos son complementarios y no excluyentes de otros planes y demás instrumentos destinados a la regulación de actividades con incidencia en el territorio dispuestos en la legislación específica correspondiente, excepto los que la presente ley anula, modifica o sustituye. Esto ha sido interpretado en el sentido de que la LOTDS reconoce la existencia de una planificación pretérita, expresada en su momento a través de planes u otros instrumentos, cuya vigencia se reconoce. Dado que la ley no anula, modifica ni sustituye ningún plan, se interpreta que se refiere a que no pueden contradecir a la propia ley.

En otro orden, no existe prelación jurídica preceptiva para la elaboración de uno u otro instrumento, aunque por razones de coherencia, sentido común y buenas prácticas, debería haber una secuencia de elaboración desde lo general a lo particular.

En el siguiente cuadro pueden verse los distintos tipos de instrumentos de planificación previstos en la LOTDS:

Nombre	Tipo	Alcance	Iniciativa	Aprobación	Objeto principal
DIRECTRICES NACIONALES	Nacional	Nacional	Poder Ejecutivo (PE)	Poder Legislativo	Definir bases y objetivos estratégicos nacionales de OT
PROGRAMAS NACIONALES	Nacional	Nacional	MVOT DINOT	PE	Definir acciones de coordinación y cooperación en ámbitos o sectores específicos
ESTRATEGIAS REGIONALES	Regional	Región delimitada	PE	PE/Junta Dptal.	Coordinar esfera nacional con áreas de dos o más departamentos para su optimización
DIRECTRICES DEPARTAMENTALES	Dptal.	Dptal.	Intendencia	J. Dptal.	Definir ordenamiento estructural del territorio departamental
ORDENANZAS DEPARTAMENTALES	Dptal.	Dptal.	Intendencia	J. Dptal.	Proporcionar determinaciones para la planificación, gestión y actuación territorial
PLANES LOCALES	Local	Ámbito geográfico dentro de un Dpto	Intendencia/Gob. Local	J. Dptal.	Definir el OT de ámbitos locales, incluyendo la clasificación de suelo
PLANES INTERDEPARTAM.	Interdptal	Micro región interdptal	Intendencias	J. Dptal.	Definir el OT para micro regiones compartidas por dos o más departamentos
PLANES PARCIALES	Especial	Área delimitada	Intendencia	J. Dptal.	Definir el OT detallado de áreas identificadas en el Plan Local
PLANES SECTORIALES	Especial	Regulación detallada tema específico	Intendencia	J. Dptal	Regular detalladamente temas específicos en el marco del Plan Local
PROGRAMAS DE ACTUACIÓN INTEGRADA	Especial	Área delimitada	Intendencia/ Particulares	J. Dptal	Programar transformación de suelo con APT, operando los dispositivos de equidistribución, retorno de valor y otros, incluyendo la ejecución
INVENTARIOS, CATÁLOGOS Y OTROS	Especiales	Bienes y espacios concretos	Intendencia	J. Dptal	Identificar, listar y caracterizar bienes de valor patrimonial, estableciendo medidas para su protección

Fuente: elaboración del autor.

2.4. Relación de los planes territoriales y urbanos con la planificación económica (planes de desarrollo o planes sectoriales —turísticos, de vivienda, etc.—), de infraestructuras y ambiental: ¿cómo se coordinan?, ¿cuál prevalece en caso de conflicto?

Como se expresa párrafos más arriba, la Ley reconoce la existencia de otros planes e instrumentos destinados a la regulación de actividades con incidencia en el territorio dispuestos en la legislación específica correspondiente, entre los cuales podrían incluirse los de desarrollo, sectoriales específicos como vivienda, turísticos u otros, de infraestructura y ambientales.

A su vez, la ley define el OT como una actividad estatal transversal y promueve la coordinación, cooperación y articulación en varios pasajes, pero no se establece a nivel de detalle —salvo en alguna ocasión— como ello se llevará a cabo.

De hecho, esto ha sido una de las dificultades más notorias a la hora de la elaboración y gestión de los planes, para lo cual no basta la operativa exclusiva de las agencias con competencias directa, sino que se requiere de la actuación en clave territorial de toda unidad estatal que posea una competencia que genere algún tipo de incidencia en el territorio, lo que no se ha logrado satisfactoriamente.

Existe una instancia formal en el proceso de elaboración de los IOTs departamentales (art. 25 LOTDS), por la que se dispone que la autoridad responsable de la elaboración solicite "informes a las instituciones públicas, entes y servicios descentralizados respecto a las incidencias territoriales en el ámbito del instrumento". Este ocurre luego de la denominada "aprobación previa" cuando el instrumento tiene un grado de avance que ya es difícil de revertir, al menos en sus aspectos sustantivos, aunque recién ahí se sabrá cómo se coordina con los planes sectoriales que los organismos requeridos vienen aplicando.

En cuanto a los ambientales, existiendo una instancia de evaluación ambiental estratégica cuyo informe debe ser aprobado por el Ministerio de Ambiente (art. 25 in fine y 47 inc. 2 LOTDS), es la ocasión para observar aquellos aspectos que pudieran contradecir previsiones de planes sectoriales específicos en la materia.

Otras disposiciones vinculadas a la temática son el art. 77 de la LOTDS, sobre "coordinación de las obras públicas en el marco de la planificación territorial", que otorga al Comité Nacional de Ordenamiento Territorial la decisión sobre la efectiva materialización del proyecto, previa declaración de interés nacional y urgente ejecución, en los casos que la solicitud haya sido denegada por el GG DD por ser incompatible con el instrumento de ordenamiento territorial aplicable. En ese caso, el Comité determinará la suspensión parcial de aquellas determinaciones del instrumento que se opongan a la ejecución y generará el deber de iniciar el procedimiento para modificar dicho instrumento a fin de incorporar las previsiones oportunas que determinen la incidencia del proyecto.

Por último, importa señalar el mecanismo de solución de divergencias previsto en la LOTDS para arbitrar soluciones entre distintos órganos estatales (art. 80). Cuando ellas versen sobre diferencias de criterios de ordenamiento, en zonas concretas o asuntos sectoriales, podrán iniciar procesos de negociación o mediación de conflictos, de forma voluntaria y de común acuerdo, pudiendo requerir la colaboración de la Dirección Nacional de Ordenamiento Territorial. Si no se obtiene resultado, el diferendo puede someterse al Tribunal de lo Contencioso Administrativo, el cual tiene entre otros cometidos según la Constitución (art. 313), el de entender en las contiendas de competencia fundadas en la legislación y en las diferencias que se susciten entre el poder ejecutivo, los gobiernos departamentales, los entes autónomos y los servicios descentralizados.

3. CLASIFICACIÓN Y DESTINO DE LOS SUELOS

Antes de la LOTDS no existía una definición legal clara a nivel nacional de las clases de suelo.

A nivel constitucional, había una referencia a la distinción tripartita de clases de suelo, pero al solo efecto de su consideración tributaria.

La ley de centros poblados de 1946, mencionaba las zonas urbanas y suburbanas, así como los predios rurales, pero sin proporcionar su caracterización.

Sí existían diversas disposiciones a nivel departamental, como ser la del Plan Director de Montevideo de 1956, el cual, con influencia directa de los Congresos Internacionales de Arquitectura Moderna, había ensayado una zonificación funcional en urbana, suburbana, industrial, de huertas y rural, con división de las zonas de habitación en sectores, distritos y unidades vecinales.

Más cercano en el tiempo, previo a la LOTDS, se encuentra el Decreto de Ordenamiento Territorial del Departamento de Colonia de 1997[57], el cual preveía una "clasificación del suelo" donde integraba "perímetros de desarrollo territorial," reconociendo zonas urbanas y suburbanas, zonas balnearias dentro de esas, zonas rurales (huertos) en los entornos de los centros poblados que se clasifican como periurbanas.

Con mayor detalle el Plan Montevideo de 1998[58] dispuso niveles de zonificación primaria, secundaria y terciaria en el suelo urbano, suelo suburbano o potencialmente urbanizable, y zonificación primaria y secundaria en el suelo rural. Posteriormente, en el año 2013 al aprobar sus Directrices Departamentales de OTyDS[59], actualizó parte de su clasificación para adaptarse a las previsiones de la LOTDS.

De ese modo, la clasificación de suelo se presenta como una herramienta útil al proyecto que se tenga para el territorio, en tanto partiendo del reconocimiento de sus aptitudes, habilita la organización de los espacios definiendo la implantación de actividades, el desarrollo de usos, las prácticas de conservación y el estímulo para su transformación a través del direccionamiento de la inversión.

En la LOTDS se optó por emplear el término categorías de suelo en lugar de clases de suelo. Su art. 30 dispone la competencia exclusiva del Gobierno Departamental para la categorización de suelo, lo que además deberá hacer en oportunidad de aprobar los instrumentos de ordenamiento territorial (IOTs). Establece tres categorías de suelo: rural, urbano y suburbano, además de las subcategorías que

---

57 Decreto de Ordenamiento Territorial del Departamento de Colonia de 7/11/1997, art. 4 y ss.

58 Decreto de la Junta Departamental de Montevideo No 28.242 de 16/09/1998, art. D. 22 y ss.

59 Decreto de la Junta Departamental de Montevideo No. 34.870 de 14/11//2013.

proporciona la ley y las que dispongan los instrumentos. La reciente Ley No. 20.212 con vigencia 1/01/2024 agrega al art. 30 de la LOTDS que las categorías de suelo deberán reflejar las situaciones existentes o las previstas que concurran de manera inmediata aclarando en el siguiente párrafo que para la planificación de los usos futuros de suelo –debe entenderse que no sean inmediatos- se utilizará el atributo de potencialmente transformable. A su vez suprime la categorización cautelar provisoria con fines de protección que habilitaba la parte final de la disposición.

3.1. Suelo categoría rural

A partir de la instalación del paradigma ambiental, el suelo rural, que en el pasado se utilizaba como receptáculo de actividades no queridas en las ciudades, pasa a ser en los repertorios legales, un área de protección y conservación debido al importante papel que tiene en la obtención de los equilibrios ambientales.

La LOTDS no fue una excepción a ello, y si bien no lo define, organiza un estatuto de protección a partir del establecimiento de dos subcategorías: la rural productiva y la rural natural.

En la rural productiva ingresan los suelos cuyo destino principal o aptitud sea para la actividad agropecuaria, forestal, minera o extractiva. También aquellos que los instrumentos de ordenamiento territorial establezcan para asegurar la disponibilidad de suelo productivo (art. 31 a).

La rural natural, podrá comprender áreas de territorio protegido con el fin de mantener el medio natural, la biodiversidad, el paisaje u otros valores patrimoniales, ambientales o espaciales. Podrá comprender, asimismo, el álveo de las lagunas, lagos, embalses y cursos de agua del dominio público o fiscal, del mar territorial y las fajas de defensa de costa (art. 31 b).

Una de las características diferenciales del suelo rural, es que se encuentra excluido de todo proceso de urbanización y fraccionamiento con propósito residencial, además de las otras limitaciones que establezcan los instrumentos.

En cuanto a su régimen de uso, el art. 39 dispone que otros usos distintos a los propios previstos para la categoría (explotación agropecuaria, forestal, extractiva y productiva rural general) siempre que sean admisibles por no implicar riesgos de su transformación, requerirán de la autorización de la Intendencia, si así lo dispusieran los IOTs que se aprueben, con exclusión de la vivienda del productor rural, la del personal del establecimiento y las edificaciones directamente referidas a la actividad rural, salvo que el IOT lo exija. Quedan prohibidas las edificaciones que puedan generar necesidades de infraestructuras y servicios urbanos, representen el asentamiento de actividades propias del medio urbano en detrimento de las propias del medio rural o hagan perder el carácter rural o natural al paisaje.

Estas prohibiciones, dieron lugar a una norma aclaratoria posterior (Artículo 610 Ley 18.719 de 27/12/2010) donde por vía interpretativa se indicó que dichas prohibiciones no incluyen construcciones como las destinadas a sitios o plantas de tratamiento y disposición de residuos, parques y generadores eólicos, cementerios parques o aquellas complementarias o vinculadas a las actividades agropecuarias y extractivas, como los depósitos y silos.

3.2. Suelo categoría urbana

Se integra con áreas de territorio de los centros poblados, fraccionadas en parcelas con dimensiones de área habitacional, con las infraestructuras y servicios en forma regular y total, así como aquellas áreas fraccionadas parcialmente urbanizadas en las cuales los IOTs pretenden mantener o consolidar el proceso de urbanización (art. 32).

Se dispone la aplicabilidad del concepto "suelo categoría urbana" al de propiedad inmueble urbana previsto en el art. 297 de la Constitución, donde se establecen como fuentes de recursos de los GG DD, a los impuestos sobre la propiedad inmueble urbana, incluyendo la potestad para fijarlos y recaudarlos[60]. De ese modo el GG DD no so-

---

60 No así sobre los del suelo rural, que si bien se destinan al GG DD los fija el Poder Legislativo nacional. Ello generaba en el pasado cierta confusión sobre el alcance de la competencia de los GG DD en áreas rurales.

lo recauda la contribución inmobiliaria (impuesto predial) sino que también fija su cuantía.

Hay dos subcategorías legales:

- el suelo categoría urbana consolidado, referido a las áreas dotadas de redes de agua potable, drenaje de pluviales, vialidad pavimentada, evacuación de aguas servidas, energía eléctrica y alumbrado público.
- el suelo categoría urbana no consolidado, para aquellas áreas en las que, aún existiendo un mínimo de redes de infraestructuras, las mismas no sean suficientes.

3.3. Suelo categoría suburbana

Refiere a las áreas de suelo constituidas por enclaves con usos, actividades e instalaciones de tipo urbano o zonas en que éstas predominen, dispersos en el territorio o contiguos a los centros poblados, según lo establezcan los IOTs (art. 33).

Son instalaciones y construcciones propias del suelo categoría suburbana las habitacionales, turísticas, residenciales, deportivas, recreativas, industriales, de servicio, logística y similares.

Se reitera la mención a la aplicabilidad del concepto "suelo categoría suburbana" a la "propiedad inmueble suburbana" del art. 297 nral 1 Constitución, que tiene igual régimen que la urbana ya comentada a sus efectos.

3.4. El atributo de potencialmente transformable (APT)

En ocasiones tratado como una cuarta categoría de suelo, este dispositivo es central en la transformación para el desarrollo del territorio.

Se encuentra previsto en el art. 34, habilitando que los IOTs puedan delimitar áreas potencialmente transformables. Hasta la aprobación de la Ley No. 20.212, está era la única forma posible de cambiar la categoría de suelo hacia una de mayor intensidad de uso lo que debía efectuarse necesariamente a través de un programa de actuación integrada (PAI) y así lo disponía la ley; pero esas menciones se suprimieron del texto que empezará a regir a partir de 2024, por lo que el PAI para un perímetro delimitado dentro de suelo con el APT ya no es la única forma de obtener el cambio de categoría.

Por más que puede ser opinable, entiendo que no estamos ante una cuarta categoría, sino ante un dispositivo que permite cambiar de una categoría hacía otra que otorga una mayor intensidad de uso.

De ese modo se podrá encontrar APT en áreas de territorio categorizadas como rural, habilitando su cambio hacia surburbana o urbana, pero también en áreas categorizadas como suburbanas para su mutación hacia urbana. Mientras no se usa, el suelo mantiene en potencia una capacidad de cambio.

No se prevé a la inversa, ya que además de ser una herramienta para el direccionamiento de la inversión y la promoción del desarrollo de sectores de suelo identificados en los planes, se trata de un dispositivo de resguardo ante la activación de suelo.

Mapa categorías de suelo al año 2019

	Suelo Categoría Urbana (ha)	Suelo Categoría Suburbana (ha)	Suelo Categoría Rural (ha)	Suelo Rural Atributo potencialmente transformable (ha)	Suelo sin categorizar (ha)	Superficie total por Departamento (ha)
ARTIGAS	1.821	982	71.864	10.491	1.130.094	1.215.252
CANELONES	21.076	13.199	413.584	5.239	0	453.098
CERRO LARGO	3.443	1.571	1.352.618	8.680	0	1.366.312
COLONIA	8.314	12.164	458.275	132.242	0	610.995
DURAZNO	4.072	4.438	1.179.352	32.249	0	1.220.110
FLORES	936	987	511.258	964	0	514.144
FLORIDA	3.882	2.074	1.033.513	1.161	0	1.040.630
LAVALLEJA	1.990	6.517	989.330	4.938	0	1.002.775
MALDONADO	13.732	9.733	341.715	114.526	0	479.706
MONTEVIDEO	17.099	3.709	29.938	2.307	0	53.053
PAYSANDU	3.850	19.747	1.368.309	4.864	0	1.396.770
RIO NEGRO	2.182	4.503	940.475	5.253	0	952.414
RIVERA	2.533	2.958	985	848	925.479	932.803
ROCHA	10.291	44.867	970.891	29.652	0	1.055.700
SALTO	5.308	5.591	1.383.914	1.568	0	1.396.380
SAN JOSE	4.184	5.707	485.668	5.334	0	500.893
SORIANO	2.753	5.554	887.564	3.729	0	899.601
TACUAREMBÓ	6.194	2.629	1.583.971	5.857	0	1.598.650
TREINTA Y TRES	4.330	4.433	840.499	80.308	0	929.570
Total	**117.991**	**151.363**	**14.843.721**	**450.208**	**2.055.573**	**17.618.856**

Nota: En la columna "Suelo sin categorizar" se incluye la superficie territorial que aún no tiene un IOT aprobado.

Fuente: Ministerio de Vivienda y Ordenamiento Territorial.

3.5. *Eficacia jurídica de las clases y categorías de suelo: ¿alteran el contenido de la propiedad y el valor del suelo o son meramente programáticas?*

No puede decirse que alteren el contenido de la propiedad, pero a partir de que descartan ciertos usos y los permitidos se restringen por medio de condicionamientos y parámetros de máxima, algunas facultades propias que se han reconocido históricamente al derecho de propiedad se ven limitadas. Ello ocurre en todas las categorías de suelo, pero en particular las mayores limitaciones se ven en el suelo categoría rural natural, donde su función de conservación deja muy estrecho el margen de usos posibles.

El art. 35 de la LOTDS, en sede del régimen general de los derechos y deberes territoriales de la propiedad inmueble, expresa que forman parte del contenido del derecho de propiedad de suelo las facultades de utilización, disfrute y explotación normal del bien de acuerdo con su situación, características objetivas y destino de conformidad con la legislación vigente.

El Código Civil define desde 1869 la propiedad como el derecho de gozar y disponer de una cosa arbitrariamente, no siendo contra la ley o contra derecho ajeno (art. 486). Salvo el "arbitrariamente", que debe considerarse derogado tácitamente, no se encuentra contradicción entre ese concepto y el que proporciona la LOTDS sobre los contenidos de la propiedad del suelo.

La inclusión del suelo en una u otra categoría, sí tiene incidencia en el valor del suelo. La posibilidad de desarrollo de usos y la edificabilidad de las parcelas son tenidas en cuenta en las valoraciones de mercado para las transacciones inmobiliarias. Este fenómeno se da en mayor medida en las áreas en que existe expectativa de inversión por la demanda de suelo —fundamentalmente sectores cercanos a la costa— y decae en aquellos lugares en que por más de que se determine una categorización que implique más o menos intensidad de uso, no se genera apetencia por la implantación de actividades.

3.6. ¿Cuándo son indemnizables los cambios de ordenación (nuevo uso, reducción de edificabilidad, etc)?

La LOTDS incorporó una disposición en su articulado, con la intención de poner reglas claras para determinar los casos en que procede o no la indemnización. Su art. 44 (régimen de indemnización), expresa que la adecuación de las facultades del derecho de propiedad a las modalidades de uso y localización de actividades previstas en los instrumentos de ordenamiento territorial, tales como usos del suelo, fraccionabilidad y edificabilidad, no origina por sí solo derecho a indemnización alguna. Y que la indemnización procederá únicamente en los casos de expropiación, o de limitaciones que desnaturalicen las facultades del derecho de propiedad, con daño cierto. No son indemnizables las afectaciones basadas en meras expectativas originadas en la ausencia de planes o en la posibilidad de su formulación.

De este modo, se estableció un margen de actuación no indemnizable, que es cuando se está aún en el campo de las "meras expectativas". En este caso, no hay indemnización por sí misma; sí procedería en el caso que se afecten facultades del derecho de propiedad.

3.7. La plusvalía generada por la transformación urbana, ¿corresponde al propietario o se distribuye de algún modo?

Históricamente y a partir de la concepción liberal que ha impregnado los textos legislativos del Siglo XIX, en especial el Código Civil con su concepto de dominio y su inclusión entre los modos de adquirir a la accesión, se ha considerado que la plusvalía corresponde al propietario.

Ese concepto se pretende cambiar a partir de la LOTDS, la cual establece entre sus principios "La recuperación de los mayores valores inmobiliarios generados por el ordenamiento del territorio" (art. 5 lit. f).

Uruguay dispone de la herramienta tributaria de la contribución por mejoras desde 1952, año que se incorporó a la Constitución votada ese año como fuente de recursos de los GG DD (art. 297 núm. 4). Pero su aplicación se encuentra limitada a la existencia de una obra pública (vialidad, pavimentos, acondicionamiento espacios públicos, etc.) y así lo han implementado en ocasiones las Intendencias, aunque sin mucho éxito, por las dificultades que implica medir el impacto económico directo en el valor de los predios. La especie tributaria está prevista además en el Código Tributario (art. 13) donde se le establecen límites: que su producido se corresponda al costo de la obra y que su monto individual no supere el incremento de valor del bien gravado.

La LOTDS en su art. 46 bajo el título "Retorno de las valorizaciones", establece como hipótesis, situaciones asociadas al otorgamiento o aumento de edificabilidad, sin comprender la posibilidad de capturar valorizaciones por otras acciones derivadas de la planificación (como podría ser, por ejemplo, un corredor rápido para el transporte colectivo) que también pueden generar aumento de valor en los predios.

Así, se establece que una vez aprobados los IOTs, la Intendencia tendrá derecho a participar en el mayor valor inmobiliario que obtengan los inmuebles comprendidos en el ámbito de aplicación del IOT, que sea derivado de las acciones de ordenamiento territorial, ejecución y actuación, en los siguientes casos: 1) en el suelo con APT, en la proporción mínima de un 5% de la edificabilidad total atribuida al ámbito, lo que supone que el IOT debe tener previsiones específicas sobre otorgamiento de un aprovechamiento hasta el momento inexistente y, 2) en el suelo urbano, en las áreas objeto de renovación, consolidación o reordenamiento, el 15% de la mayor edificabilidad autorizada por el nuevo ordenamiento. Es de hacer notar que la reformulación del Artículo proveniente de la Ley No. 20.212 de 7/11/2023 que entrará en vigencia el 1/01/2024, quita el requisito de la presencia del APT expresando solo "en el suelo a transformar".

La ley no determina el momento que corresponde percibirlo, es decir, si grava a quien sea propietario al aprobarse el IOT, o al momento de solicitarse una licencia que utilice la edificabilidad asignada.

3.8. ¿Quién sufraga las cargas asociadas a esa transformación (obras públicas, equipamientos urbanos, etc.)?

Entre las disposiciones de la LOTDS que marcan lineamientos para la elaboración de los instrumentos, se encuentra su art. 38 titulado "Condiciones generales de los instrumentos. Límites y estándares mínimos". Este precepto no es de aplicación directa, sino que está dirigido a quienes tienen la responsabilidad de elaborar y aprobar los IOTs —departamentales y especiales, aunque no lo diga— para que en sus determinaciones incluyan previsiones sobre las temáticas que se indican.

Así, en primer término, dispone que los IOTs prevean las reservas de espacios libres y equipamiento, así como límites de densidad y edificabilidad en las actuaciones residenciales, industriales, de servicios, turísticas, deportivas, de recreación u otras. Esas reservas para espacios libres, equipamientos, cartera de tierras y otros destinos de interés municipal, departamental o nacional, no podrán ser inferiores al 10%. En este porcentaje no se incluyen las áreas destinadas a circulaciones. El GG DD, atendiendo a las características socioeconómicas del ámbito o a la dotación de áreas para circulaciones públicas del proyecto, podrá disminuir el citado estándar hasta el 8% (ocho por ciento).

Deberá preverse que los terrenos objeto de la reserva, sean cedidos de pleno derecho a la Intendencia o a la entidad pública que ésta determine, como condición inherente a la actividad de ejecución territorial.

De forma excepcional, por razones debidamente fundadas y siempre que se encuentren asegurados los equipamientos y espacios libres necesarios en el sector, se podrá sustituir por cesión de tierra en otro lugar diferente al del sector a intervenir.

En otro orden, se dispone que los IOTs deberán exigir que las nuevas urbanizaciones y fraccionamientos, en forma previa a su autorización definitiva, ejecuten a su costo u otorguen garantía suficiente a favor del Gobierno Departamental por su valor, la red vial y la conexión a la red vial general para la continuidad de la trama existente, además de las infraestructuras propias del suelo categoría urbana consolidado, a saber: redes de agua potable, drenaje de aguas pluviales, red vial pavimentada, evacuación de aguas servidas, energía eléctrica y alumbrado público, todo ello en calidad y proporción adecuada a las necesidades de los usos a que deban destinarse las parcelas.

Se agrega que la evacuación de aguas servidas deberá estar conectada a la red urbana preexistente en el sector o realizada a través de un sistema técnicamente avalado por el MVOTMA (hoy Ministerio de Ambiente-MA) y aprobado por la Intendencia.

Lo anterior tiene como correlato la disposición del art. 42 de la LOTDS en sede de las "Obligaciones de la propiedad inmueble en suelo urbano no consolidado y suelo potencialmente transformable", cuyo título cambia a partir de la vigencia de la Ley No. 20.212 por "Obligaciones de la propiedad inmueble en suelo urbano no consolidado y suelo cuya categoría se transforma". Allí se dispone que los propietarios de los inmuebles incluidos en un Programa de Actuación Integrada, tendrán la obligación de ejecutar a su costo las obras de urbanización del ámbito, de ceder a la Intendencia o a la entidad pública que ésta determine, de forma gratuita, los terrenos del ámbito que los instrumentos de ordenamiento territorial prevean con destino a uso y dominio público, de ceder a la Intendencia los terrenos urbanizados edificables o inmuebles en los que se concrete el derecho a la participación de esta en la distribución de los mayores beneficios, además de la de distribuir de forma equitativa o de compensar, entre todos los interesados del ámbito, los beneficios y cargas que se deriven de la ejecución del instrumento de ordenamiento territorial.

Complementando estas previsiones, el art. 43 dispone que no podrán autorizarse fraccionamientos en suelo urbano, suburbano o en suelo con el atributo de potencialmente transformable, o cuya categoría se transforma (esto último agregado por Ley No. 20.212) siempre que generen superficies de uso público destinadas al tránsito, sin que se haya cumplido con las condiciones determinadas por el art. 38 de la ley, debiendo figurar la constancia de su cumplimiento en el respectivo plano. Se dispone asimismo que la traslación de dominio de dichas áreas opera de pleno derecho por su figuración en los respectivos planos.

A su vez, el inciso final del art. 46 prevé el caso en que la Intendencia asuma los costos de urbanización, en cuyo caso le corresponderá en compensación, la adjudicación de una edificabilidad equivalente al valor económico de su inversión.

3.9. ¿Existen previsiones expresas sobre destinación de suelo para vivienda social, ya sea al momento de establecer la ordenación del suelo o en la gestión/ejecución de lo planeado en proyectos urbanísticos?

La LOTDS en su art. 53 bajo el título de "reserva de suelo para vivienda de interés social" dispone que;

> "En los sectores de suelo urbano o con el atributo de potencialmente transformable en que se desarrollen actuaciones de urbanización residencial, los instrumentos de ordenamiento territorial preverán viviendas de interés social de cualquiera de las categorías previstas en la Ley N° 13.728, de 17 de diciembre de 1968 y sus modificativas. El número de éstas se situará entre el 10% (diez por ciento) y el 30% (treinta por ciento) de las viviendas totales que se autoricen en el ámbito de actuación. El porcentaje mínimo será concretado por el instrumento atendiendo a las necesidades de viviendas de interés social y a las características de los diferentes desarrollos residenciales. Se podrá eximir de esta obligación a las actuaciones en las que no se incremente el número de viviendas existentes."

A su vez, el Decreto No. 523/009 (reglamentario de la LOTDS) dispuso en su art. 10, que los instrumentos de ordenamiento territorial departamentales establecerán las áreas mínimas que deberán ser reservadas para la construcción de viviendas de interés social dentro de los sectores de suelo urbano con el atributo de potencialmente transformable.

Analizada desde sus presupuestos, en primer término la disposición del art. 53 de la LOTDS se aplica a un sector de suelo urbano o con que cuente con el atributo de potencialmente transformable. En segundo término, que la actuación tenga por objeto el desarrollo de una urbanización residencial. Se refiere a que el proyecto necesariamente tenga finalidad habitacional, más allá de que venga asociado con otros usos. Por tanto, no hay obligación de efectuar reservas en aquellas situaciones que no desarrollen actuaciones de urbanización con fines residenciales. En tercer término, la reserva es para viviendas de interés social de cualquiera de las categorías previstas en la Ley No 13.728, de 17 de diciembre de 1968 (Ley Nacional de Vivienda) y sus modificativas, las cuales son: vivienda media, vivienda económica y núcleo básico evolutivo.

La cuota de reserva se expresa en un porcentaje (entre el 10% y el 30%) de las viviendas totales que se autoricen en el ámbito de actuación, lo que debería ser precisado en el IOT ya pues refiere a una cantidad pero no hay relación con superficies, ni valores, ni con ubicaciones en los predios.

El porcentaje mínimo será concretado por el instrumento atendiendo a las necesidades de viviendas de interés social y a las características de los diferentes desarrollos residenciales. Obviamente no se refiere acá al PAI, sino al instrumento general que dispone la reserva en el área residencial. Lo mismo es en relación a la excepción que puede dejar sin efecto la obligación de verificar la reserva, cuando la actuación no incremente el número de viviendas existentes.

En relación con el tema, importa señalar dos importantes hitos legislativos relacionados con la vivienda. El primero de ellos es la aprobación en el año 2011 del Plan Juntos, a través de la ley denominada "Declaración de interés general. Ejecución del plan nacional de integración socio-habitacional juntos"[61], con el objetivo de impactar en las situaciones de mayor precariedad habitacional.

Y el segundo, la ley sobre "declaración de interés nacional, mejoras de las condiciones de acceso a la vivienda de interés social"[62], la cual otorga una serie de beneficios para proyectos de inversión destinados a la construcción, refacción, ampliación o reciclaje de inmuebles con destino a vivienda de interés social, tanto con fines de enajenación, como de arrendamiento, lo cual se detalla en las normas complementarias facilitadoras de su aplicación[63].

---

61 Ley Nº 18.829 de 24/10/2011 reglamentada por Decreto Nº 482/011 de 29/12/2011.

62 Ley Nº 18.795 de 17 de agosto de 2011.

63 Decreto Nº 355/011 de 06/10/ 2011, y la Resolución del MVOTMA No. 434/2017 de 23/03/2017.

4. INTERVENCIÓN PÚBLICO/PRIVADA EN LA EJECUCIÓN DEL PLANEAMIENTO

4.1. ¿Cómo se delimitan los ámbitos de urbanización y se concretan las obras y operaciones necesarias?, ¿quién está legitimado para llevarla a cabo: los propietarios, la administración, terceros?, ¿qué instrumentos y técnicas se emplean?

El sistema de ordenamiento instaurado por la LOTDS, ha pretendido situar al Programa de Actuación Integrada (PAI) como un componente básico en el desarrollo de las transformaciones territoriales.

Si bien se fomenta el desarrollo de la ejecución por iniciativa privada, el control y dirección de la actividad es público, comprendiendo la determinación de la forma de gestión, sus plazos y fuentes de financiamiento, la delimitación de los perímetros de actuación y la observación del cumplimiento de las obligaciones de compensación de cargas y beneficios y retorno de valorizaciones (art. 54). El PAI está regulado como instrumento de planificación pero comporta también contendidos propios de gestión y ejecución. Olmedo (2011) ha dicho que se trata del instrumento previsto para la ordenación y gestión urbanística de los ámbitos potencialmente transformables. El PAI organiza la transformación de manera integrada, habilitando el cambio de categoría e integrando en un único instrumento los aspectos de planificación y gestión. De ahí que se reconozca a los PAI como instrumentos híbridos (ordenación-ejecución), ya que como se vio, incorporan las principales decisiones de gestión necesarias para el inicio de la actividad de ejecución.

La función primaria del PAI establecida en la LOTDS es hasta el 31/12/23 "la transformación de sectores de suelo categoría urbana, suelo categoría suburbana y con el atributo de potencialmente transformable" (art. 21). A partir de esa fecha por imperio de la Ley No. 20.212 (art. 379) se elimina la mención al ATP para contemplar las modalidades de PAI que se crean en un art. 21 bis incorporado por la misma Ley No. 20.212 (art. 396): el PAI abreviado, que procede cuando exista ATP y no requiere evaluación ambiental estratégica (EAE) ni informe de correspondencia, además de simplificar el procedimiento de participación en una instancia única. Y el PAI complementario que se aplica a un sector de territorio de cualquier categoría de suelo que no cuente con ATP o modifique la categoría cuando ya cuente con ATP, debiendo cumplir la totalidad de los procedimientos de e instancias de participación previstos para los IOTs.

El PAI supone el cumplimiento de los deberes territoriales de cesión, equidistribución de cargas y beneficios, retorno de las valoraciones, urbanización, construcción o desarrollo entre otros, como requisitos para que el instrumento prospere, siendo cometido de la autoridad el control de que los desarrolladores satisfagan dichos extremos.

El cambio de categoría de suelo, se asocia habitualmente al desarrollo, cuando aquella se dirige al aumento en la intensidad de usos, como ocurre con la mutación de suelo rural a urbano o suburbano; pero ello opera alarmas en el sentido de cuidar que esas transformaciones se realicen tomando las precauciones del caso en cuanto a que se enmarquen en el concepto de desarrollo sostenible, lo que hasta la vigencia de las modificaciones incorporadas por la Ley No. 20.212, implicaba sin excepción la presencia del APT.

Por otro lado, el art. 21 enumera una serie de contenidos mínimos que deberá integrar el programa, como ser, la delimitación del ámbito de actuación en una parte de suelo con capacidad de constituir una unidad territorial a efectos de su ordenamiento y actuación (literal a). Va de suyo que establecer un perímetro es una operación básica de toda actuación territorial, en el sentido de constituir un ámbito espacial normativo. Su delimitación debe admitir una unidad territorial a efectos de proceder a su ordenación y actuación, por lo que deberá contar con parcelas que compartan un mismo régimen, que podrá atribuir iguales o distintos aprovechamientos, pero deberán formar parte de una unidad y compensar las diferencias resultantes si correspondiera.

A su vez, el PAI debe contener una programación de la transformación y ejecución que se propone (literal b). Implica una acotación en el tiempo como variable organizada, es decir, un cronograma y un orden de etapas para las transformaciones, considerando que los cambios en el suelo son lentos y complejos, y requieren organizar diversos sucesos secuenciales, cuya justa dinámica puede ser crucial para la concreción del programa.

El programa debe incluir también las determinaciones estructurantes, la planificación pormenorizada y las normas de regulación y protección detalladas aplicables al ámbito.

En cuanto a quienes están legitimados para llevarla a cabo, se prevé que la ejecución pueda realizarse a través de gestión pública, privada o mixta, remitiéndose para ello a los criterios establecidos en la Ordenanza Departamental.

Para el caso de la gestión privada, se establece que únicamente podrá autorizarse cuando cuente con la conformidad de la mayoría de los propietarios de suelo en el ámbito propuesto y se ofrezcan garantías suficientes de su ejecución.

En relación con ello, el art. 41 LOTDS sobre "facultades de la propiedad inmueble en suelo urbano no consolidado y suelo potencialmente transformable", cuyo título cambia a partir de la vigencia de la Ley No. 20.212 (art. 383) por "facultades de la propiedad inmueble en suelo urbano no consolidado y suelo cuya categoría se transforma", expresa que los propietarios que renuncien o sean excluidos, tendrán derecho a una indemnización sin incorporar la valoración de esta los beneficios que se derivan del proceso de ejecución.

De modo que están los que renuncian, es decir, los que al recibir noticia del proyecto de programación expresan deliberadamente su voluntad de no participar, lo que deberá hacerse en forma documentada, y aquellos que son excluidos. Estos últimos, sea que rechacen en forma expresa o tácita, deberán salir del avance del proceso, luego de obtenerse las mayorías requeridas; en este caso, debería existir una instancia documental que registre la invitación y el rechazo tácito o ficto, para considerarlos excluidos del proceso, lo que daría causa a la Intendencia para proceder a la expropiación.

No está claro qué se entiende por mayoría de propietarios del suelo. Si es por número de parcelas independientes, o por superficie, por valor real de catastro, por valor de mercado, etc. La interpretación piedeletrista llevaría a determinar que se refiere al número de parcelas involucradas, aunque no parece muy lógico ello, ya que puede haber situaciones en que unas pocas parcelas representen la gran mayoría de la superficie del perímetro y unas cuantas de ellas (que hacen mayoría) apenas un pequeño sector; en esta situación, no se explicaría que esa mayoría de propietarios determine el destino de todas las parcelas involucradas en el ámbito. Lo cierto es que la ley no resuelve el punto, y el mismo podría quedar a la interpretación del Gobierno Departamental, sea en cada caso particular o a través de un instrumento como la Ordenanza de OTyDS donde se prevean aspectos procedimentales de los PAI.

La propia actuación debe programar la obtención de fondos para las expropiaciones necesarias, y sus cuentas deben ingresar en el sistema de compensación que se establezca. Ya de antemano debería haber estudio de factibilidad, plan de negocios o similar que hiciera viable la operación proyectada (Castro Casas, 2015: 83).

Según el art. 55 de la LOTDS, los "regímenes de gestión de suelo", constituyen el conjunto de modalidades operativas contenidas en los instrumentos de ordenamiento territorial, para regular las intervenciones de las entidades públicas y de los particulares sobre el territorio.

Los perímetros de actuación (art. 56), son un ámbito de gestión de un instrumento de ordenamiento territorial, en una superficie delimitada en el suelo categoría potencialmente transformable, o urbano no consolidado, para ejecutar las previsiones del mismo y efectuar el cumplimiento de los deberes territoriales de cesión, equidistribución de cargas y beneficios y retorno de las mayores valorizaciones.

En cuanto a los sistemas de gestión de esos perímetros de actuación (art. 57), pueden ser:

a) por iniciativa privada directa, constituyéndose una entidad privada para los fines de ejecución o por convenio de gestión entre los titulares de los terrenos;

b) por cooperación público-privada, mediante la suscripción del correspondiente instrumento;

c) por iniciativa pública, expropiando la Administración la totalidad de los bienes necesarios.

Los proyectos de urbanización y de reparcelación (art. 58) requieren aprobación de la Intendencia, conforme al procedimiento que defina la Ordenanza Departamental.

El proyecto de reparcelación integra el conjunto de predios comprendidos en un perímetro de actuación definiendo las parcelas resultantes, así como la adjudicación de las mismas a los propietarios en proporción a sus respectivos derechos y a la Intendencia, en la parte que le corresponde conforme a la presente ley y al instrumento de ordenamiento territorial. La reparcelación comprende también las compensaciones necesarias para asegurar la aplicación de la distribución de cargas y beneficios entre los interesados.

En cuanto a las operaciones territoriales concertadas y a la cooperación público-privada (art. 59), se prevé que los instrumentos de ordenamiento territorial podrán disponer condiciones y localizaciones en que se estimularán operaciones territoriales concertadas conducidas por la Administración, con la participación de los propietarios inmobiliarios, los vecinos, los usuarios regulares de la zona, inversionistas privados o el Estado, con el objeto de alcanzar para un área determinada, transformaciones territoriales, mejoras sociales, desarrollo productivo o elevación de la calidad ambiental.

A iniciativa del Poder Ejecutivo o de uno o más Gobiernos Departamentales y también a propuesta de personas o entidades privadas, podrán constituirse sociedades comerciales de economía mixta cuyo objeto sea la urbanización, la construcción de viviendas u obras de infraestructura turísticas, industriales, comerciales o de servicios, así como cualquier obra de infraestructura o equipamiento prevista en un instrumento de ordenamiento territorial, incluyendo su gestión y explotación de conformidad con la legislación aplicable.

4.2. ¿A qué intervención administrativa está sujeta la edificación y su reforma o rehabilitación?

Desde 1878 a través del reglamento emitido por el Ministerio de Obras Públicas y desde 1885 por Ley Nacional, existe la obligación de solicitar y obtener licencia para construir en los centros poblados, aunque su cumplimiento y control no ha sido de los más estrictos en la historia del Uruguay.

La LOTDS da precisión a las obligaciones de los propietarios por un lado, y clarifica las competencias de los GG DD en relación al tema. Así, el art. 35 sobre "derechos generales de la propiedad de suelo" dispone en su inciso final, que el ejercicio del derecho a desarrollar actividades y usos, a modificar, a fraccionar o a construir, por parte de cualquier persona, privada o pública, física o jurídica, en cualquier parte del territorio, está condicionado a la obtención del acto administrativo de autorización respectivo, salvo la excepción prevista en el suelo categoría rural productiva[64]. Y que será condición para el dictado de dicho acto administrativo, el cumplimiento de los deberes territoriales establecidos en la ley.

Por otro lado, en sede de ajustes legales (Art. 83 núm. 4 lit. b), se agrega al art. 35 de la Ley Nº 9.515 de 28/10/1935 (Ley Orgánica Municipal) un numeral 43 donde se le asigna el cometido de la actividad administrativa del ordenamiento territorial, en todo el territorio del departamento, incluyendo el de ejercer las potestades de policía territorial, siendo de su cargo la autorización del ejercicio del derecho a construir, demoler, fraccionar, utilizar o localizar actividades en los terrenos y en general toda modificación predial, a través del otorgamiento de los permisos y autorizaciones correspondientes, de acuerdo a lo que dispongan las leyes y los decretos de la Junta Departamental. En función de las autonomías departamentales, cada intendencia organiza los alcances y aspectos procedimentales de ese control en los términos más adecuados a su departamento.

5. DISCIPLINA URBANÍSTICA: CONTROL DEL CUMPLIMIENTO DE LA LEGALIDAD

5.1. ¿Qué consecuencias tiene la infracción de la legalidad urbanística? ¿Las demoliciones u otras medidas de restauración de la legalidad, se diferencian procedimental y/o sustantivamente de las sanciones?

Existen previsiones legales sobre las consecuencias de cometer infracciones a la legalidad urbanística, distinguiendo las medidas de recomposición de las sancionatorias.

La LOTDS organiza un sistema de control territorial, asignando cometidos de policía territorial con facultades disciplinarias a los GG

64 La LOTDS establece una excepción a la tramitación de autorización para construir en lo referido a la vivienda del productor rural, del personal del establecimiento y las edificaciones directamente vinculadas al establecimiento, salvo que un IOT lo exija (art. 39 inc. 3 LOTDS).

DD, estableciendo que la ejercerán mediante los instrumentos necesarios, a los efectos de identificar todas aquellas acciones, obras, fraccionamientos, loteos u operaciones de todo tipo realizadas en contravención de las normas aplicables y sancionar a los infractores (art. 68 inc. 1).

A su vez, el Poder Ejecutivo y los propios GG DD, en el ámbito de sus respectivas competencias, están facultados a prohibir, impedir la prosecución y demoler, a costa del propietario, toda obra efectuada en violación de los instrumentos de ordenamiento territorial. Pueden disponer las inspecciones, pericias, pedidos de datos, intimaciones y demás, que sean necesarias para hacer cumplir los instrumentos de ordenamiento territorial (art. 68 inc. 2).

El art. 69 organiza lo que denomina "facultad de policía territorial específica", vinculada a ciertas infracciones destinadas a consagrar soluciones habitacionales, que impliquen la violación de la legislación vigente en la materia o de los instrumentos de ordenamiento territorial. La redacción actual de este artículo data del año 2020[65], oportunidad en que amplió su régimen estableciendo un minucioso procedimiento. Se declara como deber de las Intendencias Departamentales, el impedir la ocupación, construcción, loteo, fraccionamiento y toda operación con esa finalidad, autorizándoles a recurrir al auxilio de la fuerza pública.

El art. 70 de la LOTDS confiere facultades al entonces MVOTMA, sin perjuicio de las competencias departamentales, en los casos de ocupación ilegal de inmuebles con fines de asentamiento humano, pudiendo aplicar las sanciones que establezca la legislación y la reglamentación a quien promueva o incentive la ocupación ilegal de inmuebles a los fines de asentamiento humano, en desconocimiento de lo dispuesto en los instrumentos de ordenamiento territorial. Se establece la obligación de las empresas públicas prestadoras de servicios de agua potable, energía eléctrica, telefonía y transmisión de datos, de requerir informe previo del Ministerio para brindar servicios a viviendas o conjuntos de viviendas que formen parte de asentamientos humanos ilegales.

---

65 Ley No 19.996 de 03/11/2021 Art. 235.

El Art. 71 dispone que toda obra, modificación predial, así como todo acto o hecho que se traduzca en la alteración física del territorio, hecha sin haberse obtenido el permiso respectivo o en contravención de los instrumentos de ordenamiento territorial, será sancionada sin perjuicio de la nulidad, con una multa de 50 a 50.000 unidades reajustables (equivalencia aproximada de € 1.800 a € 1.800.000), de acuerdo al carácter o gravedad de la misma, pudiendo además la autoridad competente tomar las medidas necesarias a efectos de recomponer la situación anterior con cargo al infractor.

Los recursos administrativos contra el acto que disponga la demolición o eliminación de las modificaciones prediales efectuadas sin el permiso correspondiente, tendrán efecto suspensivo, pero la autoridad competente podrá, por resolución fundada, hacer cesar la suspensión.

5.2. ¿Qué administración o administraciones territoriales tienen competencias de vigilancia y disciplina?, ¿cómo se coordinan entre sí?

Los órganos que intervienen en los procedimientos vinculados a la vigilancia y disciplina territorial son las Intendencias, las personas públicas estatales y no estatales en relación a los inmuebles de su propiedad, el Poder Ejecutivo fundamentalmente a través del Ministerio de Vivienda y Ordenamiento Territorial, el Ministerio de Ambiente, el Ministerio del Interior (que proporciona el auxilio de la fuerza pública) y el Poder Judicial por intermedio de sus Tribunales llamados a entender en los asuntos de su competencia.

El citado art. 69 de la LOTDS en la redacción dada en 2020, dispone que las Intendencias deberán promover acción ante el Juzgado Civil, en caso de que compruebe en inmueble privado, la existencia de los siguientes extremos:

A) La subdivisión o construcción en lotes en zona donde no pueda autorizarse.

B) La subdivisión o la construcción no autorizada, o ante la constatación de la existencia en zona no habilitada para tal fin o sin previa autorización, de fraccionamiento, loteo y construcciones.

A partir de ello, se organiza un proceso judicial que al menos en el papel aparece como muy expeditivo: suspensión de las obras no autorizadas ni aprobadas, el desapoderamiento del bien inmueble ocupado irregularmente y la demolición de todas las construcciones irregulares existentes, con plazo improrrogable de diez días hábiles. Emplazamiento al demandado a estar a derecho por el término de seis días hábiles. Si no hay excepciones admisibles, se procederá al cumplimiento inmediato de la providencia inicial siendo los costos generados de cargo del propietario del bien inmueble. Si hubiere excepciones, el Tribunal convocará a una audiencia única dentro del plazo de diez días hábiles, en la que se diligenciarán las pruebas propuestas y se formularán los alegatos. El Tribunal dictará sentencia definitiva en dicha audiencia, pudiendo diferirse su dictado a un plazo máximo de tres días hábiles de celebrada. La sentencia admite recurso de apelación, dentro del plazo de tres días hábiles, se sustanciará con un traslado a la contraparte por tres días hábiles y el Tribunal de Apelaciones resolverá dentro de los cuatro días hábiles siguientes a la recepción de los autos. La interposición del recurso no suspenderá las medidas dispuestas.

Si la infracción es en inmuebles del dominio público y fiscal, las Intendencias o en su caso la entidad estatal que corresponda podrá requerir el auxilio de la fuerza pública para su ejecución. Ante la resistencia del infractor, las Intendencias deberán promover las acciones judiciales ante el Juzgado civil, solicitando, según corresponda, la demolición inmediata de las construcciones no autorizadas, la remoción de las alteraciones, la recomposición o la mitigación ante acciones contrarias al ordenamiento territorial y la desocupación del bien inmueble, desarrollándose luego un proceso como el descripto en el párrafo anterior.

Se establece que las personas públicas estatales y no estatales, tendrán legitimación activa a los efectos de promover las acciones establecidas en el presente artículo únicamente respecto a los bienes de su propiedad.

Todo lo anterior es sin perjuicio de la actuación de la Justicia Penal competente, en caso de que las conductas desplegadas puedan tipificar delito penal.

Las Intendencias podrán solicitar como medida cautelar o provisional, la prohibición de innovar, la prohibición de formación de asentamientos, loteos, fraccionamientos no autorizados, la suspensión de obras no autorizadas u otras modificaciones de ordenamiento territorial no autorizadas, así como cualquier otra idónea para asegurar el cumplimiento de la resolución que se dictare en materia de ordenamiento territorial.

El Tribunal dictará resolución sobre las medidas cautelares o provisionales solicitadas dentro de las cuarenta y ocho horas siguientes a su presentación.

El texto del numeral 8 del art. 69 agregado también en el año 2020, presenta una disposición novedosa en el derecho positivo uruguayo: la responsabilidad solidaria de las Intendencias y personas públicas estatales y no estatales, estas últimas respecto de bienes inmuebles de su propiedad o en su posesión.

La misma opera para las Intendencias, ante la omisión sin causa justificada de ejecutar los actos u operaciones materiales a que estén obligadas legalmente para prevenir la ocupación irregular, ante el requerimiento formal realizado por el Poder Ejecutivo. En ese caso, devienen solidariamente responsables de los costos que se generen al Poder Ejecutivo en el procedimiento de realojo. El cobro de dichos costos se deberá ejercitar por la vía administrativa, a través de una instancia de conciliación ante la Comisión Sectorial de Descentralización, que será presupuesto necesario para promover cualquier acción judicial tendiente a su cobro.

Para las personas públicas estatales y no estatales, opera cuando omitan la debida diligencia en la guarda de los bienes inmuebles de su propiedad o en su posesión o que estén bajo su cargo y toleren por acción u omisión, la ocupación de los mismos o la instalación en ellos de asentamientos irregulares. En ese caso serán también solidariamente responsables de los costos en los que el Poder Ejecutivo incurra para su realojo.

En otro orden, existe un área muy particular de la disciplina urbanística, regulada en el año 2018 con la aprobación de la ley conocida como de "inmuebles vacíos y degradados"[66].

---

[66] Ley N° 19.676 de 26/10/2018.

Por la misma, se declara de interés general el cumplimiento de los deberes relativos a la propiedad inmueble urbana en los inmuebles urbanos vacíos y degradados, especialmente el de conservar previsto en el Art. 37 literal b de la LOTDS[67] y el de cuidar en el literal e[68] del mismo artículo, como forma de evitar y revertir los procesos en los que se combinen las situaciones de vacío y degradación de inmuebles urbanos.

Se definen las situaciones en que se considera que los inmuebles adquieren la doble condición de vacíos (desocupado por un plazo no menor a veinticuatro meses continuos) y degradados (situación de ruina, deteriorado o tenga una edificación paralizada o esté en situación de baldío). Ambas condiciones deben estar presentes conjuntamente.

A partir de ello, se organiza un procedimiento judicial de medida preparatoria de inspección para constatar el estado de conservación y ocupación, luego de lo cual la Intendencia debe informar si se dan las condiciones para considerarlo degradado, y si se dan el resto de los presupuestos, se podrá solicitar la intimación al propietario a que —en un plazo de veinte días— presente y luego ejecute, un proyecto de rehabilitación del inmueble que permita ajustarlo a los requerimientos de la normativa nacional y departamental correspondiente.

El MVOT y la Agencia Nacional de Vivienda son las personas públicas legitimadas para accionar. Podrán solicitar indistintamente la declaración judicial de inmueble urbano vacío y degradado, con el objetivo de obtener una sentencia de condena a los titulares registrales del derecho de propiedad del inmueble a rehabilitar el mismo, otorgándoles un plazo de veinte días para que presenten, y luego ejecuten en el plazo perentorio de un año un proyecto de rehabilitación del inmueble que permita ajustarlo a los requerimientos de

---

67 Los propietarios de inmuebles deberán mantenerlos en condiciones de seguridad, salubridad y ornato público, realizando las obras de conservación oportunas y cumpliendo las disposiciones que a tal efecto dictamine el Gobierno Departamental.

68 Los propietarios de inmuebles deberán vigilarlos y protegerlos frente a intrusiones de terceros, haciéndose responsables en caso de negligencia de las acciones que éstos puedan ejercer en contravención a lo dispuesto por los instrumentos de ordenamiento territorial o en menoscabo de los deberes territoriales.

la normativa nacional y departamental correspondiente, bajo apercibimiento de procederse a la venta judicial del inmueble (remate público).

6. A MODO DE CONCLUSIONES

El ordenamiento territorial en Uruguay se presenta como un fenómeno que abarca diversas dimensiones, que luego se ven conectadas en el desarrollo de sus productos. Así, encontramos una *dimensión técnica* asociada al urbanismo, como la disciplina que trata del acondicionamiento físico del territorio para el bienestar y desarrollo del ser humano. Otra relacionada con la *política*, que promueve un proyecto de territorio determinado en coherencia con los postulados generales que le vinculan. Otra implicada con la *legislación*, cuando las políticas y las propuestas técnicas se concretan en normas jurídicas y por último una relacionada con la *práctica*, cuando ellas se aplican gestionando concretamente el territorio.

El objeto de este fenómeno complejo es el suelo —por esencia finito, limitado y codiciado— lo que origina permanentes situaciones de tensión entre los derechos subjetivos que lo toman como objeto y los cometidos que las políticas de interés general buscan concretar en normas de convivencia en relación con el mismo.

Con la LOTDS vigente desde el año 2008, se ha incorporado una legislación de OT que refiere a cuestiones estructurantes del régimen, pero también incursiona en aspectos procedimentales y regulatorios de mayor detalle, que no pueden ser soslayados a la hora de operar sobre el suelo.

Se intentó introducir un modelo que pusiera a la planificación como conducta jurídicamente vinculante, no sólo para las unidades estatales competentes en la elaboración y aprobación de las normativas resultantes, sino también para todas aquellas otras que su gestión se relacione con el uso del territorio. Ello hace que prácticamente todos los ámbitos estatales deban tener presente el tema en sus programaciones y acciones. A su vez incorporó el paradigma del desarrollo sostenible, en el sentido de propender a garantizar la solidaridad intergeneracional en el uso y aprovechamiento de los recursos naturales y culturales.

En el propósito de sus promotores estaba el pensar un país con horizonte temporal de varias décadas para adelante, que tendiera a un uso equitativo y sostenible del territorio, superando las amenazas de operar en base a improvisación y corto plazo. Entre sus impulsores, había cierto exceso de optimismo sobre el efecto que pudiera generar la primera ley de estas características. Mucho se le pedía a una ley de ordenamiento territorial, que en todo caso podría generar instrumentos para mejora de los equilibrios territoriales, pero no terminaría por si sola con las inequidades sociales en el territorio.

Según el Inventario Nacional de Ordenamiento Territorial[69] (INOT) se han aprobado desde la vigencia de la LOTDS 101 instrumentos, incluyendo las Directrices Departamentales de casi todos los departamentos (sólo 2 carecen de ellas), 44 Planes Locales y 23 Programas de Actuación Integrada, entre otros.

Pero si bien el OT desembarcó en Uruguay y su ley implantó un sistema donde prima ese paradigma de la planificación sostenible, ello no se ha plasmado en políticas de estado a mediano y largo plazo. Prueba de ello es que la ley que contiene las Directrices Nacionales de OT, aprobada en el año 2017, contó solo con el respaldo de los legisladores oficialistas; se puede verificar que a pesar de ser derecho positivo y contener los lineamientos generales de la política territorial nacional, sus contenidos no están presentes en las programaciones de las unidades estatales. Y lo paradójico es que ello ya ocurría en buena medida en el período de gobierno que les dio aprobación, en particular cuando las unidades con competencias territoriales reclamaban con escaso éxito prácticas de transversalidad, coordinación, colaboración, información, etc. todos ellos postulados de OT jerarquizados como principios en la LOTDS pero que no estaban presentes en las agendas de las autoridades, lo que entre otras cosas explica su desconexión con la planificación económica.

Ello revela que el sistema político no ha entendido que el ordenamiento territorial debe encararse como política de estado. Las soluciones implementadas por un gobierno determinado con mayorías circunstanciales, quedarán por el camino o generarán contramar-

---

69 https://sit.mvotma.gub.uy/portal/apps/opsdashboard/#/a0687815186940c29e2e554e263d7417 (visitado 2/03/2023.

chas en ocasión de la alternancia en el poder —expresión saludable de un régimen democrático fuerte como el de Uruguay— sino tienen un origen consensuado que garantice su durabilidad.

En ese orden, existen varios temas pendientes de resolución asociados al territorio.

En particular, el fenómeno de los asentamientos irregulares —realidad tristemente compartida con otras naciones latinoamericanas— desafía las previsiones legales, los planes y las políticas de ocupación del suelo. La respuesta institucional al fenómeno se ve desbordada, dado que la ocupación irregular de suelo apenas es una manifestación de un problema de exclusión muy agudo presente en nuestra sociedad y los mecanismos de control territorial implementados en la LOTDS, no han sido efectivos para frenar su crecimiento pues solo actúan desde las consecuencias. El compromiso por la búsqueda de soluciones reúne a todos los niveles de gobierno, ya que si bien el cometido de promover la vivienda digna se afinca en el gobierno nacional, el de facilitar el acceso a suelo servido urbanizado para vivienda forma parte de las propias del nivel subnacional.

Lo mismo en relación con la tendencia al crecimiento descontrolado de la mancha urbana hacia las periferias, lo que determina inversión pública en infraestructura de suelo nuevo, con el costo que ello implica, cuando existen áreas centrales de las ciudades que cuentan con todos los servicios pero que sufren un proceso de vaciamiento desde hace décadas.

A su vez se detectan ciertas amenazas que van desde encontrar fisuras en la ley para operar a su margen, como ser ciertas prácticas que implican transformar suelo al margen de las previsiones de los instrumentos. También cuando se aprueban grandes proyectos de dudosa sostenibilidad, otorgando renuncias fiscales sobre recursos que alimentarían fondos de gestión urbana, basado en la obtención de fuentes de trabajo en el corto plazo, sin dimensionar las consecuencias territoriales en el medio y largo plazo. Tampoco está totalmente resuelto el problema de los asentamientos costeros, que sufren una excesiva presión de los desarrolladores por localizaciones privilegiadas, en desmedro de los equilibrios ambientales que ese sector vulnerable de suelo requiere.

De cualquier manera y como aspecto positivo, se ha internalizado en la sociedad el concepto de que no se puede hacer en el suelo lo que quiera el propietario, por más poderoso que sea, y que hay usos de los predios privados que pueden ser modalizados legítimamente en atención a intereses colectivos. Se ha dotado a los gobiernos departamentales de explícitas competencias para planificar y gestionar sus territorios. A su vez el lento pero constante fortalecimiento de las autoridades locales (Municipios) es auspicioso en el sentido de poder promover y gestionar en un futuro una ordenación del territorio "de cercanías".

La participación ciudadana se ha instalado en el sistema más allá de las instancias formales, surgiendo ámbitos que se plantan ante proyectos con potencialidad vulneratoria de valores colectivos ambientales o territoriales, en muchos casos basados en la opinión experta de una academia que no permanece indiferente ante las problemáticas del desarrollismo descontrolado.

Pero hay mucho contenido en la LOTDS que no se ha desarrollado como era esperable.

Ocurre que los trasplantes normativos efectuados sin una adecuada adaptación a la tradición jurídica local, generan sus problemas; en ocasiones se comete un segundo error como el de juzgar la efectividad de ciertas instituciones trasplantadas en base a categorías de análisis propias del ámbito desde el que se importaron, sin tener en cuenta los condicionamientos socio-económicos y culturales locales que ayudan a explicar el porqué no funcionan o no se han desarrollado, a pesar de que se presentaban como muy auspiciosos en origen.

Las modificaciones introducidas por la Ley 20.212 de 7/11/2023 adelantaron alguno de los contenidos del proyecto de ley modificativo de la LOTDS presentado por el Gobierno en diciembre de 2022, en especial los que tienen que ver con la flexibilización de condicionamientos a cierto tipo de programas de actuación integrada.

La exposición de motivos del proyecto modificativo aclara que no se busca un cambio de paradigma en la planificación y gestión territorial que deriva de la norma actualmente vigente, ni una refundación de la política nacional de ordenamiento territorial, sino que, por el contrario, se busca fortalecer los principios que derivan de la misma, con un sentido más pragmático y atendiendo el dinamismo de las transformaciones territoriales.

De cualquier manera, no será fácil encontrar agenda parlamentaria para su tratamiento en 2024, que además es año electoral en Uruguay.

Puede apreciarse que el ordenamiento territorial ha sido funcional para que los distintos sectores políticos marquen posición sobre cuál debe ser el alcance de la injerencia estatal en las cuestiones vinculadas a la gestión del suelo, con posturas que van desde concebir al OT con una función de herramienta redistributiva de inequidades socio-territoriales, al otro extremo de limitarlo meramente a una función de ordenamiento físico del territorio para el desarrollo económico.

Ello sin duda se verá reflejado en el debate por la modificación de la ley —sea en 2024 o más adelante en el tiempo— en tanto el OT se ha situado como campo útil para que los distintos sectores políticos reflejen el modelo de sociedad al que aspiran.

Bibliografía

Álvarez Lenzi, R. (1971). *Fundación de poblados en el Uruguay*, reedición 1986. Montevideo, IHA-Udelar.

Aristondo, G. (2005) *La legislación de la vivienda popular en el Uruguay del siglo XX*. Scripta Nova. Revista electrónica de geografía y ciencias sociales. Barcelona: Universidad de Barcelona, vol. IX, núm. 194 (29).

Barrán, J. P. (1968). *Latorre y el Estado uruguayo*. Enciclopedia Uruguaya No. 22. Montevideo.

Caetano, G. y Rilla, J. (2005). Historia contemporánea del Uruguay. *De la colonia al Siglo XXI*. Ed. Fin de Siglo. Montevideo.

Castro Casas, C. (2015). *Principales aspectos jurídicos de los Programas de Actuación Integrada previstos en la Ley de Ordenamiento Territorial y Desarrollo Sostenible, en sus vinculaciones con el derecho de propiedad*. Tesis de maestría. Universidad de la República (Uruguay). Facultad de Arquitectura. Montevideo.

– (2018a). *Reflexiones sobre materia y competencia de ordenamiento territorial. Un aporte para clarificar los aspectos relacionados con el ejercicio de cometidos de ordenamiento territorial en sus diferentes niveles*. En Ateneos-4. 88-101. Universidad de la República (Uruguay). Facultad de Arquitectura. Montevideo.

– (2018b). *La Ley de Ordenamiento Territorial y Desarrollo Sostenible. A 10 años del inicio del proceso de institucionalización del ordenamiento territorial.* Cuadernos del Claeh · Segunda serie, año 37, nº 108, 2018-2 págs. 189-206. Montevideo.

Cátedra de Arquitectura Legal - Instituto de Teoría de la Arquitectura y Urbanismo (ITU) (2006). *Estudios preliminares para un proyecto de ley de ordenación del territorio.* Montevideo.

Correa Freitas, R. (1997). *Constitución de la República Oriental del Uruguay.* Buenos Aires. Deof.

Garcé, A. (2002). Ideas y competencia política en Uruguay (1960-1973) *Revisando el "fracaso" de la CIDE,* Montevideo. Ed. Trilce.

Gorosito, R. y Ligrone, P. (2009). *Sistema de Ordenamiento Territorial y Desarrollo Sostenible Ley fundante 18.308.* Montevideo. La Ley.

Gorosito, R. (2017) *El derecho ambiental constitucional en Uruguay.* LJU Tomo 155, D-137. Cita Online: UY/DOC/315/2017. Montevideo. La Ley.

Instituto de Historia de la Arquitectura (IHA). (1976) - Facultad de Arquitectura División Publicaciones y Ediciones Universidad de la República. Fascículo 12.

Instituto de Teoría de la Arquitectura y Urbanismo-ITU. (1957). Desarrollo y acondicionamiento de los territorios. *Análisis de los hechos sociales.* Montevideo.

IMPO. Centro de Información Oficial. Banco jurídico normativo. https://www.impo.com.uy/cgi-bin/bases/consultaBasesBS.cgi?tipoServicio=3

Klaczko, J. y Rial, J. (1981). *Uruguay: el país urbano.* Montevideo, CLACSO/Ediciones de la Banda Oriental.

Ligrone, P. (2013). *Transformaciones, seudoplanificación y territorios inteligentes.* https://www.colibri.udelar.edu.uy/jspui/bitstream/20.500.12008/18255/1/LIGRR112013.pdf

Magri, A. (2015) *Historia política de la vivienda social en Uruguay.* https://www.colibri.udelar.edu.uy/jspui/bitstream/20.500.12008/27825/1/03_Magri_18-25.pdf

Musso, C. (2004) *Las ciudades del Uruguay.* FArq —UdelaR, Montevideo.

North, Douglas C. (1955). *Location Theory and Regional Economic Growth", Journal of Political Economy.* Chicago, vol, 63, núm. 3, junio. [en castellano]

Olmedo, S. (2011). *La gestión territorial y su relación con el régimen jurídico de las categorías de suelo en la Ley 18.308 de la República Oriental del Uruguay.* En Taller de "Instrumentos de Gestión Territorial en el marco de la Ley 18.308. Montevideo. MVOTMA

OPP Dirección de Planificación (2018). *Escenarios Demográficos Uruguay 2050.* https://www.opp.gub.uy/sites/default/files/documentos/2018-05/2257_Escenarios_demograficos_Uruguay_2050-_web.pdf